跨文化研究

TRANSCULTURAL STUDIES

总第 1 辑
（2016 年第 1 辑）

曹卫东　主编

社会科学文献出版社
SOCIAL SCIENCES ACADEMIC PRESS (CHINA)

《跨文化研究》编辑委员会

主　　办：北京第二外国语学院文学院（跨文化研究院）
　　　　　社会科学文献出版社
顾　　问：乐黛云　刘小枫
主　　编：曹卫东
本期执行主编：胡继华
中方编委（按照姓氏汉语拼音字母排序）：

　　　　曹卫东　曹顺庆　常耀华　陈太胜　陈戎女　程　巍
　　　　高建平　耿幼壮　胡继华　江新兴　李瑞卿　廖四平
　　　　潘先军　邱　鸣　王柯平　汪民安　杨乃乔　阮成纯
　　　　张　辉　周启超　周志强

国际编委：

　　　　Timothy Bewes（美国布朗大学英语系文学批评教授）
　　　　Lionedas Bargeliotes（希腊雅典大学哲学系古典学教授，奥林匹亚文化中心主任）
　　　　Rick Benitez（澳大利亚悉尼大学哲学与社会学院古典学教授）
　　　　Galin Tihanov（英国伦敦大学比较文学教授）
　　　　Thomas Robinson（加拿大多伦多大学哲学和古典学教授）

本期编辑助理：贺宥姗　王逸伦

目　录

· 经典论绎 ·

孟德斯鸠与普遍历史 ……………………………………… 刘小枫 / 1
登梯观美与游心闻道
　　——探寻智慧人生的两条路径 ……………………… 王柯平 / 21
希腊公民、城邦和古希腊悲剧
　　——基于历史人类学的考察 ………………………… 兰善兴 / 40
以教养和：柏拉图与孔子的
　　和谐观比较 ………………………… 本尼特兹（Rick Benitez）/ 64
亲希腊主义和反犹主义
　　——阿诺德和他的德国模型 ………… 高斯曼（Lionel Gossman）/ 76
现代人文教育中阿波罗的威权
　　——阿诺德、白璧德和瑞恰慈文学
　　　思想论略（上） ……………… 斯潘诺斯（William Spanos）/ 115

· 异邦视野 ·

从边缘到中心
　　——媵妾们的文学志业 …………… 方秀洁（Grace S. Fong）/ 175
《圣经》在 20 世纪中国的译介
　　——以《诗篇》为例 ……………… 高利克（Marián Gálik）/ 207

· 文论前沿 ·

方法有限与哀悼理论
　　——从新批评到新生命论 ………… 李博雷特（Jeffrey S. Librett）/ 219

1

·新著揽英·

批判的人文主义（等5则） ················· 孙立武等 / 256

·本刊特稿·

"一带一路"与日本
　　——以中日文化交流为中心 ················· 孟庆枢 / 279

《跨文化研究》稿约 ························· / 292

Contents

· **Classical Review** ·

Montesquieu and Universal History — *Liu Xiaofeng* / 1
The Beauty Ladder and the Mind Excursion: Two
    Ways of Pursuing the Good Life — *Wang Keping* / 21
Greek Citizens, Polis and Tragedy: From the Perspective
    of Anthropology — *Lan Shanxing* / 40
Cultivation as Harmony in Plato and Confucius — *Rick Benitez* / 64
Philhellenism and Antisemitism: Matthew Arnold and
    His German Models — *Lionel Gossman* / 76
The Apollonian Investment of Modern Humanist Education: the
    Examples of Matthew Arnold, Irving Babbitt,
    and I. A. Richards — *William Spanos* / 115

· **From Perspectives of the Other** ·

From the Margin to the Center: the Literary Vocation of
    Concubines — *Grace S. Fong* / 175
The Bible in Twentieth Century China against the Background
    of Psalms Translation — *Marián Gálik* / 207

· **Frontier of Literary Criticism** ·

Finitude of Methodology and Theory of Mourning: From
    New Criticism to New Vitalism — *Jeffrey S. Librett* / 219

· **Book Review** ·

Critical Humanism (five series)   *Sun Liwu et al.* / 256

· **Special Topic** ·

"One Belt, One Road" and Japan: Focus on Sino-Japanese
    Cultural Interactions   *Meng Qingshu* / 279

Call for Papers   / 292

·经典论绎·

孟德斯鸠与普遍历史

刘小枫

摘　要：孟德斯鸠借助"普遍历史"的论述方式塑造"自由主义"意识形态。孟德斯鸠的精神个性与马基雅维利更为相似，善于以文学笔法通过描述历史事件来探讨人世的根本问题。他那里，出现了福山的"历史终结"论的关键性论点：配合商业的民主共和主义将会给整个世界带来永久和平。由此看来，孟德斯鸠已经暗示了"历史终结"的进步论观点。通过诉诸"亘古不变的经验"，孟德斯鸠成功打造了"反专制"的意识形态，造就出自由主义信仰的知识人和革命家，他们把实现孟德斯鸠的"普遍历史"法则视为自己的普遍历史使命——商业化的自由国家才是普遍有效的历史判准；凡没有进入这种政制的国家，都是落后（等于专制）的国家。

关键词：孟德斯鸠；普遍历史；普遍理性；自由主义意识形态；商业化

　　进入现代文明形态以来，宣称具有普遍有效性的"主义"意识形态（哲学术语称为"理念"或"观念"）层出不穷。从20世纪末的视角来看，被名之为"自由主义"的意识形态最富生命力，它得到了多数人热烈赞同。如果要问个为什么，原因也许很简单：因为"自由主义"意识形态发现了这样一个简单的道理——人人都有自然欲望，让自然欲望得以实现的政制就是最佳政制。

　　道理虽然简单，要把道理讲清楚并不容易——何况，没有任何一种人类文明的古典传统会把政制的目的视为仅仅让自然欲望得以实现。可想而知，"自由主义"意识形态要获得胜利，必须经过一番艰苦卓绝的斗争。打造"自由主义"意识形态，可以有哲学［说理］的或文学［讲故事］的方式，最有说服力的可能是史学的方式。毕竟，这种方式可以通过编织史料把说理与讲故事结合起来。本文将要考察的是，孟德斯鸠如何借助"普遍历史"的论述方式塑造"自由主义"意识形态。

一 商业文明与普遍历史

孟德斯鸠（1689-1755）刚巧在英国"光荣革命"成功之后那年出生。年轻的时候他就相信，英国革命之后的政治制度（表面上的君主制，实际上的民主制）才是世上的最佳政制。他出生那年，洛克的《政府论两篇》出版，可以说他是在洛克的政论文哺育下长大的。

孟德斯鸠原名查理-路易（Charles-Louis），姓德·塞贡达（de Secondat），是庄园主的儿子，"孟德斯鸠"是他的身为波尔多（Bordeaux）法院议长的叔父的姓氏。查理-路易在修道会办的中学读书时就有旺盛的读书热情：既对笛卡尔的物理学入迷，又热爱古希腊罗马文学——尤其崇拜西塞罗，对古代历史也很有兴趣，还尝试写戏剧。[①] 16岁那年，查理-路易进波尔多大学学习法律，19岁毕业时，他的身为法院议长的叔父把自己的姓氏"孟德斯鸠"给了年轻的侄子，以便他今后可以继承议长职位。

随后，孟德斯鸠到大城市巴黎过了5年游学生活，结交各色才智之士。27岁那年（1716），孟德斯鸠的叔父去世，他继承了从祖父那里传下来的这笔职官遗产，当上了波尔多议会议长。尽管孟德斯鸠的天性中也有对自然哲学的兴趣，写过自然科学方面的论文，甚至自学过医学，这种兴趣明显不如霍布斯和洛克强烈。毕竟，他没有写《论物体》或《人类理解论》这样的所谓哲学论著。孟德斯鸠的热爱更多在文学和历史方面，他敏锐地看到，说到底，纯粹的智性思辨不过是"趣味"的一种类型。[②] 就此而言，孟德斯鸠的精神个性与马基雅维利更为相似：他们属于另一类热爱智慧的人，即涉及实践智慧的历史比抽象的自然哲学问题更让他们感兴趣，"关注从历史中抽取对政治行动有益的格言"。[③] 而且，他们善于以文学笔法通过描述历史事件来探讨人世的根本问题。

---

① 参见戴格拉夫《孟德斯鸠传》，许晓龙、赵克非译，商务印书馆，1997，第25~26、41页。
② 参见孟德斯鸠《论趣味》，《罗马盛衰原因论》，婉玲译，商务印书馆，1962/2007，第137~140页。
③ 梅尼克：《历史主义的兴起》，陆月宏译，译林出版社，第140页。

32 岁那年（1721），孟德斯鸠以化名"波尔·马多"出版了书信体小说《波斯人信札》（*Lettres persanes*），一时引起文坛热议。① 如今，文史家们喜欢考究这部小说与 17 世纪盛行的游记文学的关系。其实，《波斯人信札》与马基雅维利的喜剧《曼陀罗》一样，看似艳情文学，其实属于政治哲学著作——除非有深厚的古希腊罗马文学修养（"书信体"小说这种题材古希腊时期就有了）和对人世大问题的思考，否则没可能写出这样的大手笔小说。《波斯人信札》的主角是两位波斯人——分别名叫郁斯贝克和里加，他们出于求知目的出国游历欧洲，然后把在欧洲的见闻写信告诉远在家乡的人，并未在一起的两人也偶尔相互通信……通过两位波斯智识人之口，孟德斯鸠巧妙地告诉读者：法兰西王国眼下表面上是君主制，其实是东方式的专制——这无异于暗示，法国应该有一场海峡对岸的英国已经有过的推翻君主的革命。②

《波斯人信札》为孟德斯鸠带来作家声誉，从此他经常前往巴黎，出入文学沙龙和政治俱乐部（如著名的"夹层俱乐部"），与各色新派文人交往，深得丰特奈尔和拉莫特等"古今之争"中的崇今派健将赏识。没过几年，他干脆卖掉波尔多法院议长职务，迁居巴黎过上如今"自由作家"式的生活。39 岁那年（1728），孟德斯鸠当选法兰西学院院士，随即他开始了游历欧洲之旅，实地考察各国政治制度——在英国待的时间最长（1729～1731）。在这期间，孟德斯鸠追踪各种政治事件，旁听议会辩论……在伦敦的这段时期，孟德斯鸠加入了共济会。

1748 年，即将年届六旬的孟德斯鸠在日内瓦出版了他花费 20 年心血写就的《论法的精神》（*De l'esprit des lois*），很快风行，两年印行 22 版。③ 这部同样用文学笔法写成的大著不仅成了自由主义信念的经典之作，甚至成了美国宪政的精神教父——如"美国宪法之父"麦迪逊所说："在立宪问题上，我们自始至终倾听和援引的是著名的孟德斯鸠"。④ 孟德斯鸠不仅直接影响了自由民主政制的立法者，同样重要的是，他比霍布斯和洛克都更为成功地打造了自由主义意识形态：《论法的精神》以文学随笔的形式提供的

---

① 孟德斯鸠：《波斯人信札》，梁守锵译，商务印书馆，2006。
② 即便 19 世纪末 20 世纪初期的瓦雷里也觉得，《波斯人信札》"写得令人难以置信地大胆"。参见居斯多夫《〈波斯人信札〉评析》，《波斯人信札》，第 327 页。
③ 孟德斯鸠：《论法的精神》，许晓龙译，商务印书馆，2011（以下随文注页码）；义疏参见潘戈《孟德斯鸠的自由主义哲学》，胡兴建/郑凡译，黄涛校，华夏出版社，2016。
④ 参见戴格拉夫《孟德斯鸠传》，第 493 页。

是如今所谓"世界历史"的论证，使得自由主义观念不仅更容易让常人理解，而且第一次显得具有历史说服力。

这并非意味着孟德斯鸠没有给自由主义信念增添任何新东西。凭靠敏锐的具有实践智慧的眼光，孟德斯鸠看到商业将成为一种超政治的力量，它会打造出一种全新的政治生态："由商业传播到各地的风习，不同于大规模征战强制人们接受的风习"[《论法的精神》（下册），905]。换言之，自由主义信念的基础在于文明形态将要发生历史性转变：国家权力将不再像历史的过去那样依赖军事性力量，而是依赖商业化力量。孟德斯鸠用来表述他所谓"法的精神"的关键词是："自由的国家"、"宽和的道德风习"（des moeurs douces）以及"权力制衡"的政体：

> 政治自由仅存在于宽和的政体下。可是，政治自由并不始终存在于宽和的国家里。只有权力未被滥用时，政治宽和的国家里才有政治自由。然而，亘古不变的经验表明，所有拥有权力的人，都倾向于滥用权力，而且不用到极限绝不罢休。……为了防止滥用权力，必须通过事物的统筹协调，以权力制止权力。我们可以有这样一种政治体制，不强迫任何人去做法律不强制他做的事，也不强迫任何人不去做法律允许他做的事。[《论法的精神》（上册），185]

这段箴言式的说法通俗易懂，尤其容易让常人理解，其中隐含的推论是："政治自由"需要"宽和的政体"，而"宽和的政体"取决于是否限制国家权力。支撑这个逻辑推论最强有力的证明是历史的证明，因为"亘古不变的经验表明（c'est une expérience éternelle），所有拥有权力的人，都倾向于滥用权力"。这一论断一语颠覆了整个西方和东方的政治哲学传统，常人即便受过大学教育也不会去想这一论断是否有问题，而是把它变成自己的论断，从而成了如今所谓普世性的"常识"意识。

"亘古不变的经验表明……"这个短语在孟德斯鸠那里并非说说而已，事实上，整部《论法的精神》都采用了"亘古不变的经验表明……"。在这一意义上讲，《论法的精神》是一部类似"普遍历史"的著作。编年史并非唯一的史书形式，马基雅维利的史论同样是一种史书样式——不仅《李维史论》是史书，《君主论》同样是史书。与马基雅维利的《君主论》一样，孟德斯鸠力图论证一条像"永恒不变的大自然的规律[法则]"一样支配人类生活的"普遍规律［法则］"：贸易必定造就宽和的道德风习［《论法的精神》（上册），260，387］。在讨论过"法与民族的普遍精神"的关系（第 19 章）之后，孟德斯鸠用了三章篇幅来讨论商业问题，而且碰巧在全书中间位置。① 在讨论之前，他唯一一次模仿古老的古希腊叙事诗人的做派"向缪斯女神祈求灵感"［《论法的精神》（上册），385］——这段祈求不仅让当时也让今天的读者感到费解。其实，它很可能是在暗示：接下来的文字是神灵附体的灵异文。

其实，孟德斯鸠的这一"灵见"并非仅仅呈现在讨论商业问题的三章之中，而是更多地散见于全书各个看似不起眼的细节。为了推崇商业化的自由国家政体，《论法的精神》展开了极为广泛的世界历史论述，涉及当时西方知识界所知道的世上所有主要的民族及其历史。凭借这种"亘古不变的经验表明"式的叙述，孟德斯鸠打造出一套具有历史普遍性的"自由国家"的标准来衡量世界上的所有政体，从而让自由主义意识形态具有了"普世"含义。

有人会说，孟德斯鸠不是说过，一种政体再好也不意味着在所有条件下和所有地方都好或都有可能建立起来吗？不同的民族习性和不同的地理环境，要求截然不同的政治安排，哪有什么历史普遍的政制原则呢？达朗贝尔已经提醒过我们，《论法的精神》的写作笔法诡异。毕竟，当时的法国仍然是绝对王权的君主制，他说民主共和制不一定适合所有民族或国家，未必不是一种障眼法。比如他说，专制更多出现在世界上气候炎热的地区，似乎专制有其自然原因——但他又说，宽和政体或"自由的国家"是人为技艺的结果。这岂不是说，即便在世界上气候炎热的地区，只要人们有足够的技艺，也可以废除专制——何况，所有专制政体都必将腐化。毕竟，在孟德斯鸠眼里，"以政治自由作为其政体的直接目标"的国家当时只有英格兰，而欧洲也不属于世界上气候炎热的地区。何况，孟德斯鸠说过，贸易其实并不受全球地理和气候的限制：

> 贸易时而被征服者摧毁，时而受君主骚扰，于是，贸易就远离遭受压迫之乡，走遍全球，落脚在可以自由呼吸的地方。今天，贸易兴盛的地方，过去只有荒原、大海和岩石，过去贸易兴盛的地方，今天

---

① 按中译本页码计算，《论法的精神》共 814 页，专门讨论商业的三章在第 385~487 页。

只有荒原。[《论法的精神》（上册），406－407，亦参下册，905－915]

这无异于说，自由贸易就等于"文明"——或反过来说，"文明"等于自由贸易："当文明民族主宰世界时，黄金和白银日益增多……反之，当蛮族占据上风时，黄金和白银的数量就日益减少。"（上册，460）因此，"亘古不变的经验表明"，商业的力量必将冲破不同的民族习性和地理环境的限制。这里出现了福山的"历史终结论"的关键性论点：配合商业的民主共和主义将会给整个世界带来永久和平。由此看来，孟德斯鸠已经暗示了"历史终结"的进步论观点，即人类的历史脚步将在以商业化生活方式为基础的"自由国家"这里驻足，人类的进步到此为止。

二 自然欲望与好政制

如果说自由贸易是人类"文明"的历史脚步，那么，人的自然欲望就是这一历史脚步的动力。《论法的精神》在开篇说到的"自然法"，就是霍布斯所说的人的最为基本的自然欲望：保存自己——"人的最初思想显然绝非思辨意识。人首先想到的是保存自己，然后才会去思索自己来自何处。"但是，孟德斯鸠马上就修改了霍布斯的基本自然欲望的具体含义——所谓"自我保存"指的是：和平相处的欲望、填饱肚子的欲望、两性相互取悦的欲望和在社会中共同生活的欲望［《论法的精神》（上册），12－13］。通过重新界定自然欲望，孟德斯鸠打断了霍布斯的推论。因为，霍布斯从人的自我保存的欲望相互冲突、相互残害，推论出建立制服冲突的统治权力的必要性。孟德斯鸠对自然欲望的重新界定取消了自我保存的欲望相互冲突、相互残害的性质，为的是替"政治自由"及其"自由国家"论提供"自然法"证明，进而为商业这一人类"文明"的基本要素提供理论前提。显然，"政治自由"或"自由国家"的确切含义是，让他所界定的自然欲望享有自由实现的权利。严格来讲，如今意义上的"人权"论只能建立在孟德斯鸠的"自然法"基础之上，因为其首要的性质是"谁也不会想方设法彼此攻击"的"和平"。战争状态是社会状态，"和平"才是自然状态，因此，"人为"的立法目的就是要限制甚至根除战争状态，使"地球上的居民"享有"和平"的自然权利（上册，13－14）。

不过，在《论法的精神》中，孟德斯鸠并没有充分展开对自然欲望的讨论，反倒是在20多年前出版的《波斯人信札》中，我们可以看到自然欲望与政体的关系这一重大主题。从这一意义上讲，《波斯人信札》堪称《论法的精神》的导言。

欧洲的读书人都知道，希罗多德的《原史》虽然记叙的是两种文明或两种政制之间的战争，开篇讲的却是僭主对女人的欲望的故事。《原史》被称为第一部具有"普遍历史"性质的史书，不仅因为它记叙了两种文明或两种政制之间的"世界性"战争，而且因为作者力图找出支配人世间重大事件的自然法则。《原史》以争夺女人的故事开篇，然后是僭主与女人的"后宫"故事——巨吉斯故事最为著名。如果我们不能说《波斯人信札》模仿了《原史》，至少也可以说有若干相似之处。首先，我们会想到《波斯人信札》的欧洲-阿拉伯对比与《原史》的希腊-波斯对比的相似——毕竟，自中古时期以来，欧洲人与阿拉伯人打过太多的战争。第二，两书所展示的广阔历史图景都以"后宫"故事为背景——或者说以爱欲为背景。第三，希罗多德笔下的僭主制和孟德斯鸠笔下的专制都违背孟德斯鸠意义上的自然法：郁斯贝克的妻妾没有权利自由地享有自己的性生活——反过来说，享受性生活是每个人的自然权利。显然，只有当作为奴隶的妻妾通过造反夺回自己被剥夺的自然欲望的权利，她们才能自由地享有自己的源于自然的性权利。因此，在最后一封书信中，郁斯贝克的女人对他说："我可以生活在奴役之中，但我始终是自由的；我按照自然的法律改造了你的法律"（第161封信）。

经过孟德斯鸠的教育，在今天的我们看来，所有传统的夫妻制都包含着专制要素。由此可以理解，在比如说美国这样的后现代社会中，我们可以看到夫妻关系中为妻者的自然权利诉求。东方的夫妻关系是"主奴关系"，在黑格尔的《精神现象学》中，"主奴关系"成了一个形而上学问题，20世纪的科耶夫对这一问题所作的政治哲学解释，使得"主奴关系"成了"普遍历史"的哲学论题：

> 法权的进化（即人类的、法律性的进化，或者，人类历史性进化的、法律性的方面）反映了人本身的进化：它反映了主人与奴隶的辩证法，而这种辩证法又不外乎是公民在时间中的、进步性的自我创造。就真实情况来说，或者，对于我们来说，人永远都是公民——也就是说，同时既是主人又是奴隶（因此，既不是主人也不是奴隶）。但在一

开始的时候，只有主人被实在化，奴隶（作为一个人）只能潜在地存在。相反，到最后，这两种人都在公民当中并且也通过公民，或者更恰当地说，作为公民，被充分现实化了。①

在黑格尔-科耶夫那里，"主奴关系"已经成为具有"普遍历史"意义的坐标。要树立这个坐标，首先需要证成"承认的欲望"，即"以另一个欲望为对象的欲望"——按科耶夫的说法，这是"关乎人类起源的欲望（désir anthropogène）"。因为，正是这种欲望才使得人这种动物的欲望与其他种类的动物欲望区别开来：毕竟，"我们还得承认，这种欲望只能在动物性的智人类中的一员身上才能出现"②。可以说，黑格尔-科耶夫的"承认的欲望"论是对孟德斯鸠的自然欲望学说的进一步推进，而且推进的方向刚好与洛克相反：不是从自我保存的欲望推衍出诸如拥有私有财产的欲望，而是探究真正人性化的欲望。

回头看孟德斯鸠，我们不得不叹服他具有天才的敏感，他让性关系在《波斯人信札》中成了揭示"主奴关系"之政治哲学实质的最佳范例：

> 对孟德斯鸠来说，性与自我的联系表达出了主人-奴隶关系的实质：只有在奴役的前提下，只有在一个人作为奴隶的角色内，自我的界定才成为可能。在此政治构形中，主人的权威体现于他指定身份的权力，体现于否定他主宰的人选择其他角色的权力。"我无法想象"，郁斯贝克对罗珊娜写道，"除了取悦我之外，你还有什么目的"（第26封信）。因此，主人剥夺了奴隶界定自我的本质东西。奴隶的自我只能是在那个角色之内的自我，就连这个角色中的自我也是主人创造的，因此是主人的物品。对此，阉奴总管有切肤感受："我的意志"，他提到郁斯贝克之时说，"就是他的财富"（第22封信）。在奴役中，自我的权力被他人占有，作为他者对另一自我自由行动的自由，在这种权力关系中已经取消。③

---

① 科耶夫：《法权现象学纲要》，邱立波译，华东师范大学出版社，2011，第288页，亦参见第二部第二章。
② 科耶夫：《法权现象学纲要》，第255页。
③ 汉德尔特、纳勒斯：《〈波斯人信札〉中的自由与剧场》，刘小枫编《古典诗文绎读：西学卷现代编》，李小均、赵蓉等译，华夏出版社，2009，第508页。亦参见 Diana J. Schaub, *Erotic Liberalism: Women and Revolution in Montesquieu's Persian Letters*, Lanham, MD, 1995。

同样重要的是,《波斯人信札》具有今天意义上的"世界史"视野,①而且通过比较欧洲和亚洲文明提出了具有"普遍历史"意义的政治原则——郁斯贝克给在威尼斯的里加写信说:

> 亲爱的里加,在我留居欧洲期间,我看到各种政府,不像亚洲,到处政制都一样。我经常探究,哪种政府最有理性。我已经想过了,最完善的政府就是实现其目的而麻烦最少的政府,因此,那种用最适合人之天性和欲望来领导人民的政府最完美。(第80封信)

如果说,在《论法的精神》中"最完善的政府"何以可能得到了全面探讨,那么我们可以说,在《波斯人信札》中何为"最完善的政府"的性质得到过深入探讨。有人可能会说,《波斯人信札》是小说,不能把其中人物的政治议论归于孟德斯鸠名下——没错,然而,幸好孟德斯鸠出版了《论法的精神》,它让我们可以清楚看到,《波斯人信札》中的哪些议论可以归在孟德斯鸠名下,以至于可以说,虽然两书写作时间相隔很久,在一些关键问题上,孟德斯鸠的头脑保持了一致。②

因此,我们的确可以说,《波斯人信札》和《论法的精神》共同打造了一种"新的普遍历史精神"。③ 所谓旧的"普遍历史精神",指的是以波舒哀的《论普遍历史》为代表的犹太-基督教的"普遍历史"观念。居斯多夫将孟德斯鸠与波舒哀作了这样的对比:《波斯人信札》提供了与波舒哀的《论普遍历史》截然不同的"思想空间"。在西方,人们长期以为,能够让西方世界优越于其他文明的是犹太-基督教的观念,波舒哀是这种基督教欧洲观念的最后一位代表——孟德斯鸠宣告了这种观念及其《论普遍历史》的死亡。面对发现文化世界的多元性,《波斯人信札》提出了"寻求人类普遍认同"的真理这一启蒙精神所寻求的根本问题,孟德斯鸠笔下的波斯人

---

① 参见《波斯人信札》,第131、136封信。
② 参见施特劳斯《从德性到自由:〈论法的精神〉讲疏》,黄涛译,华东师范大学出版社,2016,第一讲。
③ Wolfgang Mommsen 在给《史学词典》写的"普遍历史"(Universalgeschichte)词条中说,"孟德斯鸠的《波斯人信札》和《论法的精神》已经感领到新的普遍历史精神(atmen diesen neuen universalgeschichtlichen Geist)"。见 Waldemar Besson ed., *Geschichte: Das Fischer Lexikon*, Frankfurt, 1961, p. 325。

成功地"扮演了普遍理性的先驱者角色"。① 需要补充的是，孟德斯鸠让我们看到，这个"普遍理性"的真实表达是寻求普遍承认的性欲望。换言之，孟德斯鸠并没有抛弃普遍观念本身，而是用新的普遍观念取代了犹太-基督教的普遍观念。

三 英国取代罗马

据说，伏尔泰的《论诸民族的道德风尚和精神》在一夜之间取代了波舒哀的《论普遍历史》："有一天，几乎所有法国人都还在像波舒哀一样思考。这一天之后，他们像伏尔泰一样思考。"② 这话虽然未免夸张（直到20世纪初，仍然有不少法国知识人喜欢读波舒哀），伏尔泰的这部史书标志着现代自然科学观的"普遍历史"取代基督教的"普遍历史"，却是历史事实。不过，伏尔泰的《论诸民族的道德风尚和精神》不如孟德斯鸠的《论法的精神》具有历史生命力。③ 对20世纪以来的读书人来说，伏尔泰的"世界史"记叙水分太大。毕竟，自然史式的人类历史研究已经取得巨大进步——如今研究史学的人谁还会从中提取史料呢？何况，他的"普遍历史"仍然延续了波舒哀的史书从罗马帝国到查理大帝的帝国再到法兰西王国的编年史框架。与此不同，孟德斯鸠的史论式"普遍历史"集中关注新的政治制度的普遍性问题，即便在今天仍然算得上一家之言。

波舒哀已经意识到，在人文主义者的攻击面前，基于圣史的基督教"普遍历史"观已经面临很大困难，他需要告诉法兰西王国的国君应该如何重新看待王国兴衰的成因。因此，他在《论普遍历史》的卷三专门讨论古代帝国的兴衰——罗马帝国成为中心论题。这意味着，即便圣史与俗史的二元张力消失了，"帝国"的观念并没有消失。基督教的"普遍历史"观的标准是上帝的国，俗史的"普遍历史"观的标准国度是什么呢？对欧洲人来说，这个标准的国度非罗马帝国莫属。毕竟，如沃格林所说，"罗马"观念融合了三大古代文明要素：希腊的自然智慧、以色列的独一上帝以及罗马的共和制度——因此，如果"罗马"观念作为"西方的普遍性"（West-

---

① 居斯多夫：《〈波斯人信札〉评析》，《波斯人信札》，第349、351~352页。
② 参见 Paul Hazard, *La Crise de la conscience européenne*, Paris, 1935, 前言。
③ 参见梅尼克《历史主义的兴起》，陆月宏译，译林出版社，2009，第100页。

ern universality）受到攻击，就是这三种文明造就的合力受到威胁。① 罗马帝国在欧洲西部地区维持疆域广阔的统治300多年，在欧洲历史上也算得上够辉煌。日耳曼部族迁徙到西罗马帝国领地之后，罗马教会作为帝国代理人借查理大帝的力量让各蛮族形成基督教共同体，而西方教会与东方教会直到13世纪也没有正式分裂。尽管由罗马教宗加冕的神圣罗马帝国并未构成实质性的新帝国，毕竟使得西方的历史仍然是一个连贯的历史，严格来讲谈不上有"古代与现代"的划分。

然而，正是由于神圣罗马帝国并未成为一个中央集权式的大一统帝国，日耳曼各王国的发展终有一天会挑战"罗马帝国"这个俗世的"普遍历史"的理想标准。意大利人文主义者庇安多（Flavio Biondo，拉丁语名 Flavius Blondus，1392 – 1463）的《罗马帝国衰亡以来编年史》被视为第一部告别罗马帝国的史书，② 无意中打造出"中间世纪"这个概念，为随后出现的古代与现代划分作了铺垫，因为，他记叙的这段历史正是人们后来所说的"中世纪"（从公元410年罗马遭哥特人洗劫到1442年的意大利）。通过书写这段历史，庇安多成了"古代/中世纪/现代"这一如今常见的人类历史断代三分法的先驱。用布克哈特的话来说，庇安多的《罗马帝国衰亡以来编年史》使得"从罗马帝国衰亡以来"的欧洲历史"已经成为过去"，意大利人文主义者"已经置身中世纪之外"，或者说"已经在养成一种历史精神"。③

然而，庇安多写这部编年史的本义并不是要挑战"罗马"这个帝国标准。由于"历代教宗与霍亨斯陶芬王朝之间的斗争，意大利的政治情况截然不同于西方的其他国家"——法兰西、西班牙、英格兰凭靠自身的封建制度正在成为统一的君主国，属于神圣罗马帝国领地的意大利却看不到这样的形成统一君主国的政治力量。④ 于是，意大利的智识人起初有特别强烈的复兴罗马共和国的政治想象。换言之，辉煌的罗马帝国历史让意大利智识人心有不甘。毕竟，这里曾是罗马崛起的故土，而这个帝国曾经统治着

---

① 参见沃格林《革命与新秩序》，谢育华译，华东师范大学出版社，2009，第38～39页。
② 庇安多的《罗马帝国衰亡以来编年史》（*Historiarum ab inclinatio Romanorum imperii decades/ Decades of History from the Deterioration of the Roman Empire*）写于1439至1453年，但在作者去世20年后（1483）才出版，半个世纪后有了英译本（1543）。
③ 参见布克哈特《意大利文艺复兴时期的文化》，何新译，商务印书馆，2007，第242～243页。
④ 布克哈特：《意大利文艺复兴时期的文化》，第2页。

整个西欧。

庞安多一生的写作可以说是这种心态的反映。他出版的第一本书是三卷本的《修复的罗马》（De Roma instaurata/Rome Restored，1444－1448），这本书属于如今所谓考古学式的史学著作。庞安多喜欢在罗马城发掘古迹，他写这本书为的是唤起意大利人对古罗马城文明古貌的记忆，这让他成了现代考古学式的史学先驱。与《修复的罗马》配套的是《获胜的罗马》（De Roma triumphante/Rome Triumphant，1479），这本书讲述的是罗马帝国的文官制度和军事制度——由于庞安多把教宗国描写成罗马帝国的延续，我们就很难说他对改变意大利的现实政治没有期盼。把希望寄托在教宗国身上，至少是13世纪以来教宗国政治家持有的政治想象。接下来庞安多还写了《意大利名地》（Italia illustrata/Italy Illuminated，写于1448~1458年，1474年出版），这本书模仿泡赛尼阿斯的《希腊旅游指南》以游记形式描绘意大利十四个地区（regiones）的历史：从罗马共和国时期、帝国时期、蛮族入侵一直到查理大帝立国和神圣罗马帝国统治的现在——用今天的话说，这叫做历史地理学。

史学史家对庞安多的评价一向不高，① 布克哈特却能慧眼独到地看到，庞安多的著作表明意大利人文主义者"已经在养成一种历史精神"。问题在于，什么样的"历史精神"？马基雅维利的《李维史论》（1519）对这个问题给出了具有历史意义的回答：寻求"新模式和新秩序"——所谓的"文艺复兴"这个概念，按布克哈特的说法，其含义首先是如何通过人为技艺打造出一个统一的君主国。马基雅维利义疏李维的《罗马建城以来史》并非因为他崇尚古代的罗马共和文明，而是要寻求新的政制模式。② 既然"罗马"是具有普遍性的旧模式和旧秩序的标志，马基雅维利要寻求的"新模式和新秩序"对日耳曼各王国来说就具有普遍意义。因此，马基雅维利的《李维史论》和《君主论》理应被视为一种"普遍历史"论。《君主论》通

---

① 汤普森仅提到庞安多开拓考古学式的史学和中世纪研究，参见汤普森《历史著作史》，谢德风译，商务印书馆，1988/1996，上册，第二分册，第705~706页。科斯敏斯基说庞安多"思想平庸，学识浅薄，但非常勤奋和博学"，参见科斯敏斯基《中世纪史学史》，郭守田等译，商务印书馆，2012，第120~122页。直到晚近，庞安多才获得史学史的更多关注，参见 Angelo Mazzocco/Marc Laureys ed., A New Sense of the Past: The Scholarship of Biondo Flavio（1392－1463），Leuven University Press，2015。

② 参见曼斯费尔德《新模式与新秩序：马基雅维里论李维义疏》，贺志刚译，华夏出版社，2007。

篇以史带论,虽然书名看起来与史学无关,事实上在打造而且实际上打造了一种新的"历史精神"。据说,文艺复兴时期的史书真正关切的无不是政治理论和实践。① 倘若如此,我们就不能把《君主论》这样的具有政治指导意义的书排除在史书之外。

在《波斯人信札》与《论法的精神》之间,孟德斯鸠发表过一部篇幅与马基雅维利的《君主论》相若的短制《罗马盛衰原因论》——如书名原文所示,孟德斯鸠要"思索罗马人伟大和衰落的诸种原因"(Considérations sur les causes de la grandeur des Romains et de leur décadence)。与马基雅维利的《李维史论》限于罗马建国史不同,孟德斯鸠的"罗马"理念涵括整个罗马史——以罗马的起源开篇,以东罗马帝国的覆灭结尾。用我们今天的话来说,孟德斯鸠不仅沿着马基雅维利演示的道路向前迈了决定性的一步,还有力地打击了反动的波舒哀的"普遍历史"论——从《论普遍历史》出版的1681年到《罗马盛衰原因论》在荷兰匿名出版的1734年,仅仅时隔半个世纪。

因此,"只有认识到孟德斯鸠的著作是对波舒哀的回应,我们才能够认识到孟德斯鸠的独创性所在。"但如果说虽然孟德斯鸠把神意逐出了历史,毕竟离马基雅维利"这位非道德的经验主义者还是很远",就很奇怪了——据说,孟德斯鸠的史论"不是为了政治家(politicians),而是为了哲人和治邦者(statesmen)"。② 实际上,就"罗马的普遍性"这一问题而言,《罗马盛衰原因论》"是一位哲人对某个特定社会(更不用说它的整个历史)进行广泛分析的少数例子之一。能与之相比的论罗马的著作,唯有马基雅维利的《李维史论》,两部书有着很深的内在亲缘"。③ 问题在于,《罗马盛衰原因论》与《李维史论》有怎样的"内在亲缘"。如果我们看到马基雅维利的《李维史论》重新激活了珀律比俄斯的《罗马兴志》中的关切,那么,一条寻求具有普遍性的政治原则的历史精神的线索就联系起来了:在基督教的普遍历史观出现之前,珀律比俄斯通过记叙罗马崛起的历史已经在寻求一种普遍的政制理想。④ 然而,在马基雅维利笔下,这个俗世的普遍政制理想

---

① 参见汤普森《历史著作史》第二分册,第710页。
② 参见奥克《孟德斯鸠对罗马历史的分析》,载娄林主编《孟德斯鸠论政制兴衰》(经典与解释辑刊第43辑),华夏出版社,2015,第85页。
③ 参见洛文塔尔《〈罗马盛衰原因论〉导读》,载娄林主编《孟德斯鸠论政制兴衰》,第3页。
④ 参见布罗《历史的历史:从远古到20世纪的历史书写》,黄煜文译,广西师范大学出版社,第75、77~78页。

与基督教的普遍政制理想一同遭到废弃。《李维史论》和《罗马盛衰原因论》都要寻求"新模式和新秩序",这两部史论虽然说的是古代历史,实际上提出了古今之别或以今判古的"历史精神"——正如孟德斯鸠在《罗马盛衰原因论》一开始所说:

> 现代的历史（l'histoire moderne）提供给我们一个可以说明当时罗马发生的事情的例子；这实在是一件值得人们十分注意的事情：因为在任何时代（dans tous les temps）,人们的激情总是相同的（les mêmes passions）,引起巨大变革的机缘（les occasions）虽然不同,原因却永远一样。①

什么样的"激情"古今相同？孟德斯鸠以英王亨利七世（Henri Ⅶ）通过加强下院的权力来压制上院这个"现代"例子,类比罗马王政时期的塞尔维乌斯（Servius Tullius）,他曾"扩大人民的特权（les privilèges du peuple）以削弱元老院"——"可是,人民后来变得更加大胆起来,他们推翻了一个又一个君主制"（同上）。孟德斯鸠的笔下说的不是古今这"两个王国"被推翻了,而是说人民"推翻了一个又一个君主制（renversa l'une et l'autre monarchie）"——这无异于暗示,从古老的罗马王政时期到晚近的历史时期,人民推翻"君主制"是一个类似于"普遍历史"的古今通则,因为,人民起来推翻君主统治的"激情"在"任何时代"总是相同。

古代的智慧者不知道"人民"有这样的"激情"吗？当然不是——那么,古代的智慧者如何看待这样的"在任何时代"都有的"激情"呢？从梭伦到亚里士多德或从老子到韩非子,我们可以看到,平衡是首要的政治原则。在马基雅维利和孟德斯鸠那里,这种原则被抛弃了。只不过,在马基雅维利的时代,他能够找到的"新模式和新秩序"的实际典范还算不上"现代历史"上的成功典范。与此不同,孟德斯鸠相信自己已经从光荣革命后的英国身上看到了普遍有效的"新模式和新秩序"——1731年从英格兰王国回国后,孟德斯鸠立即着手写作《罗马盛衰原因论》。

众所周知,孟德斯鸠给现代政治的"新模式和新秩序"带来的一项

---

① 孟德斯鸠:《罗马盛衰原因论》,第3页。以下随文注页码,凡有改动,依据法文笺注本（Garnier-Flammarion, Paris, 1968）,不再一一注明。

重要的"普遍"原则是所谓"制衡权力"。在《罗马盛衰原因论》第 8 章再次说到塞尔维乌斯之后,孟德斯鸠说"罗马的政府值得称赞(fut admirable),因为自从它产生以来,它的制度就足以使要么人民的精神,要么元老院的力量,要么某些高级官吏的威望永远能够纠正任何权力的滥用(tout abus du pouvoir...corrigé)"。他紧接着就提到了迦太基的亡国、雅典的垮台乃至"我们今天(parmi nous)"的意大利共和国的短命(47 - 48),言下之意,"纠正任何权力的滥用"是具有"普遍历史"意义的政治原则……然后他又说,其实,即便在十人执政官时期的罗马,自由也并不更多——紧接着孟德斯鸠就说:"英国的政府(le gouvernement d'Angleterre)所以更智慧(est plus sage),因为有一个组织(un corps)在经常不断检查政府和检查它本身"。

  一句话,一个自由的政府,也就是说经常动荡的政府,如果没有自己合适的法律(ses propres lois)来纠正自己,就无法维持下去。(48)

  接下来,孟德斯鸠就进入第九章的论题:"罗马灭亡的两个原因"。孟德斯鸠显然在暗示我们,"自由的政府"(un gouvernement libre)才是最佳政制——但是,孟德斯鸠心里清楚,"真正的自由是一个热爱智慧[哲学]的状态而非民政状态(civil state)"。[①] 民政状态的自由的结果是"经常动荡"(toujours agité),因此,"自由的"政制必须得有"自己合适的法律"。这里所谓"自己合适的法律",不是如今所谓法制国家具体的实定法,而是《论法的精神》所说的作为道德风尚的"精神","即对自由的爱,亦即对暴政的憎恨"[un même amour pour la liberté, une même haine pour la tyrannie,《论法的精神》(上册),50]。因此,罗马灭亡的根本原因是:罗马起初有自由,后来"失去了自己的自由"(perdit sa liberté, 52)。如果生活在自由政府治下,人们就用不着只用暗杀的办法才能惩处统治者的罪恶,而是"要么靠公开的压力要么按法律来追究"(poursuivi par la force ouverte ou par les lois, 64)。《罗马盛衰原因论》让人们看到,英国的革命使得欧洲终于有了新的"普遍历史"的标准取代罗马这个旧标准。

---

① 参见克劳斯《孟德斯鸠论两种自由》,载娄林主编《孟德斯鸠论政制兴衰》,第 43 页。

四　古今美德的差异与普遍历史

无论如何,《罗马盛衰原因论》并不仅仅是在说古代的事情,而是以古今对比为基本视野论证具有"普遍历史"意义的法则。在《论法的精神》中,这些法则得到更为明晰的展现,因此,《罗马盛衰原因论》不仅"应该被视为《论法的精神》的前奏",① 而且应该被视为纲要。事实上,《论法的精神》中的所有基本观点,在《罗马盛衰原因论》中都已经出现过了。《论法的精神》首先提出的是政治美德问题,《罗马盛衰原因论》同样如此:

> 罗马总是自强不息,又总是遇到障碍,它虽然不能伸展自己的权力(sa puissance),而且在一个圈圈之内很小(dans une circonférence très petite),却践行了必然会对全世界发生宿命作用的那些美德。(6)

孟德斯鸠似乎要赞美罗马人的"美德",其实不然。由于罗马总是"处在无休止的战争之中"(dans une guerre éternelle),罗马人的"美德"是"坚韧和勇猛"(la constance et la valeur),这是罗马人"对自己、对自己的家人、对自己的祖国乃至对人类中一切最珍贵的东西的爱"(l'amour de soi-même, de sa famille, de sa patrie et de tout ce qu'il y a de plus cher parmi les hommes, 5,比较11)。言下之意,"坚韧和勇猛"并不是真正的"必然会对全世界发生宿命作用的那些美德"(des vertus qui devaient être si fatales à l'univers)——"对自由的爱,亦即对暴政的憎恨"才是。孟德斯鸠讲述罗马兴衰史为的是教育人们懂得:"对自由的爱"必然应该取代作为古代美德的"坚韧和勇猛",并成为"对自己、对自己的家人、对自己的祖国乃至对人类中一切最珍贵的东西的爱"。② 对孟德斯鸠来说,"自由"才是一个国家作为身体"活动起来的灵魂"——按照这个原则,人的政治划分只有两类:要么是受奴役的人,要么是为了自己的私利想方设法奴役人的人(参见7)。一旦这样的政治划分成为世人的"常识","对自由的爱"就不仅是"美德",也是信仰的对象。

为什么孟德斯鸠那么看重"对自由的爱"?在他看来,其实道理很简

---

① 参见奥克《孟德斯鸠对罗马历史的分析》,第87页。
② 比较《罗马盛衰原因论》第11章,第64页;第18章,第103页。

单：唯有这种"美德"才与尚商的生活方式匹配。把"民政状态"的自由说成具有"普遍历史"意义的政治价值，与尚商生活方式有内在的关联。在孟德斯鸠笔下，作为古代共和国的表率，罗马的德性是尚武，现代的共和国的德性应该是尚商。《罗马盛衰原因论》一开始就提出，"罗马这个城市没有商业，又几乎没有手工业（sans commerce et presque sans arts）。每个人要想致富，唯一的办法是打劫"（4）——这无异于说，罗马人好战是为了打劫致富。在题为"论罗马人的腐化堕落"的第 10 章，孟德斯鸠说，"罗马公民认为，商业和手工业是奴隶们才干的行业"（54）——这无异于说，古代文明的基本共性是鄙视商业。在第 15 章，孟德斯鸠的罗马史叙述到了帝制时代，他进一步说：由于鄙视手工业和商业，罗马人民甚至连最坏的皇帝也不憎恨，以至于罗马人"变成了天下所有民族中最可恶的民族"（il était devenu le plus vil de tous les peuples）——这就挑明了"对自由的爱"与商业文明的关系。因此，孟德斯鸠说，"当翻阅皇帝们的历史时"，他"感到难以卒读的是：无数人被处死竟然是为了没收这些人的财产。在我们现代的历史中（dans nos histoires modernes），根本找不到类似的例子"。这不仅是因为现代人的"道德风尚更为宽和"（des moeurs plus douces），宗教更有抑制作用，同样重要的是，如今不再有搜刮世界的元老家族可供剥夺，而我们每个人也都有了不值得让人费大气力来剥夺的财富（80）。

可见，通过史例与议论巧妙间杂的笔法，孟德斯鸠明确提出了历史的普遍法则问题。孟德斯鸠的"罗马史"（l'histoire des Romains）想要带给人们的基本教诲是："支配世界的并不是命运"（la Fortune qui domine le monde），而是"一些一般原因"（des causes générales）——这些原因"要么是道德方面的，要么是生理方面的"（soit morales, soit physiques，102）。一切偶发事件都受制于这些原因，一旦掌握了这些原因，就掌握了世界。并非如某些评论家所说，《罗马盛衰原因论》始终没有明确具体解释所谓"一般的""道德或者自然方面"的"原因"究竟是什么。[①] 事实上，这个"原因"就是人类的商业活动以及与之相配的政治体制和"美德"。毕竟，尚商是贯穿《罗马盛衰原因论》的一个具有"普遍历史"意义的法则。

因此，在题为"罗马灭亡的两个原因"的第 9 章中，孟德斯鸠提到了这样一个历史的普遍经验："自由的国家"（les états libres）如果维持得不

[①] 洛文塔尔：《〈罗马盛衰原因论〉的谋篇》，载刘小枫编《古典诗文绎读：西学卷现代编》上册，第 523~527 页。

如另一些国家长久，仅仅因为它们失掉了自由。"一个贤明的共和国（une république sage）决不应当冒险使国家一任厄运摆布：它应当追求的唯一的善（le seul bien）"是政治自由（50）。凭靠对罗马走向帝制或走向腐败衰亡的编年史叙述，孟德斯鸠提出了新的具有普遍性的政治价值："人道"。关于何谓"人道主义"，无论如今可以下多少不同的定义，我们都不能不清楚孟德斯鸠的定义："人道"意味着"宽和的风尚"。按孟德斯鸠的史学式推论，皇帝的恐怖暴政基于罗马人的"一般精神状态"，即"没有宽和的风尚"（des moeurs douces），"气质仍然凶残"（l'humeur féroce resta）——因此，改变人性的气质是好政制的一项指标：

> 罗马人习惯于像对自己的孩子和奴隶那样轻佻对待人的本性（jouer de la Nature humaine），根本不能认识到我们称为人道（nous appelons humanité）的那种美德。（79）

然而，"宽和的风尚"得靠"宽和的政府"来打造。于是，"宽和的政府"成了好政制的具有"普遍历史"意义的标准。罗马从一个平原上的小城发展为共和国，然后又走向让自己灭亡的帝国，这样的历史正好可以让孟德斯鸠用来证明这样的普遍原理："宽和，是君主的首要美德"（la douceur, cette première vertu des princes, 87）。

余 论

在《罗马盛衰原因论》临近结尾的时候，孟德斯鸠以总结口吻说，"如果认为世界上有一种值得敬重的人的独断权威"（dans le monde une autorité humaine, à tous les égards despotique），那就错了。因为，"这种权威从来不曾有过，将来也绝不会有。巨大无边的权力总会在某一方面受到限制"（le pouvoir le plus immense est toujours borné par quelque coin, 129）——孟德斯鸠在这里不动声色地把"权力"等同于"权威"，把限制权力说成与限制权威是一回事。凭常识来讲，事实上，权威与权力并非一回事。我们可以说，孔子有权威，但他并没有权力，也没有掌握过权力。我们显然不可以说，限制帝王的国家权力与限制孔子的国家权威是一回事。权威具有道德的，甚至神圣的力量，这种力量肯定具有"独断"

性质，而且需要体现在某个特殊个体身上——比如，耶稣具有的是"权威"而非"权力"。孟德斯鸠所推崇的"政治自由"绝不仅仅是我们所理解的限制国家的行政权力，更为重要的是要限制道德精神的权威。一旦这种"政治自由"观成为人们的"常识"，我们的社会成了如今这个样子就一点儿不奇怪。

孟德斯鸠曾用如今所谓比较政治哲学的语式论证说，"在亚细亚的专制制度的和谐中"（dans l'accord du despotisme asiatique），由于"政府不温和"，总是难免"实实在在的不和"（une division réelle，51）——在这里，孟德斯鸠用的"温和"（modéré）一词与"宽和"是同义词。读到这句话时，我们难免会想到：按照儒家正统思想的自我宣称，儒家始终致力打造的不就是"温和"的政府吗？倘若如此，中国传统政制就不能说是孟德斯鸠意义上的"专制"啊！在为写作《论法的精神》而准备的笔记中，孟德斯鸠曾这样写道：

> 中国的政体是一个混合政体，因其君主的广泛权力而具有许多专制主义因素，因其监察制度和建立在父爱和敬老基础之上的美德而具有一些共和政体因素，因其固定不变的法律和规范有序的法庭，视坚忍不拔和不顾风险说真话的精神为荣耀，而具有一些君主政体因素。这三种因素都不占强势地位，源自气候条件的某些具体原因使中国得以长期存在。如果说，因疆域之大而使中国是一个专制政体国家，那么，它或许就是所有专制政体国家中之最佳。（《论法的精神》，880）

如果今天有那个中国学人说这样的话，难免遭受"公知"围殴——然而，中国的"公知"之所以理直气壮地围殴这样的言论，又恰恰是因为孟德斯鸠并没有发表上述观点，而是发表了更为简单明了的观点："中国是一个以畏惧为原则的专制国家。在最初那些王朝统治时期，疆域没有现在那样辽阔，专制精神可能略微逊色。可是，如今已非昔日可比了"（《论法的精神》，152）。通过诉诸"亘古不变的经验"，孟德斯鸠成功打造了"反专制"的意识形态，造就出自由主义信仰的知识人和革命家，他们把实现孟德斯鸠的"普遍历史"法则视为自己的普遍历史使命——商业化的自由国家才是普遍有效的历史判准：凡没有进入这种政制的国家，都是落后（等于专制）的国家。如福山所说，一旦这些人形成一个新的社会阶层,他们就会建立起一个新的政治制度来支配社会。①

(作者单位:中国人民大学古典文明研究中心)

Montesquieu and Universal History

Liu Xiaofeng

Abstract: By means of the argumentation about the "universal history" Montesquieu proposes the ideology of liberalism. As the ethos of his spirit is concerned, he has more similarities to Niccolo Machiavelli to a large extent that they are adept at inquiring into the fundamental problems through representation of historical events in literary style. It seems that Francis Fukuyama's key theme that the democratic republicanism with emergent commerce will usher the whole world into eternal peace appeared in his writings, so he has implicitly suggested a progressivist concept of "the end of history". Appealing to "the ever-lasting experiences" he has successfully created an anti-absolutist ideology and cultivated intellectuals and revolutionaries, who have persistent faith in liberalism and take as their own task realization of the law of universal history. For them, only the commmercialised state can be the historical criterion with universal validity according to which all states that have not entered into this regime are inferior or identical with the absolutist state.

Keywords: Montesquieu; universal history; common reason; liberal ideology; commercialization

---

① 参见福山《历史的终结及最后的人》,陈高华译,广西师范大学出版社,2014,"新版序",第4页。

登梯观美与游心闻道

——探寻智慧人生的两条路径

王柯平/文　李莹/译

摘　要：作为轴心时代的两大思想家，古希腊的柏拉图（公元前428－前348年）和中国的庄子（公元前369－前286年）都十分关注普遍的人类生存状况，他们将自我修养作为切入点，苦苦探索通向智慧人生的路径。在他们各自提出的诸多路径中，最发人深省的或许当数两段寓说：一则是柏拉图著名的"美之阶梯"寓说，象征着对至高哲思人生和神性智慧的追求；另一则是庄子的"游心闻道"寓说，讲述了道之获得与精神自由及人格独立的关系。

关键词：柏拉图；庄子；自我修养；美之阶梯；游心闻道

>　　*Je blame également, et ceux qui prennent de parti de louer l'homme, et ceux qui le prennent de le blamer, et ceux qui le prennent de se divertir; et je ne puis approuver que ceux qui cherchent en gémissant.*
>
>　　凡假党派之名称颂他人者，抨击他人者，视之儿戏者，皆余口诛笔伐之对象；唯悲叹中前行者，不在此列。①

作为轴心时代的两大思想家，古希腊的柏拉图（公元前428－前348年）和中国的庄子（公元前369－前286年）都十分关注普遍的人类生存状况，他们将自我修养（self-cultivation）作为切入点，苦苦探索通向智慧人生的路径。在他们各自提出的诸多路径中，最发人深省的或许当数两段寓说：一则是柏拉图著名的"美之阶梯"寓说，象征着对至高哲思人生和神性智

---

① Psacal, *Pensées*, Paris: Librairie Générals Française, 1962, p.333.

慧的追求；另一则是庄子的"游心闻道"寓说，讲述了道之获得与精神自由及人格独立的关系。

朝圣之路，登梯观美

我们都生活在时间的急流中，不论如何，谁都无力摆脱时间的束缚。倘若有人对生活麻木不仁，他往往会陷入如此的矛盾处境：活了一辈子，在行将就木、奄奄一息之际，蓦然回首，才发现自己从未真正活过。或许，他一直过着毫无意义的人生，抑或，他虚度天命，一心沉湎于"形而下"界，从未踏入"形而上"之域。为了避免这种困境，人们深刻意识到，必须追寻有价值的人生，即多层次的丰富生命，这囊括了"形而下"的幸福和"形而上"的快乐。

古希腊传统中，这种美好人生可以追溯到柏拉图，他在对话中以寓说形式将其提出。由柏拉图的多篇重要对话可知，他所构想的"美好城邦"（*kallipolis*）意在让公民获得自由、过上美好生活。他所谓的美好生活从本质上说，就是正义、有尊严的幸福生活，他认为必须通过合理有效的政体和正确得当的教育才能实现这一理想。假如城邦确立了理想政体，相得益彰的教育便成为保障公民美好生活的重要途径；在城邦的有力引导和支持下，公民必须注重自我修养的提升，才有可能过上美好生活。上述观点突出体现在《会饮篇》（*Symposium*）中攀登美之阶梯的历程。究其本质，登梯观美之历程发于爱、指向美：人们受爱欲天性之驱动，踏上追逐美的历程，最终达到认知的至高境界，即纯粹理性的境界。原文中描述如下：

> 能够正确处理爱之事务的爱者，必定从年轻时就开始热爱美之形体……这是自行进入，抑或由他人引入爱之奥秘的正确方式：一个人必须先从热爱美之事物开始，不断向上攀升，抵达至高的美。他仿佛一级一级地向阶梯（*epanabathmois*）上攀爬，先从热爱某一个美之形体开始，再去爱同属一类的两个形体，进而爱上一切形体；学会爱上形体之美以后，他会爱上礼法之美，更进一步还有知识或科学之美；后来，从对知识之美的爱转向那种特殊的学问，仅仅关乎美本身的那种；最终，他就会获知美之事物（*tou kalou mathēma*）的本质。在那种超越其他一切的生活状态（*entautha tou biou*）中，爱者会发现生活的真正

价值，因为他注视着本质的美。①

由上述引文可知，柏拉图有意构建美的层级体系，包含由形而下到形而上、由低到高七个层级的美。他把美的七个层级比作阶梯的七级，阶梯在这里代表一种循序渐进、难度递增的等级结构。由此，我们不禁要思考如下三个基本问题：是谁引导爱者登上美的阶梯？爱者要如何才能攀登到阶梯顶端？在登梯观美的整个历程中，各个层级的美之间互有何种联系？

第一个问题的答案，其实隐藏在《会饮篇》关于爱（Eros）的演说当中，一系列演说的主旨"爱的动力和勇气"②（tēn dynamin kai andreian tou Erōtos）即为解答。这种"爱的动力和勇气"印证了爱的巨大魅力，正如狄奥提玛（Diotima）向苏格拉底述说的那样。爱让拥有繁衍欲望的动物陷入一种怪异状态：它们会患上爱的疾病，对异性产生情欲，它们首先进行交配，然后共同哺育下一代。为了保护子女，它们不惧险恶，即使必须以弱抗强，甚至必须牺牲性命；为了养活子女，它们宁可自己忍饥挨饿。陷入恋爱的人们同样会这么做，因为他们深谙爱之道理。③ 爱的力量之所以如此强大，是因为其爱欲本性来自神灵的结合。爱（Eros）的母亲是贫乏神（Penia），父亲是丰富神（Poros），他出生于美神阿芙洛狄咸（Aphrodite）的诞辰庆典上，成为美神的仆从，生来就是美的追随者。④ 爱继承了父母双方的特质，天性里包含着矛盾因素，一半丰富，一半贫乏。他永无止境地追求所有的美，这是富饶的表现，但不管拥有多少，他始终缺乏满足感，这又体现出他的贫乏。于是，他的生活并不完满，他总是怀着无尽的热情，一旦发现美的事物，他就会变得十分活跃和勇敢。爱者的爱背后隐藏着这样一股强劲的驱动力，因此他们会勇攀美之阶梯，探寻不同层次的美。

论及第二个问题，爱者如何才能登上美之阶梯的顶端，答案依然与爱（Eros）密切相关，因为爱是"我们人之天性（tē anthrōpeia physei）有望寻得的更好的助手（synergou ameinō）"⑤。这么说并未否定爱的神性出身，只是更加凸显爱与人性的关系。不妨这么想，爱和人类本性虽然不是完全等

---

① Plato, *Symposium* 210a – 211d（trans. A. Nehamas and Paul Woodruff, W. R. M. Lamb）. The citation is here given with minor modifications.
② Plato, *Symposium*, 212c.
③ Plato, *Symposium*, 207a – b.
④ Plato, *Symposium*, 203b – c.
⑤ Plato, *Symposium*, 212b – c.

同，前者却已经渗透、融入后者当中。作为"更好的助手"，爱扮演着至关重要的角色，他引导人们发现通向美的道路，展望美的阶梯。关键在于，"爱乃是对美之事物的喜慕"（Erōs d'estin erōs peri to kalon）。此外，"爱是爱智者"（Erōta philosophon einai），尽管他介于"智慧和无知"（sophou kai amathous）之间。① 他的智慧之处在于，他渴望认识一切的美，而不仅仅是部分的美；他的无知之处在于，他总想了解更多，探索未知。爱的这种哲人气质促使他追寻美善之物，只有求得美善之物，他才能享有最本真的幸福。同样的，在爱的影响下，"人们热爱本真的、纯粹的善"（allo estin ou erōsin anthrōpoiē tou agathou）。② 由此，柏拉图将爱视为"引导者"，"正确引导"人们登上美之阶梯，展开这个寓说。虽然柏拉图以假设的口吻进行描述，但他的整段寓说都透露出确信的基调，他相信爱能够发挥"引导者"的积极影响，带领人们完成登梯观美的整个历程。例如，对话中反复出现"*orthōs*"一词，有三次表示对"爱之事务"（ta erotica）的正确引导，③ 两次表示希腊特有的男性之爱（paiderastein）的正确方法。④ 这里，柏拉图似乎将适宜原则（a principle of rightness or correctness）运用于一切爱之事务。根据古希腊语，适宜原则意为谨慎稳妥、保持平衡、做事恰如其分。如果在寓说的特殊语境里考虑适宜原则，就是要求热爱美、追求美的人，不仅要具备爱（Eros）的哲人气质，还应当拥有节制或自制的品性。毫无约束的爱只会将人引向失败，更不用说登上阶梯去观望更美、更珍贵的事物。

现在来解答第三个问题：在从低到高登梯观美的历程中，各个层级的美之间有着怎样的关系？此处，对美之形体（ta kala sōmata）的爱分为三个步骤。⑤ 首先，爱一个特定形体的美。依我之见，这种爱是在性力和友爱之力的双重驱动下产生的，前者让人对身体产生性爱，后者让人从心里产生友爱。当两种力相互平衡、配合得当时，就会催生人性之爱（humanus amore）⑥，从本质上说，这是一种节制的、具有生命力的爱。倘若两种力失

---

① Plato, *Symposium*, 204b – c.
② Plato, *Symposium*, 205a – e.
③ Plato, *Symposium*, 210a.
④ Plato, *Symposium*, 211b.
⑤ Plato, *Symposium*, 210a – b.
⑥ 斐奇诺：《论柏拉图式的爱——柏拉图〈会饮〉义疏》，梁中和、李旸译，华东师范大学出版社，2012，第168~169页。在此节中，斐奇诺探讨了五种类型的爱，其中三种与柏拉图美之阶梯的寓说有关，包括积极的人性之爱（humanus amore）、关乎肉欲的兽性之爱（ferinus amore）以及关乎冥思的神性之爱（divinusamore）。

去平衡，比如性力压倒了友爱之力，就会导致兽性之爱（ferinus amore）的出现。① 如果出现第二种情况，对特定形体的爱就会变得非常狭隘，只受性力驱动的爱容易让人焦虑和受挫。人性之爱通常将人引入积极向上的人生，而兽性之爱往往使人终日沉湎于肉欲，前者是理性、建设性的，后者则是非理性、毁灭性的。另一方面，如果性力完全枯竭，结为夫妇的异性爱侣可能无法生育后代；当友爱之力不够强大、不足以维系双方的和谐关系时，夫妻间的问题可能会在某一时刻突然爆发，最终导致家庭的破裂。相反，如果友爱之力使人产生了爱，这种爱往往非常深厚。根据柏拉图的适宜原则，这种友爱是交互的，在爱者与被爱者之间传递，其基础是双方为维系爱情而付出的努力。友爱之力催生的这种爱，类似于柏拉图和亚里士多德所说的第三种友谊，即真正的友谊（philia），真正的友谊反映出朋友或爱人间互相欣赏的道德品性。第三种友谊超越第一种友谊和第二种友谊，因为第一种友谊建立在共同的享乐和爱好之上，第二种友谊则基于相互利用和实用价值。

接着，爱一个形体过渡到了爱两个形体。通过比较两个形体，爱者发现了两者在美之形式（eidei kalon）上的相似之处。然后，他就会爱上所有形体（tois sōmasi kallos）的美。此时，美不再局限于视觉上的美，爱者开始接触抽象的美，通过思维活动和审美体验，他发现一切美之事物在形式上有共通之处，这种共性使他的爱向一切事物敞开。这里似乎隐含了一种（本质）与多（个别）的关系。一切美之事物的形式，往往是差异中的统一（unity in diversity）。

美的三个基本等级分别指向一个形体、两个形体和所有形体。这三级构成一种身体美学，而这种身体美学反过来也有助于培养对美之形体的鉴赏能力。一个人对美的鉴赏始于他对爱人形体的爱欲和感觉；爱上一个形体后，他进而会去观察两个形体的共同之美；接着，他的鉴赏对象上升到抽象层面，一切形体的美在形式上的共性，例如黄金分割（golden section），即差异中的统一。这种鉴赏训练有助于培养人的审美能力，从而使其走向审美人生。在希腊传统中，对形体之美的热爱往往转化成诗人创作的驱动力，因为古希腊人，尤其是贵族阶层，特别钟爱健美的身体，他们会定期进行体育训练，练出强壮健美的形体。除了追求美的形体以外，他们还有

---

① 斐奇诺（Marsilius Ficinus）：《论柏拉图式的爱——柏拉图〈会饮〉义疏》，2012。

更高的目标,即培养高贵品格,把自己塑造成美善兼备的人。

柏拉图探讨的身体美学,或许会让人想起尼采论及希腊悲剧诞生时所倡导的生理美学。尼采认为,古希腊人所谓有意义的人生,正如这个世界,"只能作为一种审美现象"而获得"永久的合法性"。① 通过艺术,人类存在可以上升为审美现象,因为艺术本身能带来悲剧效果或精神慰藉,以"激发、净化并消解"人们面对灾祸和悖论时产生的憎恶、恐惧等情感。世界就像审美现象,因为它能带来愉悦和美感。遵循日神精神和酒神精神,遵循"高贵的谎言"②,世界便拥有"永久的合法性"和本质的确定性。虽然尼采的美学思想与浪漫主义关系密切,与古典主义较为疏远,但其突出的生理美学特质依然闪着柏拉图身体美学的微光,特别是美之阶梯的前三种美。

爱者登上美之阶梯的第四级,开始观照灵魂之美,灵魂之美的价值超越形体之美,更富吸引力,并且有助于提升年轻人的品行。③ 古希腊语中,"kallos"既可以表示具体的美,比如形体、外形、形状之美等审美意义上的美感,也可以表示抽象的美,比如善良、高尚等赞美人之言行的道德层面的美。灵魂之美主要表现为高尚的德行。到达这个阶段,内心向善的力量使爱的行为转化为道德评判,爱(Eros)——哲人品质中的美德部分由此得到强化,它会引导爱者做出善行,让其过上有道德的人生,防止任何邪念的侵染。

登上阶梯的第五级,爱者开始发现习俗和法令所蕴含的美(tois epitēdeumasi kai tois nomois kalon)。④ 当爱者注视到这更高层级的美之后,形体之美变得微不足道了,相比之下,形体之美只是低层次、低价值的美。在第四层级中,"kallos"或"kalos"意为灵魂之美,在第五层级这里,这个词意为善良、正直或正义,代表对成文法及不成文法的遵从和认可。一言以蔽之,第五层级的美相当于正义,对这种美的爱基于人的守法精神。如果健全完备的礼法制度得以确立,它有助于构建正义美好的城邦,让自由的公民过上幸福生活。一个人想要发现礼法之美,就必须具备政治智慧,

---

① F. Nietzsche, *The Birth of Tragedy*, trans. W. Kaufmann, New York: Vintage Press, 1966, pp. 5, 24.
② F. Nietzsche, *The Birth of Tragedy*, p. 21.
③ Plato, *Symposium*, 210b – c.
④ Plato, *Symposium*, 210c.

这样他才能对城邦事务作出合乎正义的判断，同时培养自身的正义及节制美德。由此，他既履行了社会义务，又提高了自身的公民素养。观照第五层级的美，有助于爱者过上守法的正义生活。

上升到阶梯的第六级，是知识或科学之美（*epistēmōn kallos*），这种美是"各个门类的知识或科学"（*tas epistēmas*）结合而成的伟大成果。① 这些门类可能指向柏拉图在《理想国》（*Republic*）和《法礼篇》（*Laws*）中提及的那些主要学科，包括艺术与文学（*mousikē*）、算术、几何学、天文学、和声学以及哲学。到了这个阶段，攀登美之阶梯的人简直就像看到了"美的汪洋大海"（*to polu pelagos tou kalon*），无穷无尽的美之事物让他陷入思考，他体悟着美好而伟大的言语及理论所包含的无限魅力（*pollous kai kalous logous kai megalopropeis*）。由此，他收获了丰富的哲思（*dianoēmata en philosophia aphthonō*），② 开拓了眼界，打破了自己的狭隘视野，不再墨守成规。换言之，他的头脑更加开放了，不再沉湎于一个形体或一种习俗的美。相反，认知的力量驱动他不断寻求真正的知识，现在，他也有能力进行更深层次的探索，去发现美之本质的知识，这种知识反过来又会提升他的智慧哲思。有了这种智慧作为向导，他便能进入哲学的疆域，拥抱"各个门类的知识或科学"，过上以智性为先导的哲思人生。这时，神性之爱或超凡之爱（*divinus amore*）油然而生，这种爱指向哲学研究，指向对智慧、真理和美德的热爱，它引导爱者不断追求完美。斐奇诺（Ficinus）认为，神性之爱引领爱者过上哲思的人生，使之摆脱视觉感官（*aspectus*），获得思维力量（*mentem*）。相反，人性之爱虽引导爱者过上积极人生，却使之困在视觉感官的世界里；兽性之爱则更次之，它让爱者沉湎于肉欲人生，爱者诉诸的感官从视觉进一步退化到触觉（*tactum*）。③

最终，攀登者上到阶梯顶端，他历尽艰辛，就是为了目睹"美本身"（*tēn physin kalon*）的奇观壮景。整个过程中，是理智不断激励爱者向上攀登，忍受艰难困苦，到达玄思的至高境界，去注视美本身。此时此刻，他也许已经攀升到哲思人生的巅峰，他会从美本身里发现永恒、完满、确定、纯粹等种种特质，他会明白，世间万千种美都是对美本身的分有。至此，

---

① Plato, *Symposium*, 210c.
② Plato, *Symposium*, 210c - d.
③ 斐奇诺：《论柏拉图式的爱——柏拉图〈会饮〉义疏》，2012，6：8。

他便掌握了"美的知识"（*ta kala mathēmata*），① 领会了美产生的终极原因。终极原因就是普遍性的一，而非特殊性的多，这不同于第三层级的美，即差异中的统一。理智不仅帮助爱者完成登梯观美的历程，还将其引向神性之爱，使之获得神性智慧。这种智慧使他能够发现"神性的美本身"（*to theion kalon*），窥见真理，在心里产生"真正的美德"（*aretēn alēthē*），培育此美德以获得"神性的友谊"（*theophilei*），并"通过这种方式达成不朽"（*athanatō kai ekeinō*）。② 所有这一切全都导向最好的"那种生活状态"，处于其中，"一个人会在对美本身的沉思里发现生命的真正价值（*bioton anthrōpō, theōmenō auto to kalon*）。"③

总而言之，一个人如果追寻这种真正有意义的生活，就会竭尽全力，向上攀登美的阶梯。最开始，受性欲和友爱的驱动，他提升了自己的审美能力，因为形体之美与三种官能密切相关。在此阶段，他的生活是审美性的。这种生活贴近人类本性和能力，因此普通人认为它富有意义，且不难实现。我们不妨把它看作务实型人生。接下来，在心灵力量的鼓舞下，他开始欣赏到灵魂之美，由此也提高了道德修养，过上了有道德的生活，时时审视内心、修炼德性。当他往上一级后，守法精神引导他去遵循习俗和法律。这时他更加看重礼法之美，尊重礼俗、遵纪守法是社会和谐的基础。一个注重礼法的社会才能让他过上正义的生活，提高他的政治智慧。政治智慧让他能对城邦事务作出正义的判断，并富有社会责任感。观其本质，道德人生和正义人生具有实践品质，原则上说，两者都是可能实现的，因此，可以把它们归入折中型人生，因为要实现并不容易。如果爱者充分发挥认知能力，他就能看到知识或科学之美。借助智性，他会欣喜地发现源自各个知识门类的无穷无尽的美，他的思维能力得以提升，进入哲思生活。如果他能最大限度地开发自己的理智，他就能获得最高深的知识，观照美本身。由此，他便能培养真正的美德，获得神性的智慧和神性的友谊。这一切让充满神性的哲思生活变得永恒不朽。相较于务实型人生及折中型人生，哲思生活可谓理想型人生。

顺带提一句，柏拉图所谓的美好生活也分为三个等级，从最高的理想型到最低的务实型。与普罗提诺（Plotinus）的单一解释相比，柏拉图的三

---

① Plato, *Symposium*, 211c.
② Plato, *Symposium*, 211e.
③ Plato, *Symposium*, 211d–212a.

级划分更具包容性。在普罗提诺看来,美好生活不仅仅是善的体现,它还应当彰显出世间的至善(the Supreme Good)。至善代表最真实的生存以及最丰富的人生。善是这种生活的内在本质,而非外物赋予。① 由此说来,美好生活即完美生活,它存在于知识领域,超越一切不完善、不完美的生活。总而言之,美好生活源自全善(All-Good),只有这样的完美生活才称得上幸福生活。完美生活无关乎肉体,只与灵魂相关,它从本质上区别于一切善恶混杂的生活。混杂的生活就不是幸福的生活,因为它缺少了伟大的品质(the Great),比如智慧中的尊严部分以及善当中的正直部分。② 由于普罗提诺本人怀有强烈的宗教使命感,他的标准更严格,他所谓的美好生活相当于柏拉图的理想型人生。他的观念具有浓厚的道德说教色彩,因而他倡导的生活更像一个完美范式。普罗提诺的说法虽然震撼人心,却有些遥不可及。

以上主要从实用角度比较柏拉图和普罗提诺的观点,纯属一家之言,但可以肯定的是,柏拉图鼓励人们想尽一切办法,登上美之阶梯的顶端。他希望真正热爱美的人不畏艰难、勇敢攀登,到达顶端将所有层级的美尽收眼底,而不想看到有人半途而废。可以说,在柏拉图心中,真正的爱美者有能力成为真正的爱智者,即真正的哲学家。诚然,天命各异,禀赋相殊,加之人生诸多变数,现实生活把爱美者们引向了各行各业。可见,理想与现实之间总有距离,理论与实践的鸿沟亦难以避免。

闻道之途,游心而求

人们常说,早期道家崇尚自然无为,因为当时的道家思想重在强调人生当顺其自然,清净出世。可以说,道家思想自诞生之初就密切关注人类生存状况,众所周知,这种人生哲学与儒家思维模式之间有着显著的分野。道家将绝对自由和独立人格视作美好生活的先决条件,庄子(约公元前368年－前286年)思想就是非常鲜明的代表。生于战国时代的庄子阅尽社会弊病、人间疾苦,因此尤重自由和人格,这一点突出反映在其主要概念中,例如"道为本根""道齐万物""逍遥游""坐忘""心斋""悬解",等等。

如何理解并获得"道",实则是庄子学说的核心论题。此问题的解答散

---

① Plotinus, *The Enneads*, trans. Stephen MacKenna, London: Penguin Books, 1991, pp. 33 – 34.
② Plotinus, *The Enneads*, pp. 34, 42, 44.

见于庄子著作当中,主要以寓言形式呈现,最细致详尽的当属《大宗师》里的"闻道"故事,原文如下:

> 南伯子葵问乎女偊曰:"子之年长矣,而色若孺子,何也?"
> 曰:"吾闻道矣。"
> 南伯子葵曰:"道可得学邪?"
> 曰:"恶!恶乎!子非其人也。夫卜梁倚有圣人之才而无圣人之道,我有圣人之道而无圣人之才,吾欲以教之,庶几其果为圣人乎!不然,以圣人之道告圣人之才,亦易矣。吾犹守而告之,参日而后能外天下;已外天下矣,吾又守之,七日而后能外物;已外物矣,吾又守之,九日而后能外生;已外生矣,而后能朝彻;朝彻,而后能见独;见独,而后能无古今;无古今,而后能入于不死不生。杀生者不死,生生者不生。其为物,无不将也,无不迎也,无不毁也,无不成也,其名为撄宁。撄宁也者,撄而后成者也。"①

由此可见,闻道之途历经七个阶段,每个阶段都有其特殊含义。文中提到,"守"的前三步分别需要三日、七日、九日,这些数字应为虚数,而非确数,庄子只是大概列出各修炼阶段所需的时间,具体时长还是因人而异。因此,在后几个阶段,庄子不再提及具体数字。游心闻道的整个过程主要包括四大方面:闻道的前提、得道的途径、提升的历程、获得的结果。

闻道的前提,即先决条件包括圣人之才和圣人之道两方面,前者为基础,后者为指导,两者相互依存,缺一不可,庄子以卜梁倚为例说明了这一点。卜梁倚拥有圣人之才,即闻道的必备条件之一,但是,能否闻得道,还取决于他能否遇上拥有圣人之道的老师,受到正确的教导和启发。女偊拥有圣人之道,却缺乏圣人之才,但他宣称能够通过自己的"守",帮助卜梁倚窥见道之真容。

根据成玄英的注解,圣人之才指的是理解力和感受力等综合能力,圣人之道则指向内心的虚空和超脱。相较之下,圣人之道更为关键,圣人之才则居于次要地位。依我之见,圣人之才主要应用于社会政治领域的宏观

---

① 《庄子集释》,郭庆藩撰,中华书局,1961,第252~256页。

事务，而圣人之道则作用在内心修炼和情操陶冶等微观方面。圣人之道可独立存在，圣人之才却必须依附于前者，因此在游心闻道的学习过程中，前者引导后者，后者紧跟前者。也正因如此，卜梁倚才要跟从女偊的教导。整个过程的背后预设了一个特殊逻辑，此逻辑关乎庄子眼中的"至"，抑或终极知识，即何为"真知"，何为"真人"。

庄子眼中的"至"，就是"知天之所为，知人之所为"，而"夫知有所待而后当，其所待者未定也。"① 他还认为："生也有涯，而知也无涯。以有涯随无涯，殆已；已而为知者，殆而已矣。"② 可以说，"至"不仅难以企及，追逐它甚至还可能危及生命。因此，求"至"不如求"真知"。真知不在别处，恰在真人身上，因此，"且有真人而后有真知"。

> 古之真人，不知说生，不知恶死；其出不䜣，其入不距；翛然而往，翛然而来而已矣。不忘其所始，不求其所终；受而喜之，忘而复之。是之谓不以心捐道，不以人助天。是之谓真人。若然者，其心志，其容寂，其颡頯；凄然似秋，煖然似春，喜怒通四时，与物有宜而莫知其极。③

只有得道之人才能达到上述境界。显然，真人所知即是真知，真人所为与道相合。在此意义上说，真人是真知的掌握者，是道的体现。修炼成真人的过程，也是向道靠拢的过程，得道便能得真知。一旦修炼成真人，自然就掌握了道，掌握了关于真人德性及道之运作的真知。

再说得道的途径，这一点体现在"守"的行为上。在整个闻道的过程中，庄子反复强调"守"这一举动，这里的"守"其实就是启发。庄子在别处也多次提到"守"。例如，"守其宗也"④ 的"守"，意指顺其自然、坚守根本；"我守其一以处其和"⑤，守一之人常处和谐之中。"能守其本"⑥者可以清楚地看到万物的本质。"宗""一""本"都是道的同义词。在传授道的过程中，"守"意味着坚守和维护。然而，守道本不是认知行为或分

---

① 《庄子集释》，郭庆藩撰，中华书局，1961，《大宗师》，第 224～225 页。
② 《庄子集释》，《养生主》，第 115 页。
③ 《庄子集释》，《大宗师》，第 229～231 页。
④ 《庄子集释》，《德充符》，第 189 页。
⑤ 《庄子集释》，《在宥》，第 381 页。
⑥ 《庄子集释》，《天道》，第 486 页。

析行为，它无关乎认识对象或未知对象。"守"似乎更强调凭直觉去悟道，从主观上信奉道。这种感悟式、信仰式的闻道要求学习者不断修身养性、启发智慧。

透过这则寓言，我们可以看到，闻道包含七个前后相继的阶段，这也是心灵不断升华的历程。现在具体解析这七阶段。第一个阶段是"外天下"，字面意思就是忘却或忽视天底下的一切。此处"外天下"强调摆脱社会公共事务，远离人情纠葛纷扰。"天下"是中国思想史上的重要观念，而两大思想流派道家和儒家的天下观则截然不同。道家对世俗事务持否定态度，认为它们只会把人引向无尽的争端、冲突和对抗。尘世繁扰，平息无望，因此道家学者们寄希望于"外天下"，主张清静无为，但求保全自己。儒家则主张积极入世，参与公共事务，正视社会弊病。例如，儒家经典《大学》号召人们树立社会使命感，尽己所能实现"平天下"的政治目标。这份使命感转化为四项基本任务，即《大学》中的"四目"：修身、齐家、治国、平天下。① 因此，儒家思想常被誉为积极入世，而道家思想则常被斥为消极避世。

第二阶段是"外物"。在庄子看来，正是因为"人为物役"，人生在世才会问题不断、困难重重。"物"可以分为有形之物和无形之物，有形之物例如物质财富和利益，无形之物例如社会声誉和地位。道家本质上反唯物、反拜物、反对追名逐利，认为这些身外之物会滋长人类欲望和野心，会让人心不再超然逍遥，而变得时刻工于算计。追逐利益者往往患得患失，因此道家希望人们做到"外物"，放下欲念，不为物役。

"守"的第三阶段，则是"外生"。为了做到这点，必须认清一个冷酷的现实：生命是物质性的、脆弱的，人必须学会自我保护，保全自己的肉体。然而，随着年岁增大，肉体总会衰老，追逐奇异之物、功名利禄的同时，也会面临种种生命威胁。庄子据此将生视为苦难之源、烦忧之根，而死则是脱离苦海的唯一办法。因此，外生意味着摆脱生之负担。"守"的前三个阶段分别是外天下、外物、外生，庄子为什么这样排序？关键在于难易程度的不同。"天下"和人相距甚远，相较之下，"物"更贴近生活，因为它与人的主要利益密切相关，而"生"则关乎人的切身利益，是人们首要考虑的因素。然而，与高于一切的"道"相比，"生"也变得微不足道。

---

① 《四书章句集注》，朱熹撰，中华书局，1983，第3页。

这样的排序有一定的逻辑和依据。

第四阶段是"朝彻",字面意思是"黎明之时完全开悟",人在一瞬间感到彻悟,仿佛看到了初升的太阳,感受到它的万丈光芒。庄子认为,朝彻的心灵就像纯净的心灵,因为心灵受到了净化,排除了种种烦恼担忧、欲望杂念。也可以说"朝彻"和"心斋"异曲同工。《人间世》里提到:"虚者,心斋也。"①"虚"相当于"气","心斋"则是"虚"的一种特殊形式。"气也者,虚而待物者也。唯道集虚。"此"道"能应对万物、洞悉一切;未达到心斋时,人尚且会感受到自我的存在,达到心斋之时,就会忘却自我的存在。②忘却自我意味着已经走上成为真人的道路,摆脱了利己主义。此外,庄子的"朝彻"似与叔本华的"知识的纯粹主体"有相通之处,只不过,前者的目标是"道",后者的目标则是"生存意志"(*die Wille zu leben*)。

只有心灵彻悟、纯净、空虚,才能容纳异己之物,才能达到第五阶段,"见独"。"见独"必须以"朝彻"为前提,有一颗彻悟的心。"见独"说明"道"是独立自足的。闻道之人便能得道,登上新的境界。一个人若接受了"守者"足够的教导,彻底开启了心智,就能继续进入第六阶段,即"无古今",打破过去和现在的界限。与道同在的人不再看重古今之分,因为道不仅是世间万物的源头,更是时间洪流中最古老的存在。道无处不在,它存在于万物之中,决定着一切的发展变化。因此,古与今都统一在道之中。得道之人察觉不到过去和现在的区分,他似乎步入了永恒的状态,漫长历史在他眼中不过是匆匆一瞥。

到了第七阶段,即最后阶段,人就能"不生不死"。"不生不死"意味着看破生死。只有看破生死,才能达到精神上的绝对自由。庄子认为,生和死都与气息息相关。气聚则生,气散则死。("人之生,气之聚也;聚则为生,散则为死。"③)气永远在天地间自由流动。得道之人明白这些,因此不再为生死所烦扰。他不为生喜,不为死悲,精神达到高度自由,早已把生死置之度外。这种精神状态类似于佛家最高的精神境界涅槃(nirvana)。

到此,我们不禁要问,闻道的过程中,为什么有两个阶段都关乎生?窃以为,无论是"外生"还是"不生",都难以企及。生命意识/生存本能

---

① 《庄子集释》,郭庆藩撰,中华书局,1961,《人间世》,第 147 页。
② 《庄子集释》,《人间世》,第 147~148 页。
③ 《庄子集释》,郭庆藩撰,中华书局,1961,《知北游》,第 733 页。

深深扎根在人心中,时刻产生着强烈影响。人人都知道,被"抛"进人世之后,每个人的生命都只有一次,哪怕生活充满艰难困苦,大多数人也不会轻易放弃生命。他们往往会不断抗争,力图改变糟糕的状况,哪怕只有一线希望。庄子深知人的本性,因此他劝说求道之人应当加倍努力,摆脱生命意识的束缚。然而这一切说来容易,实践起来却十分困难。

得道的结果便是内心的安宁。庄子如是说:"杀生者不死,生生者不生。其为物,无不将也,无不迎也,无不毁也,无不成也,其名为撄宁。撄宁也者,撄而后成者也。"① 这里的"撄宁"及"撄而后成",看似矛盾,实则充满了辩证法的味道。撄相对于宁,二者相辅相成,撄尽便是宁。体验过撄与宁两种状态的人,往往会珍惜后者而规避前者,唯有如此,才能更好地保持宁的状态。"撄宁"让人联想到老子所说的浊与清、安与生:"浑兮,其若浊;孰能浊以静之徐清?孰能安以动之徐生?"② 老子这里说的便是得道之人的境界,得道之人能够通过静将浊水变清,通过动使安静之物焕发勃勃生机。同样的,通过游心的七个阶段,学习者获得了道,能够转撄为宁。此后,他便永享安宁静谧,不为外物、外部世界所扰。得道之人与道同在、与道合一,无论身处何方,幽静山野抑或喧嚣都市,他都能保持内心安宁。他拥有独立人格,享受绝对自由,幸福地活在真我当中。

简而言之,闻道的心灵历程实则是冥思的过程,包括精神的体悟和德

---

① 《庄子集释》,《大宗师》,第 252~253 页。
② 《老子》,饶尚宽译注,中华书局,2006,第 37 页。此处的两个比喻隐含了富有教寓意义的关键性信息。"浊"的意蕴非常丰富。它表面上指浊水,实际上隐喻浑浊的心灵、混乱的状况、无序的状态、令人困惑的情境、败坏的道德,等等,这一切都和"清"截然相反。同样的,"安"指向死亡、静止、无生气、不活跃等,这些和"生"截然相反。在浊与清、安与生这两对关系中,促进浊向清、安向生转化的媒介显得尤为重要,但"静"与"动"这两大媒介似乎又是相互矛盾的力量。根据日常经验和实践,只有集中精力,保持静的状态,才能摆脱混乱的困境,最终达到彻悟、保持内心安宁。自然界中的水亦是如此,只有静下来,停止骚动,混浊的水才能变得清澈。然而,在心理的变化发展过程中,长期处于安静的状态可能让人陷入停滞,变得松懈、懒散和怠惰。这时候,就需要有"动"作为激励因素。一旦被激活,安静的人也会重新焕发活力和创造力。这就解释了为什么静到极致就会转化成动,动到极致也会转化成静,世间万物皆是如此。这种辩证的转化恰恰证明了"Reversion is the movement of the Dao"。马丁·海德格尔(1889–1976)似乎也对这两个比喻非常感兴趣,据说他把这段话写入卷轴,挂在书房的墙上,不时地进行思考。这一举动颇具深意。海德格尔之所以会这么做,或许因为他当时正全心思考"clarity"的可能性。参阅 Wang Keping, *The Classic of the Dao: A New Investigation*, Beijing: Foreign Languages Press, 2011, pp. 193–194.

性的塑造。它表达出道家重要的人生智慧。这种智慧引导人们排除俗世纷扰，追求绝对自由，帮助人们培养独立人格，使之不为外物所累。从本质上说，游心闻道诉诸直觉，而非认知，得道的状态介于逐步理解和刹那顿悟之间。逐步理解侧重由表及里不断向前的发展，而刹那顿悟则较为短暂，重点关注不同层次的自由。只有将逐步理解和刹那顿悟相结合，才能获得道家智慧的基石，即道。

进一步考察两则寓言

在登梯观美的过程中，获得的知识或智慧越多，人的幸福感也就越强。当然，幸福感因人而异，由于个体差异，人们可以达到的高度各不相同，也就是说，每个人所获知的美的等级是不同的。当一个人攀到美之阶梯的顶峰，窥见美本身的模样，他就会获得一种极乐的感受。美的本质（一）是开启一切类型的美（多）的钥匙，因为它包含了所有具体之美的普遍性质。由此说来，美之阶梯的比喻显然属于认识论范畴。美的层级代表着不同程度的真理的层级。在美之阶梯上爬得越高，收获的真理也就越多，自然感受到更多的幸福。最终，爱者（美之阶梯的攀登者）就能进入永恒不朽的国度，实现终极的目标和追求。在柏拉图看来，永恒不朽不仅仅是神的特质，它也象征着完美和向神性的生成。

《会饮篇》里，柏拉图向神生成的观念恰恰体现在"美之阶梯"的构建当中。文中，美之阶梯旨在引人向上，从留恋肉体之美到爱慕知识之美。这座阶梯似乎暗示着从世俗到天国、从物质到精神、从有形到无形的攀升。为了让人们登上阶梯的顶端，柏拉图用美（*kallos*）一词涵盖了所有形式的美，从形体之美，到行善守法等道德之美，再到智慧真理等知识之美。攀登阶梯的过程始于现实生活，终于形而上沉思，现实与玄思之间有爱作为媒介或桥梁。斯坦利·罗森认为，根据《会饮篇》的主题，美的力量蕴藏于存在之流中，成为人类存在的终极原因，因此，它似乎是人间和宇宙之神性的最直接体现。美本身焕发出无限光芒，同时又照亮了世间万物。在《会饮篇》的语境下，美几乎等同于神。[①] 依我之见，攀登美之阶梯的过程与追求自我完善的朝圣之旅有些许相似，两者都是循序渐进的历程。在阐

[①] Stanley Rosen, *Plato's Symposium*, New Haven: Yale University Press, 1987, Ch. 7. 另参见罗森《柏拉图的会饮》，杨俊杰译，华东师范大学出版社，2011，第239页。

释终极知识的本质之美和不朽性质时,柏拉图最终将登梯观美的历程神化了。换言之,柏拉图终于披露了他的本意——人类向神生成的可能性。

在《理想国》和《斐多篇》(Phaedo)中,柏拉图多次提及人类向神生成的可能性。他坚信理性是神对人的馈赠,在他看来,人之为人,就是要不断向上,不断完善自己,向神靠拢。向上的道路就是哲学的道路,向神靠拢就是要成为柏拉图意义上的真正的哲学家。《理想国》厄尔神话(the myth of Er)的结尾处,柏拉图谈道,任何"坚持向上的道路"、潜心研习哲学的人,必定能"获得成功、生活幸福"。①

而《斐德罗篇》(Phaedrus)提到的真正的哲学家则享受到更多福祉。对话指出,真正的哲学家拥有第一等的灵魂,他能重新长出翅膀,飞回天国。在《会饮篇》中,柏拉图显然用美之阶梯来比喻向上的道路,用它来激发哲人的神性气质,将其培养成德智兼备的人。这样的哲学家既是优秀公民的榜样,引导后者履行公共义务,也是理想城邦的合格卫士,能够妥善处理社会事务。有趣的是,美之阶梯的发端并不神秘,它始于形体之美,始于对物质层面的关注。然而,随着攀登者的步步上升,最顶端的美本身则属于精神层面、形而上层面,此外,由于它与不朽和神性的密切联系,美本身甚至还带有神秘主义色彩。

庄子的游心闻道强调个人修养,实现方式主要是直觉和冥思,显示出神秘化的倾向。换言之,庄子的闻道本质上是一种直觉感悟和精神体验,而非理性认知。究其原因,有三大要素。首先,道家认为真人是道的体现,先有真人,后有真知。另外,这种真知"主要显示出神秘主义和虚无主义的倾向,它与联系外部世界的日常知识无关。(has nothing to do with the common sense of knowledge associated with the outer world because of its dominant tendency of mysticism and nihilism.)"② 实际上,真知排斥关于外部世界的日常知识,因为它旨在启发人的内心,促使人从精神上皈依道。第二个因素关乎目的。闻道的目标在于心灵的不断升华,境界的不断提高,而不在于学习。正如老子所言,"为学日益"③,学习会让人掌握越来越多关于外部世界的知识,导致学习者产生越来越多的野心和欲望。相反,"为道日损。损之又损,以

---

① Plato, *Republic* (trans. Paul Shorey), 621c – d.
② 杨安崙:《中国古代精神现象学——庄子思想与中国艺术》,东北师范大学出版社,1993,第 152~153 页。
③ 《老子》,饶尚宽译注,中华书局,2006,第 117 页。

至于无为。无为而无不为。"① 如果从理性的认识论角度考虑，如此"道"学似乎始终透露出神秘色彩，显得高深莫测。但是，如果摆脱传统的思维模式，接受道家的思维方式，我们会发现，道体现的是一种精神状态，它偏重直觉，强调主观性和精神性，道的唯一关注点是人的内心世界。道家重点考察的正是人的内心世界。第三个因素是对人类生存之最高境界的深切观照。提升认知并不能使人达到最高境界，只有通过修身养性、涵养精神，才能实现这一目标。对庄子来说，精神修养始终是首要任务：一方面要不懈努力，养心闻道；另一方面，应当实现"人的自然本性的彻底的自觉"。这种自觉"表现为对'天地与我并生，而万物与我为一'（《齐物论》）的体悟，从而产生一种将自我与自然融合为一的思想意念，'独与天地精神往来而不傲睨于万物'（《天下》），获得一种襟怀宽广、恬淡逍遥的精神感受"②。如此一来，得道之人就能轻松获得绝对自由，保持独立人格。

而庄子所说的真人，其实是比喻性的说法、象征性的存在，真人是道的化身，庄子似乎想用"真人"这个概念来吸引有志于闻道、追求真知的人。表面上看，庄子把真人塑造成拥有超凡智慧的神秘形象，有关真人的描述大多充满想象和传奇色彩，显得很不切实。事实上，庄子提到的某些方面还是比较贴合实际的。比如，《大宗师》里提到："古之真人，其寝不梦，其觉无忧，其食不甘，其息深深。真人之息以踵，众人之息以喉。"③ 真人享受着自己的生活方式，自得其乐。他不以物喜，不以己悲，无牵无挂，无忧无虑。还有一点非常有意思，真人通过脚踵呼吸，而不像普通人那样，通过喉咙呼吸。然而对于熟悉气功的人，这一点或许也不足为奇。气功讲求让气在全身畅通流动，如此说来，以踵为息，也不无可能。现代人如果有入睡困难或者失眠的问题，可以通过气功调节呼吸。只要你全力集中意念，守神静心，吐纳有度，充分发挥想象力去体悟微妙之处，就能很好地调控全身的气息。我把气功的呼吸法推荐给睡眠质量差的同事，大多数都反映效果不错。

最后，我要引用禅宗的一句话："百尺竿头，更进一步。"这句话通常用来表示学有所获之后，继续争取更大的进步。但在禅宗里，这句话另有

---

① 《老子》，中华书局，2006，第117页。
② 崔大华：《庄学研究》，人民出版社，1992，第302页。
③ 《庄子集释》，郭庆藩撰，中华书局，1961，《大宗师》，第228页。

一番解释：一人登至顶峰，若仍妄求不止，反会跌回低处。然而，如果再来一次，他的心态已然发生改变；吃一堑，长一智，过去的经验教训已经让他悟到人生的真谛，明白什么应当始终坚守。

参考文献

《老子》，饶尚宽译注，中华书局，2006。

《庄子集释》，郭庆藩撰，中华书局，1961。

崔大华：《庄学研究》，人民出版社，1992。

杨安崙：《中国古代精神现象学——庄子思想与中国艺术》，东北师范大学出版社，1993。

Chan, Wing-Tsit (ed.), *A Source Book in Chinese Philosophy*, New Jersey: Princeton University Press, 1973.

Ficinus, Marsilius, *De Amore: Commentarium in Convivium Platonis*, trans. Liang Zhonghe & Li Yang, Shanghai: East China Normal University Press, 2012.

Laozi, *Dao De Jing*, trans. Wang Keping, Beijing: Foreign Languages Press, 2008.

Nietzsche, Friedrich, *The Birth of Tragedy*, trans. W. Kaufmann, New York: Vintage Press, 1966.

Pascal, *Pensées*, Paris: Librairie Générals Française, 1962.

Plato, *Symposium*, trans. W. R. M. Lamb, Cambridge and London: Harvard University Press, 1996.

Plato, *Republic*, trans. Paul Shorey, Cambridge and London: Harvard University Press, 1994.

Plotinus, *The Enneads*, trans. Stephen MacKenna, London: Penguin Books, 1991.

Rosen, Stanley, *Plato's Symposium*, New Haven: Yale University Press, 1987. (Chinese version, trans. Yang Junjie, Shanghai: East China Normal University Press, 2011.)

Wang, Keping, *The Classic of the Dao: A New Investigation*, Beijing: Foreign Languages Press, 2011.

Zhuangzi, *The Zhuangzi*, trans. Wang Rongpei, Beijing: Foreign Languages Press, 1999.

（作者单位：北京第二外国语跨文化研究院；译者单位：北京大学比较文学与比较文化研究所）

The Beauty Ladder and the Mind Excursion: Two Ways of Pursuing the Good Life

Wang Keping

Abstract: Being two ancient thinkers living in the axial period, both Plato (428 – 348 BC) from Hellas and Zhuangzi (369 – 286 BC) from China are preoccupied with the human condition in general, and engaged in the search of the good life through self-cultivation in particular. They have offered many interesting alternatives among which two allegorical descriptions turn out to be more appealing to my reconsideration: one is renowned as the beauty ladder in pursuit of the most contemplative life and divine wisdom, and the other as the mind excursion for the attainment of the Dao related to the spiritual freedom and independent personality.

Keywords: Plato; Zhuangzi; self-cultivation; the beauty ladder; the mind excursion for attainment of the Dao

希腊公民、城邦和古希腊悲剧

——基于历史人类学的考察

兰善兴

摘　要：本文从 subject（主体）的词源学考察入手，借助雷蒙德·威廉斯的研究并结合社会人类学的观点，认为在古希腊并不存在"自我意识"的概念，而是一种基于城邦公民的"个人"观念。并以城邦、公民为核心概念，考察古希腊悲剧得以产生的社会基础，认为古希腊悲剧虽然直接由酒神颂改造而来，但是并不具有酒神崇拜的巫术性质和神秘主义，却充溢着城邦政治和宗教的需求。随后，本文以古希腊悲剧中的合唱队为具体实例，分析在古希腊悲剧中存在的政治宗教观念和悲剧的作用。最终，本文认为当古希腊的公民被"自我意识"所取代之后，古希腊悲剧的基础彻底地消失了，因而它也走向了最终的消亡。

关键词："主体"；"个人"；城邦；公民；古希腊悲剧；酒神节；众神；合唱队；"世界公民"

一　由"主体"（subject）回溯到"个人"（persona）

倪梁康在《自识与反思》中认为，欧洲近代裂变有两个主要的思想特征，即"究虚理和求自识"，并且将这两个特征分别归之于伽利略和笛卡尔[①]。"求自识"，就是对"自我意识"或"主体意识"的追寻和认识，"只要'求自识'被置于与笛卡尔的联系之中，只要它被理解为自笛卡尔以来

---

① 倪梁康：《自识与反思——近代西方哲学的基本问题》，商务印书馆，2002，第 5～12 页。

近代哲学的基本趋向，我们便可以得出对它的大致理解：它与自我意识或主体意识的形成有关，也与近代自我形而上学和主体形而上学的形成有关"①。在此，subjective 和 subject 便自然跃入了我们的视野之中。

诚如雷蒙·威廉斯所言，subjective 是英文当中最为复杂难解的词语之一，它来自名词 subject。一般来说，在哲学术语当中，名词 subject 表示"意识的主体"，形容词 subjective 就是"意识主体的、主观的"，和它们相对应的是名词 object（意识的客体）和形容词 objective（意识客体的、客观的）。雷蒙·威廉斯认为 subjective 和 objective 所形成的对比"首先出现在中世纪的思想里，但其用法与后来有很大的差异。这种情况一直持续到 17 世纪，在此时期，这两个相互对比的词开始有了新的用法。现代的对比用法在 17 世纪与 18 世纪可找到依循的前例，但是一直到 19 世纪初期，这种对比才在英文里完全成形，而现在仍然具有高度的不稳定性"②。

subject 一词来源于拉丁文 subjectus。从词源上来看，subjectus 由前缀 sub 和动词 jacere 构成。前缀 sub 表示"在……之下"，动词 jacere 意为"投、掷"。因此，subject 的动词意义就是"征服、使服从"。subject 的名词意义最初同样来自于 subjectus，表示被抛掷在他人统治之下的人们。Object 和 subject 一样，具有名词和动词两种词性，它最初来源于拉丁文 obicere。Obicere 是一个由前缀 ob 和动词 jacere 组成的复合动词，前缀 ob 意指"朝向……，对着……"，因此 obicere 最初意为"向着……投掷"。到中世纪，这一动词的意义扩展为比喻意义："设置障碍、反对"。名词的 object 同样来源于 obicere，其现今通行意义则来自中古拉丁文 objectum。objectum 是由 obicere 一词的过去分词演化而来的名词，在中古拉丁语中意指"'投掷在心灵之前'的东西，亦即被看到或观察到的事物（something put in someone's way so that it can be seen）"③。

在拉丁语中，subjectus 和 objectum 并没有形成一种严密的对应关系。实际上，和 subjectus（在他人统治之下的人们）相关甚至在某种程度上相对应的是另一个极为重要的词语：persona。persona 一词也是复杂多义的，在拉丁语中它既指"人物、角色"，也可以指称"人、人格"。一般认为，

---

① 倪梁康：《自识与反思——近代西方哲学的基本问题》，第 11 页。
② 〔英〕雷蒙·威廉斯：《关键词——文化与社会的词汇》，刘建基译，生活·读书·新知三联书店，2005，第 473 页。
③ 〔英〕雷蒙·威廉斯：《关键词——文化与社会的词汇》，第 474 页。

persona 最初的意思是"面具"。"自然,根据拉丁词源学家的解释,persona 来源于 per/sonare,(表演者的)声音透过(per)面具鸣响。"① 但这一词或许并不来源于拉丁文,而是来源于伊特鲁利亚语。而伊特鲁利亚人则可能借用了希腊文 πρδσωπον(perso)一词。马塞尔·莫斯认为,在罗马文明当中,persona 一词一方面受到了面具文化的影响,但另一方面法律对共和国中公民的权利进行了规定,从而使得 persona 一词具有了"个人"的含义:"在一旁,persona、人造的任务、面具和戏剧与悲剧的角色、虚假、伪善等词——这些与'我'无关的的东西——继续存在着。但法律中人的性质已有依据,persona 也已成为个人真正性质的同义语。"② 但是,persona 并不是指所有的人,奴隶是被排除在共和国自由人的范围之外的,甚至可以说奴隶不是人。在罗马共和国里,奴隶不具有人格,"他们对自己的身体没有权利,没有祖先,没有名字,没有别名,也没有自己的财产"③。从词义上来看,奴隶和 subjectus(在他人统治之下的人们)存在着交合、重叠。可以说,奴隶就是 subjectus(在他人统治之下的人们)。

那么,从词汇的演变来看,名词 subject 在中世纪之前并没有被赋予意识的主体这一层含义,相反"subject——主动的心灵或思考的原动力——与政治统治下被动的臣民(subject)形成了反讽的对比"④。因此,若要追溯西方文化语境下"主体"的历史,就不能局限在"主体"(subject)一词上,而应该转而观照"人"。

在梭伦任雅典执政官之前,希腊已经重新开启了和东方贸易的海上航道。海上贸易为希腊各城邦带来了大量的财富,财富逐渐成为贵族展现其声望的重要因素之一。同时,海上贸易的发展,还导致希腊农业从种植粮食作物转向种植橄榄、葡萄等经济型作物。一方面是粮食作物的减少,另一方面是海上贸易不断扩大而带来的人口增长,这样粮食问题自然成为当

---

① 〔法〕马塞尔·莫斯:《人类学和社会学五讲》,林宗锦译,广西师范大学出版社,2008,第 69 页。以下关于 persona 的论述,均可参见此书。此外,还可参见〔法〕让-皮埃尔·韦尔南《神话与政治之间》,余中先译,生活·读书·新知三联书店,2005,以及〔瑞士〕雅各布·布克哈特《希腊人和希腊文明》,王大庆译,上海人民出版社,2008,以及〔法〕库朗热《古代城邦》,谭立铸等译,华东师范大学出版社,2006。

② 〔法〕马塞尔·莫斯:《人类学和社会学五讲》,林宗锦译,广西师范大学出版社,2008,第 73 页。

③ 〔法〕马塞尔·莫斯:《人类学和社会学五讲》。

④ 〔英〕雷蒙·威廉斯:《关键词——文化与社会的词汇》,刘建基译,生活·读书·新知三联书店,2005,第 476 页。

时希腊社会所面临的重要问题。因此,希腊不断地在地中海进行着扩张。然而向外的扩张并不能完全解决城邦内部出现的土地矛盾,土地逐渐被集中在少部分人手中,大量的平民因为丧失土地而被奴役。这样,在希腊城邦当中,土地问题成为其时主要的社会矛盾。梭伦的立法首先就是针对土地问题而进行的。按照库朗热的说法,"在他(梭伦)以前的古代被保护人,他们只能占用田地,而不能成为田地的主人,他的田里总立有旧主人的那块神圣不可侵犯的界石。为解放土地和农民,必须废除这界石。"① 划分田地的界石原是神圣的,不可移动的,而这种神圣性成为贵族垄断土地的依据。梭伦废除了界石也就意味着废除了贵族对于土地的垄断特权,因此库朗热认为"他将土地从宗教的手中夺回,交给了劳动者的手里。他取消了贵族对土地的垄断,以及因此垄断而形成的对人的专断"②。然而,梭伦的立法对于古代城邦制度、社会结构更为重要的影响在于:通过取消贵族对土地的垄断而使更多的人成为城邦中的平民,而平民为了进一步巩固自己业已获得的自由,就必须要参与到城邦政治之中。平民在城邦之中享有平等的权利,一方面带来了古代宗教的进一步瓦解,另一方面也使得希腊城邦的政治组织形式发生了变化③。为了使平民能够参与到政治当中来,首先就应该要确立平民的身份和地位,为此"法律面前人人平等"的理想首先被确立了下来。在这种情况下,"既定的法律对所有公民都一视同仁,所有公民都可以参与法庭和公民大会"④。

当公民在法律的规定之下具有了平等的公民权之后,人的概念在希腊城邦之中也就被扩大了。"在希腊人看来,人和公民是不可分的;思考是那些自由人的特权,他们在发挥自己的理性的同时,也行使自己的公民权。因此,政治思想既为公民提供了建立相互关系的框架,也引导和组织了他们在其他领域的精神活动。"⑤ 而这一切的努力,无非是要重新建立起希腊城邦的基本制度和信仰,使得在"黑暗时代"已经出现的混乱重又归于和谐,使公民之间重新建立起一种合理的平衡。这种平衡一方面来自宗教之

---

① 〔法〕库朗热:《古代城邦》,谭立铸等译,华东师范大学出版社,2006,第253页。
② 〔法〕库朗热:《古代城邦》,第254页。
③ 关于此还可参见恩格斯的《家庭、私有制和国家的起源》中的第五部分"雅典国家的产生",《马克思恩格斯文集》(第四卷),人民出版社,2009。在此不作细述。
④ 〔法〕让-皮埃尔·韦尔南:《希腊思想的起源》,秦海鹰译,生活·读书·新知三联书店,1996,第80页。
⑤ 〔法〕让-皮埃尔·韦尔南:《希腊思想的起源》,第118页。

外的新的思想的发展，也就是哲学的发展；另一方面则来自新的政治组织形式。

哲学在它产生之时，就面临着双重的任务。一方面哲学要为公民提供一种新的信仰形式，提供一种新的宇宙组织的方式，为此它就或多或少地具有了密教性质，因为宇宙得以组织起来的原则、本质并不是直观的，而是在诸般表象之后的不可见的。但是另一方面，哲学家又必须要进入公众生活当中，在公民集会广场上宣扬自己的思想，用论辩、演讲来让自己的思想呈现出来，并争取信徒。所以，韦尔南认为"哲学在起源时处在一种暧昧的位置上：从它的方法和灵感来看，它既像秘典传授，又像公众集会广场上的争论，徘徊于教派特有的秘密性和政治活动特有的对立论辩的公开性之间。"[1] 如果说"人"最终是在哲学中完成了其自身向"主体"的转化，那么"人"首先也就是在哲学中逐步被确立的。因为正是希腊哲人们为城邦的公民提供了寻求个人得救的途径和可能，使得"人""自我"成为城邦思想中的一个新的因素。

普罗泰戈拉的名言，"人是万物的尺度，是存在的事物存在的尺度，也是不存在的事物不存在的尺度"[2]，很集中地体现了希腊政治制度、行政体系、宗教信仰在其时的变化。普罗泰戈拉所谓的"人"，并不是整体意义上的人类，而是希腊城邦制度语境下的"公民"；是就"个人"而言的，并不包含普遍意义的"人性"。从严格意义上来讲，智者学派虽然并不能被称为一个统一的学派，但是对于"个人"（亦即"公民"）的重视，是当时"智者"们统一的原则和纲领。"人是万物的尺度"，实际上将真理的判断权交到了"个人"（亦即"公民"）的手中。但是，这还不足以导向一种"个人主义"的哲学倾向。爱德华·策勒尔在其《古希腊哲学史纲》中就曾断言："不管怎样，普罗泰戈拉绝不是伦理意义上或政治意义上的个人主义的代表。"[3] 在普罗泰戈拉那里，城邦才是最终的目的。在柏拉图的《泰阿泰德篇》中，借苏格拉底之口阐述了普罗泰戈拉的观点，其中提到"针对具体国家而实施的似乎正确的行动，只要是为了这个国家，只要所采取的行动

---

[1] 〔法〕让-皮埃尔·韦尔南：《希腊思想的起源》，秦海鹰译，生活·读书·新知三联书店，1996，第46页。
[2] 〔古希腊〕柏拉图：《泰阿泰德篇》，王晓朝译，《柏拉图全集》（第二卷），人民出版社，2003，第664页。
[3] 〔德〕爱德华·策勒尔：《古希腊哲学史纲》，翁绍军译，上海人民出版社，2007，第91页。

还能掌握国家,都是值得赞扬的"①。因此,"个人"并不是"个人主义"或者"个体主义"意义上的"个人",实际上,将其表述为"公民"更为适当。

梭伦的改革,虽然将平民从贵族对于土地的统治中解救了出来,并且在城邦之内以"节制"来控制日益增长的对于财富的欲望,但梭伦的改革并没有完全消除贫富之间的对立。随着古希腊海上贸易的进一步发展,对外扩张的加剧,以及古代氏族宗教的逐渐消亡,富人取代了原先贵族的地位,并且平民和富人之间的差距逐渐扩大。在这种情况下,平民和富人之间的争斗就成为无法避免的趋势和事实。然而在古希腊城邦之中,斗争的方式主要是政治斗争。因为"法律面前人人平等",所有的城邦公民都有权参加公民大会,平民和富人之间的斗争正是在公民大会上展开的。这种情况就要求平民或者富人为自己利益进行辩论、演说。任何一个公民在城邦中都应该尽自己的义务,都应该在公民大会上提出对城邦有益的建议或者拥护对城邦有益的建议,以此来行使他作为公民的职责。这样,"个人"(亦即"公民")就逐渐被凸显了出来。而智者学派就是在这样一种现实的情况中提出"人是万物的尺度"这一根本原则的。在智者学派中,"普罗泰戈拉教他的学生怎样可以成功为一个政治家或为一个公民的原理。高尔吉亚教修辞学和政治学,普罗狄克斯教文法和字源学,希庇亚斯教历史、数学和物理"②,而且任何公民只要交纳学费就可以享受到这些教育,这样作为"个人"的公民就有了更多的机会和能力参与到公民大会之中履行自己作为公民的职责。

但是在这样一种对于"个人"的重视中,"个人"还是被严格限制在公民的范围之内。因为奴隶仍然是不具有人格的,他们没有作为公民的权利,不能参加公民大会。智者学派之后的苏格拉底、柏拉图也将人的观念限定在公民范围之内。对柏拉图而言,理想的城邦虽然以理性为基础,国家的统治者也需要研习哲学,并且城邦以财产的公有为经济基础。即使是这样一个理想的国家也没有肯定奴隶的人格。"柏拉图对于奴隶制度是不反对的,他也没有辩护它是合理的,因为他觉得这显然是正当的,不需言说。"③

---

① 〔古希腊〕柏拉图:《泰阿泰德篇》,王晓朝译,《柏拉图全集》(第二卷),人民出版社,2003,第 688 页。
② 〔英〕斯塔斯:《批评的希腊哲学史》,庆泽彭译,华东师范大学出版社,2006,第 87 页。
③ 〔英〕斯塔斯:《批评的希腊哲学史》,第 175 页。

因此，韦尔南在《希腊的信仰与理念形式》一文中说道：

> 我甚至还想，在希腊是没有个人的，没有我们理解的意义上的个人，而与神明的关系也决非那种把你当做一个特殊主体，在你意识的内在性中，在你的灵魂中（首先必须让灵魂的定义确立起来），跟一种神连在一起的那种联系，这种神从某种方式来说也是一个个人，尽管它无法探测，无法理解，超越于我们的范畴之上。①

韦尔南所说的"个人"，是一种西方近代哲学意义上的作为"主体"的具有"自我意识"的"个人"。而在雅典城邦之中，"特殊主体"是无法单一存在的，"个人"必然被赋予一个身份才能存在于其中。这种身份，就是"公民"。"公民"的身份保障了"个人"所能够获得的一切权利，即基于城邦而来的"公民权"。

二 酒神节、民主制度和古希腊悲剧

经过一个简要的回溯，可以知道在古希腊城邦中，并不存在笛卡尔、费希特、康德、黑格尔等近代哲学家所说的"主体"以及一种普遍主义的"人性"。对"人"的观念的认识和讨论，在雅典城邦中，紧紧地围绕着城邦以及构筑城邦的公民以及公民权而展开。

古希腊的悲剧也恰恰产生在雅典城邦最为完善和繁荣的时候。"古希腊悲剧的发展与古希腊民主运动的兴盛有着密切的关系。"② 但是，暂且将公元前6世纪和公元前5世纪之交的雅典僭主庇西特拉图按下不表，作为僭主，他留给后世古希腊特有的光彩夺目的艺术形式：悲剧。正是他在公元前6世纪末，第一次将酒神颂改造成了悲剧③。那么，也可以看到，除了城

---

① 〔法〕让-皮埃尔·韦尔南：《希腊的信仰与理念形式》，《神话与政治之间》，余先中译，生活·读书·新知三联书店，2005，第229页。
② 罗念生：《论古希腊戏剧》，《罗念生全集》（第八卷 论古典文学），上海人民出版社，2007，第7页。
③ 关于此可参见〔英〕简·艾伦·哈里森《古代艺术与仪式》，刘宗迪译，生活·读书·新知三联书店，2008，第94~106页，以及罗念生《论古希腊戏剧》，《罗念生全集》（第八卷 论古典文学），上海人民出版社，2007，第7~8页。另外，罗念生将"庇西特拉图"译为"庇士特拉妥"。

邦政治、民主政治的建立以及发展之外，古希腊悲剧还有另一个更为直接的起源：酒神颂。亚里士多德在《诗学》中有明确的说明，他说："悲剧是从临时口占发展出来的（悲剧如此，喜剧亦然，前者是从酒神颂的临时口占发展出来的，后者是从下等表演的临时口占发展出来的，这种表演至今仍在许多城市流行），后来逐渐发展，每出现一个新的成分，诗人们就加以促进；经过许多演变，悲剧才具有了它自身的性质，此后就不再发展了。"①

正是亚里士多德的这段表述，使得一些学者将雅典悲剧起源的最主要原因归之于酒神崇拜②。那么酒神节究竟是一个怎样的节日呢？酒神颂究竟是一种怎样的诗歌体裁呢？

在这一问题上，简·艾伦·哈里森为我们提供了宝贵的材料。在《古代艺术与仪式》一书当中，哈里森通过对雅典的春季仪式以及在欧洲大陆直至哈里森的时代还留存着的"五月朔花柱"进行考察，认为"希腊的酒神节以及与之有关的戏剧表演正是源于春节"③。哈里森的理论明显受到了尼采《悲剧的诞生》的影响，在她看来，酒神狄俄尼索斯本身就代表着青春、活力、生命意志，而酒神的祭祀仪式最为重要的就是迎接狄俄尼索斯的第二次降生。所以，哈里森将酒神颂归为"春天的颂歌""青春的吟唱"④。

但是作为迎春仪式，酒神节⑤并不仅仅意味着新生，它还同时意味着死亡。一方面，酒神节的周期性举行似乎意味着由象征着死亡的冬天，向一个象征着生命复苏的春天的回归。每一次酒神节都似乎可以被看成向春天

---

① 〔古希腊〕亚里士多德：《诗学》，罗念生译，《罗念生全集》（第一卷），上海人民出版社，2007，第30页。
② 如简·艾伦·哈里森，在《古代艺术与仪式》中提到："所谓酒神颂，原是在一个春天的节日上唱的，当亚里士多德告诉我们说，悲剧源于酒神颂，他其实给我们指出了一条清晰的线索，标明了像希腊悲剧这样一种辉煌的艺术形式竟是滥觞于简单的仪式活动，尽管他自己可能并没有真正意识到这一点。"（刘宗迪译，生活·读书·新知三联书店，2008，第47页）其实早在尼采那里，就有如此的倾向，他那著名的《悲剧的诞生》中最为核心的关键词便是"酒神精神"和"日神精神"，在此不再赘述。
③ 〔英〕简·艾伦·哈里森：《古代艺术与仪式》，刘宗迪译，生活·读书·新知三联书店，2008，第32页。
④ 〔英〕简·艾伦·哈里森：《古代艺术与仪式》，第46-73页。在此书的第四章中，哈里森引用了一段在克里特岛发掘出来的铭文，她认为这段铭文便是一首酒神颂，铭文内容是："哦！库罗斯！至高无上的库罗斯！我向你欢呼，你是所有润泽和明慧之物的主人，你走在众神行列的上首。让我们载歌载舞，欢饮上路，前去迎接新年的狄刻女神"（第73页）。
⑤ 在此并不指庇西特拉图所建立起来的在雅典举办的"大酒神节"，而是指悲剧诞生之前的在各个城邦举行的酒神祭祀仪式。

的回归,以及生命的重新开始。然而冬季和春季之间的界限并不是明确的,我们很难说从哪一天开始我们确确实实地进入了春天,而酒神节实际上就是要创造出这一界限来。那么在酒神节当中,死亡的冬天和生命的春天实际上都被消解了,因为界限本身并不属于死亡的冬天,也不属于生命的春天。然而正是这样一个处在二者之间的中介性阶段,却将死亡和生命、冬天和春天区分开来,并且实现了由死亡向生命、由冬天向春天的过渡。由此可以发现,酒神节当中并不存在作为旧的过去的冬天的结束和作为新的起点的春天的开始。酒神节当中的时间,是独立于现实时间的,它不在此亦不在彼,但它连接着此端和彼端,因此也可以说它既是此也是彼。

另一方面,酒神狄俄尼索斯在希腊众神中是唯一一个经历了再度降生的神祇,他先是从母亲的腹中诞生,而后又从父亲的大腿中再次诞生①。这种二度降生,和成人仪式有着莫大的关系,所有的成人仪式都象征着受礼者的二度降生,即来到世上的第一次降生和进入社会的第二次降生。因此,希腊成人仪式便似乎可以认为是向酒神诞生神话的回归。确实,酒神经历了两次诞生,但是在两次诞生之间,他的身份却是模糊的。狄俄尼索斯在不足月的时候,就因为母亲的意外,而被他的父亲宙斯从母亲的肚子里取了出来。这个时候的狄俄尼索斯,实际上并不具有生或死的任何一种状态,他并没有获得真正意义上的生命,但同时他也没有经历真正意义上的死亡。当他在宙斯的大腿中被再次孕育并降生之后,他才真正具有了生命。那么,当他在父亲体内时,他兼有生死的双重状态。而他最终的降生,并不是对死亡的逃脱,而是越过了生死不明的不确定状态。另一个值得注意的是,狄俄尼索斯是宙斯和凡间女子所生的孩子中唯一的一个神,而他之所以能具有这一身份是因为他经过了众神之神的孕育。那么从他被从母亲的肚子中取出到他再次诞生的这段时间内,狄俄尼索斯既非人也非神。他不是人,因为他没有像一个真正的新生儿那样,从母亲那里获得属于自己的生命;他不是神,因为他还没有从宙斯的身体中降生于世。如果关注狄俄尼索斯二度降生的结果的话,那么二度降生为他带来的不仅有生命的证明,同时也有身份的证明。如果关注狄俄尼索斯的再次孕育的话,那么再次孕育本身乃是一种生死不明、身份不清的中介状态。而这一状态,正是一种

---

① 参见〔古希腊〕赫西俄德《神谱》,张竹明、蒋平译,《工作与时日 神谱》,商务印书馆,1991。也可参见〔美〕戴维·李明《欧洲神话的世界》,杨立新、冷杉译,生活·读书·新知三联书店,2010,第63~65页。

"生—死的永久"状态。

在此,便遭遇了维克多·特纳所关注的"仪式过程",以及被他称为"结构与反结构"的仪式作用。对"仪式过程"的关注,是维克多·特纳对人类学研究的重要贡献之一。特纳,在一定程度上,受到了以涂尔干的理论为代表的法国宗教社会学的影响。他一方面像涂尔干一样,认为仪式本身必然承载"人类的某些需要以及个体生活或社会生活的某个方面";但另一方面,他又不像涂尔干一样在信仰和仪式之间进行了严格的区分,并且将仪式限定在宗教行为的范围之内。特纳受到阿多诺·范·杰内普关于过渡仪式三个阶段的划分的影响,认为过渡仪式可以分为:分离、阈限和聚合三个阶段。在这三个阶段当中,最为重要的便是"阈限"阶段,在这一阶段中,"阈限的实体(subject)既不在这里,也不在那里;他们在法律、习俗、传统和典礼所指定和安排的那些位置之间的地方。作为这样的一种存在,他们不清晰、不确定的特点被多种多样的象征手段在众多的社会之中表现了出来。在这些社会里,社会和文化上的转化都会经过仪式化的处理"[①]。正是这样一种既非此亦非彼,但同时既是此又是彼的阈限状态,使得一种超越于日常社会生活的"反结构"得以成为可能。在这里"反结构"带来了一种翻转,原本地位高的成了地位低下的,而原本地位低下的成了地位高的。通过这一"反结构",才能最终导向重新的聚合,再一次恢复到正常的"结构"的社会。而这种"结构"与"反结构"的辩证关系,被特纳赋予了人类社会的普遍意义,在他看来"人类是结构与反结构共同造就的实体,人类在反结构中成长,在结构中生存"[②]。

"结构"与"反结构"的普遍性,以及它们是否可以直接被用来分析古希腊悲剧,自然还有待讨论,但是作为悲剧诞生之前的"迎春仪式"的酒神仪式,则多少有着过渡仪式的表征和作用。悲剧赛会的"大酒神节"是在希腊民主政治繁荣的背景下举行,我们很难想象其中掺杂着众多的巫术仪式的因素。如果将其中巫术仪式的成分淡化,乃至剥离,那么留存下来的恰恰就是那最终能够实现重归正常秩序的"反结构"构建"结构"的过

---

① 〔英〕维克多·特纳:《仪式过程——结构与反结构》,黄剑波、柳博赟译,中国人民大学出版社,2006,第95页。此处引文中"阈限的实体",即"阈限的主体",乃翻译上的差异。

② 〔英〕维克多·特纳:《戏剧、场景及隐喻——人类社会的象征性行为》,刘衍、石毅译,民族出版社,2007,第361页。

程。这一过程的核心结果并不是某种巫术目的或者神学目的的实现,而是现实的政治目的的实现。对于雅典城邦来说,这一现实的政治目的就是城邦的巩固和公民权的维护。

现在,问题又回到罗念生所说的"古希腊悲剧的发展与古希腊民主运动的兴盛有着密切的关系"上来了。他将雅典悲剧看作当时民主政治下,用来表达公众思想感情的集体方式[①]。相对而言,简·艾伦·哈里森在这一问题上的说明要更为丰富。她也看到了庇西特拉图对巫术崇拜的不屑一顾,她说道:

> 既然庇西特拉图对于"巫术和亡灵崇拜"不以为然,那么,他为什么又要这样处心积虑地提倡和张大对于狄奥尼索斯这位五月柱精灵的崇拜呢?为什么又会在花月的酒神节这个迎请神灵的节日和农夫野老的节日之外,在这个节日过后不久的春月中,又踵事增华地增添了一个新的更隆重的节日,即大酒神节(或曰城市酒神节)呢?一个重要的原因就在于,此人是一个"僭主"。[②]

作为一个僭主,庇西特拉图在公民拥护之下上台,要帮助城邦维护每一个公民所应当享有的公民权,并监督公民履行自己的义务,同时代替公民为城邦立法,并实施和监督执法。僭主,所代表的是公民意愿,是民主。而相应的:

> 酒神从来就是属于民众的,属于"劳动阶级"的,就像现在的五月之王或五月女王是属于民众的一样。那时的上流社会,就像现在的上流社会一样,崇拜的不是春天的精灵而是他们自己的祖先。不过,庇西特拉图深知,必须把酒神从乡野移植到城市。乡村守旧封闭,那里天生就是土地贵族的大本营,陈规陋习冥顽不化。而城市则由于交流频密,因此易于移风易俗,而且,最重要的是,由于城市的财富不是祖辈传下的而是凭个人本事捞取的,因此,市民更倾向于民主政治。

---

① 参见罗念生《论古希腊戏剧》,《罗念生全集》(第八卷 论古典文学),上海人民出版社,2007,第8页。
② [英]简·艾伦·哈里森:《古代艺术与仪式》,刘宗迪译,生活·读书·新知三联书店,2008,第98页。

庇西特拉图任由花月的酒神节"寂寞乡野",却同时增设大酒神节让酒神"煊赫都会"。①

如果哈里森的这一看法成立的话,那么这也仅仅是希腊悲剧在其刚刚产生时的样态和情况。随着悲剧在公元前5世纪的飞速发展,最初的酒神被替换为了众神。酒神默默地从悲剧中退场,代之登场的是英雄的个性展现和众神的英明决断。在悲剧中,不再是通过"酒神从来就是属于民众的"这一属性来争取和笼络公民以宣扬和维护民主政治,而是依靠着英雄命运的展现和神的判决以及教化来倡导一种合理合适的城邦正义、伦理、道德和信仰。至此,一种没有神秘主义的巫术崇拜的仪式就产生了。

根据罗念生的看法,"古雅典的戏剧节是民众的节日"。在这场盛大的节日当中公民最初可以免费进入剧场。后来,收取入场费之后,城邦为了让公民享有观看悲剧的权利,还向"每个穷苦公民发放两份俄波罗斯的戏剧津贴"。不仅公民可以入场观看悲剧,"妇女、儿童、奴隶都能看戏,甚至囚犯也可以出狱来看戏"。对悲剧进行评判的评审员们,也都是城邦各个区中推举出来的城邦公民②。在这样的一个"民众的节日"里,剧场简直成了一个大杂烩,各式各样的城邦居民都集中在此,但其主体还是城邦公民。布克哈特在描述公元前5世纪希腊的情况时说:"希腊人开始意识到在这个国家的一座城市,整个希腊神话的一种活的展现已经在狄俄倪索斯崇拜的喧嚣中应运而生;他还了解到有一种巨大的建筑物专门用于这种表演,在一个半圆形的空间里,观众感到他们仿佛置身第二公民大会,而在舞台上,在其他地方用竖琴吟唱或者用图画展示的那些事情在这里则神奇地用真人和庞大的合唱队表演。"③布克哈特用"公民大会"来比喻雅典剧场在举行悲剧演出时的盛况,确实很有几分恰当。只是在这场"公民大会"中,没有演说的雄辩,没有观点的陈述,没有政见的争论,只有悲剧的演出。所有的观众都被纳入悲剧的氛围之内,并沉浸其中。在观众之间,没有手工艺者和商人的区分,没有葡萄种植者和粮食收购者之间的区分,进入剧场

---

① 〔英〕简·艾伦·哈里森:《古代艺术与仪式》,第98~99页。
② 罗念生:《论古希腊戏剧》,《罗念生全集》(第八卷 论古典文学),上海人民出版社,2007,第11页。
③ 〔瑞士〕雅各布·布克哈特:《希腊人和希腊文明》,王大庆译,上海人民出版社,2008,第306~307页。

之中的公民都被纳入一个平等的范围之内，和悲剧中的人物分享着同样的命运遭遇。可以看到，剧场中原有的身份差别被一视同仁地抹平了，公民得以从日常的生活中挣脱，摆脱他们所背负的种种社会角色，而共享同一个的角色。"法律面前人人平等"这一名言中对于公民权的提倡，使得每一个公民都有权力参加公民大会。而相当于"第二公民大会"的悲剧表演，则从另一个方面展现和维护了公民的平等权利。

在剧场中，观众们看到好人做了错事，看到英雄变成了罪人[①]，并且直接地体验着由此带来的情绪变化，因为他们的故事并不是通过游吟诗人讲述出来的，而是活生生地在观众面前表演出来。因此，剧场成为很好地宣传政治教化和维护宗教信仰的场所。悲剧给公民带来的教育和劝诫，不是公民大会上的枯燥的单纯说理，而是感性的情感冲击。在这种冲击中，城邦所应有的姿态，公民所应尽的义务，对于城邦的爱，对于众神的信仰，潜移默化地进入公民的思想当中。在这一过程中，悲剧中的合唱队起到了很大的作用。

三 由合唱队看希腊悲剧的宗教和政治意涵

虽然古希腊悲剧在其产生之时，就拔去了酒神崇拜的神秘主义巫术的"毒牙"，但是它保留了酒神节的仪式形式，而这种形式最为集中的体现就是悲剧中的合唱队[②]。席勒曾经在其悲剧《墨西拿的新娘》中试图恢复合唱队，为此在他为一悲剧所写的序言，即《论悲剧中合唱队的作用》一文中，探讨了古希腊悲剧中合唱队的作用。他认为：

> 众所周知，希腊人的悲剧是起源于合唱队的。但是，一旦悲剧历史地即按照时间顺序地从合唱队中逐渐分离出来，那也就可以说，它诗意地即按照精神实质地从合唱队中产生出来了，而且假如没有情节的这些固定的见证人和承担者，就会从情节中产生出一种完全不同的诗。因此，取消合唱队以及把这个具有强大感性力量的工具集中到那

[①] 参见〔古希腊〕亚里士多德《诗学》（第二章及第十三章），罗念生译，《罗念生全集》（第一卷），上海人民出版社，2007，第25及55页。

[②] 关于此可参见〔英〕简·艾伦·哈里森《古代艺术与仪式》中的第五章"从仪式到艺术：行事与戏剧"，刘宗迪译，生活·读书·新知三联书店，2008，第77~108页。

个无聊地重复贫乏的熟悉事物的无个性的角色身上,并不像法国人及其应声虫所自夸的那样是什么悲剧的伟大改进。①

在这一段表述中,席勒揭示了古希腊悲剧中合唱队的主要作用之一:悲剧情节的"固定的见证人和承担者"。席勒无疑在延续亚里士多德的《诗学》的路径展开自己的观点。和亚里士多德一样,席勒也将悲剧的情节视为第一重要的因素。在席勒看来,合唱队不仅不能被取消,而且将合唱队"集中到那个无聊地重复贫乏的熟悉事物的无个性的角色身上"的做法也是不可取的。也就是说,合唱队应该直接地为情节服务,成为情节当中的一部分,推动情节的发展。席勒的这一看法也应和了亚里士多德在《诗学》中对合唱队提出的要求。在《诗学》中,亚里士多德说道:"歌队应作为一个演员看待:它的活动应是整体的一部分,它应帮助诗人获得竞赛的胜利,不应像帮助欧里庇得斯那样,而应像帮助索福克勒斯那样。其余诗人的合唱歌跟他们的剧中的情节无关,恰像跟其他悲剧的情节一样无关"②。

在古希腊悲剧中,合唱队很好地推动情节发展的例证,可以在埃斯库罗斯和索福克勒斯的剧作中找到。比如,埃斯库罗斯的《波斯人》。在《波斯人》的第一场中,合唱队先于信使向阿托萨预言了波斯军队的覆灭。而当阿托萨通过信使之口确信合唱队的预言为真之后,她向合唱队提出请求,请求他们将大流士的亡灵从黄泉中召到现世。这一部分也就是全剧的第二场,这一场只有阿托萨的一段不算很长的独白,在独白的最后她向合唱队提出了请求。紧接着在全剧的第三支歌里,合唱队接受阿托萨的请求唱颂神歌。由此引出了全剧的第三场,大流士的亡灵上场了。在这一出戏当中,合唱队成为情节得以进行下去的关键,没有合唱队那么就不会有全剧的第三场。再比如,索福克勒斯的《俄狄浦斯王》和《波斯人》一样,在合唱队在情节上提供了人物出场的机会,衔接着这部剧的发展。在《俄狄浦斯王》的第一场中,当俄狄浦斯用大段的独白完成他的诅咒之后,歌队长和俄狄浦斯有一段对话。在这段对话中,歌队长提供了杀死老国王的犯人的线索,并且为俄狄浦斯带来了证人忒瑞西阿斯,从而引出了第一场后面的

---

① 〔德〕席勒:《论悲剧中合唱队的作用》,《秀美与尊严——席勒艺术和美学文集》,张玉能译,文化艺术出版社,1996,第354页。
② 〔古希腊〕亚里士多德:《诗学》,罗念生译,《罗念生全集》(第一卷),上海人民出版社,2007,第77页。

全部情节。在第二场中,当克瑞翁和俄狄浦斯起争执时,歌队长很巧妙地插入,将解决纠纷的任务交给了伊俄卡斯忒,让伊俄卡斯忒得以上场,从而引出了第二场后半段俄狄浦斯和伊俄卡斯忒的对话。而正是在这一段对话当中,俄狄浦斯从伊俄卡斯忒的口中,得知了拉伊俄斯的神示,从而使得俄狄浦斯想到了自己所背负的神谕,并启动了俄狄浦斯的"发现"①。

以上两部悲剧,都体现了合唱队推动情节发展的作用②,但这只是就悲剧的形式而言的。在悲剧的宗教作用上,合唱队同样应该担当起重要的责任,并且和它在悲剧形式上所起的作用息息相关。这在席勒的《论悲剧中合唱队的作用》中也有提及,席勒认为:"当合唱队把反思同情节分离开来的时候,它就使悲剧诗纯洁了,而且正是由于这种分离,反思本身也具有了诗的力量,正好像造型艺术家借助一种富有美和魅力的衣褶改变了服装的平庸简陋一样。"③

古希腊并不存在后世基督教意义上的教义和一神教的信仰以及神学,"希腊人信神,这是当然的,他们没有任何的无神论,这是不可设想的,但他们却并不因此而有一种教义和一种神学。同样,也没有激进的批评,因为对神的肯定并不具有这一种明确的、教义上的形式,不会以某种方式招来一种彻底的否认"④。韦尔南认为古希腊的这种多神论的宗教,只有通过某一种社会中介才能作用于个人。他认为在古希腊,"宗教既不在人的内部中,在一个独特的内心生活的圆圈中,也不在宇宙之外。以一个惟一而绝对之神的形式,位于世界之外,社会之外,而丢下我们生活的世界之中,聚集在社会之中。众神就在那里,高于我们,但却,假如我可以这样说的话,在同一个世界上"⑤。各种各样的神,渗透或出现在古希腊各处的政治生活之中,悲剧亦不例外。所以,当酒神颂转变为悲剧之后,很快地,众神便取代了原本酒神的位置,成为颂歌的对象。酒神颂于是变成了"众神颂"。而最直接体现这一传承和变化的悲剧因素,就是合唱队在各场之间唱

---

① 参见《诗学》第十一章。
② 在此仅以两部悲剧为例,而实际上埃斯库罗斯和索福克勒斯的很多悲剧中都可以发现这一特征,比如埃斯库罗斯的《七将攻忒拜》《祭酒人》《阿伽门农》,索福克勒斯的《安提戈涅》《俄狄浦斯在科罗诺斯》等。
③ 〔德〕席勒:《论悲剧中合唱队的作用》,《秀美与尊严——席勒艺术和美学文集》,张玉能译,文化艺术出版社,1996,第356页。
④ 〔法〕让-皮埃尔·韦尔南:《希腊的信仰与理念形式》,《神话与政治之间》,余先中译,生活·读书·新知三联书店,2005,第226~227页。
⑤ 〔法〕让-皮埃尔·韦尔南:《希腊的信仰与理念形式》,第230页。

颂的合唱歌。

在此，限于篇幅，仅以索福克勒斯有名的悲剧《俄狄浦斯王》的前半部分的合唱歌（即进场歌、第一合唱歌和第二合唱歌）[①]为例进行分析。

在此剧的开场部分，从老祭司的话中可以知道忒拜城邦正在遭受一场瘟疫的侵害，连麦子、牛都无法幸免。因此在进场歌中，合唱队唱响了众神（包括宙斯、阿波罗、雅典娜、阿尔忒弥斯和狄俄尼索斯）的赞歌，向神灵祈祷，请求众神化解忒拜城邦的危机。其中第三曲的首节非常有意思：

> 凶恶的阿瑞斯没有携带黄铜的盾牌，就怒吼着向我放火烧来；但愿他退出国外，让和风把他吹到安菲特利忒的海上，或是不欢迎客人的特剌刻港口去；黑夜破坏不足，白天便来继续完成。我们的父亲宙斯啊，雷电的掌管者啊，请用霹雳把他打死。

在这一小节中，众神和城邦之间构建起了某种政治性联系。阿瑞斯作为肆虐的破坏神，合唱队祈愿他离开自己的城邦，甚至请求宙斯用霹雳将他打死。对城邦构成危害的，在合唱歌中被视为是某一神灵，而不是那个如宙斯的神谕所指示的那样是杀害老国王拉伊俄斯的凶手。同时，合唱队一方面是渴求肆虐的神灵自觉离开，另一方面是请求宙斯的出手相助，并且惩治那个凶手。在合唱歌中，现实的问题被归结为神的干扰，而解决的办法同样需要神的参与。众神，在合唱歌中被凸显了出来。合唱歌，不同于开场的情节性的现实，虽然它是严格地符合情节的发展的。它唤起了对于众神力量的崇拜和信服，申明一切人世间的现象都有着神的意志的干预。

在第一场里，俄狄浦斯从忒瑞西阿斯的口中得知自己有可能就是杀死拉伊俄斯的凶手，但他对忒瑞西阿斯的说法抱有怀疑态度。因此，第一合唱歌便反复申述了开场时克瑞翁带来的神示，要惩罚杀死拉伊俄斯的凶手。但是合唱队明显是站在俄狄浦斯这一边的，他们"不能同意，也不能承认"先知的话，即不能同意是俄狄浦斯杀害了拉伊俄斯。为此，在第二曲次节，合唱队唱到"宙斯和阿波罗才是聪明，能够知道世间万事；凡人的才智虽

[①] 此剧可参见罗念生译《俄狄浦斯王》，《罗念生全集》（第一卷），上海人民出版社，2007。这三场合唱歌分别在第 350~351 页、第 358~359 页和第 369 页。下文有关此剧的引文均来源于此，不再详注。

然各有高下，可是要说人间的先知比我精明，却没有确凿的证据"，搬出了宙斯和阿波罗，将他们的智慧和凡人的才智相比，认为凡人的话并不一定是正确的、真实的，即便那个凡人是个先知。在此，合唱队申明了唯有神才是最高智慧的代表，他们并不怀疑宙斯的神示。当神示和执政者的地位和品行发生矛盾的时候，他们选择既相信神的智慧，也相信执政者的品行（"从前那著名的、有翅膀的女妖逼近他的时候，我们看见过他的聪明，他经得起考验，他是城邦的朋友；我相信，他绝不会有罪。"），而不相信先知的预言。他们同时维护了神和执政者的智慧和正义。

第二场是全剧"突转"的开始，在这一场中俄狄浦斯和伊俄卡斯忒相互道出了自己曾经受到的神示，俄狄浦斯不再像之前那样肯定自己的无罪，而是开始惴惴不安。因此，在第二合唱歌的开头，合唱队就申明了天神制定的律条是不可违背的。这时，合唱队对于俄狄浦斯的态度有了很大的转变，视之为暴君，他们唱到："傲慢产生暴君；它若是富有金钱——得来不是时候，没有益处——它若是爬上最高的强顶，就会落到最不幸的命运中，有脚没用处"。而他们则表明自己对于众神的信仰和服从，"我永远把天神当做守护神"。当执政者表现出傲慢，并且有可能就是导致城邦危机的罪魁祸首的时候，合唱歌将他推上了应当受罚的位置，而众神以及神示仍然是至高无上，不可违背的。

仅通过对这三场合唱歌的分析就可以知道，至少在索福克勒斯以及他的前辈的剧作当中①，合唱队在情节发展的空隙之间集中地表明了对于众神的崇拜，将众神视为人物行为的根源。同时，也表明了众神的意愿和城邦的意愿是一致的，众神是城邦的护卫者，他们的作为是为城邦的。在此，宗教和政治是联系在一起的。对于众神的信奉，就是对于城邦守护者的信奉，众神维护着城邦的利益，城邦也成为众神显现其力量的场所。韦尔南将这样一种宗教称为"政治宗教"，他认为，"多神论体系紧密无间地错杂在各种水平层次上的社会政治组织的形式中：这种宗教，我们可以称之为一种政治宗教。在这整个阶段中，最基本的社会事实，就是城邦的创建，

---

① 埃斯库罗斯的合唱歌对于众神的赞美和颂扬，对于神力的推崇等要比索福克勒斯更为明显，仅具一例以作代表。在《七将攻忒拜》一剧的第一合唱歌的第一曲次节中，合唱队唱道："保护城邦的神啊，你们要把杀人的死亡和令人惊慌的毁灭向望楼外的敌人扔去，那样一来，你们就能在市民面前显得光荣。你们要拯救这都城，你们高坐在宝座上，听听我们的高亢而悲哀的祷告。"［罗念生：《罗念生全集》（补卷），上海人民出版社，2007，第14页。］

而宗教则是这个重大现象的表达之一。"① 而黑格尔也有过类似的表述,在《美学》(第二卷)中他说道:

> 希腊的神们是以现实中人的生活和行动所依据的实体性为内容的。除掉在观念中看到神们,我们还看到最高的定性和普遍旨趣是作为一种现成的事实而存在的。正如对希腊的精神的艺术形象来说,精神显现为外在现实事物是基本的要求,人类的绝对精神的定性也要经过加工,成为一种其显现精神作用的真正的现实事物,要求个别的人与这种现实事物中的实体性和普遍性和谐一致。这种最高的目的在希腊就是国家生活,公民社会以及它的伦理观念和活的爱国思想,此外就别无更高更真实的旨趣。②

尼采,也有与之相关的表述:

> 按照席勒的正确洞见,希腊的萨提尔歌队,即原始悲剧的歌队,通常就漫游于这个境界(一种在现实生活中不可能出现的独立的理想境界),一个凌驾于烦人的现实漫游之路上空的境界。希腊人为这种歌队建造了一个虚构自然状态的空中阁楼,又将虚构的自然生灵置于其中。悲剧在这样的基础之上成长起来,却因此而从一开始就免除了一种对现实的痛苦临摹。然而,这并不是在天地之间任意想象出来的世界;更应该说,这是一个具有现实性和可信度的世界,就像奥林匹斯山及其居住者对于深信不疑的希腊人来说所拥有的那种现实性和可信度一样。……我相信,希腊的文明人也同样感觉自己在萨提尔歌队面前黯然失色了:这是酒神悲剧最直接的效果,即国家与社会。③

四 "世界公民"的产生和古希腊悲剧的消亡

既然雅典悲剧作为公民生活的一部分,它以城邦、公民和民主制度作

---

① 〔法〕让-皮埃尔·韦尔南:《希腊的信仰与理念形式》,《神话与政治之间》,余中先译,生活·读书·新知三联书店,2005,第228~229页。
② 〔德〕黑格尔:《美学》(第二卷),朱光潜译,商务印书馆,1979,第261~262页。
③ 〔德〕尼采:《悲剧的诞生》,杨恒达译,译林出版社,2009,第46页。

为自己的最终目的,并且现实地发挥着它的宗教、政治作用,那么为什么柏拉图还是坚决地要将诗人驱逐出他理想的城邦呢?

一方面的原因是在柏拉图的时代,雅典悲剧已经发生了变化。如果我们确信亚里士多德所说的,那么根据他对于当时合唱队的不满——"如今歌队甚至唱借来的歌曲,阿伽同是这个借用办法的创始者。唱借来的歌曲跟把一段话〔或一整场戏〕从一出剧移到另一出剧,有什么区别呢?"——来看,至少在和索福克勒斯相差不多的时候,悲剧中的合唱歌已经发生了变化,开始出现使用从别处借来的,和情节没有关系的合唱歌。和情节无关的合唱歌,真的就只能同罗念生所认为的那样,其最大的作用仅仅就是"代替幕"① 了。其实,在欧里庇得斯的悲剧中,颂神的合唱诗就已经发生了变化了,颂神的成分大量减少,而成为对剧中人物命运和性格的关注,颇有些类似于席勒所说的将合唱队"集中到那个无聊地重复贫乏的熟悉事物的无个性的角色身上"。比如,欧里庇得斯的剧作《美狄亚》中的第四合唱歌和第五合唱歌②。

另一方面的原因还在于柏拉图的宗教哲学观念。"宗教哲学在柏拉图的体系中,没有占什么特殊的地位,但在其批判的方面和实证的方面,宗教哲学都贯穿在他的整个思想中,并且发展到顶点就成为善的理念,柏拉图把善的理念等同于上帝。"③ 对于柏拉图而言,史诗、抒情诗、悲剧如果要描写神的话,都"应该写出神之所以为神,即神的本质来"④。而"神是善的原因",且仅仅是善的原因,"而不是一切事物之因"⑤,所以史诗、抒情诗、悲剧应当描写善,应当直接地模仿善的理念。柏拉图清楚地意识到史诗、悲剧在教育上可以发挥很大的作用,但是在史诗和悲剧当中有太多的

---

① 罗念生:《论古希腊戏剧》,《罗念生全集》(第八卷 论古典文学),上海人民出版社,2007,第11页。
② 此剧第四合唱歌的部分内容摘引如下:"这两个孩子的性命现在一点希望都没有了,一点都没有了:他们已经走进了死亡。那新娘,那可怜的女人,会接受那金冠,那致命的礼物,她会亲手把死神的装饰品戴在她的金黄卷发上。"〔罗念生:《罗念生全集》(第三卷),上海人民出版社,2007,第115~116页。〕此剧第五合唱歌的部分内容摘引如下:"你这曾经穿过那深蓝的辛普勒伽得斯、穿过最不好客的海口的女人啊,你白受了生产的阵痛,白生了这两个可爱的儿子!啊,可怜的人呀,强烈的愤怒为什么这样冲击着你的心,你的慈爱为什么变成了残杀?"(第122页)
③ 〔德〕爱德华·策勒尔:《古希腊哲学史纲》,翁绍军译,上海人民出版社,2007,第141页。
④ 〔古希腊〕柏拉图:《理想国》,郭斌和、张竹明译,商务印书馆,1986,第75页。
⑤ 柏拉图:《理想国》,第76页。

不符合善的理念以及神的形象的因素存在,所以在他的理想国中,"为了对自己有益,要任用较为严肃较为正派的诗人或讲故事的人,模仿好人的语言,按照我们开始立法时所规定的规范来说唱故事以教育战士们"①,而"我们开始立法时所规定的规范"指的就是"应该写出神之所以为神,即神的本质来"。因此,柏拉图多少有一些想要将悲剧恢复到大酒神节之前的酒神颂的意思,让悲剧直接面对神,直接面对善的理念抒发自己的感情。

等到亚里士多德撰写《诗学》的时候,雅典悲剧正在衰弱的命运中挣扎。《诗学》所意欲恢复的和重新提倡的是以索福克勒斯为核心代表的"三大悲剧作家"时代,即公元前5世纪的悲剧。但是,亚里士多德自身却再也不可能回到那样一个时代当中。

在亚历山大时期,随着亚历山大的军队不断地在地中海沿岸取得胜利,并且逐渐向亚洲挺进,"早期的政治与宗教结构——城邦及其宗教体制,作为'世界的中心'和典范的'城市',以坚信希腊人和'野蛮人'之间具有不可化约的差别为基础的人类学——所有这些结构如今全部轰然倒塌。倒是'人类居住的世界'的观念、'世界主义'和'普世主义'的趋势逐渐成为主流。虽然不无抗拒,人类的基本统一性的发现却是不可避免的。"②正是在这样一种趋势之中,希腊化时期到来了,并且掀起了西方历史上第一次的"启蒙时期"。

这一时期,在哲学上首先兴起的便是斯多亚学派。如果说早期的希腊社会在追求城邦的一体化、统一化的过程中产生了"公民=人"的观念的话,那么这一时期兴起的斯多亚学派,则是在领土的不断扩大的基础之上产生了"世界公民"的观念。但是在宣传"世界公民"的同时,斯多亚学派也并没有忽视个人在社会活动中的地位和重要性。伊利亚德认为,在亚历山大之后,"城邦的衰败使人得以从古老的市民和宗教的纽带中解放出来;另一方面,这种自由向他显示出个人在神秘浩瀚而令人恐怖的宇宙中的孤独和异化。而斯多亚派向个人证明城市和世界的一本同源,不遗余力地支持个体的重要性。"③ 实际上,斯多亚学派所开创的这种既肯定个人主

---

① 柏拉图:《理想国》,第102页。
② 〔美〕米尔恰·伊利亚德:《宗教思想史》,晏可佳、吴晓群、姚蓓琴译,上海社会科学院出版社,2004,第608页。
③ 〔美〕米尔恰·伊利亚德:《宗教思想史》,晏可佳、吴晓群、姚蓓琴译,上海社会科学院出版社,2004,第610页。

义、个人救赎,同时又张扬"世界主义"的思路成为希腊化时期哲学思想的基本特征。兰德曼在《哲学人类学》中就认为:

> 伊索卡拉底在其《颂辞》中解释说,"希腊人"这个称呼再也不是一个那么富有智慧的民族来源的名称了,所有参与了希腊文化创造的人们都叫做希腊人(费希特后来以同样的方式扩展了"德国人"的概念)。相似的,亚里士多德报道说,他在小亚细亚遇见过一个犹太人,他不仅讲希腊语,而且在骨子里也是一个希腊人。斯多葛派也告诫说既存在坏的希腊人,也存在着有教养的野蛮人,因此应该明确地把所有坏人叫做野蛮人,而不管他们属于哪个民族。……相应的,斯多葛派相信,每个种族的野蛮人都与服从于理性法则的一切人精神上的共同性相适应,无论他们属于什么民族,所有这些人都是相同种族的成员。①

一方面,人与人之间的差异(特别是城邦公民和"野蛮人""外来者"之间的差异)被弱化了,人们无论生活在哪一个城市或地区,实际上都是一个城市中的公民,亦即世界这座大城市的公民。城市和世界是一本同源的,都来自上帝的创造,世界以及生活在其中的人类都是按照上帝的意志、上帝的安排运动着的。上帝不是别的,而是绝对的理性,因此世界和人类也都要为理性所统治。这样就赋予了人类一个本质上的同一性——理性。但是人类只有认识了理性才能证明自己是自由的,而自由不是别的,正是认识到自我灵魂的自足性。因此,个人就应该在上帝所创造并且按照上帝的安排而展开的世界中,培养自己的德性,履行自己的义务,以此来实践那来自上帝的绝对理性。"在与世界和他人的关系中,灵魂是坚不可摧的,只有自己才能伤害自己。如此高度赞美灵魂,同时就宣称人类本质上是平等的。"② 另一方面,理性是内在于人自身的,因此个体便可以在对自身的关照中认识到理性的存在,并且按照理性的要求生活。这样,判断的标准便归结在了个体身上。于是,"世界公民"和个体同时呈现了出来。这种观念不仅仅为统一体的"人"提供了理论的思路,也同时让"自我"在

---

① 〔德〕M. 兰德曼:《哲学人类学》,阎嘉译,贵州人民出版社,2006,第25~26页。
② 〔美〕米尔恰·伊利亚德:《宗教思想史》,晏可佳、吴晓群、姚蓓琴译,上海社会科学院出版社,2004,第611页。

"人"中凸显了出来。

从"世界公民"的概念中可以看出，奴隶也在一定程度上摆脱了被排除在 persona 之外的境遇。莫斯认为，斯多亚学派的"唯意志论的有关人的道德伦理可能丰富了罗马的人的观念，甚至丰富了它自己，并同时也充实了法律"①。这种对于人的观念的充实，既是扩大了人的统一性的范围，也是将个人道德、意识带入了人的观念之中。莫斯认为，在伦理学拉丁与希腊古典学派那里"πρδσωπον 不再是别的而只是 persona，最重要的是人们还在法律意义上加上了一层道德的意义，一种出于有意识、独立、自主、自由与负责任地位的意义。道德意识把意识引进法律的司法概念中。在智能、荣誉、责任、权利之上加上了有道德有意识的人"②。

在亚里士多德的《诗学》中，悲剧所要模仿的已经不再是众神、英雄，不再是柏拉图所追去的神和善的理念，而是具有普遍意义的理性，在他看来"我们共同的出发点就是，合乎正确理性而行动"③。正是在这一层意义上，"诗人的职责不在于描述已发生的事，而在于描述可能发生的事，即按照可然律或必然律可能发生的事"④，亦即符合理性、出于理性的情节。在这样一种普遍理性之下，悲剧不能回归它最初得以产生和兴盛的城邦众神信仰和城邦政治信念之中去。虽然，亚里士多德在情节、性格、言语、思想、形象和歌曲方面都作出了规定和指导，但是他不可能再造一个公元前5世纪的雅典城邦。

在公元前120年，雅典最后一次的大酒神节举行之后，希腊悲剧完全走向了终结。在此之后，基督教在"世界公民"的基础之上，更推动了由"人"向"主体"的转变。莫斯认为，斯多亚学派虽然为 persona 注入了道德的意义，但是"人的观念还缺少可靠的玄学基础。这种基础，多亏基督教赋予了它"⑤。莫斯所谓的玄学基础，就是指人的一体性的形而上学基础。基督教认为，圣父、圣子、圣灵是三位一体的，这便肯定了肉身和灵魂的

---

① 〔法〕马塞尔·莫斯：《人类学与社会学五讲》，林宗锦译，广西师范大学出版社，2008，第74页。
② 〔法〕马塞尔·莫斯：《人类学与社会学五讲》，第74~75页。
③ 〔古希腊〕亚里士多德：《尼各马可伦理学》，苗力田译，中国人民大学出版社，2003，第27页。
④ 〔古希腊〕亚里士多德：《诗学》，罗念生译，《罗念生全集》（第一卷），上海人民出版社，2007，第45页。
⑤ 〔古希腊〕亚里士多德：《诗学》，罗念生译，《罗念生全集》（第一卷），上海人民出版社，2007，第75页。

一体性。就原罪来看，人的罪过是灵魂的罪过，任何现世中的人生来便背负起了其灵魂所内蕴的罪。同样，在基督教的观念中，赎罪并不像在佛教中那样通过摆脱轮回而实现，而是通过在现世中向上帝的靠近而实现。因此，在基督教观念之中，人的身体和灵魂是合二为一的，灵魂的罪便具有我这一身体的个体的罪，当灵魂无限接近上帝时具有着我这一身体的个体便也就同样得到了赎罪。莫斯认为："是从一的观念出发才创造出人的观念，关于神人，同时也是关于人类的人，实质与形式，肉体与灵魂，意识与行为，我长期以来一直这么认为。"①

这样，古希腊悲剧得以生存的城邦和公民权就彻底地不复存在，它也永远地成为了历史。在此，不妨以尼采的话作为最后的结尾："当现在又有一种将悲剧尊为其先驱与主人的新艺术类型繁荣起来的时候，人们会惊愕地发现，尽管它带有其母亲的特征，可是这些特征却只是它的母亲在其长期的垂死挣扎中表现出来的那一些。欧里庇得斯就进行了这种垂死挣扎；而大家知道，那种后期的艺术类型便是阿提卡新喜剧。在它那里，蜕变的悲剧形态仍继续存在，作为其极为艰难、极其残酷之死的纪念碑。"②

（作者单位：北京第二外国语学院文学院）

Greek Citizens, Polis and Tragedy: From the Perspective of Anthropology

Lan Shanxing

Abstract: Beginning with etyomological study on the term "subject", recourse to the keywords studies by R. Williams, and in the context of social anthropology, we can discover that in ancient Greece there is no concept of self-consciousness but the term "individual" based on the citizen of the polis. So revolving

---

① 〔法〕马塞尔·莫斯：《人类学与社会学五讲》，林宗锦译，桂林：广西师范大学出版社2008年版，第77页。
② 〔德〕尼采：《悲剧的诞生》，杨恒达译，上海：译林出版社，2009年版，第67页。

around the central ideas of polis and its citizen, we can further investigate the social basis on which the Greek tragedy grows. It is true that tragedy results from the transformation of dithyramb, but tragedy has no magic and mystic quality in the Dionysian cult. Conversely, Tragedy is full of political and religious claims of Greek polis. Then we take the chorus in tragedy as the case in order to analyze the political and religious ideas implied in tragedy and the particular role tragedy played in Greek society. Conclusively, with self-consciousness' substitute for the citizen, ancient Greek tragedy eventually loses its cultural foundation and inevitably comes to the end.

Keywords: "individual"; polis; citizen; ancient Greek tragedy; festival for Dionysus; Gods; chorus; "cosmopolitan citizen"

以教养和：柏拉图与孔子的
和谐观比较

本尼特兹（Rick Benitez）/文　李莹/译

摘　要：如何评价柏拉图和老子在古代和谐论中的地位？其一，柏拉图和孔子都从实在论角度来理解和谐。大和谐是真实客观的存在，是一切小和谐的基础。其二，柏拉图和孔子都称得上"嵌套式和谐论者"，因为他们都认可大宇宙-小宇宙类比。宇宙的大和谐中包含社会的和谐，社会的和谐中又包含个人的和谐。其三，柏拉图和孔子都主张消除不和。他们并未追从某些前人的脚步，默默忍受所谓的"创造性张力"。柏拉图和孔子的和谐观念也有相左之处。例如，两人解决不和的办法各有不同，态度上也有差异。柏拉图的态度相对激进，他提出的某些改革措施甚至要求彻底颠覆当时的社会传统。

关键词：柏拉图；孔子；大和谐；大宇宙-小宇宙类比；社会变革

一　和谐概论

　　柏拉图和孔子的伦理学不约而同地反映出宇宙和谐的总体概念，二者都观照到不同事物或变化发展进程间的平衡、反复及统一关系。在西方，我们可以从现存于世的首批古希腊哲学文献中读到此类说法，例如，阿那克西曼德（Anaximander）认为，诸如冷与热、干与湿等对立的两面会随着时间增长而逐渐趋于平衡与和谐。中国哲学的确切来源虽不如希腊哲学这般明晰，但比较肯定的是，先于孔子的阴阳学派所拥护的一系列基本观念，为对立统一思想奠定了最深厚的理论基础。东西方早期的自然理论都强调四季循环更替和基本元素演变，这些关系中所蕴含的时空均衡观念，构成了本文所论的"大和谐"（Greater Harmony），即最普遍意义上的宇宙和谐。

东西方思想家都认为，大和谐内部还包含众多相对微观（层级较低）的小宇宙，它们同样体现出时空的循环均衡。音乐和声便是小和谐中的一种。从狭义上说，和声是在一定音调比例下产生的声学现象，毕达哥拉斯学派（Pythagoreans）热衷于该问题的研究，他们从音乐中发现了宇宙大和谐的数学依据。早期的东西方思想家都非常推崇这种大宇宙-小宇宙类比（macrocosm-microcosm analogising）。例如，在西方，最初的医学理论就强调人体四种体液的平衡，包括血液（blood）、黏液（phlegm）、黄胆汁（yellow bile）和黑胆汁（black bile）。而早期的中国医学也有类似的平衡理论，例如，不同体质中阴阳和五行各有差异，又如闻名于世的"五味论"与医学和烹饪都有关联，至今还发挥着作用。

当然，关于构成和谐的因素以及实现和谐的途径，见仁见智，莫衷一是，和谐论者们在冲突问题上的分歧就充分印证了这一点。有些人将冲突视为违背自然、某种局部化的异常现象。面对不和谐，他们提出两种解决办法。第一种办法是以更高一级的和谐来化解这种不和谐，例如，毕达哥拉斯学派发现，假设两条边不成比例，只要在其上构建两个成比例的面，就能使两边比值有理化（the Pythagoreans discovered that incommensurate lengths could be rationalised in terms of commensurate areas constructed upon them）。第二种解决办法则是在条件允许的情况下，直接采取行动恢复平衡，古希腊的止痒法就是典型例子。古希腊人认为瘙痒由体寒引起，因此要采用外部热敷来治疗痒症。还有一些人则是纯粹的和谐论者，他们将冲突视为大和谐的组成部分。西方的赫拉克利特（Heraclitus）、东方的老子都相信冲突是宇宙动力的关键要素。在他们看来，战争、不和、骚乱都不可避免，智者只会静观其变，绝不插手干预，加速或延缓其进程。

那么，如何评价柏拉图和老子在古代和谐论中的地位？准确定位恐怕比较困难，这也不是本文的讨论重点。本文旨在说明二者都把幸福视为和谐，围绕该主旨，我提出三点论据。其一，柏拉图和孔子都从实在论角度来理解和谐。大和谐是真实客观的存在，是一切小和谐的基础。这世上有正确的音乐，它实实在在地与大和谐保持一致，也有错误的音乐，其错误和声、曲调、比率有时还会受到无知之人的青睐。柏拉图提倡多利亚调式（Doric harmony），反对爱奥尼亚（Ionian）调式，因为前者更符合道德。孔子同样从道德层面考虑，推崇韶乐（《论语·八佾》第二十五章），而反对郑国音乐（《论语·阳货》第十八章）。

其二，柏拉图和孔子都称得上"嵌套式和谐论者"（nested harmony theorists）①，因为他们都认可大宇宙－小宇宙类比。宇宙的大和谐中包含社会的和谐，社会的和谐中又包含个人的和谐。小和谐的存在离不开大和谐。柏拉图从几何概念出发来理解现实，因此他热衷于从数学的精确中探求现实和谐，这一点是他区别于孔子的地方。然而，我们更应关注的是，同样身为嵌套式和谐论者，两位哲学家的观点有何相似之处。柏拉图和孔子都认为，具有正确结构的社会才能最大限度地保障和谐与平衡，拥有正确品性的人民才能最大限度地适应理想社会，为社会和谐发挥作用。两人似乎也都认同这一观点，即个体与社会的冲突是不和谐的标志。

其三，柏拉图和孔子都主张消除不和。他们并未追从某些前人的脚步，默默忍受所谓的"创造性张力"（creative tension）。柏拉图谈道："说来可笑，冲突当中哪里包含和谐，处于对抗状态的要素又怎能孕育出和谐？"和谐关乎"不和的消除"（《会饮篇》，*Symposium* 187a）。孔子也有类似的说法："盖均无贫，和无寡，安无倾。"（《论语·季氏》第一章）

当然，柏拉图和孔子的和谐观念也有相左之处。例如，两人解决不和的办法各有不同，态度也有差异。柏拉图的态度相对激进，他提出的某些改革措施甚至要求彻底颠覆当时的社会传统。文化方面，他敢于挑战权威，拒绝荷马作品进入他的理想城邦。虽然柏拉图渴望根除一切社会矛盾，他的治理手段依然只是和风细雨。面对社会变革，孔子的态度则更加谨慎保守，他的方案也更加温和。《论语·里仁》中提到："事父母几谏，见志不从，又敬不违，劳而不怨。"（《论语·里仁》第十八章）他不像柏拉图那样谴责诗歌，而是推崇诗歌，《论语·泰伯》里他说："兴于诗"（《论语·泰伯》第八章），《论语·季氏》中又论道："不学《诗》，无以言。"（《论语·季氏》第十三章）。对于《诗经》，孔子认为可以"一言以蔽之"，即"思无邪"（《论语·为政》第二章）。

依我之见，上述差异并非不可调和。两位哲人的言论表明，在特定情况下，他们的态度可能趋于一致。例如，柏拉图相信雅典文化的衰落与希腊诗歌密不可分，因为正是诗歌反复侵蚀人心，加速了道德沦丧。反之，他赞扬埃及艺术和音乐，认为它们彰显出道德高尚、经万年而不衰的埃及

---

① 所谓"嵌套式和谐论"，就是大和谐套着小和谐，大和谐中包含小和谐。——译者注

文化。孔子则不同于柏拉图,他非常钦慕前代人的道德成就。正如赫伯特·芬加雷特（Herbert Fingarette）所言：

> 对孔子来说,礼与道代表着行为准则方面的深刻真理,而并非历代延续的实际行为。礼和道起源于黄金时代的周朝甚至更早的朝代,源自古代之所以重要,是因为这些道德准则的真理性得到了德智兼备之政权的认可,（孔子推断）这些政权的统治者都深刻洞悉人类存在的意义,并践行着他们所认识的真理。[1]

根据蔡宗齐的观点,孔子对音乐也有类似看法,因此他才会"将韶乐视为兼具美感和道德的崇高典范"[2]。但是,蔡宗齐又提到,孔子"面对违反其道德审美标准的作品,一定也想废之弃之。假如他身居权位,应当会下令审查诗歌,'放郑声'一说便是鲜明的例子"[3]。孔子恐怕不会像柏拉图那样倡导激进变革,但在衡量诗歌内容上,二者都把道德看得高于一切。正如《论语·为政》里所说："见义不为,无勇也"（《论语·为政》第二十四章）,当诗歌仅仅为正义发声,柏拉图和孔子便会把它奉为道德教化之圭臬。

柏拉图和孔子所期望的和谐在程度上似乎也不同。对一元论的推崇促使柏拉图追求完满,渴望最大限度地消除差异。在柏拉图看来,和谐就是简单（simplicity）的代名词,越是同一（unity）,越是和谐。孔子却有另一番见解,他认为"君子和而不同"（《论语·子路》第二十三章）。以蔡宗齐为代表的部分学者认为,孔子的和谐与柏拉图相似,最终都指向简单（simplicity）,但依我之见,这些学者所谓的"简单"（simplicity）,实际上指的是"适度"（non-excessiveness）,适度和多元是并行不悖的。孔子曾表示,"恶紫之夺朱也"（《论语·阳货》第十八章）,对这句话的一般解释是："紫"是混合色,"朱"是正色,这表明孔子偏爱纯正简单之物。然而,此番解读在《论语》全文中很难找到呼应,而孔子对过度（excessiveness）

---

[1] Herbert Fingarette, "The Music of Humanity in the Conversations of Confucius," *Journal of Chinese Philosophy*, 10 (1983), p. 335.
[2] Cai, Zong-qi, "In Quest of Harmony: Plato and Confucius on Poetry," *Philosophy East and West*, 49 (1999), p. 328.
[3] Cai, Zong-qi, "In Quest of Harmony: Plato and Confucius on Poetry," *Philosophy East and West*, p. 333.

的批判却随处可见。在他看来,既要避免过分的行为,也要避免过度的道德。蔡宗齐提道:"孔子强调,道德超出限度就会引发错误/无底线的道德会引发错误。"孔子式和谐的最终指归,虽只可意会不可言传,但绝不能把它简单理解为同一。

总的说来,柏拉图与孔子的和谐观虽有如上差异,两者还是有诸多相似之处,他们在人的道德修养(cultivation of a moral person)方面更是所见略同。为了更好地说明这点,我们来看看柏拉图和孔子眼中的公共和谐以及个人和谐。

二 公共和谐和个人和谐

前文已提到,根据柏拉图和孔子的主要观念,和谐当中不可能存在个体与社会的冲突,他们的实际观点或许还要更加极端。这是因为,柏拉图和孔子眼中的个体与今人的理解大相径庭。柏拉图的思维里没有"自我"概念,孔子亦是如此。柏拉图认为灵魂不朽,历经变成各种动物的无数次转生,灵魂的记忆里仅仅保留了普遍的先验真理,人的个体性纯属偶然。临死那天,苏格拉底考虑的不是自己能否不朽,而是真理和知识能否不朽(《斐多篇》91b)。同样地,对孔子来说,"个体既不能体现出真正人性,也无法根本反映出人类价值。"[①] 就连"君子"概念也不能从个体角度去理解。相反,"君子是真正与他人维持'礼'之关系的人;君子是受人崇敬的典范,他们焕发出真正的人性,因此具有感召他人的魅力。"[②] 我们所理解的独立个体,在柏拉图和孔子看来甚至称不上真正的人。同时,他们所理解的社会,也并非我们眼中消灭一切人性的抽象空洞存在,而是一个由相互依存的人们所构成的、富有生命力的有机整体。

近来,有些学者试图否定个人与集体的相互依存性。他们无法接受个体性的丧失,竭力在所谓的"偶然和谐"(incidental harmony)中为个体寻找立足之地。陈素芬(Sor-Hoon Tan)认为:

[①] Herbert Fingarette, "The Music of Humanity in the Conversations of Confucius," *Journal of Chinese Philosophy*, 10 (1983), p. 332.

[②] Herbert Fingarette, "The Music of Humanity in the Conversations of Confucius," *Journal of Chinese Philosophy*, 10 (1983), p. 343.

中国哲学将宇宙视为永恒的变化发展进程，其中包含无数的生物体变化发展进程及其次级变化发展进程，还有人类的活动——各种变化发展进程环环相套，各种次级变化发展进程同样环环相套，进程中包裹着次级进程，次级进程中也包裹着进程。同一层级的进程会相互影响，不同层级的进程同样也会相互作用。每个进程都以独特的方式展开，不同进程相互交织，相吸或相斥，相互影响着。在这些进程中，和谐自然产生，和谐状态下，差异中也存在秩序，身处和谐当中的人们无须遵守范式成规，他们可以保留自身的独特性，相互促进，共同创造新事物。①

陈素芬虽然认识到可能存在大和谐与小和谐，她所描述的宇宙却从本质上透露出原子论倾向：和谐自然生发，社会取消范式，人们一味求新。这个观点与柏拉图和孔子的看法并不相符。古希腊哲学家中，最反对德谟克利特（Democritus）学说的便是柏拉图，前者认为宇宙由个体原子自发排列而成。而柏拉图在著作中则多次蔑视和嘲笑"宇宙是偶然的结果"一说（参见《斐莱布篇》28d ff.；《法律篇》第十卷889a ff.）。孔子言及天道（Way of Heaven）时尤为慎重，但他对混乱（disorder）绝口不提。孔子有时会谈到大宇宙与小宇宙的类比，这充分说明了他的信念，即存在统摄自然和道德现象的永恒范式。例如，《论语·为政》中，孔子认为："为政以德，譬如北辰，居其所而众星共之。"（《论语·为政》第一章）又如，论及"无言"时，他把自身意愿比做天之运转："天何言哉？四时行焉，百物生焉。"（《论语·阳货》第十九章）这些说法深刻暗示了自然中存在有序的变化发展进程和必然性。

李晨阳对柏拉图和孔子的个人与公共和谐观做出了更为精准的阐释，但他的解读仍不乏误读。他认为：

> 儒家所理解的和谐体现在多个层次上。比如个人的和谐。一个人可以协调自身各个器官、理智与心灵、人生中的不同追求，让生命成为良性运转的有机整体。和谐还可以表现为家庭、集体、国家和世界等不同范围内人与人之间的和谐。人际和谐包括国家之间的和谐、国家内部不同民族、不同政党间的和谐、同一民族内不同家族间的和谐以及家族内部的和谐。和谐还包括人与自然的和谐。儒家不像道家把

---

① Sor-Hoon Tan, "Experience as Art," *Asian Philosophy*, 9 (1999), p.107.

人的心灵和谐排除在外，但儒家高度重视人际关系的和谐，比如君臣、父子、夫妇、兄弟、朋友间的和谐。儒家也特别强调人类社会和自然世界的和谐。其终极目标就是实现全宇宙的大和谐。①

李晨阳全面指出了和谐的多个层次，这点值得称道。他与陈素芬的区别在于，他认识到不同层次的和谐是密切相关的，各种和谐不像巨流中的旋涡，出现之后便消失不见。李晨阳还注意到了另外两点：其一，儒家的目标在于协调不同层次的和谐；其二，"良性运转的有机整体"取决于理智与心灵的和谐。然而，李晨阳没有认识到，所谓"有机整体"指向集体而非个体，他口中的个体似乎具有不同于集体的根本特性和存在意义。孔子却另有说法："人未有自致者也，必也亲丧乎！"② 这番了不起的言论足以证明吉尔（Gier）论断的正确性："毋庸置疑，孔子认为人类本性由社会关系构成。"③

柏拉图竭力追求人际关系的和谐以及个体内部的和谐。他认为动物内部结构是对宇宙外部结构的复现（replica）。具体说来，人类内部的心灵（psyche）结构更是对外部的城邦结构的复现。柏拉图在《理想国》（*Republic*）中有个著名的论断，即美好城邦（kallipolis）是对和谐灵魂的复现，它具备后者所有的基本要素（《理想国》368c7 – d7）。柏拉图和孔子设想中的音乐教育旨在同时推进人际关系的和谐以及个体内部的和谐。换言之，音乐教育旨在培养有道德的人（moral person），而非有道德的个体（moral individual），"人"（person）的概念并未指向个体与社会的区分。由此说来，音乐是引人步入和谐及完善的决定性因素。

三 柏拉图和孔子论实现和谐的手段

接下来探讨柏拉图和孔子实现和谐的手段，在这点上，二者都推崇音乐教育。众所周知，柏拉图从幼年便开始著书立说，笔耕不辍直到生命尽头，他的作品包含了大量讨论音乐及音乐教育的内容。大卫·库珀（David

---

① Li Chenyang, "The Confucian Ideal of Harmony," *Philosophy East and West*, 56 (2006), p. 587.
② 这句话在《论语》中实为曾子所说，由于他继承了孔子的思想，这句话仍可视为孔子观点的再现。——译者注
③ Nicholas F. Gier, "The Dancing Ru: A Confucian Aesthetics of Virtue," *Philosophy East and West*, 51 (2001), p. 283.

Cooper)认为孔子此处与柏拉图不同,他很少谈及年轻人的教育问题,但可以肯定的是,孔子自始至终都非常重视音乐在道德培养中的作用。[①] 他认为"兴于诗,立于礼,成于乐"(《论语·泰伯》第八章),诗、礼、乐并非互不相关的三方面,在道德培养过程中必须把三者紧密结合起来。"成于乐"指的是通过前期学习及实践,成为真正热爱音乐的人,而不是说音乐是道德修炼的最后一课。但是,正如王柯平所言,从广义的文化同化层面上说,"所有儒家学者"都把"音乐教育"视为"实现此目标的手段"。[②]

从广义上说,柏拉图的"音乐"概念与孔子相差无几。按照杜志豪(Kenneth DeWoskin)颇有几分学术味道的说法,音乐是"标准社会价值的贮藏所"。[③] 然而,重要的不只有社会价值。如柏拉图所言,音乐应当让学习者接触一切使之向善的事物,这些事物"具备人的美德……适用于男女老少",不能让"任何阻碍"给他们带来困扰(《法礼篇》 Laws 770a5 – 771e1)。因此,为达到这个目标,人们必须修正音乐课程。这涉及改进和完善音乐这个文化贮藏所,主要手段就是之前提到的审查和编选。但是,改进和完善工作只能由已受过完善音乐教育的人来承担,唯有掌握当下的优秀文化,才能开启良性的反馈环路。在教育中走上正道是今后不断修正自身教育的必要条件。

柏拉图和孔子都意识到了修正(rectification)的双重含义。虽然柏拉图坚持认为诗歌必须经过修订才能用于教育,他却极其重视以诗歌教育来修正人的品格。由前可知,孔子深知修正音乐的必要性,但他同时也看到,如果缺乏正确的认识,就无法进行正确的修正。《论语·子路》里,孔子似乎将"正名"视为第一要务,"正名"并不是为了发展出哲学意涵,而仅仅是为了掌握词语的传统意义、准确地言说事物,因为"名不正,则言不顺;言不顺,则事不成;事不成,则礼乐不兴"(《论语·子路》第三章)。对柏拉图来说,想在人身上培养自我修正的品性,必须让他尽早接受正确的教育。柏拉图和孔子都认为,音乐教育(musical development)始于修正品格,还必须遵循当下的最优标准。但需要注意的是,音乐教育绝不只是服从于现存社会价值,在不断发展中它会与社会价值相融合,甚至超越后者,推

---

① David Cooper. "Music, Education, and the Emotions," *Journal of Chinese Philosophy*, 36 (2009), p. 643.
② Wang Keping, "Mozi Versus Xunzi on Music." *Journal of Chinese Philosophy*, 36 (2009), p. 660.
③ Kenneth DeWoskin, "Early Chinese Music and the Origins of Aesthetic Terminology," in Bush, S. and Murck, C. eds., *Theories of the Arts in China*, Princeton, 1983, p. 199.

动其改善进步。在柏拉图那里，音乐教育的发展方向或许是启发心灵之眼，使之更具洞察力；在孔子那里，音乐教育的发展方向则可能是教人举一反三。借用赖蕴慧（Karyn L. Lai）的说法，此类音乐教育从一开始便具有"成熟"的"元伦理"性质：虽然"只有通过不断的艰苦努力才能获得"创造性活动所需的技能，此类音乐教育始终注重培养自我完善的品格，引导人们不断修正德行。① 社会教化与个人修养又一次紧密结合起来。

蔡宗齐认为，"（孔子）希望弟子们培养的……首先是道德的和谐……而柏拉图所谓理智的和谐，其终极目标是认知绝对真理。"这个说法夸大了柏拉图与孔子的差异。事实上，两位哲学家都认为修炼自身品性、实现个人和谐合乎道德与理智，两种目的互为因果。关键在于，我们应当从孔子对待音乐的态度中读出认知的层面，从柏拉图的音乐观里留意道德的维度。

哲学家如果通过不断实践来修正品格，其实还会获得一种特殊的理解。持续处在自然和谐与道德和谐的状态中，人就会逐步领会到潜藏的根本力量，即"统摄音乐、恒星与行星的运行、人体的生理机能、国家不同级别行政机构之间关系的结构原则"②。然而，此时哲学家却意识到，这些原则不是抽象的原则，而是理解本身自生自足的原则。就在那一刻，哲学家会发现，他已经融入了对理解的理解。

虽然二者都意识到了这种自我反思式的认知行为，孔子的表述显得尤为含蓄，柏拉图则直白许多。在《斐勒布斯》中，柏拉图强调"我们脑中的智慧"只会把自身视为"普遍智慧"的一部分，因此它必须与造物主（dêmiourgos）或艺术家保持一致的运作方式（27b1），将构成良好秩序的所有要素协调统一起来，尽可能化解混乱及不和。最终，智慧产生的效果之一，就是让智者过上最和谐的人生，智慧要协调好自身与其他人生必备要素，与之和谐共处，才能让智者活在和谐当中（61e–64a）。或许这就是孔子所说的"成于乐"（《论语·泰伯》第八章），无论如何，这句话暗示了孔子和柏拉图一样，相信最美好的人生就像一件艺术品，艺术家及其作品已经融为一体。这种理解官能知道自身在真正和谐的产生过程中具有重要作用，因此它是通向音乐培养（musical development）最后阶段的关键入口，

---

① Karyn Lai, "Li in the Analects: Training in Moral Competence and the Question of Flexibility," *Philosophy East and West*, 56 (2006), p. 72.
② Hao Huang, Ramona Sohn Allen, "Transcultural Aspects of Music: What did Confucius say?" *The American Music Teacher*, 49 (2000), p. 34.

这里的最后阶段就是表演（performance）。

音乐大师的表演代表顶尖艺术水平，他所实现的音乐和谐不同于毕达哥拉斯乐论中数学比例的和谐。他所依赖的是物质的、非永恒的、偶然性的媒介，这种媒介甚至无法用纯粹数学概念来说明。面对物质现实，大师必须凭借媒介的必然性，竭力创造出最完美的和谐。他的即兴创作是和谐的必然要求，而不是为了即兴创作而即兴创作。如果他错误地守旧，或硬把粗糙的复制品当作音乐艺术，他就一定会失败。如果他的演出取得成功，他便能创造出独一无二的杰作，虽然只是短暂的艺术。这是因为，音乐大师自身充满了和谐，所以他能够实现外部世界的和谐，从某种意义上说，他也创造出一个小世界。

柏拉图的《蒂迈欧斯》（*Timaeus*）里，造物神（Demiurge）就是这样创造宇宙的。虽然他有理式（Forms）作为范本，他不能让一切生成的本源单纯模仿理式。他创造出来的生机勃勃、不断变化的宇宙在诸多方面都不同于纯粹简单的抽象概念结构。宇宙就像音乐大师一场杰出的即兴表演。人类能够领会到和谐，因此他们可以让造物主的这场即兴演出持续下去。柏拉图在后期对话中多次表示，哲学家和政治家应该成为造物主那样的艺术家，尽管他们统摄的领域微小得多。有时候，哲学家不可避免地要以图像来传达意义；有时候，他们要在言语中创造世界。面对不同谈话对象，哲学家必须想尽办法适应对方，随时作出调整，让自己创造的世界符合对方，这样才能达成理解。柏拉图的对话就是这样的典范，它们仿佛一件件精湛的艺术作品。同样的，政治家应当随时作出合理判断，制定符合集体发展变化的法律法规。在《法礼篇》中，柏拉图把立法者比做整个政体的画家，他竭尽全力描绘令人惊叹的杰作，让自己的画作洋溢生命力，以便在有生之年不断养护之、修缮之（769a–771a）。哲学家和政治家必须始终致力于创造真正的和谐，而绝不能仅仅追求新奇、独特或个性。

依孔子之言，君子成于乐。"割鸡焉用牛刀？"（《论语·阳货》第四章）君子不用宰牛的刀来杀鸡，他会留心事物之差异，并且"学而时习之"（《论语·学而》第一章）。君子既不会机械效仿，更不会把观点强加于人，因为"君子和而不同"（《论语·子路》第二十三章）。"学则不固"（《论语·学而》第八章），君子时常学习而不固陋，故能灵活应对各种情况；"从心所欲，不逾矩"（《论语·为政》第四章），君子既不跨越规则，又能遵从内心的想法；"君子之于天下也，无适也，无莫也，义之与比"（《论语·里仁》第十章），对待万事万物，君子没有永恒的赞成或否定，但他永远都坚守在道德的立场上。正如芬加雷特所论："一个人只要肯下苦功夫学'礼'，最终都能在'礼'当中游刃有余，因时因地变换各种方式，他们不是墨守成规的奴仆，而是富于创造力的批评家，自发而为，从容不迫。"①

然而，芬加雷特对自发、从容、创造力的强调，容易让人产生误解。柏拉图和孔子把道德完善者喻为艺术大师，这个观点为当代人所津津乐道，因为它似乎在鼓励人们表达个性。生于当代的我们崇尚个人风格，赞美个体创造力，鼓励独特技艺和创新能力。但孔子和柏拉图不会无端倡导这类理念，当且仅当它们有助于和谐的产生时，两位哲学家才会将其采纳。然而，当他们真正采纳这些理念时，他们便开启了前所未有的更加伟大、丰富、健康的世界。这就是音乐艺术为道德培养作出的贡献。

结　语

我将简要概述柏拉图和孔子在道德培养与和谐方面的深刻相似性。假如上述结论无误，东西方文化的某些根本分歧就能得到化解。我不会再认为柏拉图仅仅关注"理性秩序"（rational order）而孔子唯独思考"审美秩序"（aesthetic order）。我也不会再认同这样的观点，即柏拉图是"真理探求者"（truth seeker）而孔子是"道之追寻者"（way seeker）。② 窃以为，柏拉图和孔子关于幸福与和谐的论述，表明他们同等重视理性、艺术、行为三方面，并主张将三者结合起来。真正的距离或许不是两位哲人之间的距离，而是我们与他们的距离，因为我们总把道德修养与个体的主观幸福相提并论。这种认识是非常浅薄的。关于柏拉图与孔子的比较，还有大量问题尚待澄清、辩驳和验明，也正是在比较中，我们发现了意义非凡的修养（cultivation）概念，终有一天，它的真义会更加显明。

（作者单位：澳大利亚悉尼大学哲学与社会学院；译者单位：北京大学比较文学与比较文化研究所）

---

① Herbert Fingarette, "The Music of Humanity in the Conversations of Confucius," *Journal of Chinese Philosophy*, 10 (1983), p. 345.
② David Hall and Roger Ames. *Thinking from the Han*. State University of New York Press, 1998, p. 180.

Cultivation as Harmony in Plato and Confucius

Rick Benitez

Abstract: Where do Plato and Confucius fit in the field of ancient harmony theories? First both Plato and Confucius are realists about harmony. The Greater Harmony is real and objective; it is to be pursued as the basis of all other harmony. Second, both Plato and Confucius are what might be called "nested harmony theorists." That is, they accept the macrocosm-microcosm analogy. Third, both Plato and Confucius favour resolution of discord. They do not acquiesce in "creative tension" as some of their predecessors did. There are differences between Plato and Confucius, of course. For example they approach resolution in different manners and degrees. Plato takes a more active approach to resolution than Confucius does. Some of the reforms he suggests involve radical transformations of the society in which he lived.

Keywords: Plato; Confucius; the Great Harmony; the macrocosm-microcosm analogy; the radical transformations of the society

亲希腊主义和反犹主义

——阿诺德和他的德国模型

高斯曼（Lionel Gossman）/文　黄晚/译

摘　要：作为一种意识形态的反犹主义，只是在19世纪犹太人解放之后才发展起来。阿诺德不仅借来了他有名的希腊主义（Hellenism）和希伯来主义（Hebraism）的对立，也借来了他的孪生理想：全面发展的和谐的个人，体现文化的国家。德国亲希腊主义或新人文主义的基础是确信古希腊代表了一种自由、和谐的理想状态，在那种状态下，每个个体的全部才能和城邦或共同体都得到了自由、和谐的发展。阿诺德对生活在一个颓废、衰败的世界中有着强烈的感受，《文化和无政府》是他对此的回应。这种感受不仅在同时代的罗金斯那里，在较早的诗人像拜伦和雪莱那里也可以发现。他从洪堡和德国新人文主义者那里借来了和谐、全面发展的人的理想，以此来对抗维多利亚中期英国紧迫、丑恶的现实：丑陋、狭隘的个人被隔断了与自然和美的经验之间的交流，奴役于专门化的工作。

关键词：亲希腊主义；德国新人文主义；反犹主义；阿诺德；社会批评

　　虽然没有人说过，但是大家都知道，在德国泛神论是一个公开的秘密。事实上，自然神论不再适合我们了。我们是自由的，不需要任何雷霆般的暴君。我们已经长大了，不再需要家长似的关心。我们也不是任何伟大机械师的粗制滥造。自然神论是为仆人、儿童、加尔文教徒和钟表匠准备的宗教……每一个自然神论者归根到底都是一个犹太人。

　　　　　　　　　　　　　　——海因里希·海涅（Heinrich Heine）[1]

---

[1] *Religion and Philosophy in Germany*, 1834, 181, 223.

亲希腊主义和反犹主义

一

除了像乔治·艾略特（George Eliot）这样明显的例外，几乎19世纪每个从事写作的人看起来都容易被指控为反犹。从莱昂·波利亚科夫（Leon Poliakov）对从伏尔泰一直到瓦格纳他们这些人对犹太人和犹太教的观点作出的大量摘要中很难得出其他结论。对犹太人的兴趣中似乎始终显露出一种反犹主义（antisemitism）的倾向。

但是，反犹主义有多股势力，"反犹主义"这个词语本身对实际运用来说过于宽泛。正如有不同程度的种族主义——平常偶然的话语中或传统种族玩笑中残余的偏见与有意采纳的纲领性种族主义是属于不同程度的——也有不同程度的反犹主义。当犹太人只在极少数地方享有完整的公民权利，并且主要通过关于他们宗教习俗的民间传说，通过关于他们在耶稣受难中所扮演的角色的流行叙述才为众人所知时，情况大概也只能如此。甚至有可能现代的反犹主义，作为一种意识形态的反犹主义，只是在19世纪犹太人解放之后才发展起来。因此，对犹太人孤立、诋毁的言论应当被看作一段时间内的共同倾向，在那段时间里，犹太人事实上是几乎不被容忍的陌生人，人们也不像现在这样出于某些动机去克制自己，不让自己说出那些欠考虑的话语，表达那些未加反思的偏见。

此外，在反犹太教（anti-Judaism）和反犹主义（antisemitism）之间作出区分是有根据的。在我看来，前者作为一种哲学的、意识形态的立场，被解放的犹太人他们自己都可能会赞同，并且经常和对古希腊文明的热情结合在一起。与此相反，反犹主义则是指向作为一个社会和种族群体活着的犹太人，在19世纪，这通常意味着拒绝给予他们和非犹太人同等的公民权利并拒绝承认他们的公民身份。例如，青年黑格尔（Hegel）和尼采（Nietzsche）都是反犹太教的，但是可以说不是上述意义上的那种反犹主义。青年黑格尔不喜欢作为宗教的犹太教，但支持犹太解放。众所周知，尼采鄙视他那时流行的、蛊惑人心的反犹主义。作为一种宗教，犹太教包含着奴役，怨恨，对戒律的机械服从和吹毛求疵、枯燥无味的拉比教义学问，然而鄙视犹太教并不总是和反感犹太人身体上或精神上被指控的特征明确区分开来的。① 支持犹太解放

---

① 参见 Elisabeth de Fontenany，第55页〔在那里，作者称"反犹太教"在对作为（转下页注）

也不意味着对犹太宗教信仰和习俗的尊重和容忍。反犹太教很容易就会发展成为反犹主义，甚至可以提出相当有说服力的理由来证明反犹太教只是反犹主义在未公开承认时的体面面具。尤其突出的是，尽管马修·阿诺德（Matthew Arnold）在他的著名评论中对英国和美国过度地"希伯来化"（Hebraism）作出了激烈的批评，他本人却在相当程度上更多地倾向于"希伯来"的价值，与大多数他有所借鉴的德国作家比起来，也更少受到反犹主义的诱惑。从这些德国作家那里，他不仅借来了他有名的希腊主义（Hellenism）和希伯来主义（Hebraism）的对立，也借来了他的孪生理想：全面发展的和谐的个人，体现文化的国家。这两个理想似乎总是和处于对立中的希腊主义联系在一起，与希伯来主义无关。

阿诺德在他著名的《文化和无政府》（*Culture and Anarchy*）第四章中批评了英国的"过度希伯来主义"，主张一剂更强有力的"希腊主义"，这引导着我们开始追溯亲希腊主义和反犹太教之间的历史关联。① 19 世纪 30 年代，希腊进行了反奥斯曼帝国的独立运动，通常说来，"亲希腊主义"（philhellenism）这个词就是被用来描述开明、有教养的欧洲人对此独立运动高涨的支持，其中以拜伦（Byron）最为著名。这里，我在一种更为宽泛的意义上来使用这个词，因此其意义就不仅包括对古希腊的兴趣和热情的复苏——这始于 18 世纪下半叶的德国，由温克尔曼（Winckelmann）和沃尔

（接上页注①）宗教的犹太教进行批判的意义上可能与支持犹太人解放的"亲犹太主义"结合在一起]，第 104 页（在那里，"哲学上的犹太人"与"社会学上的犹太人"之间的区分，"反犹太教"与"反犹主义"之间的区分被此警告加以限制："这两种观点，即形而上学的观点和社会学的观点，在他们分离的同时却总是相交"。丰特奈（Fontenany）提到了黑格尔的例子，他"不无贬低地谈到犹太教，并于不经意间提到了由现代犹太人那里继承而来的苦难，但这些犹太人也维护其自身解放的权利"。这无疑指的是黑格尔在《基督教的精神》（写于 1798—1799 年，黑格尔在世时并未发表）中写的一段话："犹太人随后的境遇，以及直到他们现在还处于其中的卑劣、凄惨、可怜的处境，都只是他们的原始命运详尽展开的结果"[《关于古典研究》（*On Classical Studies*），第 199 页]。丰特奈试图通过将马克思的"犹太人"描述成"资产阶级社会的转喻"来偷带走其反犹主义，这遭到了弗朗西斯·卡普兰（Francis Kaplan）（第 61—62 页）的批评。卡普兰也强调对犹太教作为一个宗教的"哲学"批评很容易就渐渐转变为明显的反犹主义。卡普兰认为，当马克思问道"什么是犹太教的世俗资本？"并回答"将实际需求，个人功利……天性的堕落，蔑视理论、艺术、历史和人类作为自己的目标"时，至少这个回答的一部分表达了对犹太人的普遍成见：自私、贪婪、对他人冷漠（第 45 页）。

① 有关古希腊人和古罗马人反对犹太教和犹太人的简要概述，请参考卡洛斯·列维（Carlos Lévy）。

夫（Wolf）开启，并且毫无疑问为19世纪政治上的亲希腊主义奠定了基础——同样也包括了德国文学、教育和政治领域的全部"新人文主义"（neohumanist）运动。有了温克尔曼和沃尔夫的工作为其成长做基础，"新人文主义"在德国比在其他任何欧洲国家都要扎根更深，并且促使在威廉·冯·洪堡（Wilhelm von Humboldt）及其助手约翰·威廉·苏弗恩（Johann Wilhelm Süvern）领导下的普鲁士教育部制定了彻底的教育改革。歌德（Goethe）、席勒（Schiller）、荷尔德林（Hölderlin）、洪堡的追随者们以及黑格尔都在新人文主义的源头处受到滋养，并为之作出了贡献。在德国，新人文主义的影响直到20世纪早期都可以感受得到，当时，由作家、艺术家、学者和哲学家在诗人斯蒂芬·乔治（Stefan George）周围形成的"乔治学派"（George-Kreis）对温克尔曼重新燃起了极大的兴趣。

德国亲希腊主义或新人文主义的基础是确信古希腊代表了一种自由、和谐的理想状态，在那种状态下，每个个体的全部才能和城邦或共同体都得到了自由、和谐的发展。现代人既已从那种原始状态中剥离出来，就必须努力克服一切障碍，回复到那种状态。例如对人起误导作用的（尤其是天主教）巴洛克和洛可可古典主义，它们对古代的模仿仅仅停留于外在形式，而没有深入到赋予其生命的原始精神，因此只是一种歪曲。这种新的改革将有望克服现代人生活中破坏性的二元对立特征——物质和精神，伦理和美学，实体和形式，理性和激情，神圣和世俗——并恢复个体和共同体之中的自由、美与和谐。① 温克尔曼对古代雕塑的崇拜，特别是男性裸体，表明了他拒绝内在和外在、精神和物质的区分。对温克尔曼来说，希腊人在他们自由、自足的男性身体这一造型艺术中符号式地表现出了人与自然、人性与神性的统一与和谐。这样一种符号作为符号和所指的结合，表达了与旧二元论相对立的统一的新理想，而传统的新古典主义象征则把符号和所指明确区分开来。② 美就是内在与外在、精神与形式、神性和人性的和谐统一，此外无他，而这又只有古代人才达到过。黑格尔在1809年纽伦堡中学的校长演讲中曾说：

---

① 有关新人文主义本质的简短概述，请参考我的文章《19世纪巴塞尔的"两种文化"》（"The 'two cultures' in nineteenth century Basle"），第99~105页。
② 请参考本特·索伦森（Bengt sørensen）极具价值的研究。

高等研究的基础必须是，并且依然是将希腊文学摆在首位，罗马次之。那些杰作的完美和光荣带来精神的沐浴、尘世的洗礼，使灵魂在品味和学识方面得到不可磨灭的初次教养和陶冶。为此，对古代人只有一个大致、草率的了解是不够的，我们得和他们住在一起，呼吸他们的空气，理解他们的思想和行为举止，甚至他们的错误和偏见，并在这个世界里找到如在家里那般最美好的感觉。这是第二个天堂，比人类在自然状态下拥有的第一个天堂更高级，属于人类精神，而人类精神在此如同一位从闺房出来的新娘，散发出更美好的自然气息，自由、深沉而又宁静……在这里，人类精神以完美的清澈展现出它的深刻，不再混乱、昏暗、傲慢。它的宁静不是儿童似的嬉戏，而是在熟知命运残酷却没有因此失去自由与温和的忧思上展开的一幕轻纱……如果我们使自己在这要素中感到无拘无束，那么灵魂的所有力量都将被激发，并得到发展和锻炼。(《关于古典研究》，第 324~325 页)

新人文主义者提出了重建人和城邦，而学习希腊语和希腊文化在其中扮演着关键的角色。毫无疑问，这重建在一定程度上是为了替代法国大革命纯粹"物质的"(material)政治理想。① 以前对古代语言语法的学习把注意力放在"外在"形式上，新人文主义者则想用一种将形式和创造精神统一起来的语言学习代替它。黑格尔说："古代人的作品里有着最高贵形式下的最高贵食粮：银碗里的金苹果。这些作品比其他任何国家和任何时代的所有作品都远为富有……但是，这些财富与语言密不可分地联系着，只有通过语言并在语言里，我们才能在完整把握其具体意义的基础上获得它们。通过翻译我们只能近似地得到它们的内容，而不是它们的形式和灵魂。"学生需要的不是希腊语语法和作文规则，而是希腊人的创造天才，这主要通过他们的语言才可通达。这样，在艺术、语言、伦理、政治中对希腊人的"模仿"就会产生渗透着希腊人精神的原创性作品，而不至于成为机械、无独创性的复古，虽然希腊人这种美与和谐的精神因数世纪的文化异化几乎被从人类意识中根除了。在黑格尔看来"我们把古代世界拿过来

---

① "我们不是在为人民的人权而奋斗，而是在为人类的神权而奋斗，"三十出头的海涅这样写道，"我们不想成为激进主义者，简单的公民，腐败堕落的统治者，我们想建立神的民主，在庄严、圣洁和极乐上的平等。"(*Religion and Philosophy in Germany*, 180)

必须不仅是为了占有它,更是为了消化和改造它"(《关于古典研究》,第326~327页)

至于基督教,甚或启蒙运动的自然神论,又或者强烈影响了一批新人文主义者的康德哲学如何能和这个关于人和世界基本的内在论观点协调一致,这一点并不总是那么清楚,对某些人来说这是不可能的,如海涅。在《关于德国哲学和神学的历史》(Concerning The History of Philosophy and Theology in Germany)一书中,海涅指责基督教和自然神论在根本上对美、欢乐和人的内在和谐怀有敌意。但是,希腊和谐和希腊美感不可调和的敌人是犹太教的唯灵论和二元论。"犹太教徒将身体视为卑劣之物,是吕厄哈古得西(ruach hakodesh)、神圣的呼吸和精神这些他们给予关注、尊重和崇拜之物的肮脏斗篷。"因此"瑞士那些护卫自然神论的犹太教徒"在迫害他们中间的泛神论者本尼迪克特·斯宾诺莎(Benedict Spinoza)时表现得"不屈不挠"(inexorable)也就不足为怪了。至于基督徒们则比犹太教徒"走得更远"(went much further),"他们将［身体］视为令人反感的邪恶之物,是恶本身"。所以,被基督教影响的艺术和文学中"没有希腊人那般形式与观念之间的明显和谐"这一事实就是不可避免的了(第177、174、177、163页)。

希腊宗教以美为灵魂,康德理性以道德为核心,在《基督教的精神》(The Spirit of Christianity)中,青年黑格尔以基督教调和二者,并为各自的困境找出路。爱,作为《福音书》的道德原则,是心灵之美,是将希腊灵魂和康德道德理性结合起来的精神之美。以这样一种观点看来,正如理查德·克朗(Richard Kroner)所说(第9页),"反面人物"就是犹太教了。黑格尔告诉我们"亚伯拉罕不想去爱,想要通过不去爱来达到自由"(《基督教的精神》,第185页)。黑格尔认识到为了让文化存在下去,人类必须能够在"自然"和"精神"上劳作,因而必须使它们成为自己的"对象"。由此他在犹太人激进、破坏性的异化和希腊人温和、富有成效的异化之间作出了区分。

自然和精神实体在成为我们的对象之前必须以陌生事物的形态和我们相遇。对其直接的感受世界被异化出去的人来说,信仰、爱、信任这些将心和脑联合在一种神圣友谊中的纽带中断了,因此他感到不快。作为理论学识之前提条件的异化则不会让人在道德上感到痛苦或者心灵受到折磨，只是会在想象力那里产生较轻的痛苦和紧张，这想象力被没有在直接经验中给予它的事物所占领，这事物是陌生的，与回想、记忆和思考的心灵有关。（《关于古典研究》，第327~328页）

在黑格尔的早期作品中，犹太教的创始者似乎有意选择了一种最极端、最非人的异化形式：

出生于迦勒底的亚伯拉罕早在年轻时就和父亲一起离开了祖国。如今，在美索不达米亚的平原上，他为了成为一个完全自给自足、独立的人，成为主，又使自己彻底脱离了他的家庭。他这样做的时候并没有被伤害或遗弃，也没有做了一件错事或做了令人震愤之举后的悲痛，这悲痛表明了爱的持久的需要——当爱受到了伤害却没有失去时，它会去寻找一个新的祖国，在那里繁荣昌盛，自得其乐。第一个行动是一个分离，中断了亚伯拉罕的公共生活和爱的纽带，使他成为国家的创始人。他和其他人以及自然迄今为止一起生活于其中的全部关系，那些青年时代的美好关系（《约书亚书》，24.2）都为他所唾弃。（《基督教的精神》，第185页）

结果就是，这个世界永远地幻灭了。犹太人从来都不知道希腊人和谐的"第二个天堂"（second paradise）。他们生活在一个对他们来说完全陌生的世界里，他们和这个世界之间没有联系，也不爱这个世界。由于没有意识到内在神性，他们对美也毫无感觉。"上帝的观念对他们来说就像石头或木头一样……他们鄙视这种观念，因为这观念不能支配他们。在对美的享受中，在恋人的直觉中，这种观念会神化，但他们对此没有任何模糊的感知"（《基督教的精神》，第192页）。这样理解的话，犹太教可以看作和现代科学，或和实际、"庸俗"（philistine）、被鄙视的英国人的实用主义结成了联盟。

黑格尔不断地比较希腊人和犹太人，并一直谈到后者的缺陷。在他们表现人和自然的斗争时，希腊人寻求终结二元论的和解："丢卡利翁（Deucalion）和皮拉（Pyrrha），……经过当时的那场大洪水之后，邀请人类再次回到自然，和世界恢复友好关系，在欢快和愉悦中忘掉他们的需要和敌意,制造出爱的和平。他们是更美好民族的祖先,使其时代孕育出了新生的自然生活,保持着青春活力的自然生活。"与此相反,诺亚为了统治自然,选择屈从于一个对他自己和自然来说都陌生的全能伟力。同样,正如我们所见,亚伯拉罕离开了他的祖国,拒绝融入一块新的土地。"他一再离开那些经常给予他荫凉的树林,虽然神在其中显灵,至高无上的完美对象在其中显现,但他没有带着那会使它们配得上神并参与到神中的爱停留于其中。他是尘世中的异乡人,对土地和人一样的陌生……他不进入任何关系之中……他始终坚持将自己和其他人隔绝开来,并通过强加在他自己和他后代身上的一个特质来强化这一点。"对比起来,卡德摩斯(Cadmus)和达那俄斯(Danaus)也离开了他们的祖国,"寻找着一块能够让他们获得自由和爱的土地……他们自己的土地不再能够给予他们纯洁、美好的统一,为了生活在这统一中,他们带着自己的神一同前往……[并]用他们温和的艺术和行为赢得了尚未开化的土著人的认可,他们混居在一起,组成了一个快乐、合群的民族"(《基督教的精神》,第182~186页)。

由于犹太人坚持在他们与自然和其他人之间保持距离,将他们"至高无上的完美对象"(perfect Object on High)远远地置于这个世界之外,对他们而言,神从来不会在这个世界中以任何具体的形态出现,即使是在最至圣之所中。按照黑格尔的说法,他们把神圣和世俗这两个领域看作是没有联系的,希腊人则认为一个渗透着另一个。"神在至圣之所中的隐蔽与依洛西斯的神之奥秘有着截然不同的意义。在埃琉西斯(Eleusis)的启示信仰中,图像、情感、灵感及虔诚没有被排除在外,但它们不可以被言说,因为语言是对它们的亵渎。但犹太人却可以喋喋不休地谈论他们的对象和行为,他们的宗教仪式规则,因为这里并没有什么神圣的东西。神圣的事物总是外在于他们,看不到,也感觉不到。"甚至犹太人的宗教节日也绝不意味着世俗因而变得神圣;神圣的时刻是另一个(another)时刻。安息之日被保持在"完全与世隔绝的状态中,精神的消极统一中"并且"献给上帝的时间是一段空虚的时间"(《基督教的精神》,第193页)。最后,犹太人所设想的平等是孟德斯鸠(Montesquieu)归之于一个暴君的臣民的平等,而不是古代共和国里自由公民的平等。"希腊人是平等的,因为所有人都是自由、自立的;犹太人是平等的,因为所有人都无能自立。"(《基督教的精神》,第198页)。

正如人们可能期待的那样，黑格尔也同意古代对犹太宗教习俗的批评，这种批评在19世纪关于犹太人的所有论述中普遍存在：他们的教条主义枯燥、机械，和基督徒赋予生命的仁慈以及希腊人自然的自发性和创造性相比起来显得相形见绌。"其宗教的一个本质之所在就是去完成一堆数不清、无知觉、无意义的行为"；"最神圣的事情，即有关上帝和善的宗教仪式，是被命令的，并被压缩为一些死的条条框框"；生命"在如僧侣般沉浸于那些无聊、琐碎、机械、缺乏精神的惯例中度过"（《关于基督教》，第69、178页）。

简言之，犹太教因其隐蔽的神（dues absconditus）、极端的异化、强烈的二元论和对法律文字严格而死板的服从被等同于无生命的机械论、压抑和死亡；相反，青春、生命和美的和谐属于基督教，尤其是属于希腊人的，因为他们能够感受到神、人和自然的连续性，他们强调自由，而不是严格执行命令。犹太教代表死了的寓言世界，与有生命的符号世界相对立。黑格尔在《基督教的精神》有关三位一体的一段论述中说道："只是对无生命的事物来说整体才不同于部分，对有生命的事物来说，整体中的部分与整体是同一的。如果个别的事物被联结在一起时依然保持着各自的个体特征（作为可被计数的个体），那么，它们的共同特征、它们的统一就只是一个观念，而不是本质，不是存在着的。但是，有生命的事物是本质，即使它们相互分离，其统一也仍然是一个本质的统一。死亡领域中的矛盾在生命领域中不再是矛盾。"（《基督教的精神》，第261页）

根据一些作家对尼采反犹主义有启发性的研究，"希腊人和犹太人"（Hellenes and Jews）的对立在19世纪中期是德国有教养阶层中反犹主义的一部分。"对肖像的禁止、原罪、禁欲与造型艺术、青春之美、性爱、创造性相对立；一切被贬低为民主、庸俗、卑贱的东西与高贵、英勇的生命相对立，这生命因狄俄尼索斯的狂喜和悲剧意识而得到提升［休伯特·坎希克（Hubert Cancik）和希尔德加德·坎希克·林德麦耶（Hildegard Cancik Lindemaier）］。"

如黑格尔一样，一些作家也寻求在犹太教和基督教之间作出区分，使后者免于受到前者受到的那种指责。一些人设想一种完全清除了犹太教的基督教［乌列·塔尔（Uriel Tal），第223~289页］，如德国的瓦格纳（Wagner）和拉加德（Lagarde），法国的埃米尔·伯诺夫（Emile Burnouf）。这个运动在19世纪30年代所谓德国基督徒（Deutsche Christen）的异端那里达到高潮。到了 19 世纪晚期,对一神论及其压抑、"奴役"的道德准则的批判如此普遍,甚至一些极有威望且开明的神学家——如阿道夫·冯·哈纳克(Adolf von Harnack)——为了保卫基督教不受此种攻击,支持基督教脱离僵化、墨守成规的犹太教独立,并主张把《旧约》从《圣经》中除去。①

另一群人把基督教和犹太教混为一谈,一概拒绝,如费尔巴哈(Feuerbach)、尼采和臭名昭著的反犹主义者欧根·迪林(Eugen Dühring)。迪林认为,反对犹太教的斗争必然和反对一神论宗教的斗争结合在一起,并因此反对压抑生命中自由的自然冲动的力量。他在《生命的价值》(*Wert des Lebens*)(1877)一书中写到"宗教体系是研究精神世界史疾病的一个篇章,因为宗教,包括基督教,是'仇恨生命'(hatred of life)的典范……是对自然天性的灭绝。"让犹太教和基督教相互斗争是没有意义的。基督教的反犹主义"忽视了基督教自身就是犹太的这一基本事实,这一事实应成为所有真正反希伯来主义的出发点"②。休伯特和希尔德加德认为,这基本上也是尼采的观点。他们主张,尼采的反犹主义应这样来理解:这种反犹主义"得到了提升,更精微而不那么粗俗,历史和哲学的论证使之深化,并被以卓越的语言表述出来"。尼采的立场是"基督教的反犹主义纯粹是愚蠢的行为,因为基督教自身就是强化了的犹太教……在尼采的观点里,无论谁,

---

① Robert P. Ericksen;也可参见 Tal, 191 – 192, 200 – 201, 217 – 218。据詹金斯(Jenkyns)(第 72 页)称,英国的纽曼(Newman)在其生涯的某一阶段曾持有某种程度上类似的观点:"纽曼顽固的系统化思想不仅明显区别开希腊主义和希伯来主义,而且也将基督教与二者明显区别开来。基督既不是希腊人,也不是犹太人……"詹金斯同样也引用了乔治·艾略特对其同时代人的评价:"他们几乎不知道基督是个犹太人。"
② 这两段文字都是塔尔(第 264~265 页)引用的,第二段来自 1882 年的一个文本。在 20 世纪早期的法国,激进右翼和反犹主义的"法兰西行动"的主要思想家查尔斯·莫拉斯(Charles Maurras)的观点与之相似,虽然莫拉斯更多地强调约束和秩序(他将之与古典时期联系起来),而非力量和生命:"作为古典时期的崇拜者,莫拉斯不仅仅是对异教感兴趣。他发自内心地了解卢克莱修,希腊的多神论总是显现出尺度、秩序与和谐,因为它将人们的每一个愿望与一个明确的神对应起来。这样,通过适当地疏导愿望并进行定位,就避免了走上无止境的道路的风险。在地中海的风景中,阳光清晰地描绘着那些轮廓和阴影:人们占据着各自的位置,没有梦,没有那些愚蠢的奢望,认可并服从已建立的秩序。这是幸福的条件。圣经的精神,四个卑微的犹太人的福音书,耶路撒冷和犹太会堂是来打破这个美丽的平衡的。基督教和犹太教同样威胁着文化的延续。人类文明的区域几乎没有超出地中海沿岸(准确说来,包括西地中海直至希腊在内,但不超过这个区域)。"(Jacques Prévotat, 250 – 252)

要和犹太教及其道德作斗争,他就不能是基督徒"①(第42页)。

就"自然天性"方面的"犹太式"压抑以及犹太人和基督徒的奴性道德而言,以"雅利安"和"北欧日耳曼"的英雄主义和男子气概为名对之作出的攻击日益增多。迪林论说道:"北欧日耳曼的偶像和上帝中包含着一个即使经过千年纷乱也不会从世界上消失的自然本质……在这里,一个比犹太人的奴性头脑远为优秀且富有想象力的灵魂统治着一切。"(Tal, 266)但其潜在的最终指向是古希腊人。德国人从温克尔曼和沃尔夫起就对希腊人怀有一种特别的亲近感。早期的社会学家威廉·海因里希·里尔(Wilhelm Heinrich Riehl)在回忆世纪中叶他在一个德国中学的学生生活时也自然地流露了这种亲近感:

> 我们把希腊当作我们的第二故乡;因为它是所有高贵思想和情感的处所,是和谐人性的家园。是的,我们甚至认为古希腊属于德国,因为在所有现代民族中,德国人有着对希腊精神、希腊艺术、和谐的希腊生活方式最深刻的理解。我们把这看作民族自豪感的洋溢,并因此宣称德国人在现代世界处于文化上的领先地位,德国人就是现代希腊人。我们宣布,希腊艺术和自然在德国诗歌和音乐中比在同时代其他任何民族的诗歌和艺术中得到了更彻底的新生……我们对希腊的热情和对我们祖国的热情是密不可分的……我们回首古代,好像那是我们失去的乐园。②

---

① 随着19世纪暧昧的反犹太教和反犹主义在20世纪变得清楚明了,许多基督徒开始保卫犹太教。例如,尼古拉斯·别尔嘉耶夫((Nicolas Berdyaev)就强调基督教的犹太教根基,称"在人类起源上,[基督教]是一种弥赛亚的、预言的宗教,其精神由犹太人引入世界宗教思想,完全不同于希腊 - 罗马精神文化和印度文化。'雅利安'精神既不是弥赛亚式也不是预言式……"(第1~2页)。一方面,一些犹太思想家坚持认为,德国亲希腊主义者所厌恶的二元论属于基督教,而非犹太教。罗森茨威格(Rosenzweig)声称,犹太人因其宗教而注定要留在他所出生的犹太世界,并被寄予厚望于仅仅完善犹太教。另一方面,基督徒本性上是异教徒,他们需要退出其所属的世界,放弃本性,和其原始的异教决裂,来实施其信仰的训诫(参见别尔嘉耶夫,第23页)。约书亚·耶洪达(Josué Jehonda)宣称,基督徒是反叛的,犹太人则是传统的。基督徒制造了耶路撒冷与雅典和罗马之间的对立,即上帝的公正之城与政治城邦的对立。所以,"任何反犹主义的真正原因是基督教的二元论"。异教反犹主义事实上针对的是基督徒,他们被视为具有破坏性。相反,犹太人则被视为一个民族集体。所以,在我们的时代,纳粹反犹主义"企图通过摧毁犹太人来摧毁整个基督教世界"(参见耶洪达,第108~110页)。

② *Kulturgeschichtliche Charakterköpfe* (1891), quoted in Friz Blättner, 161 – 162.

在尼采的《敌基督》(Anti-Christ)中,北方对力量和欢乐的信仰与多利安人贵族式的古希腊联系在一起,而不是与早期亲希腊者如温克尔曼所钟爱的那种流行的自由希腊主义联系在一起。①

因此,德国人和希腊人之间的这种一致性是19世纪德国人反"希伯来主义"斗争中至关重要的一个方面。费尔巴哈宣称科学和艺术只会起源于多神论,因为"多神论以坦诚、平和的情感来对待每一件好的事物,不在其中作出区分;是对世界和宇宙的情感"。"希腊人对自然进行理论思考……在天体的和谐运行中聆听天籁……在大海的泡沫中看见维纳斯的形象",犹太人却"只用他们的味觉来享受自然。他们只有在享受神赐之物时才是上帝的子民。吃是犹太教里最庄严的行为……在吃的过程中人们宣布自然本身是无足轻重的"②。

如果犹太教和基督教"麻痹了"德国人并"使他们感觉迟钝","损害

---

① 休伯特·坎希克强调指出了"德国的亲希腊主义和反犹主义(II)",第7~10页。18世纪末,随着温克尔曼为之奠基的希腊建筑的复兴,多利安人开始重获生机。在英国,斯图亚特(Stuart)和雷弗特(Revett)的《雅典古代遗址》(Antiquities of Athens)(1787)的第二卷展现了不同于任何人们所想之物的希腊建筑,由此而来的"希腊风格"之流行促使一些知名建筑师,如威廉·钱伯斯(Sir William Chambers),攻击多利安式的"凸起的圆柱"和"不成比例的柱顶过梁"。第三卷的编辑威利·雷弗利(Willey Reveley)则维护那种被他称为具有"男子气概的勇敢无畏"以及"令人肃然起敬的高贵和宏伟"的风格(参见詹金斯,第12页)。在德国,多利安式和多利安人极为流行。歌德在其《意大利之旅》(Italian Journey)中一段有名的文字里记述了他在面对佩斯图姆废墟时的迷失、敬畏和惊叹:"远处是一些巨大的四边形物块,当我们最后抵达那里时,我们起初并不确定它们是石头还是废墟。然后,我们才辨认出它们是寺庙遗址……克劳普很快找到一个有利的位置来描绘这极度缺乏美感的景象……乍一看,[这寺庙]只是让人感到惊愕而已。我发现自己处在一个完全陌生的世界。它们经历了从朴素到魅力到发展,与此同时,这漫长的岁月也塑造甚至创造了一类不同的人。我们的眼睛,以及通过它们,我们的全部感受都已如此习惯于一种更为纤细的建筑风格,以至于这拥挤、粗短的圆锥形支柱看上去令人不悦甚至恐惧……"(第209~210页)在卡尔·奥特弗雷德·穆勒(Carl Otfried Müller)[《多利安人》(Die Dorier),1824]和他学生恩斯特·库尔提乌斯(Ernst Curtius)[他的《希腊史》(History of Greece)(1857–1861)被多次翻译并广泛阅读]的著作中,侵略者北部希腊人或多利安人(多利安人这个名字据说来自赫楞的一个儿子多鲁斯)向南部的伯罗奔尼撒半岛推进,作为活跃的、"男性的"力量,他们使沉寂的、"女性的"佩拉斯基人多产而富饶,并创造了伟大的古希腊。库尔提乌斯认为,"希腊人带来了全新的生活。""极其单调而又枯燥乏味的佩拉斯基人的时代退居幕后,赫楞和他的儿子带来了活力与生机,历史随着他们的到来而开始。因此,我们必须将他们视为拥有特殊天赋的部落,为特殊的行动力量所驱使,从一个伟大的民族中脱颖而出,并作为战士扩张自己。"(第41页)英国接纳了穆勒和库尔提乌斯关于多利安人的观点,那里的人们强烈倾向于把多利安"高地人"和苏格兰人联系在一起(参见詹金斯,第167页)。

② *Wesen des Christentums*, ch. 12, quoted in Poliakov, 415.

了理解和精神",他们将通过古希腊有贵族气质的悲剧文化重获活力与生命。这是尼采及其追随者们所要传达的主要信息。尼采和他的支持者们攻击古典学者维拉莫维茨(Wilamowitz),因为他被认为不能理解希腊光荣、英雄、悲剧的文化,在他对希腊文化的解释中,充斥着有关善、罪恶、忏悔的奇怪而又"庸俗"的观点。一位评论家在评论维拉莫维茨对希腊悲剧作家的翻译时指出:"罪恶是维拉莫维茨最喜欢用的词语,他用它来翻译大量的希腊词语。可以推测,这种做法对更古老的希腊悲剧来说是错误的。在我们这里,罪恶的观念和惩罚、忏悔命令的观念紧密联系着,因此它应和悲剧艺术远远地保持距离。一颗谦卑的忏悔之心可能会让犹太教和基督教的神感到愉悦,悲剧意识却截然不同,忏悔对悲剧英雄完全不适宜。悲剧英雄不是穿着戏服的资产阶级;英雄气质……和我们的官方道德毫无关系。"[库尔特·希尔德布兰特(Kurt Hildebrand),第143页]。

19世纪对基督教和资产阶级文化中压抑因素的批判有时宣称其与早期古代政体中反对教会和国家权威的传统有密切联系。(事实上,早期的反对者中不仅有贵族,也有资产阶级。)所以,尼采对法国古典主义时期的某些作家赞赏有加,如拉·罗什福科(La Rochefoucauld)、尚福尔(Chamfort),甚至帕斯卡尔(Pascal)。这也才有了乔治学派在它自身与温克尔曼之间制造的联系。早期作品中安宁、自信的风格在后期消失了,却新出现了哲学上的虚无主义和对卓越个人和领导者角色的强调。斯蒂芬·乔治最喜欢的学生马克思·科默雷尔(Max Kommerell)写了一本书——《德国古典主义中的诗人领袖》(*Führer in der deutschen Klassik*),在一篇对这本书的重要评论中,沃尔特·本雅明(Walter Benjamin)揭示科默雷尔此书的基本任务是重新解释德国古典主义,正如乔治后来所说,乃是"德国反战时代反叛的典范,德国人反抗时代的圣战",进而将之呈现为乔治政治理想化的先驱。本雅明认为(第252~259页),科默雷尔希望通过这种方式掩盖乔治计划的浪漫主义根源。

大体说来,亲希腊主义似乎是浪漫主义反抗启蒙运动所采取的一种更巧妙、更有欺骗性的伪装,而且也似乎更为持久:希腊和德国之间的特殊联系,德国作为希腊文化之完成,浪漫主义这些令人迷醉的传统主题直到海德格尔二战后的著作中依然保持着生机与活力。① 一个人可以合理地思考

---

① 参考尼古拉斯·兰德(Nicholas Rand)引人注目的文章。

以下问题：在何种程度上，"后现代"拒绝真理的超验本质和当代强调游戏而非伦理是为了设法挽救现代主义设计——以及一般意义上的理性主义——的失败；在何种程度上，它们是曾经以犹太教和希腊主义之间的斗争形式出现的浪漫主义反抗的另一个版本。

二

笔者现在很乐意回到马修·阿诺德。英国也出现了希腊复兴，并如同德国那样与一种克服人和自然的二元论、恢复身体和感觉的渴望密切联系在一起。华兹华斯（Wordsworth）发誓说他宁愿是：

> 一个被旧教规哺育的异教徒
> 站在令人心旷神怡的牧场上
> 风光无限
> 我不再孤苦伶仃
> 我看见普洛透斯从海中升起
> 我听见特里同吹响了他的号角

拜伦为古老神祇的逝去而悲痛：

> 啊！多多那！
> 你古老的树林，
> 你的预言之泉，
> 你的神谕，
> 在哪？

雪莱（Shelley）的《希腊》（*Hellas*）中有一段合唱为阿波罗（Apollo）、潘（Pan）和朱庇特（Jove）被基督教的"致命真理"（killing Truth）打败而痛惜：

> 大地和天空的力量
> 逃离了正笼罩着的伯利恒之星；

> 阿波罗、潘和爱神，
> 甚至奥林匹亚的朱庇特
> 都衰弱了，因为致命真理对他们怒目相视；
> 我们的山脉、海洋和溪流，
> 失去了它们的梦想，
> 它们的水变成了鲜血，它们的露珠变成了眼泪，
> 为黄金时代而哀号。

利·亨特（Leigh Hunt）在写给霍格（Hogg）的信中开玩笑地说——这是真的——"如果你继续这样下去，将有希望在水边听到一个声音说'伟大的潘神复活了'。村民们听到后就会停止饥饿，再次唱起世俗的赞歌并跳起舞来。"[①] 亨特提到潘神这一点是值得注意的。不止奥林匹亚诸神，理查德·詹金斯（Richard Jenkyns）说"潘成了泛神论者的神"（第179页）。对赋予古代人关于自然的宗教观点以现代色彩这种做法，罗金斯（Ruskin）曾发出过警告，但即使是他，有时也认为这种复兴是可能的。他写道："在我们这里……神的观念倾向于与自然生命相分离；我们将上帝想象为……高高在上，远离尘世的花草树木，这些可见的东西对我们而言只是僵死之物；被物理规律支配着，等等。"英国已经被工业革命所伤害，罗金斯希望在这个国家的山脉河流中重新恢复神灵。和自然之间科学、实用、剥削的关系"失败了"。用詹金斯的话来说，"基督教对超验和一神论的信仰似乎是不够的"（第184-85页）。因此，亲希腊主义，至少在一定程度上，拒绝如下事物：启蒙运动的理性主义和自然神论，犹太教和基督教的一神论，宗教二元论和哲学二元论，维多利亚时代英国讲求实际的中产阶级商人和工业家中普遍存在着的意识形态——这种意识形态混合了乏味的实用主义和拘泥于字面意义的基督教原教旨主义。

虽然维多利亚时代的氛围中已经可以隐约感到希腊主义和希伯来主义的对立，但是大多数对此有所研究的学者都同意阿诺德是从海涅那里借来了他《文化与无政府》第四章中的基本观点。海涅毫无疑问对黑格尔对犹太教的评论有着清醒的认识，并且在很大程度上表示赞同：

[①] 四段文字全部引自詹金斯，第177~178页。雪莱的那段比在詹金斯那里引用得更为完整。

亲希腊主义和反犹主义

正如东方的预言家称他们［犹太人］为"信仰之民",西方的预言家在他的《历史哲学》中称他们为"精神之民"。正如我们在《摩西五经》中发现的那样,早在他们最初开始之时,他们就表现出了对抽象的偏爱,他们的全部宗教只是将物质和精神分离开来的辩证法行为,绝对只以精神的独特形式得到承认。在那些极度崇拜自然,把精神理解为物质现象、图像和符号的古代国家中,犹太人被迫扮演着一个多么极端孤立的角色。他们与充满着象形文字而又多姿多彩的埃及,有着伟大的阿斯塔蒂欢乐神庙的腓尼基,甚至那美丽的有罪者——令人极为愉悦的巴比伦,以及最后,作为艺术兴盛之乡的希腊形成了多么强烈的对比!［《路德维希·伯尔内:回忆录》(Ludwig Börne: A Memorial),第265页］

阿诺德肯定熟悉海涅的一首诗《希腊众神》(Die Götter Griechenlands),这首诗表达了德国犹太诗人与希腊人、犹太教和基督教传统之间的矛盾关系。诗人为古老神祇的逝去而悲伤——现在他们被"驱逐出去,日益衰弱"——并想到即使是神也受制于历史存在铁一般的规律。"即使是神,也不能永远统治,年轻的驱逐年老的。"宙斯驱逐了提坦神,他自己又被推翻了,他的雷电消亡了。圣母取代了一度傲慢的朱诺:

> 权杖被另一位夺走,
> 你不再是天空的女王,
> 你的目光呆滞无神,
> 你洁白的双臂软弱无力,
> 感神而孕的圣母,
> 行奇迹的神之子,
> 你永远无法向他们复仇。

现在,几个世纪以来希腊众神不可压制的笑声被消灭了。

这悲伤突然被惊人的话语打断:"我从来没有爱过你们,诸神!因为我反感希腊人。"事实是,诗人想起希腊众神对人类的苦难没有一点同情心,经常站在胜利者那边。但是,人更为宽厚仁慈,在他们被抛弃时——"死亡,暗夜徘徊的幽灵"——心生怜悯。特别是诗人在另一次立场转变中呼

喊道:

> ……当我想到那些战胜你们的神是
> 多么胆怯而脆弱,
> 新的统治者郁郁寡欢,
> 披着谦卑的羊皮在苦难中狂喜。

意识到这点后,被愤怒所淹没的诗人将会高兴地摧毁新的神庙,为了古代的神和他们的"神律"拿起武器,在他们的神坛前张开双臂,沉浸在祈祷中。

许多学者相信,阿诺德希腊主义和希伯来主义的对立直接来源于海涅《路德维希·伯尔内:回忆录》里关键的一段(伯尔内是左翼德国犹太作家和政治评论家)。① "正如他对其他作家的评论那样,在他对歌德的评论中,"海涅写道,

> 伯尔内暴露出了拿撒勒派的心胸狭隘。我用"拿撒勒"是为了既不用"犹太教"这个词,也不用"基督教"这个词,虽然这两个词对我来说是同义的,并被我用来指一种自然的性情而不是信仰。"犹太人"和"基督徒"对我而言是在与"希腊人"的对立中紧密联系在一起的。同样,我在这里也不是指一个特定的民族,而是一种性情、观点,无论是天生的还是习得的。以此观点来看,所有人不是犹太人就是希腊人,不是奉行禁欲主义,敌视偶像,深深渴望灵性的人,就是以生命中的欢乐,以因其能力得到发展而产生的自豪感,以现实主义

---

① 《批评的功能》(*Function of Criticism*)里关于海涅的文章(曾在1863年被用作演讲)以及《海涅之墓》(*Heine's Grave*)这首诗(可能完成于1863年,但直到1867年才发表)有力地证明了阿诺德对海涅长久的仰慕。但是,在阿诺德的希腊主义和希伯来主义之对比与海涅著作的确切关系上存在着一些学术争论。莱昂内尔·特里林(Lionel Trilling),休珀(R. H. Super)(阿诺德《散文全集》的编辑)和大部分其他英语学者〔但是,显然不包括其研究现已成为经典的大卫·德劳拉(David J. De)〕认为阿诺德从海涅为纪念伯尔内而写的文章里得来其希腊主义-希伯来主义的对立。但是,有人质疑阿诺德是否读过这些文章,特别是特里林的一些断言已经失效。与此关系更为密切的是,有人指出,阿诺德改变了犹太人和希腊人的对立在海涅那里所具有的意义,同时保留了海涅的一个思想,即历史以希伯来主义和希腊主义所代表的两种力量之间的斗争和交替为标志。参考伊尔莎·玛丽亚·特斯多普(Ilse-Maria Tesdorpf),特别是第43~46,138~169页。

为其本质存在的人。在这种意义上,那些来自牧师家族的德国牧师中,那些出生于雅典并可能是忒修斯的后代的犹太人中也有希腊人。(《路德维希·伯内尔:回忆录》,第 94~95 页)

海涅猜想是否"这两个因素的和谐融合"可能不是"所有欧洲文明的任务"。但是,尽管这二者相互和解的"罕见事例"出现过("莎士比亚同时是犹太人和希腊人"),普遍说来"我们离这个目标依然很遥远。歌德作为希腊人(以及所有和他一起的诗人)最近以一种近乎激烈的方式表达了他对耶路撒冷的反感"(《路德维希·伯内尔:回忆录》,第 270~271 页)。虽然可从"希腊众神"中看出海涅的立场复杂,并且特别是在晚年,他被痛苦折磨变得衰弱,形容自己"对形而上学幻灭了","紧紧依附于《圣经》"[《自白书》(*Geständnisse*),第 138 页],他也经常认为自己是一个"暗地里的希腊人"(《回忆录》,第 264 页)。从他对伯尔内对歌德的评论作出的叙述中可以明显看出他站在哪边。他将其解读为"犹太教的唯灵论与希腊对生命的赞美之间尚未解决并且可能永远不会得到解决的斗争"里一次新的交锋。这里,伯尔内被呈现为一个几乎带着尼采式狂热的"对希腊伟大的神充满仇恨的小拿撒勒"[《作品和书信》(*Werk und Briefe*),6:94]。在渴望回归和谐时,海涅从来不会怀疑这首先意味着"纠正这个世界使灵魂和身体都生病的、片面追求精神的疯狂错误,使世界恢复健康"。海涅认为,在重新唤起国民对希腊艺术的情感、创造出非常实在具体的作品让他们有所依附的事业中——"就好像使神表现于大理石"——歌德作出了自己的贡献(《作品和书信》,6:120)。

阿诺德认为海涅当然是站在希腊主义这一边。"没有人比他更如痴如醉地赞美异端。"[《评论文集》(*Essay in Criticism*),第 207 页]可是,阿诺德之所以保持着对海涅持久的喜爱,也是因为他在海涅那里同时发现了希腊因素和希伯来因素。"对海涅的叙述如果没有注意到他的犹太成分就是不完整的,"阿诺德在关于海涅的文章中写道:

> 他像对待其他一切事物一样自由地对待他的民族,但是他从他的民族里获得了巨大的力量,在这点上,没有人比他知道更清楚。他出色地指出了 16 世纪是如何存在着双重的复兴,即希腊复兴和希伯来复兴,以及这二者又是如何从此成为两股巨大的力量。他自身同时有

着希腊精神和犹太精神,这两种精神都达到了无限——希腊精神因其美,希伯来精神因其崇高——而这是所有诗歌和艺术的真正目标。海涅完善了文学形式,喜爱清晰,热爱美,就此来说,他是希腊人;他有"不能表露的愿望",热情而专注,桀骜不驯,就此来说,他是希伯来人。[《评论文集》(*Essays in Criticism*),第179页]

阿诺德在海涅那里发现了"希腊人"和"希伯来人"的结合,由此,他似乎意指古典形式美与启蒙运动拥有浪漫想象力的才智之间的和解(显然,正如他对海涅的评论所暗示的,这种和解并不完美)。以上引用的那些段落已清楚表明了,就海涅自己而言,这种和解最理想也只能期待于遥远的未来,一个长久的辩证过程的终点。这两个要素之间的关系是一个"尚未解决并且可能永远无法解决的"冲突。此外,阿诺德赋予"希腊人"和"希伯来人"或"希腊主义"和"希伯来主义"的意义确切说来也不是"希腊人"和"拿撒勒人"这些词语在海涅那里具有的意义。

三

阿诺德给论文集取的标题是"文化和无政府",给论文集中第四篇取的标题是"希伯来主义和希腊主义",这两个标题之间的类似不禁让人思考这四个词之间可能的关系。比如,"文化"和"希腊主义"、"无政府"和"希伯来主义"是联系在一起的吗?

阿诺德对生活在一个颓废、衰败的世界中有着强烈的感受,《文化和无政府》是他对此的回应。这种感受不仅在同时代的罗金斯那里,在较早的诗人像拜伦和雪莱那里也可以发现。他从洪堡和德国新人文主义者那里借来了和谐、全面发展的人的理想,以此来对抗维多利亚中期英国紧迫、丑恶的现实:丑陋、狭隘的个人被隔断了与自然和美的经验之间的交流,奴役于专门化的工作——不管是经商还是在机器旁劳作,狂热地热衷于各种在他眼中另类而任意的宗教。但是,让他不安的不再简单地只是这个幻灭的世界、神圣和世俗的极端分裂、人与自然的分离和人性的异化,而是这样一种强烈的信念:中心已经明显地失去了支撑作用,用他的话来说,这个世界日益缺乏的不仅是统一,而且是"一个可靠的权力中心"(a sound centre of authority)(《文化和无政府》,第119页)。

阿诺德那些信奉自由的同胞大多数一直以来更关心个人自由而不是"文化"（culture）、"总体"（totality）、"国家"（the State），与他们不同，阿诺德为秩序瓦解为无政府而担忧、恐惧。事实上，他的书的标题中可能有着质疑或挑衅的成分。阿诺德自己承认，他同时代的英国人带着他们根深蒂固的经验主义和实用主义去以怀疑的眼光打量"文化"。著名的法学学者、工会立法的拥护者弗雷德里克·哈里森（Frederic Harrison）嘲笑"关于文化的伪善言辞"。① 嘲笑"文化"的人可能把它看作与晦涩的德国哲学和外国政治体制一个调子的陌生观念，它和通常所熟悉的英国人对道德和宗教真理、政治经济学原理、思想自由、言论自由、宗教自由，尤其是贸易自由的关心没有关系。阿诺德不停地赞扬欧洲大陆在做法上相对于英国的优越性，炫耀他在欧洲大陆方面的联系：首先是和德国新人文主义者——歌德、威廉·冯·洪堡、席勒、施莱尔马赫（Schleiermacher）［他在他父亲托马斯·阿诺德（Thomas Arnold）的房间里开始崇拜这些人，他的父亲是著名的拉格比公学的校长，对德国有着强烈的好感］，还有法国作家例如米什莱（Michelet）、勒南（Renan）、圣伯夫（Sainte-Beuve）、托克维尔（Tocqueville）。但这只能加深那些人的怀疑。最后，阿诺德质疑清教徒革命以来本国政治和宗教传统所走的那条在他看来另类且日益偏狭的道路。他指出，极端、顽固、英国式的自由主义只会导致无政府，导致所有传统社会纽带和制度的解体。

相比较而言，文化是将社会结合起来的黏合物，并且创立了社会。阿诺德认为，无论是启蒙运动理性的自然法原则——公正和平等的观念，还是实用主义者实际的原则——如最多数人的最大幸福的观念，都不能为社会生活提供一个坚实的基础。相反，它们使一个群体与另一个群体对立，一种解释与另一种解释对立，一种利益与另一种利益对立，由此可能会使社会生活分裂。相比较而言，文化是无可置疑的：它不是建立在可被争论的原则的基础上的。它是慢慢积累的，是历史性地产生的共同传统，这种传统虽然是历史发展的产物，却是普遍有效的。在这一方面，它与对特殊时刻和特殊群体狭隘、片面的关注在根本上是相互对立的。从政治和报纸的转瞬即逝和假文化出发不能有任何进展［这是阿诺德针对的一个特殊对象，对远在巴塞尔并正在与之作斗争的雅各布·布尔克哈特（Jacob Burck-

---

① 在《文化和无政府》（此后简称 CA）第 39 页中，阿诺德自己如此引用。也请参见第 72 页。

hardt）而言也是如此，他认为这威胁到了"欧洲的古老文化"]。此外，对在这方面更接近德国新人文主义者而非浪漫主义者的阿诺德而言，文化是人类中的精英、教士仔细选择、提高和保存的结果，因此文化不是民族的。文化是一般的、普遍的，是所有人在所有时代用所有语言"思考或写作的最好的东西"（虽然，除了《圣经》这个单独的例外，阿诺德的文化实际上仅限于希腊、拉丁和其他西欧语言和文学）。阿诺德似乎希望这个人为的、历史性地产生的"文化"能够代替再也无法获得的真理（无论是宗教的还是哲学的）作为个人行为和社会秩序的基础。从这样一种观点来看，英国的科学、文学，特别是政治和宗教（它们远未达到统一，而是被想象为争论以及相互冲突的信念和利益的竞技场）就会显得狭隘、分裂，甚至违背常理，尤其是对"权力中心"具有破坏性，而"权力中心"对阿诺德来说是非常重要的，他认为理性甚至信仰都再也不能提供这样一种"权力中心"了。

阿诺德对他自己的同胞的看法和米什莱惊人地相似。众所周知，米什莱不是一个亲英派，他认为英国人是世界历史中的"贵族"：他们的自由观念是无政府的、傲慢的、排他的、拜伦式的、恶魔的。他们为赢得自由而进行的英勇斗争是并且一直都是以暴力、杀害尊长、叛乱、剥削自然和他们的弱小同伴为标志。在米什莱对历史的设想中，英国人像犹太人一样代表着社会发展中一个重要而又反复出现的时刻，但注定会被一个不那么严厉和排他，更和谐、包容的社交形式取代。米什莱借用维科的话把这种社交形式称为"民主的"。对米什莱而言——正如在很大程度上对阿诺德来说也是如此——法国代表了这种更高等的社交形式，因为法国自从大革命以来就比其他任何社会更好地协调了部分与整体、个人与国家之间的冲突。《文化和无政府》的内容简要来说就是，如果英国不希望陷入"无政府"状态，那么英国个人主义——阿诺德轻蔑地称之为"异议的异议，新教的新教"（CA，56 et passim）——就得让步于一个对社会更全面的设想，对国家和国教的角色做出更大的承认。

在阿诺德对文化的理解中这一点极为重要，即文化在现代不可避免地必须是正规教育的产物。衰弱、病态的社会状况可以被治愈，文化可以恢复。但是，除非当文化被整合进社会生活时再次成为第二天性，否则文化作为一种习得的东西，不像原先那样和生活的所有方面有机联系在一起，就只是次等的，只是被强迫生长于温室中的幼苗——人们可能会希望它今后能在外面更为茁壮地成长——而不是现实事物的替代品。在这个重要方面，正如已经指出的那样，阿诺德更倾向于德国新人文主义者而不是浪漫主义者。因为浪漫主义者带着怀旧情绪回望有机的民间文化并试图保存它，新人文主义者则致力于让学生不断内化希腊语的内在形式和精神，内化希腊文化，希望通过这种教育来复兴古代文化。实际上，阿诺德在他讨论"有机的"文化与他所理解的现代世界的文化之间的区别的几段文字中有一处明显指的是歌德：

> 在品达和索福克勒斯时期的希腊，在莎士比亚时期的英国，诗人生活在对创造性力量而言最有生气、最有营养的思想潮流中；社会被新鲜的思想浸透着，达到了完满的智慧和生机。这种状态是创造性力量得以运用的真正基础，创造性力量在其中能找到触手可及的资料和素材；世界上所有的书和读物只有当它们有助于此时才是有价值的。即使这事实上并不存在，书和读物也可以使人在他自己心里建构一种类似的东西……这绝不等同于索福克勒斯和莎士比亚时代与扩散及全国的生命力和思想联系在一起的艺术家；但是，除此之外，它可以是为这种时代而作的准备，如果大家都同意的话，那么可以说它的确构成了一个有巨大价值的、起着加速和支持作用的氛围。德国多方面的学习和长久而又广泛结合起来的评论性努力为歌德提供了这样一个氛围……虽然德国不像伯里克利时期的雅典或伊丽莎白时期的英国那样有着全国性的生命力和思想在闪耀，这是诗人的不足。但是，完整的文化和大量德国人的自由思考却提供了一种与之相当的东西，这是诗人的优势。（《批评的功能》，第240页）

阿诺德暗示教育的目标是实现品达和莎士比亚所处的光荣岁月中"扩散及全国的生命力和思想"的最终回归。但是，这个目标的实现只能被期待于一个遥远的、相当理想化的未来。所以虽然阿诺德对此深信不疑，即像那样的时代"是文学的真正生命……应许之地，评论对此只能示意"，但他同样也认识到了可悲的现实，"那应许之地……我们将不会进入，我们将死于荒野"（《批评的功能》，第267页）。事实上，很多时候他呈现的目标与其说是恢复"文学的真正生命"，还不如说是实现一个更适中的普遍文化，中产阶级的中庸之道（aurea mediocritas）。无论是谈学院的优点还是谈民主,他都一再为这样一种观点辩护,即相较于英国几乎"无文化"的大众和特异的天才之间难以驾驭的结合,法国更均匀分配的文化有其优势。甚至当他谈到民主时,心里想的似乎是这种"文化"的普遍分配,而不是任何政治或经济上的权利和自由。① 在有关"民主"的文章中他主要关心的不是如何实现民主(他像托克维尔那样,只是将之看作不可避免的。他不无赞许地称托克维尔为"一个哲学观察家,不爱民主,而是对之感到恐惧"),而是如何"阻止英国人随着民主的增长变得美国化"——换言之,如何确保民主不会导致阿诺德所定义的文化瓦解或激烈变革。有必要为文化和民主找到一种调和,正如有必要为文化和宗教、"希腊主义"和"希伯来主义"找到一种调和[《民主》(Democracy),第 443~444、452 页]。

多弗·威尔森(Dover Wilson)在序言中足够清楚地表明了《文化和无政府》事实上是对特定政治局面的反映。不只是这个世界的幻灭促使阿诺德拿起了他的笔:是 1867 年的第二次改革法案提出的建议,即给予英国人口中大量新的部分选举权;是伴随着议会争论的强烈骚动、权威们挑衅的嘲笑以及暴乱(在基德明斯特、海德公园和其他地方);是随着这个法案的通过而可能出现的大量激进立法。多弗·威尔森提醒我们,这是卡莱尔(Carlyle)臭名昭著的文章《奋力一搏》(Shooting Niagara)发表的时候,这篇文章呼吁由"英雄们"组成装备精良的精英抵挡正在前进的人群,保卫文化。因此,这个具体的政治局面至少和现代世界更普遍的"异化"问题一样构成了阿诺德著作的背景。不可否认,他们是历史行动的盲目力量,处在一个被揭示为无目的的世界中,但是,他们也是自由、分歧的商业阶级,是英国维多利亚中期日益具有侵略性的工人阶级。②

面对这样一个令人不安的情形——对许多人来说这似乎标志着文化和社会的真正危机——阿诺德提出了他的解决方案:如他所述,③ 通过对"文化和整体"(culture and totality)的重新强调来抵抗:个人雄心壮志的毁灭性力量,实证主义者和唯物主义者思想的机械性,自由经济和工业导致的

---

① "民主是这样一种力量,在其中许多人的协调一致弥补了单个人的不足,由此协调一致可达到的他们地位的相对提高被民主作为本身值得欲求之物接受下来,因为,虽然这无疑远不如高贵,但是却比卑微要好得多。"见《民主》,第 448 页。
② 参见多弗·威尔森为 CA 写的序言,xxii – xxxiv。
③ CA,第 19 页。也请参见第 21 页:"文化……以及我们称作整体的东西……"

异化、贫穷的后果，分歧、异议的宗派主义的狭隘，政治的短暂和报纸文化，英语国家中民主的狭隘、无知、粗俗。①

和海涅一样，阿诺德对自由乐观主义的批评经常是有效的，并且在后撒切尔和后里根时代依然惊人地恰当。他以准确无误的洞察力指出了经济自由主义和政治自由主义的弱点：他引用赛勒斯特（Sallust）的话宣称前者制造了公共的贫困和私人的富有（pubice egestas, privatim opulentia）（CA，第186~187页），而后者则导致了对群众的煽动蛊惑和民粹主义，国内的自由主义和国外的压迫，例如在爱尔兰（CA，第80~81页）。他对穷人生活的一些描述中带有感伤因素，而这又强化了他对自由主义在总体上的批评。② 和平常一样，阿诺德是在一个具有普遍性和精神性的高水平上来进行论证的。英国19世纪的阶级斗争以一种理想化、普遍化了的形式呈现出来，即作为人类精神不同的普遍价值和倾向之间的斗争。因此，"平民"（populace）准确说来指的并不是无产阶级，它是人类永恒的一面，残忍和兽性的一面，而这又恰好支配着无产阶级（CA，第107页）。"野蛮人""庸人""平民"这些词语把一个具体的历史斗争转变为一个精神斗争，一个人类历史中矛盾力量"永恒"斗争的寓言。③

《文化和无政府》主要围绕着两套相互对立冲突的价值展开：整体和部分，秩序和绝对的个人自由，国家和个人。一方面是：德国新人文主义者完整、和谐、全面发展的个人，这是歌德、席勒和威廉·冯·洪堡的理想；国家，作为"我们集体性最好自我的器官，我们国家正确理性的器官"（第97页），被看作高于一切特殊利益和阶级，并把它们都包括进来，被看作本质上无阶级的（第70页）；神圣事物（我们被告知"国家的框架和外部秩序"是神圣的，第204页）；作为一种普遍教会或圣餐的"人性"（Humanity）（第192页）；永恒的真理④；普遍、不变的准则；经过古典训练的精

---

① 参见 CA，第48~49页；也请参见第17~18、19、22页有关北美的部分。据勒南称，美国，"那个被选为报纸和政治之乡的地方""缺少一般的智慧"。阿诺德相信"从其实际情况看来，可能的确如此；并且，在思想、文化和整体方面，美国不如我们，而非超越我们"（第19页）。阿诺德认为，只有第一代清教徒——弥尔顿（Milton）、巴克斯特（Baxter）、韦斯利（Wesley）——曾伟大过，这主要是因为他们依然享有被他们拒绝了的普遍文化的传统（"在国教的范围内接受培养"）。从那以后，他们都成了平庸之辈（第13页）。
② 例如，参见 CA，第189~198页。
③ 阿诺德所欣赏的米什莱在其历史中倾向于同样的做法，这点在其1831年有影响的概要性著作《普遍历史导论》（*Introduction à l'histoire universelle*）中极为明显地体现了出来。
④ 这里，人们想起布尔克哈特（Burckhardt）的表述："不合时宜"（Unzeitung）。

英，作为国家的公仆，只关心公共福利，正如洪堡曾希望为普鲁士创造的那样；最后，不排除任何东西，相反却接纳一切事物并使它们处在适当位置（proper place）上的等级制度或神圣秩序①。另一方面则是：与新人文主义者个人和谐、全面发展的美好理想相对立的道德理想，即热情地投入单一的压倒性命令、单一的职业或任务的个人、专家、宗教狂热者、分歧者、反抗者；与作为我们集体性最好自我之器官的国家相对立，将社会看作敌对阶级和利益冲突、争论、斗争的竞技场，最好的解决方式本应由此出现，但阿诺德却视之为"黑暗的平原上……无知的人群在夜里厮杀"；与将国家视为神圣的并以某种方式仍然具有神圣力量和权威的观点相对立，以机械、世俗的眼光看待社会，视社会为上帝退场后的堕落世界中纯粹的历史事实；与"人性"作为圣餐的理想相对立，在空间和时间上都彼此孤立的个人、世代和民族的破碎景象；与永恒真理的观念相对立，适应特殊时刻和场合要求的相对主义或实用主义（CA，第120页）；与永恒准则相对立的持续探索和实验的价值（CA，第124页）；与古典精英理想相对立的"代表性民主"（representational democracy）的做法，在此做法中，"统治者中的每一个人都极有可能被诱惑着去尽可能地使他自己适应被统治者对平庸的天然喜好，而不是在这些他被其选举并依赖其支持的人面前树立起正确理性的高标准"（CA，第113~114页）；最后，与等级制度或神圣秩序相对立的无政府竞争以及个人特质和倾向的过度、畸形发展。

在阿诺德的文本中，并且一般说来在他的著作中，"希腊主义"和"希伯来主义"这一对立构成了上述更为广泛对立的一部分。由此，这个对立，其意义虽然不是完全与它在海涅那里具有的意义无关，但也绝不与之相同。在阿诺德那里，"希腊主义"与其说是指感官论、世俗、对生命的热爱，还不如说是指对现实所有方面冥想、嬉戏而又自由的思考。这是一种美学综合的理想，与理论和理性思辨紧密联系着（CA，第132页）。相反，"希伯来主义"更接近实践。这个词与其说是指超现实性和精神性，不如说是指道德承诺的首要性，存在意义上选择和决定时刻的首要性，按其定义，这总是排他的、限制性的、狭隘的。它和行为和行动有关。阿诺德的"希腊主义"与"文化和整体"相联系，他的"希伯来主义"与分裂和斗争相联系。

---

① 因此，"文化"承认"发财致富和工业主义"的必要性，"文化不把自己与游戏和娱乐消遣对立起来"（CA，第61页）。

亲希腊主义和反犹主义

如我们所见,在海涅那里这二者处于一种无休止的、无法解决的辩证关系中,而阿诺德却认为有必要且有可能找到一个协调二者的中庸之道。他清楚地表明,他支持"希腊主义"反对"希伯来主义"是出于实际考虑的权宜之计,绝不是原则性的。这里涉及的问题纯粹只是调节和程度,平衡相互对立冲突且同等正当的要求,而不是用某种黑格尔式的"扬弃"(Aufhebung)来解决辩证对立。①

因为希伯来主义的日子已经绵延无尽,文化在指责希伯来化赞扬希腊化时必须保持灵活性和适应性,赋予其判断消逝的、临时性的特点,正如它将此强加在它对机械的偏爱和拒斥上时那样。现在是我们希腊化并赞扬知识的时候了,因为我们过多地希伯来化了,高估了行动的价值。但是从希伯来主义那里接受过来的习惯和纪律对人类来说依然是永恒的财富,而且,就人性的构成而言,我们今天将之降为第二的同时必须准备好明天恢复它第一的地位。(CA,第37页)

如果阿诺德是在写普鲁士而不是英国,他可能会选择一个不同的侧重点。② 法国1870年溃败后,阿诺德实际上对他通常在同胞面前称为模范的法国人有所批评指责,认为他们缺乏"希伯来主义"。1872年他在评论勒南的《理性与道德的改革》(*La Réforme intellectuelle et morale*)时对勒南认为法国之所以失败是不信仰科学的结果这个观点表示异议。"没有人比我们更多地感受到夸大希伯来主义对英国造成的伤害,但是[勒南建议更多地关注教育]则是复仇性的希腊主义!……道德意识、自我控制、严肃认真、坚定不移,这些东西无疑不是人类生活的全部,但是……没有它们国家无法屹立不倒,它们正是希伯来先知所背负的使命。法国没有充分认识到它

---

① 詹金斯强调了阿诺德在希腊主义和希伯来主义问题上谨慎的、非辩证性质的思想。"对基督教的信仰和对希腊的爱之间必定存在着张力,感觉到这点是这个时代的特征,或者说是其更具探求精神的成员的特征。当阿诺德称希腊主义和希伯来主义可以毫不费力地结合在一起时,他是在有意背离正统。"(第70页)海涅希腊人和拿撒勒人之间的辩证对立与阿诺德希腊主义和希伯来主义之间的非辩证对立的对比是伊尔莎·玛丽亚·特斯多普的《马修·阿诺德与海因里希·海涅的争论》(*Die Auseinandersetzung Matthew Arnolds mit Heinrich Heine*)的主要主题之一。特斯多普令人信服地论述了虽然阿诺德的希腊主义和希伯来主义与海涅的希腊人和拿撒勒人不同,但他的历史哲学是从海涅那里借来的。因此,阿诺德的思想中存在着明显的不一致(特别是参见第168页)。

② 参见 Park Honan,331,那里谈到了阿诺德对普鲁士的保留看法。

们的重要性"[《散文全集》（*Complete Prose Works*），7：44—45]。这番论证暗示着如果"希伯来主义"能被约束并与"文化"和谐共处，新教英国将更为成功，并最终成为一个对其他国家而言比革命的天主教法国更好的榜样。

虽然阿诺德有时以海涅和米什莱式的方式把希腊主义和希伯来主义呈现为历史和文明的双重动力——他指出，通过双方的"更替"（alternations），"人类精神前行着。这两个力量中的每一个都有其指定的巅峰和统治时期"（CA，第139页）——他最为持久的倾向是力图在二者之间找到一种平衡。他深深地渴望着协调一切事物：整体与部分，共同体与个人自由，传统与个人天赋，实用主义与原则，和谐与真理，文化与宗教，文化与民主，精英统治与平民的精神及物质福利。可以说，在他对和解的追求上，他与因顽固的个人主义而被他攻击的反叛者一样都是"英国的"。在如下一段相当典型的文字里，黑格尔、海涅以及后期尼采那令人振奋的张力在一种几乎肯定会被尼采称为无聊的乐观主义那里得到了缓解。我们确信，只是希腊主义和希伯来主义的卑劣形式才无法被调和，就它们最高贵的形式来看，它们是完全相容的。在"美和魅力"中它们的对立消除了：

> 希伯来主义在我们里面过于排他、单调，希腊主义没有向道德和公正发出有力的声音。为了我们的整体性和普遍完善，我们需要结合这二者，现在它们很容易就产生分歧。它们在其低级形式中无法协调地产生分歧，只有它们都以最好形式出现时，它们的和谐才是可能的。希伯来主义在其最好形式中是美和魅力，希腊主义也是如此。这样，它们就可以结合，如果并非如此，它们就是不一致的，它们的分裂必须持续下去。希腊主义之花是一种亲切的优雅，纯真而迷人的善良……；基督教之花是通过基督的温和和美妙理性来取消我们日常自我而产生的优雅和平和。二者都是极为人道的，为了人类的彻底完善也都是必要的。后者是我们道德和行动方面的完善，前者是我们感知着、认知着的智慧方面的完善。（《散文全集》，6：125）

阿诺德的文章中，常常以希伯来主义和希腊主义为两极，但这两极被完全置于希腊背景之下。例如，在一次对伊顿公学学生的演讲中——用演讲者自己的话来说，伊顿公学里"希腊和拉丁经典依然在［学生的］课业中占据着主要地位"——演讲者引用了一个许多德国学者阐述了的可疑对比，即一方面是雅利安"男子气概"的多利安人，另一方面是"亚细亚爱奥尼亚的希腊人"，并将此对比作为一个对立的基础，即"希腊北部山区不够欢乐且更孤独的部落"艰难养成的"行为和正直的道德观念"与"亚细亚的爱奥尼亚人"典型的"卓越才智和灵活性""欢快轻松"之间的对立。但是，冲突得到了解决，雅典人促成了平衡。他们虽然是爱奥尼亚人，但是"移民到希腊的爱奥尼亚人，并作为一个希腊国家呼吸着德尔菲的空气，生活在道德秩序观念和公正观念那令人振奋的氛围中。虽然他们是爱奥尼亚人，但在这种氛围中，雅典人受到了坚定品性的影响，在长时间内平衡了他们天性里的活泼、轻快、灵动，完全把他们与亚细亚的爱奥尼亚人区分开来，并使他们中产生了亚里斯泰迪斯（Aristides）这样的人物"。雅典人与严肃、陌生的多利安人之间的关系和英国人与圣经之民之间的关系惊人地相似，他们在爱奥尼亚人和多利安人这两个极端之间找到了正确的中间地带。（随便说一下，描述多利安人缺点所用的词语正是阿诺德经常用来描述希伯来主义的限制性的那些词语："僵硬、苛刻、狭隘、偏见、缺乏洞见和亲切感。"）因此，雅典人就代表着阿诺德综合"希腊主义"和"希伯来主义"的理想。"亚细亚的爱奥尼亚人不理解行为的观点，但这在雅典人的灵魂里却烙下了深深的印记，同时，他们自由、喜悦地表达出生命的欢乐，对清晰思考和勇敢讨论的热爱，欢快、友善的性情，轻松愉快，优雅的灵活性，而这些都出于他们的本性。"①

从这里阐述的论证来看，似乎希腊主义相较于希伯来主义有着明确的优势，因为它能够将希伯来主义包括并归于其下，正如雅典人的文化可以将多利安人和爱奥尼亚人最好的东西包括进来。希腊主义就其最好的形式而言可以被理解为等同于"文化"或"整体"。阿诺德从来没有暗示希伯来主义有同样的功能。与此同时，如果整体被定义为一种很平衡的混合物，有足够的弹性去协调看上去矛盾的价值，那么这与另一种整体概念是不同的，此整体概念最重要的特征就是它不能被简单地理解为部分的集合，并且优于其所有组成部分。阿诺德最终建议的是这样一种情况——如果这是

---

① "A Speech at Eton", in *Complete Prose Works*, 9：28 – 29. 希腊文化内部存在与希伯来主义和希腊主义之间相似的张力，阿诺德在其他文本中也阐述了这个思想，著名的如《上帝和〈圣经〉》（God and the Bible）（《散文全集》，7：208 – 11），以及《异教徒和中世纪的宗教观点》（Pagan and Medieval Religious Sentiment）（《评论文集》，第 212 页）。

实际可操作的话——文化或整体以及宗教或道德选择命令各自的力量都减弱了。正如实现了的"整体"在他那里更像冲突元素之间的平衡，而不是差异的解除。"希伯来主义"代表的对公正片面而狂热的关注在平衡中变得可以接受了，因为它那不妥协的超验论减弱了，而这是它极端、不妥协地批判所有世俗制度的根源所在。

当"弹性"（flexibility）是最高的品质，对神律的坚定服从被视为"僵硬、苛刻、狭隘、偏见、缺乏洞见和亲切感"时，基础性的原则冲突不太可能产生。一点也不奇怪阿诺德始终排斥犹太教和基督教的救世主信念和末世论，他喜欢称之为"犹太人对'伟大完满'（the great consummation）的混乱幻想"，① 也不奇怪他不耐烦地回应那些对他自己更温和的基督教观点的批评。"人们轻蔑地谈论'理想化的基督教'，好像耶稣基督他自己的基督教是一种唯物主义的神话，如救世军（Salvation Army）或穆迪（Moody）先生、桑基（Sankey）先生那样。"（《散文全集》，7：372）旧犹太教和基督教对这个世界毫不妥协的拒斥，他们对世界彻底变革的过分向往，这些在阿诺德眼中都是陌生的，他并不只看到两种选择：和神的绝对疏离或绝对合一，毁灭或救赎。对"希伯来主义"和"希腊主义"之间恰当平衡的支持者来说，世界不是以这种明显的对立呈现的。

出于同样的原因，阿诺德不赞同正统犹太教徒和基要派基督徒拘泥于字面意义的做法，他轻蔑地指出，《圣经》对他们来说有"护身符的特性"。我们被告知，当保罗"以［一种］任意的、犹太式的方式使用圣经文字"来支持一个观点时，他"犹太化"了，因为那样使用圣经文本是由于"他自己和其民族批评习惯里的一个缺点"。阿诺德无法想象这与圣经语言之间的直接联系，只有一种被历史解释调节过的关系。"为了知道保罗真正所想和所欲说的是什么，我们这些现代西方人必须翻译他。"（《散文全集》，6：22-23）事实上，阿诺德有时似乎准备让解释更进一步，而不仅是将19世纪的宗教看作与早期追随者所追随的宗教一样。他在《最后的文章》中的一篇里解释说，英国和美国的"宗教虔信者不知道……欧洲大陆上进步和自由意见的全部力量是多么坚定地向基督教发出了自己的声音"。他们也不

---

① "Literature and Dogma", in Complete Prose Works, 6：260. 也请参见第225、259~260页中的"犹太人对……的混乱幻想"，第281~282、301~302页中的"混乱幻象"这些在耶稣基督到来时充斥着犹太人头脑的东西；以及《上帝和〈圣经〉》（《散文全集》，7：370~371），在那里，我们被告知基督的影响逐渐改变了"他被抛入其中的混乱要素"。

知道"在对待传统宗教方面,这个国家进步和自由意见的全部力量将多么肯定地追随欧洲大陆上的意见。他们梦想着修补无法修补的东西"。这里,阿诺德再次寻求着和解。"人们不能责怪这种拒斥……传统宗教,不论是天主教还是新教,都是有缺陷的,站不住脚的。"留下的唯一问题便是是否"无论如何都要求将《圣经》作为现代生活的指导……就好像柏拉图试图在赫西俄德的文本中找到他的理想国"。从传统宗教过时了这个观点是否就必然得出《圣经》与现代生活的行为没有关联?因为阿诺德不是将圣经作为真理,而是作为西方文化的重要元素保留下来,所以他发现"坚持我所谓的基督教的自然真理是多么重要"①。

如果说阿诺德的希伯来主义止于对末世论的"混乱幻想",止于狂热的犹太教徒和基督教徒对《圣经》的"犹太式"解读,那么他的希腊主义则止步于他眼中希腊众神和一般异教对苦难的麻木不仁。"理想、欢乐、给人快感的异教生活是不会感到不舒服或遗憾的。"②海涅也将之视为希腊众神的致命缺点,这使他们失去了王座:"流淌在各各他的血液对所有受难者来说是多么清新!……这血液溅到了白色大理石的希腊众神身上,他们因恐惧而生病,再也恢复不过来了……首先死去的是潘"(《路德维希·伯内尔:回忆录》,第 269 页)。但是,虽然在海涅那里希腊感觉论和犹太唯灵论处于一种不屈不挠的"物质与精神之战中,同世界一起开始,也只能同世界一起结束"[正如他巴黎的朋友米什莱在他 1831 年出版的《普遍历史导论》(*Introduction to Universal History*)开篇中所陈述的那样];虽然尼采欣然接受

---

① *Complete Prose Works*,8:151-152。我的结论与爱德华·亚历山大(Edward Alexander)数十年前在他出色的研究《马修·阿诺德和约翰·斯图尔特·密尔》(*Matthew Arnold and John Stuart Mill*)中得出的结论相一致。其中第 52 页如此写道:"阿诺德尽他最大的努力……去维持双方[希腊主义和希伯来主义]的平衡……但是,他不禁泄露了秘密。毕竟,希腊主义代表着阿诺德对人类完善的全部希望,希伯来主义则代表着他对人类完善自身的能力的怀疑和对他们内在弱点的意识。希腊主义是一个积极的理想,赋予人类生活以'一种缥缈梦幻的安逸舒适,清晰和光辉',[希伯来主义]则总是被在耶路撒冷无法轻松自在的不快之感沉重地占据着。'最终,希腊主义和希伯来主义成为有关人类本性的对立概念。'"阿诺德在《文化和无政府》中支持的文化作为和谐的人类完善的理想是希腊主义理想,并且,正如在阿诺德的理论里文化最终包含宗教,希腊主义最终也包含希伯来主义。

② "Pagan and Mediaeval Religious Sentiment"(1864 年在牛津大学以课堂演讲的形式首次呈现)。也请参见第 205 页:"人在其感官中得到享受,这很正常,同样正常的是,人在面临苦难和不幸时在其心灵和想象中寻求庇护。只要想一下对大多数人来说人类生命意味着什么,以及这生命为他们提供感官享受的可能性之低,就会理解心灵和想象提供的庇护对他们具有的吸引力了。"

悲剧的现实，并视之为希腊文化的核心；虽然他在巴塞尔大学的同事和亲密朋友弗朗茨·奥维贝克（Franz Overbeck）将协调基督教和文化的努力斥责为对双方都是毁灭性的，① 阿诺德依然希望能够实现一个理智的和解：犹太—基督教略微减弱为道德和慈善，希腊文化则降为在形式和思想中自由玩耍，二者都不要太极端。

阿诺德寻求和解、包容，厌恶冲突，这特征体现在他与《文化和无政府》这本书所针对的社会阶级之间的关系上。海涅和尼采激烈批评中产阶级的文化，相反，阿诺德希望改善和提高英国中产阶级，他的文章就是为他们写的，他自己也是其中一员。他的目标是改革中产阶级，将其从自己的缺陷中拯救出来，为了自己的政治权力和繁荣，去面对固执地坚持社会、文化、教育、经济上的自由放任政策而产生的后果。他关心穷人，终生支持公共教育，拥护国家权力，但这只是权宜之计，而不是出于对民主社会的设想。他对民主没什么兴趣，对穷人的同情更是不如他对呼声日益高涨并越来越有侵略性的工人阶级的惧怕。他经常推荐他的同胞借鉴德国文化和国家模式可能也就不那么令人感到惊奇，虽然尼采对此模式不知疲惫地谴责，阿诺德自己也不推荐将其全盘接收。人们可以推测，如果尼采知道了阿诺德的著作，他极有可能做出如下判断，即虽然分歧的自由贸易商人不可救药地"庸俗"，但批评英国"庸俗"的英国评论家和这些他们所欲改革的对象一样庸俗，或者按照尼采的观点来看，这些批评家们和一般英国作家、思想家一样不可救药地庸俗。

四

阿诺德缺乏理智上的严谨和确定性，这可能和他在多数问题上的宽容有关，他的著作也因此不像海涅和尼采的那样振奋人心。他的推论，他把相互冲突的主张带入我们视野的方式，与其说是辩证的，不如说是修辞的。他想出的解决办法是实际的而非理论的。他对犹太教和犹太人的观点也没有偏离这条普遍的规律。正如我们所见，阿诺德的整体是经验性地协调相互冲突的价值，而不是扬弃它们来达到统一。因此，对阿诺德来说，犹太教不是某种需要被基督教或比基督教更具包容性的理想文化克服的东西。

---

① 关于奥维贝克（Overbeck），请参见沃尔特·尼格（Walter Nigg）以及我的《反神学和反语言学》（*Anti-Theologie und Anti-Philologie*）。

"希伯来主义的日子已经不计其数了",用实际的话来说,既不需要改变或同化犹太人,另外,摩西律法或《圣经》也不能决定所有信仰和道德。阿诺德认为,对它们的解释要根据对方同等有效的要求和价值才能得出。

托马斯·阿诺德不太倾向于犹太人。1838年,他从新建立的伦敦大学的理事会辞职,因为他不能就犹太人不应被允许入学这件事说服他的同事(亚历山大,第91页)。相反,马修·阿诺德维护犹太教和犹太人。他不加修饰地在他的著作中将犹太人描述为"不吸引人的,令人反感的……一个狭隘、失败、不友善的民族,没有政治、科学、艺术和魅力。"①(可是,阿诺德对古代多利安人和现代清教徒的描述惊人地相似,并且同样是负面的)。他偶尔也会受到"雅利安人"优于"闪族人"这种流行的种族理论影响,正如在《文化和无政府》的一段重要文字里,他谈到了因一个男人与他亡妻的妹妹结婚而产生的立法争论:

> 没有被希伯来主义束缚和蒙蔽的人中,谁能够相信,在爱情和婚姻问题上,一个像希伯来那样一夫多妻制的东方国家已经道出了我们的理性和人性必然性里真正、充分、神圣的律法?谁会相信……思考女性天性、女性理想以及我们与它们的关系的民族,敏锐而又聪慧的印欧民族,创造了缪斯、骑士精神、圣母玛利亚的民族,会在其最英明的国王有七百个妻子和三百个妾的闪族人的制度里寻找它的定论?(第184页)

然而,在《文学和教条》(Literature and Dogma)中,阿诺德热情洋溢地维护古代犹太人,反对现代人称他们为"永远压抑、贪婪、诽谤、感官的""种族上帝"崇拜者,"独断的传统法规,……使他们敬畏的机械教条"的盲目追随者,只能以一种外在的方式将罪恶想象为"压抑、盗窃、狂乱的放纵",对"内在缺陷"的观念没有认知。他坚持"持续打断进来的更深入的个人宗教",坚持犹太教出于爱而非盲目服从来追随上帝律法的重要性,坚持对公正观念的重要发现。那些质疑古代希伯来人特殊的道德洞察力的人们会问,"如果《圣经》里的希伯来人有如此出色的公正感,为什么现在的犹太人没有?"对此,阿诺德的回应是,我们不能希望一个被迫害、

---

① "Literature and Dogma", in *Complete Prose Works*, 6: 199.

压迫了几个世纪的现代民族还有他们祖先曾经的辉煌与伟大。现代犹太人远离了圣经时代的犹太人，正如现代希腊人远离了埃斯库罗斯（Aeschylus）和索福克勒斯（Sophocles）时代的希腊人。①

事实上，阿诺德也在实际行动上支持现代犹太人。他非常喜爱高尚、庄重的路易莎·蒙蒂菲奥里（Louisa Montefiore），即罗斯柴尔德女士（Lady de Rothschild），她对她民族的传统极感兴趣。阿诺德不仅因为她而结识了迪斯雷利（Disraeli），而且，如果没有她的话，阿诺德就很有可能无法更深入、更具同情地理解他同时代的犹太人［荷兰（Honan），第 316 - 318 页］。结果就是，他在使犹太免费学校成为国家资助的学校这件事上起了作用，这学校位于利物浦街车站附近的贝尔巷。1884 年，当他被邀请在一个学校赞助宴会上致辞时，他回忆起了他与学校早年的联系。他说，虽然他不是一个公共演说家，但"在朋友之间讲话就轻松多了。先生们，免费学校和我就是老朋友，你们友好的欢呼已经告诉我你们知晓此事。我几乎可以用格拉特著名的一句话来形容，说我坐在免费学校的摇篮旁"。早些年，即 1872 年，他给学校校长送去了一份他写的关于《以赛亚书》最后 27 章的导论——这导论是为学校教学准备的。他在给罗斯柴尔德女士的信中写道："以此对您伟大的贝尔巷学校启发了我的思想表示感谢。"（《散文全集》，10：245 - 246 及 538n）

但是，在阿诺德对欧洲大陆学术中反犹倾向近乎本能的抵抗中，他自

---

① CA，第 196 - 199 页。也请参见 "Equality", in *Complete Prose Works*, 8：286 - 287："以色列人如此感受到并铭记住了行为的力量，以至于如果我们拒绝忽略他们的所有缺点并允许他们作为此种力量之代表的话，我们就没有公正地对待他们。"对犹太人作为一个民族的崇拜甚至在休斯顿·斯图尔特·张伯伦（Houston Srewart Chamberlain）声名狼藉的反犹主义著作《19 世纪的基础》（*Foundations of the Nineteenth Century*）的英译本中也可以找到。这个译本的导论作者雷德斯戴尔（Lord Redesdale）发现，由于"张伯伦是一个坚定的反犹分子"，他为西班牙系犹太人的"高贵"所作的证词就更为可信。但是，他却质疑张伯伦对德系犹太人的诋毁："张伯伦不公正……他们是天生的投资家，获取钱财是他们的独特才能。但是，他们毫不吝惜地将积累的财富给予他人。如果没有了犹太人的支持，欧洲大城市的慈善事业将陷入可怜的困境。实际上，很多高尚的基金会都是因为他们才得以存在。在政治上，他们也作出了卓越的贡献……"（xxxv - xxxvi）此后，雷德斯戴尔指出，他"欣赏犹太人对目标的坚定不移和一心一意以及他们坚持不懈的一致性，正是这些东西使犹太人成为犹太人。古代犹太人不是士兵……不像其近邻腓尼基人那样是水手……不是艺术家……也不是农民或商人。那么，是什么让他们有了惊人的自信和顽强的性格，使其能克服任何困难，战胜其他民族的仇恨？是他们对神圣的律法之书的信仰，是托拉……《旧约》固然影响深远，但它在其他任何地方都没有比在塑造犹太人性格方面发挥更大的力量。它对基督徒如此重要，但对犹太人来说又何尝不是呢？这是他们的宗教、民族历史和个人谱系的总和。不！不仅如此：这是他们与上帝立约的证明"（xxxix）。

己的"希伯来主义"显露无遗。他对将黑格尔哲学用于解释《圣经》表示怀疑,对德国试图表明对观《福音书》中的反彼得的特征和普救论特征尤为冷淡。一些学者热切地希望证明,从很早以前开始"犹太和非犹太基督教的和平共处就不再能够满足宗教意识","只有一个不可分的天主教才能正好满足它",换句话说,基督教几乎立刻寻求超越它的犹太根源。但阿诺德对此感到怀疑。他反对这些学者狂热地追求他们黑格尔式的目标,并把最多只是可能的解释当作无可动摇的事实。例如,一个神学家宣称"第三《福音书》的作者通过两个受难的窃贼来对比犹太人和异教徒,执迷不悟的犹太人顽固地拒斥基督,改变了信仰的异教徒则欣然接受了基督"。这是一种可能的解读,阿诺德评论道:"无疑这可以算是一个'有新意的猜测',但是我们该如何看待对此坚信不疑的评论家?"(《散文全集》,7:273~274)阿诺德支持牛津运动,这是有文献可作证的,他自己也反复声明他支持国家教会的观点。他把宗教看作文化的一部分,相信"我们真正的完善只能是我们的整体"(《散文全集》,6:126),这与国家教会的观点也是一致的。虽然如此,这里提及犹太和非犹太基督教的和平共处是为了提醒我们,阿诺德对整体的设想并不要求同化或"解除"差异。

阿诺德明确拒绝埃米尔·伯诺夫的种族反犹主义,这可能是他"希伯来主义"最明显的标志。当《圣经》里的宗教受到日益增多的攻击时,阿诺德在《文学和教条》中写道:

> 即使最现代的批评有时候会做些事来救助并重建它,这也不能说是奉承它。因为,虽然希伯来人想象上帝的神谕被交付给了他们……但埃米尔·伯诺夫现在却将在厚厚一卷书中向我们证明,上帝的神谕根本就不是交付给了闪族人,而是雅利安人。真正的上帝根本就不是以色列人的上帝,而是他们永远无法正确掌握的"关于绝对的思想"。这个"有关雅利安人的神圣理论"似乎从波斯和印度传入了巴勒斯坦,传到了基督教的创始者和他伟大的使徒圣保罗和圣约翰那里……所以,我们这些基督徒,作为雅利安人,可以确信这样一个想法,即"我们的基督教不是从闪族人那里来的","我们应该在吠陀的赞歌而不是《圣经》里面寻找我们宗教的源头。"基督的理论因而就是吠陀阿格尼或火的理论。这化身代表吠陀产生火的庄严,是各种力量的符号,是所有的运动,生命,思想。圣父、圣子、圣灵三位一

体是吠陀的太阳、火、风三位一体，最后，上帝是"一个宇宙统一体"(《散文全集》，6：239)。

阿诺德对一本书里意欲提供宗教科学 (La Science des Religions) 的大胆宣言感到吃惊。他以独特的讽刺口吻评论道，"这些思考几乎让一个纯粹的学者大吃一惊。"他没有进一步在学术上反驳伯诺夫，而是质疑他对宗教的整个理解。非形而上学的英国人与所谓非形而上学的希伯来人联合起来维护以色列的宗教：

> 我们承认以色列人没有展现出形而上学的天赋，我们认为他们宗教的伟大之处仅仅在于其宗教是建立在道德经验而非形而上学上的……按照伯诺夫的说法，自从以色列人和《圣经》出现以来，宗教就再也不是我们雅利安祖先在阿姆河流域时的那样，不是它可能在他们那里真正所是的样子，不是形而上学的理论，而是以色列人所造就的宗教。(《散文全集》，6：241)

与青年黑格尔或尼采的亲希腊主义相比，阿诺德设想文化能够包含荷马和《圣经》，这不可避免地显得胆小、保守、有点教师气。毫无疑问，这在精神上更接近英国议会制度，而非古代城邦或近来建立统一的国家文化的尝试。像议会一样，阿诺德的"文化"目标在于协调不同的党派而非统一它们，它的包容性是有选择性的。然而，它也有适度的优势。毕竟，迪斯雷利被选入议会，并通过议会成为西方一个主要欧洲国家的首位犹太首相。① 阿诺德对包容、多元"文化"的设想与英国解放犹太人所采取的形式之间似乎也有一种内在协调性。在犹太人解放前，虽然与大多数欧洲大陆国家相比，英国对犹太人在法律上的限制不那么严厉，但其犹太人的完全解放比像法国这样的国家来得晚些。另外，英国犹太人解放问题方面的历史学家最近解释道"在英国，公民权利被无条件地给予犹太人和其他宗教少数种族。他们没有被要求在宗教上做出让步，在法国、德国、意大利则

---

① 当然，虽然迪斯雷利炫耀他的犹太根源，他接受了洗礼，这是事实，因此才可以对着冒犯犹太人的誓言起誓，这誓言使犹太人即使通过正常选举也无法在议会获得席位，这一情况直到1859年最终通过了《犹太人法案修正案》才结束。在19世纪中期的欧洲背景下，这一事实几乎没有减弱迪斯雷利在英国政治和公众生活中角色的特殊性。

有这样的要求。即使他们某些特定的宗教信仰与对现代公民的期待不相容，如禁止与非犹太人结婚，他们也没有被要求去改变这些原则。同样，贵格会教徒也没有被强迫着去放弃他们的宗教命令，如拒绝宣誓，拒绝为战争出资或参与战争，虽然这些原则会与现代公民的观念相冲突。在解放的进程中，英国保留了各个教派的独特性，因此使宗教多元主义合法化了。① 这个实际的，并且最终说来保守的解决办法，虽然避免了公共生活与宗教的完全隔离，也使英国国教作为已经建立的教会保留下来了，但它是有缺点的，特别是对英国的犹太人而言。② 但是，像阿诺德的"文化"一样，比起一些欧洲大陆国家奉行的更极端的解放政策，它似乎在短期内实现了更好的和平共处。

参考文献

Alexander, Edward, *Matthew Arnold and John Stuart Mill*, London: Routledge and Kegan Paul, 1965.

Arnold, Matthew, *Complete Prose Works*, Ed. R. H. Super, 11 vols, Ann Arbor: University of Michigan Press, 1961.

——. *Culture and Anarchy*, Ed. J. Dover Wilson, Cambridge: Cambridge University Press, 1969.

——. "Democracy", *The Portable Arnold*, 436–469.

——. *Essays in Criticism*, London: Macmillan, 1865.

---

① Abraham Gilam, ii。吉拉姆（Gilam）指出，与德国和法国相反，"犹太人的公共自治和分离在英国完好保留下来了。代表委员会依然管理着婚姻、教育、福利和其他内部事务。1836年，议会就其负责犹太社会的婚姻登记给予了法律上的承认。1852年，葡萄牙宗教团体的主教和领袖被委以监督议会教育拨款的职责……英国的政治家始终拒绝干预犹太人的内部纷争，即使持异议的犹太人要求他们这样做时也是如此……英国是唯一一个在解放过程中犹太人依然享有内部事务自治权的欧洲国家。"（第151页）吉拉姆将此与拿破仑一世时期评议会的审问相对比，以此来决定犹太人的信仰是否足够普遍以及当此信仰似乎反社会时犹太人是否准备作出改变。（第152页）英国的犹太人解放道路实际上是自由主义和保守主义之间利益的妥协："英国的政治家想要在英国实现信教自由，同时保留英国国教的特权地位。为了保留教会机构，英国的立法必须承认其他信仰的独特性。他们不愿使教会和国家分开，不愿动摇国教或使公共生活与宗教分离。他们没有把宗教限制在私人领域。如果英国想在法律面前继续倾向于国教，它就没有权利要求其他少数派为了他们的公民权利作出让步"（ii；也请参见第152页）。

② 想要理解从英国的犹太社会自身的角度来看这意味着什么，请参见霍华德·库珀（Howard Cooper）和保罗·莫里森（Paul Morrison）。

——. "The Function of Criticism at the Present Time", *The Portable Arnold*, 234 – 267.

——. *The Portable Arnold*, Ed. Lionel Trilling, New York: Viking Press, 1949.

Benjamin, Walter, *Gesammelte Schriften*, Ed. Rolf Tiedeman and Herman Schweppenhdiuser, Vol. 3, Frankfurt a. M.: Suhrkamp, 1972, 7 vols.

Berdyaev, Nicolas, *Christianity and Anti-Semitism*, New York: Philosophical Library, 1954.

Blittner, Fritz, *Das Gymnasium*, Heidelberg: Quelle & Meyer, 1960.

Bourel, Dominique and Jacques LeRider, eds. *De Sils-Maria à Jerusalem: Nietzsche et le judaisme—Les intellectuelsjuifs et Nietzsche*, Paris: Cerf, 1991.

Cancik, Hubert. "Philhellenism and Anti-Semitism in Germany (II): 'Anti-Judaism-Squared' -Toward a Historical and Literary Interpretation of Friedrich Nietzsche, 'Der Antichrist'", Unpublished paper read to the Institute for AdvancedStudy, Princeton, N. J., February 1992.

Cancik, Hubert and Hildegard Cancik-Lindemaier, "Philhellénisme etantisémitisme en Allemagne: Le cas Nietzsche," *Bourel and Le Rider*, 21 – 46.

Chamberlain, Houston Stewart, *Foundations of the Nineteenth Century*, London: John Lane, The Bodley Head, 1912.

Cooper, Howard and Paul Morrison, *A Sense of Belonging: Dilemmas of British Jewish Identity*, London: Weidenfeld and Nicolson, in association with Channel Four Television, 1991.

Curtius, Ernst, *History of Greece*, Trans. A. W. Ward, Vol. 1, New York: Charles Schribner's Sons, 1891, 5 vols.

DeLaura, David J., *Hebrew and Hellene in Victorian England: Newman, Arnold, and Pater*, Austin and London: University of Texas Press, 1969.

Ericksen, Robert P., "Theologian in the Third Reich: the Case of Gerhard Kittel," Journal of Contemporary History 12 (1977): 595 – 622.

Fontenay, Elisabeth de, *Les Figuresjuives de Marx*, Paris: Editions Galil&e, 1973.

Gilam, Abraham, *The Emancipation of the Jews in England* 1830 – 1860, New York and London: Garland, 1982.

Goethe, Johann Wolfgang von, *Italian Journey* 1786 – 1788, Trans. W. H. Auden and Elizabeth Mayer, San Francisco: North Point Press, 1982.

Gossman, Lionel, "Anti-Theologie und Anti-Philologie: Overbeck, Bachofen und die Kritik der Moderne in Basel," *Franz Overbecks unerledigte Anfragen an das Christentum*, Ed. Rudolf Brändle and Ekkehard Stegemann, Munich: Kaiser, 1988, 17 – 46.

——. "The 'two cultures' in nineteenth century Basle: between the French 'Encyclopédie' and German neohumanism," *Journal of European Studies* 20 (1990): 95 – 133.

Hegel, Friedrich, *On Christianity*: *Early Theological Writings*, Trans. T. M. Knox and Richard Kroner, New York: Harper Torchbooks, 1961.

—— "On Classical Studies," *On Christianity*, 321 – 30.

—— "The Spirit of Christianity," *On Christianity*, 182 – 301.

Heine, Heinrich, "Concerning the History of Religion and Philosophy in Germany," Trans. Helen Mustard, *The Romantic School*, 128 – 244.

—— "Geständnisse," *Werke und Briefe*, 7: 95 – 179.

——*Heinrich Heines Werke und Briefe*, Ed. Kans Kaufmann, 10 vols, Berlin: Aufbau-Verlag, 1962.

—— "Ludwig Börne: A Memorial," Trans. Frederic Ewen and Robert C. Holub. *The Romantic School*, 261 – 83.

—— "Ludwig Börne: Eine Denkschrift," 1841, *Werke und Briefe*, 6: 83 – 229.

——*The Romantic School and Other Essays*, Ed Jost Hermand and Robert C. Holub, New York: Continuum Books, 1985.

Hildebrand, Kurt, "Hellas und Wilamowitz," *Die Grenzboten* 69 (1910). Rpt. in *Der-George-Kreis*: *eine Auswahl aus seinen Schriften*, Ed Peter Landmann, Cologne and Berlin: Kiepenhauer und Witsch, 1965, 141 – 49.

Honan, Park, *Matthew Arnold*: *A Life*, New York: McGraw Hill, 1982.

Jehonda, Josué, *L'Antisémitisme*, *miroir du monde*, Geneva: Editions Synthesis, 1958.

Jenkyns, Richard, *The Victorians and Ancient Greece*, Cambridge, Mass.: Harvard University Press, 1980.

（作者单位：普林斯顿大学古典系；译者单位：北京第二外国语学院跨文化研究院）

Philhellenism and Antisemitism: Matthew Arnold and His German Models

Lionel Gossman

Abstract: It may even be that modern antisemitism—antisemitism as an ideology—developed only after the emancipation of the Jews in the course of the nineteenth century. Matthew Arnold turns out to be considerably more attached to the values of "Hebraism" and considerably less vulnerable to the appeal of antisemitism than most of the German writers from whom he borrowed not only his celebrated antithesis of Hellenism and Hebraism but also the twin ideals—which seem to have been always associated with the first term in that antithesis, never with the second—of the fully developed harmonious individual and of the state as the embodiment of culture. The basis of German philhellenism or neohumanism was the conviction that ancient Greece represented an ideal condition of freedom and harmony: free and harmonious development of all human capacities in each individual and the polis or community. Culture and Anarchy was Arnold's response to the overwhelming sense, which he shared with earlier poets like Byron and Shelley as well as with contemporaries like Ruskin, of living in a withered and decaying world. When he took over the ideal of the harmonious, fully developed human person from Humboldt and the German neohumanists, it was in order to hold it up against what he felt was the pressing, ugly reality of mid-Victorian England: misshapen, parochial individuals removed from intercourse with nature and the experience of beauty, enslaved to specialized tasks—be it running a business or serving a machine—and fanatically committed to idiosyncratic and—in his eyes—arbitrary varieties of religion.

Keywords: Philhellenism; German neo-humanism; antisemitism; Matthew Arnold; social criticism

现代人文教育中阿波罗的威权

——阿诺德、白璧德和瑞恰慈文学思想论略（上）

斯潘诺斯（William Spanos）/文　胡继华/译

摘　要：哈佛院系从传统人文主义者所谓的"选择过度课程"之中恢复"核心课程"的计划，体现了一种症候式怀旧情绪，甚至体现了一种逆潮流而动的努力，那就是要重整"人文主义知识的共同体系"，而这套体系的权威在越战期间受到了学生反抗运动的强烈质疑，他们注意到美国高等教育与针对越南人民的工业化、军事化、政治制度化的种族中心主义战争彼此合谋，沉瀣一气。人文主义就是一种逻各斯中心主义，它凝固了一种二元逻辑，在存在与时间、同一与差异、秩序与紊乱之间，第一项不仅优于第二项，而且第一项还被赋予了权威与权力，任其蹂躏、拓殖以及鞭笞第二项。为给最为出类拔萃的三大"后人文主义反记忆"之声音招魂——在笔者的论文之中，读者将会听到这些声音，人文主义教育的历史业已启动了全方位的复兴策略。无论其发展是多么不均衡，这些策略都反映了结构整体的律令。这些律令出自海德格尔和德里达所定义的形而上学，出自福柯所定义的全景监控主义。

关键词：人文主义；逻各斯中心主义；理想圆形；阿诺德；白璧德；瑞恰慈

　　开显特定存在就是遮蔽整体存在，二者机发同时，而又内在纠葛。开显与遮蔽之同时性中，迷误占据要津。迷误，以及遮蔽被遮蔽者，都归属于真理的源初本质。

——海德格尔：《论真理的本质》

……没有中心,却总有移心,自成系列而表征进程艰难。从在场至缺场,从过度到不足,总是步履蹒跚。循环往复,乃是一项不完美的皈依原则,必须予以废黜。

——福柯:《哲学剧场》

1978 年 5 月,管理人员和院系专家组织专题小组,在媒体厚颜无耻的激励下,经过整整三年的铺垫工作后,"哈佛大学艺术科学院"(Harvard University Faculty of Arts and Sciences)通过了一项"核心课程"(Core Curriculum),以此取代现存的(设立于 20 世纪 40 年代中期的)"通识教育计划"(General Education Program)。在 60 年代期间,"课程激增"已经"侵蚀"了通识教育计划的目标。① 俨如期待这么一个来自知名制度权威的最后首肯,美国大小学院与大学立即跟风仿效。这一改革进程一方面支持波澜壮阔的"回归基础"的运动,另一方面也得到了里根政府的赞助,所以它持续蓄势,颇有后劲。②

本文旨在揭示,哈佛院系从传统人文主义者所谓的"选择过度选修课程"(overoptioned curriculum)之中恢复"核心课程"的计划,体现了一种症候式怀旧情绪,甚至体现了一种逆潮流而动的努力,那就是要重整"人

---

① 参见哈佛大学艺术科学院:《核心课程报告》,1978 年 2 月 15 日。
② 参见 William J. Bennett:《重审一项遗产:文科教育报告》,《高等教育年度报告》,第 29 卷,11(1984 年 11 月 28 日),第 16~21 页。如题所示,这份报告出自"国家文科基金会"主席的手笔,"基于基金会研究团体对于高校文科学习状态的研究所得结论",但用更为透辟的描述性语言重述了人文主义学理,以及《哈佛核心课程报告》所表达的复苏纲领的建议:

……文科教育推促我们学习和参与共同文化,共同经营我们的文明,从而有助于培植一种有教养的共同体意识。然而,我们的目标却不应该仅仅满足于这种共同文化——甚至电视和喜剧就可以给我们这一切。相反,我们应该让所有学生去认知一种根植于文明持久灵见的共同文化,去感知其最高的共同理想与抱负,以及它的遗产。(第 17 页)

关于后现代对于人文主义话语的坚执然而至少不乏可疑的批判(或者说,在六七十年代之交,院系专家和学术官僚都把人文主义话语解释为"集体丧失神经和信仰","对课程体系乃是不可否认的摧毁",第 19 页),这份报告却不置一词。不过,报告详细地解释了,所谓"文明"在文本之中无不是指"美国文明",至少也是指"西方人文主义文明"。这份报告得到了"国家文科基金会"的授权,而基金会董事长也就是报告的执笔者,在报告发表后立即被里根总统委任为教育部长。这样一些事实表明,复兴核心课程,"重审遗产",这种规模宏大的制度性努力肯定具有政治性关联。

文主义知识的共同体系"(common body of humanistic knowledge),而这套体系的权威在越战期间受到了学生反抗运动的强烈质疑,他们注意到美国高等教育与针对越南人民的工业化、军事化、政治制度化的种族中心主义战争彼此合谋,沆瀣一气。借着对哈佛"核心课程报告"的代表性范例进行一叶知秋的解构性分析,本文尝试揭示,人文主义就是一种逻各斯中心主义,它凝固了一种二元逻辑,在存在与时间、同一与差异、秩序与紊乱之间,第一项不仅优于第二项,而且第一项还被赋予了权威与权力,任其蹂躏、拓殖以及鞭笞第二项,用托马斯·品钦高亢的话语说,赋予了第一项废黜合法继承人(Preterition)的权威与权力。人文主义远不只是一种超然不计功利的探索方式,在这么一种分析之后显得就是一种自然化的超自然"逻各斯"。铭刻着人类学的"泰洛斯"(目的,Telos),人文主义话语之主宰者,乃是身在异处而为自由游戏无法触及的中心。从这个深不可测的制高点闪射出人文主义的"全景之我"(全景之眼),它就可能在空间里定位、框范、物化、包揽("控制""执握"以及"操纵")存在－动势(being)——即作为时间性的存在物所四面散播的差异。但是,如果以一种迥然异趣却又根本相关的方式来说明,人文主义话语发生在存在连续体之另一更富实践性的基础上,那么,人文主义就必须被理解为,赋予主导性经济社会政治权力结构以合法化的思想地位,从而按照自己的形象复制世界,将大写的他者消融于和限制在信仰资本主义的人类(Capitalistic Man)之固有的自我中心之内。质言之,它必须被视为一种意识形态,将一切全体表征现象之中生机勃勃的差异力量(从意识到性别和阶级再到自然本身的差异力量),转换为一种驯服但实用且高效的工具,而服务于气吞八荒的霸权。人文主义教育的历史为这种二元逻辑体系所主宰,或者说(其实是一回事),为这种同心圆全景监控几何学所主导,文艺复兴以降,人文教育就因此而成为一部以拒绝假设展开无条件探索之名而行之于世的回忆历史,或称"再度集合"的历史。这部历史充斥着强制,却役物于无形,制人于无觉,分疏而泯灭差异,实施拓殖,平息危险的他者。而轮回的历史断裂让现存的"人文主义知识的共同(单一)体系"支离破碎,开枝散叶,从而加剧了他者的崛起,让他者造成更大的威胁(而且,用教学法的修辞术语言之,此乃人常说的"知识爆炸")。职此之故,这部历史简直就是同社会政治权力合谋的产物之一。

为给最为出类拔萃的三大"后人文主义反记忆"之声音招魂——在笔

者的论文之中,读者将会听到这些声音,人文主义教育的历史业已启动了全方位的复兴策略。无论其发展是多么不均衡,这些策略都反映了结构整体的律令。这些律令出自海德格尔和德里达所定义的形而上学,出自福柯所定义的全景监控主义。笔者所指,部分是那些塑造这些思想方式的意象:圆满之境虽然在时间之中不存在,但仍然必须被理解为阐释和模塑世俗世界的结构模式;启蒙时代的全景监狱,十分真切的同心圆,仍然也是一种理想化或可以推而广之的模式,在其现世的运用之中呈现出多元价值。在源始意义上,笔者也要论及它们本质的现象导向与知识导向的结果之间的连续关系。

在第一种情况下,乃是指那种俯瞰、监控与遗忘——按照海德格尔和德里达对本体-神学-逻各斯传统的摧毁或解构,它从后或自上地(在目的论上和空间意义上)构成了一种自然知觉(时间散播的差异)的认识论本质限度:

> 中心化的概念事实上乃是一项建基于根本地面的游戏,一项以根本不动性和稳固确定性为基础构成的且本身超越于游戏范围的游戏。以这种确定性为基础,由其消散流离所引发的焦虑即可得以控制,因为这种焦虑总是源于某种被蕴含在游戏的方式,源于某种为游戏所操纵的方式,源于自始至终被困于游戏的方式。再者,以所谓的"中心"为基础(因其既内且外,不内不外,这一中心也总是被冷漠地称为起源或目标,称为"arche"或"telos"),重复、替代、转型与换算常常取自意义(sens)的历史,一言以蔽之,取自一部历史。这部历史的起源也可能总是以在场的形式被唤醒,而其目标也总是以在场的形式被祈望。①

在第二种情况下,乃是指对差异的监控或监视(super-vision or sur-veillance)——按照福柯的现代权力谱系学,这种监控监视成为调节以及养护

---

① 德里达:《人文科学话语的结构、符号与游戏》,见《书写与差异》,Alan Bass 英译本,芝加哥大学出版社,1978,第 79 页。参见海德格尔《存在与时间》,John Macquarrie 和 Edward Robinson 英译本,纽约,1963,第 44 页以下。还参见福柯《尼采,谱系学,历史》,见《语言,反记忆,实践:论文与访谈》,Donald F. Bouchard 和 Sherry Simon 英译本,牛津,1977,第 138~64 页。

规训社会的微观技术:

> 圆形监狱……必须被看做是一种可以推而广之的功能作用模式……一种依据人的日常生活限定权力关系的方式……在当代它甚至还必定产生如此众多的变体,被投射到未来或者变成了现实;这一事实证明,在过去两百多年,它拥有了幻想的强力。然而,圆形监狱却不能被看做是梦中楼阁。相反,它是一套被还原为理想形式的权力机制图式;它的运行畅通无阻,抵抗而又争斗,必然就是一种纯粹建筑学和光学系统的象征:事实上,它就是一种政治技术的隐喻,不仅可能而且必须绝对独立出来,与任何一种具体的用途无涉。

> 在应用上它具有多重价值:不仅驯化囚徒,而且治病救人,教化学童,监禁疯子,监视工人,强制乞丐和懒汉劳动。它是一种躯体的空间定位形式,一种个体关系的分布形式,一种上下等级结构形式,一种权力中心化与流通形式,一种规定工具和权力干预方式的形式,可用于医院、工厂、学校和监狱。每当我们同众多的个体打交道,而特定的任务或特殊行为方式又必须强行加在他们身上,就可以使用圆形监狱体系。①

本文以下部分就意在尝试阐述这部未成文的规训历史,其方法是一如既往地对人文主义教育话语实施"阐释学暴力",而这种教育话语在理论和实践上塑造了现代英美高等教育体制的"文科"(六艺之科)的课程体系。更为具体地说,本文第一部分着手"解构"人文主义的三大典范教育话语——阿诺德、白璧德和瑞恰慈的教育话语,进而揭橥构成他们的"超然"探索志业的权力意志,又称"规训律令"。将他们三位聚在一起,初看起来不靠谱,很随意,但事实上可能并非如此。笔者将指出,对于20世纪哈佛大学直至1978年采纳核心课程体系的文科教育的理念和实践,尤其对于哈佛大学自身,对于整个英美布尔乔亚/资本主义世界的文化理念和实践,他

---

① 福柯:《规训与惩罚——监狱的诞生》,巴黎,1975,第205页,笔者的引文出自 Alan Sheridan 英译本,纽约,1977。这个书名的翻译,失落了视觉与权力之间的本质关联,而没有突出形而上学传统(及其所产生的教育体制)与晚近的历史社会政治的权力技术之间的关联,即福柯与海德格尔、德里达、萨特之间的思想血缘关系。

们每一位都产生了持久而且重大甚至当即可鉴的影响。所以，本文第二部分的目的，就在于通过究问哈佛核心课程及其在阿、白、瑞的话语脉络之中得以流布的历史，进而揭示这种文化理念和实践的连续性，以及以小观大的典范含义。

一

> 复为同一事，
> 为者尽无聊；
> 与其为所困，
> 不如控所为。
>
> ——赫拉克利特

按照规定的形而上学二元逻辑来阐释，福柯将全景敞视主义当做"边沁的权力物理学"来分析①，就完全可能被十分轻率地视为对于那种严格限于科学实证主义的空间知觉的考察究问。这种阐释因此就可能为"诗性人文主义者"（poetic humanists）——即那些以"人文学术"（litterae humaniores）为志业的人文主义者——提供一种毫无理据的逻辑，去辩护他们对于求知问道之难题的理想主义抉择。当然毫无疑问，边沁的功利主义全景监视体系乃是那种笼罩着历史紧迫情境之下芸芸众生的形而上权力意志的主导文化表征。但是，正如海德格尔对于本体-神学-逻各斯传统的解构所表明的那样，理想的与经验的探索，主观与客观的究问方式都是将时间化为空间的目的论方式。也就是说，全景敞视主义不独是现代实证主义教育所特有的现象，而且是现代人文主义对实证主义的替换之中所特有的产物。在此，笔者是指那种理想主义的人文教化（idealistic Bildung）。人文教化，在德国浪漫主义时代随着温克尔曼、歌德、席勒的审美文化神圣化而"显山露水"，自我伸张。但是，由于布尔乔亚/资本主义政治文化之主导以及贵族制度之衰微，直到19世纪晚期随着普选制改革的启动和教育机会的民主化，它才获得广泛有效的权威。总的说来，恰恰是因为，面对基于"客观科学"且得到边沁和老密尔这类政治自由主义后裔如赫胥黎与斯

---

① 福柯：《规训与惩罚》，第209页。

宾塞之流支持的具有修正色彩的功利主义课程体系的诱惑性挑衅，密尔和阿诺德通过不懈努力而成功地拯救了"古典传统"，方才保证了"人文学术"在英美高等教育中，尤其是在本科教育中，占有一个基础和优先的地位①；同样也是因为他们的成功，才强化了他们的人文主义教育思想与决定着 20 世纪至今的教育实践的思想之间一脉相传且不乏变异的连续性。后一种思想传统，包括白璧德（Irving Babbit），摩尔（Paul Elmer More），以蒂里亚德（E. M. W. Tillyard）、查德威克（H. M. Chadwick）、福布斯（M. D. Forbes）、瑞恰慈（I. A. Richards）、利维斯（F. R. Leaves）为代表的剑桥学派，哈钦斯（Robert Hutchins），《自由社会的通识教育》（*General Education in a Free Society*）即《哈佛红皮书》（*Harvard Redbook*）的作者们（瑞恰慈亦是撰稿者之一），巴尊（Jacques Barzum），特里林（Lionel Trilling）；20 世纪 60 年代这一传统偃旗息鼓、风流云散之后，还有格拉夫（Gerald Graff）、艾布拉姆斯（M. H. Abrams）、布斯（Wayne Booth）、贝特（Walter Jackson Bate），以及《哈佛核心课程报告》的作者们②。最后，正如他们所说的那样，两种"对立"研究方法或两种文化——他们一派强调"自然科学"，另一派强调"自由艺术"（六艺之科）——之间的差异，在

---

① 特别参见 T. 赫胥黎《自由教育何处寻？》，《科学与文化》，载于《科学与教育》，纽约，1964，第 72~100 页，第 120~140 页。
② 特别参见阿诺德《文化与无政府》，载于 R. H. Super 主编的《阿诺德全集》第 5 卷（密执根大学出版社，1965）；白璧德：《文学与美国大学》（波士顿，1908），《新拉奥孔》（波士顿，1910），《卢梭与浪漫主义》（波士顿，1919），《民主与领袖》（波士顿，1924）；摩尔：《贵族与正义》（波士顿，1915）；蒂里亚德：《自由的缪斯：剑桥英语研究革命的私密记录》（伦敦，1958）；瑞恰慈：《文学批评原理》（伦敦，1924），《实用批评：文学判断力研究》（伦敦，1929），《如何开卷有益？》（纽约，1942），《传道授业，烛照精微》（纽约，1938），《思辨之器》（芝加哥，1955），《天涯不远：论一种世界英语》（纽约，1968），《自由社会的通识教育：哈佛委员会报告》（哈佛，1945）；哈钦斯：《美国高等教育》（耶鲁大学，1936）；利维斯：《教育与大学：一个英语学院的纲领》（纽约，1948），《共同事业》（纽约，1952），《两种文化？C. P. 斯诺的意义》（伦敦，1962），《当代英语教育与大学》（伦敦，1969），《活的原则：作为思想的英语学科》（纽约，1975）；特里林：《阿诺德》（第二版，纽约，1949），《自由的想象力：论文学与社会》（纽约，1950），《超越文化：论文学与教育》（纽约，1965），《诚与真》（哈佛，1972）；巴尊：《美国教师》（纽约，1954）；格拉夫：《自反的文学：现代社会的文学观念》（芝加哥，1979）；凯勒：《理解核心：哈佛课程体系改革》（哈佛，1982），《美国人生活中的人文学科：人文学科委员会报告》（伯克利，1980）；贝特：《历史的负担与英国的诗人》（纽约，1972），《英语研究的危机》，载于《哈佛杂志》第 81 卷，1（1982 年 9 月至 10 月），第 46~53 页；《1982 年春：教授职业未来委员会报告》，PMLA，97（出版于 1982 年 11 月），第 941~942 页。

本体论上并非实质性的。海德格尔和伽达默尔以令人信服的方式揭示经验科学命题与笛卡尔、黑格尔的唯心主义之间存在着合谋关系①，从而表明二者彼此关联，互相补充。德里达以其独特方式理解这个概念，提醒我们注意，补充总是已经显示了它们所想重建的特权中心根本就不存在。经验科学与唯心主义学理之间的互相补充构成了一种逻各斯中心主义，假设一个第二性的派生性的（文献考古）研究方式具有优先性。不言而喻，"高风亮节""思想无羁""悲天悯人"，这些积淀而成的人文主义修辞洋溢着恻隐之情，比实证主义更加成功地掩盖了全景敞视模式及其强制规训的控制方式，且让批评的自由游戏鞭长莫及。也许，笔者在此想说的，弗兰西斯·培根早就做出了最为精彩的论说，他不独是现代科学而且也是"诗性人文主义"的先驱，备受景仰。在《新大西洲》中，培根假托其代言人说道："吾人穷根究底，志在格物致知，了悟万物之因，隐秘之功；为人类帝国辟疆拓域，成就万物，无不可能。"②

自由解放，超然无执，格物致知，甜美光辉，人文主义教育哲学家和传道授业的实践家可能用这些丽词雅意来对抗经验科学的机械抽象。然而，我们一再见证，在这些纯洁的修辞背后，却是那种高高在上、行使威权以及强权推行的形而上学的文化意象（eidos，Bildung），它同时也塑造了实证主义者边沁的全景监狱体系：同心圆，或者用 T. S. 艾略特晚期玄学诗中决定基调和影响深远的本体论隐喻来说，就是"周行不殆的世界上的静止点"。这个传统之下的每一位人文主义者在表面上都辩护自由艺术（六艺之科），反对新兴"科学教育"人为物役的结果，但是他们同科学阵容之中的对手一样，无一例外地用形而上学的二元逻辑来把握知识脉络：一与多；在场与缺场；同一与差异；永恒（普遍）与时间；恒常与短暂；客观性与主观性；真理与谬误及其引发的二元伦理学隐喻体系；光明与黑暗；健康与病态；稳定性与飘忽性；目的与漂浮；生长与衰朽；阿波罗与狄奥尼索

---

① 特别参见海德格尔《存在与时间》，第122页以下，以及428页以下。笔者曾经论证，这种共谋关系也常常体现在文学与批评理论之中。特别参见拙文《侦探及其界限：略论后现代文学想象》，载于《存在主义》（斯潘诺斯主编，纽约，1976），第163-169页，原文发表于《疆界2》，第1卷（1972年秋）；《打破圈圈：阐释学即解蔽》，载于《疆界2》，第2卷（1977年冬）；《后现代文学及其机缘：复活过去时态》，载于《重演：论后现代机缘》，路易斯安那州立大学出版社。

② 弗兰西斯·培根：《新大西洲》，载于 James Spedding 等人主编《培根作品集》，第5卷，纽约，1872，第398页。

斯；最后，一言以蔽之，文化与无政府。就其全体一致地以浪漫情怀警示科学抽象而论，他们认为真正的危险乃在于，酒神精神（狄奥尼索斯）的散播，以及古典日神（阿波罗）知识的离散。总之，真正的危险在于，传统的决定性裂变导致了差异蔓生，逻各斯在现代世界的移心。一如柏拉图、阿奎那和黑格尔那样，他们假设有一种决裂的暴力侵入了创造权威的源头，永恒便向时间"堕落"，进而认为后续的分裂飞散从根本上说乃是一种否定性处境——但焦虑与迷惘之病，亦不乏治愈的可能。所以，他们坚执地为疗治这个世界开具医方，主张复原一个"生气贯注"、完美无缺、和谐平衡、封闭包容、整全而又稳靠的知识领域，而这个领域根基却在于德里达所谓的"在场形而上学"之中，这是一个存在于人类堕落之前的普世而又永恒的轨范中心。这一隐秘中心就是积淀而成的"人道"即人文主义传统，当然也是超自然的"神道"传统之自然化的补充。事实上，出于对反讽的无知无觉，这就是艾布拉姆斯对人文主义文学传统所作的富有影响之解释的基本观点。在《自然的超自然主义》（*Natural Supernaturalism*）中，艾布拉姆斯写道：

> 许多为在下叫做"浪漫主义者"的优秀作家，其之所以卓然于世，乃是因为他们不论是有宗教信条还是毫无信仰，都热衷于拯救那些基于造物主与人类和造物关系的传统概念、信念和价值，但他们却是将这些传统重述在主导时潮的两项系统之中：主体与客体，自我与非我，人类心灵、人类意识及其与自然的交流。虽然从超自然王国转移到了自然的参照系统，但那些古老的问题、术语以及关于人性与历史的思维方法却长存不衰，作为隐性特征和范畴甚至还能供彻底世俗化的作家来审察自己和世界，作为他们思考其处境、环境、本质价值和基本志业以及个体与人类历史命运的前提。[①]

所以，像实证主义的科学一样，人文主义教育虽然诉诸超然无执的"心灵游戏"，但它假设一种前定的规范，免疫于世俗进程的冲击，而在本质上成为改良淑世之圭臬，和规训后裔之律则。我们不会忘记，"中心化的

[①] 艾布拉姆斯：《自然的超自然主义：浪漫文学的传统与变革》，纽约，1971，第13页。对神学与人学逻各斯互补关系的同类批判，参见皮埃尔·马歇雷《文学生产论》，Geoffrey Wall 英译本，伦敦，1978，第66页。

概念事实上乃是一项建基于根本地面的游戏,一项以根本不动性和稳固确定性为基础构成的且本身超越于游戏范围的游戏。"

二

> 红色的赤焰穿透浓厚的
> 黑色的汹涌浓烟
> 整个埃特纳火山狂暴卷过
> 她森林覆盖的身躯。
>
> 哦,崇高的太阳神,不在这里
> 虚灵缥缈之处,是你合适的归宿。
>
> ——阿诺德:《埃特纳火山的恩培多克勒》之
> "卡莉克勒斯之歌"

在其名文《现代批评的功能》中,阿诺德肯定"超然无执"乃是"英语批评课程"之圭臬,"以便充分利用这一领域的首发之功,给未来酿造甘醇":

> 这条圭臬可以用一言简而括之:超然无执。然而,批评如何表现"超然无执"?答曰:洁身自好,远离所谓"物尽其用"之实用观;绝对遵从其独有的规律,在其一切所涉主题上运演心灵的自由游戏。坚执地拒绝委身任何一种外在政治实用的观念考量——而芸芸大众确定无疑地维系于此等考量,也许永远应该维系于此等考量,国朝上下无论如何都确实十分有效地维系于此等考量,可是批评委实同此等考量毫无关系。在下有言在先,批评之志业非常简单,就是认识世上精美之知与思,反过来使之流布天下,人人尽知,而创造一脉真实而清新的观念之流。①

对当下历史语境不偏不倚,超然于外,遥遥远观,在人文科学之求知

---

① 阿诺德:《现代批评的功能》,《批评讲演和论著》,《阿诺德散文全编》,第 3 卷,第 269 ~ 270 页。

问道中赋予"超然无执"优先地位，阿诺德就为现代人文主义探索以及教育理论与实践确立了不可悖逆的核心教条。在其散文之中，他一再重申了诸多"价值"，唯此"超然无执"的观念替他获得了历史身份。对于白璧德、特里林、利维斯和瑞恰慈等人而言，他是最有影响的现代人文主义之父，而且确实是作为制度的现代人文主义的缔造者。对他的话语（尤其是对1869年问世的《文化与无政府》）实施一种解构阅读则将会揭示出，阿诺德诉诸超然无执的意识游戏而反对"利欲引导"的偏颇研究，将"文化神化"而反对文学和社会政治的"无政府状态"，事实上掩盖着对遗失之本源的永恒乡愁：那个中心处在自由游戏的彼岸，而它又仓促地画出那个圆圈将转瞬即逝的"对象"框定和凝固在研究领域之内，并去超克这些"对象"所激发的焦虑之情。

鉴于他服膺西方形而上学传统的二元逻辑，阿诺德在《文化与无政府》[①] 中同一个"博放时代"（epoch of expansion）的对峙就不可避免地采取了回忆和重演的形式。所谓"博放时代"，是指19世纪工业化强力侵入思想、文化、社会和政治，从而引起了脱臼与失位（dislocating）。面临科学、人类学、地理学以及圣经知识的普遍散播，阿诺德解释神学教义和神权的分崩离析，社会政治等级制度的土崩瓦解，以及古典人文主义教育目标的悲怆衰微；选举制度改革、教育机会均等以及财富平均分配的要求日益高涨；现代语言与文学出现，本质上作为否定现象，作为衰败没落的征象。因为，修辞上所提到的那一场"吾人……趋之若鹜而适得其时的律法革命"（《文化与无政府》，第135—136页），在他看来却构成了一场正在萌发的甚至尚未变成现实的灾难的征兆——一场堕落，从凝聚中心状态即扎根于绝对始源（arche）的原始理想整体（希腊主义）堕落到显然无根而且天下大乱的多元主义，堕落到一种失落平衡的无政府状态。一味追求功利至上，利欲之念开枝散叶，博放无度，却极大地危及西方人个体和集体的幸福。这是一种危险的势能，而教育制度却助纣为虐，以它们的能量增强了这一势能：

> 即便是应当以发展这些"文化"，和我们整个生存的和谐完满，以及所谓"整体"为己任的种种制度，现在都像自由宗教共同体那样，对于人性和人的需要持一种狭隘而且自私的看法——这就是希伯来精神。比

[①] 阿诺德：《文化与无政府》，第124页以下，以下简称CA。同时参见《现代批评的功能》，第266页以下。

切尔先生或诺伊兄弟会的自由教会夜郎自大，缺乏中心，在宗教上成全了更多的希伯来信徒，而非造就完人君子。埃兹拉·康奈尔先生的大学虽然是他天下情怀（munificence）的一座真正崇高的丰碑，但仍然十分明显地仰赖于一种对何谓真正文化的误解，处心积虑地想造就矿工、工程师、建筑家，而不是甜美与光明。（CA，第244－245页）

确实，这个同心圆的神秘化范式如此深刻地铭记在阿诺德的意识之中，以至于事先就排除了任何一种对于下列可能性的直觉：19世纪英国的知识爆炸，以及随后出现的文化政治动荡基本上可能就是复活人文主义之永存努力的本体论后果，这种努力的目标乃是将存在、语言、文化和社会的博放差异游戏界定、包容以及涵容在其轨道之内。换言之，阿诺德陷入疑惑之中，而看不到这么一种可能性：如果在本质上理解，任其一如既往地释放（de-colonized），那么利益可能就是心灵自由游戏的本质动力，"位于中心而不偏不倚"（interesse），驱动辩证过程永恒地制造世间差异。

所以，阿诺德开始于用形而上学二元来解释悬而未决和令人不安的歧异性，解释人生在世的奥秘——"文化/无政府"，儒雅/野蛮，昭灵/迷狂，光明/黑暗，以及西方/东方，以一个"新的"（实质上也是更古老的）中心来代替那个神圣的逻各斯（"神道"），从而应对博放飞散时代的挑战。阿诺德那个世纪的政治思想史已经移置和动摇了神道中心。不懈地拷问古旧残破的工具（本体神学）的基本意识形态前提以及他自己"超然无执"探索事业——"安详善待生命，视生命为整体"的律令①——之意识形态渊源，

---

① "安详善待生命，视生命为整体"（to see life steadily and to see it whole），这个句子反复出现在白璧德和瑞恰慈的言论之中，语出阿诺德诗歌《致友人》，赞美他改写的索福克勒斯悲剧之崇高景象：

虽他和我满怀感激，其和谐的灵魂，
青春年少至耄耋晚年，却试探不止，
生计忙碌未能使之枯萎，汹涌激情也未能使之放纵。
他安详善待生命，视生命为整体；
阿提卡舞台，甜美的科洛诺斯诗人，及其娇子
美轮美奂，玉润珠圆。
（《阿诺德诗全集》，L. B. Tinker和H. F. Lowry主编，伦敦，第2页）

这个句子在当时成为人文主义言论与教导的陈词滥调，而本文的目的之一，也是要审察阿诺德神秘化套话的用法，以期展示为习性和积淀所掩盖的修辞学与意识形态渊源。

阿诺德一再坚执地肯定逻各斯中心论人文主义心灵的永恒"圭臬":"世上所思所言之至美至善。"(CA,第233页)省略去其他相关的参照,可见阿诺德所谓的"文化",或"世上所思所言之至美至善"是指西方世界①。再度中心化,重建基于拟人化"逻各斯"的共同知识体系,在阿诺德看来,可谓思虑多多,烦扰无数,"但是不可少的只有一件"(porro unum est necessarium)②,那就是从"社会的分崩离析"和"为所欲为的无政府黑暗"之中复活"被赋予整体感和进行整体化的文化和谐与安宁","虚灵缥缈,昭昭灵灵,甜美与光明闪亮溢彩,品物流彤"。此乃对其崇高而严肃的文化尊师所做出的允诺。

但是,这种复兴活动却将这种左右摇摆、诡异非凡的移心可能性还原为一种授予威权的整体(Unus),所以它的基础并不像通常所理解的那样严格地限于真正的文化。因为,人们发现,"这一件必不可少之事",这道开化启蒙和行使救恩的规范训令,乃是"权威原则"。无论其发展多么不均衡,它都必然而且同时地延伸到并且全方位地涵盖存在连续体的全部知识,从存在本身到语言、文化以及社会政治。作为公义理性,或者正当理由,文化就成为主导"制度"重建的权威原则,而在新生无产阶级意识之铁锤的敲打下这些权威支离破碎,无产阶级便是社会政治表征之中的"他者",不仅反映了"国民生活的主流",而且唯有这个他者才有能力培育真正开化的人类,反过来也唯有这真正开化的人类才能复活他们的生命,延续他们的权威:

> 故此,假如文化仅仅意味着努力自我完善,而人的心灵又是自我的构成部分,文化以及心灵烛照我们,向我们昭示在纯粹的为所欲为之中绝无如此神圣之事……而真正神圣者,乃是**爱正当理性所预定之事,服从正当理性之权威**,那么我们就从文化中获取了实际的恩泽。

---

① 关于阿诺德种族中心论人文主义,可论之处甚多,但笔者暂时存而不论,等到讨论瑞恰慈时一并处理。因为,历史让瑞恰慈更明确地认识到欧洲文化的夜郎自大,驱使他"敞开"阿诺德主义的典律去接纳西方民族之外的他者之"至善至美的思与言"。

② "porro unum est necessarium"这个拉丁语词组是《文化与无政府》第5章的标题,语出拉丁版《圣经·新约·路加福音》。这段经文记载,耶稣基督住在马大和马利亚姐妹家,妹妹马利亚坐在耶稣面前听他讲道,姐姐马大抱怨一个人忙不过来,要耶稣吩咐妹妹马利亚过去帮她,耶稣回答说:"马大马大,你为许多的事,思虑烦扰。但是不可少的只有一件。马利亚已经选择那上好的福分,是不能夺去的。"(10:38 – 42)——译者注

[实证主义者指摘说，阿诺德的"文化"是一个江湖骗子为逃避人类社会政治律令而设计出来的骗术。此处的言论，就是对这种指摘的回答。]**我们便得到了一项非常紧缺的原则，一项权威原则，借此而对抗正在威迫我们的无政府潮流。**

然而，如何组织这种权威？将实施这种权威的权力交托谁手？（CA，第123页，黑体字是引者表示突出的句子）

阶级冲突乌烟瘴气，阴森可怖，而且提出了许多问题，阿诺德对这些问题的回答在逻辑上堪称"必须"，因而几乎是铁板钉钉，毫无疑义。然而，这种回答有一个同语反复的逻辑论辩，而那些对人文主义充满同情的评论者直接将阿诺德等同于"超然无执探索"，在他们选择性记忆过程之中，这种同语反复却常常被忽略了。阿诺德的回答，乃是"将阶级观念提升为整个共同体观念，即国家观念"（《文化与无政府》，第134页）。

"庸常的自我"，"从来就不会引领我们超越碰巧所属的阶级观念和意愿"。而由这种庸常的自我所构成的民主制度下，我们"各自为政，个性彰显，彼此反目"。与这么一种自私的移心倾向所预示的无政府杂乱与黑暗状态针锋相对，阿诺德的"国家"观念"在欧洲大陆和古典世界屡见不鲜"，乃是源于"优秀的自我"，人文化成的"本色的自我"。经由这个自我，"我们彼此合一，个性内敛，和谐共处"：

赋予这一[本色自我]以权威，吾人即可高枕无忧，因为此乃吾人所能拥有的最忠实的朋友。当无政府状态危及吾人，吾人则忠信不贰，转而求助于这种权威。毋庸置疑，此乃文化，或者完美的学问力求在吾人身上弘扬的自我。然而，付出的代价，则必须是那种古老而冥顽不化的自我，它仅仅是在为所欲为当中、在习俗之举当中求取快乐，让吾人冒险同每一个同样为所欲为的人磕磕碰碰！以至于我们可怜的文化啊，被当做毫无用处的东西而备受蔑视，某些想法油然而生，唯有这些想法才能满足万分困惑的当代之伟大需要！吾人需要权威，可是除了怨毒的阶级、彼此的猜疑和互相的僵持，权威无处寻觅。文化却暗示国家观念。在庸常的自我之中，吾人得不到稳固国家权力的基础。文化却暗示吾人，这种基础在于优秀的自我之中。（CA，第134~135页）

在这段引文之中，阿诺德使用了"本色自称"，而且在他的言论之中一再重复。"吾人全体"，这样的用法表面上好像是指人类共同体的每一个体成员。但是，如果我们仔细地研究这种用法的特殊语境，我们则不难明白，这种用法事实上却不是指"任何一个特殊的人"。吾人便是"优秀的自我"，乃是一项超越历史的抽象标准或代表范式，是开端（arche）也是终结（telos），是本源也是目标。这项标准或范式乃是阿诺德从西方人文主义传统经典文本之中抽绎出来的，并依据"国家"概念被强制地设定为19世纪晚期风雨飘摇的历史世界之中人类实践的尺度。换言之，阿诺德运用包罗万人的第一人称复数，却难掩某些指称的下滑。注意这些指称的下滑，我们就不难看到，第一人称复数事实上就是一个"专横的吾人"，他以文化与社会政治统治阶级的名义对这个阶级的属员发号施令，而这个阶级却遭到了新兴阶级意识和新发阶级欲望的威胁。这种威胁来自历来备受特权者压制的人们，阿诺德以轻蔑的语气管他们叫"平民"：

可是，工人阶级之大多数，毕竟粗头乱服，发育不全，长期隐身于贫困与肮脏的环境之中，过着半死不活的生活。现在他们从隐身之所源源不断地流出，断言英国人的天生特权是为所欲为，开始在他们喜欢的地方游行，在他们喜欢的地方集会，高呼他们所喜欢的口号，透露他们所喜欢的秘密，而让吾人不胜困惑，手足无措。——吾人不妨给这些残渣余孽取一个非常体面的名字——平民大众。（CA，第143页）

换句话说，这个"吾人"既代表享有特权的少数人说话，又为作为弱者的"残渣余孽"说话。事实上，"吾人"就是"我们"，为了包容和平息"他人"而区别于"他人"。作为"吾人集体之优秀自我的官能，作为吾国吾民正当理性的器官"（《文化与无政府》，第136页），阿诺德的"国家"就成为主导文化之中且具有目的论合法性的代理，其功能乃是强力驱动野蛮人、非利士人以及平民大众的残缺不全的"庸常的"（真实的）自我实现和完善于"等级关系之中"那个"优秀自我"，"并严惩那些无法完成或抵制完成自我的人"。阿诺德写道，国家乃是"具有集体品格和法人资格的民族，被赋予了推进普遍优势的强大权力，以比个体利益更广阔的利益之名去控制个体意愿"（第117页）。国家即吾人之优秀自我，因而散发着甜美与光辉，此等修辞不可不谓充满魅力。最后，阿诺德的意思却只不过在重复一个断制:"国家乃是吾人光辉与权威之真正中心"。①

坚定地将光明与压迫"他者"的权威(权力)等同起来,这种看似纯洁的修辞境界却暗示着,阿诺德堆砌的语言还是背叛了其念兹在兹的超然无执,遮蔽着一个存在于别处的中心——"一个颐指气使的优秀自我或一种正当理性的最高权威",遥遥地处在制高点上,孤立绝缘,免于批评的自由游戏之困扰,积极主动地决定着在其监控之下的时空之内万物的分配布局及其等级结构。所以,绝非偶然,在阿诺德的警策散文中,重复最多的警句之一便是:"目标永在,近在眼前"(Semper aliquid certi propenum)。光明与权威的中心,就是超然无执的"优秀自我",而这"优秀自我"就是"国家",因而他的言论无时无处不在暗示,这样的国家最终也是反复记忆、一再振兴的全景监视的规训国家。不是别的,而正是国家将形而上学的意识变成了历史的现实。形而上学的意识假设在本体论上目标先于过程,同一高于差异,从而赋予了强制权威以合法性,而制服了可能使本源(arche)无序,让中心移心的一切。因此,在恶性循环的形而上思辨空间之内,阿诺德绝无可能提出语言、文化、社会、政治问题,这些问题属于他的认识论、文学文化批评以及政治学二元对立的次要概念,而他将这些领域一股脑地置于"吾人之优秀自我"图景之中,而他的问题意识(his problematic)② 却窒息了这些次要问

---

① 在《文化与无政府》之第二章"随心所谓,各行其是",阿诺德十二次将光明与权威等同起来。

② 在此,笔者化用了阿尔都塞的概念"问题意识"(problematic),参见其《保卫马克思》,Ben Brewster 英译本,伦敦,1977,尤其参见"论青年马克思",第 66 页以下。在阿尔都塞的论述之中,所谓"问题意识",是指那些意识形态上决定的研究方式可能提出且可以得到答案的问题所设定的不自觉规范的界限。阿诺德的"古典"("空间")问题意识陷入了盲目短视;作为一个显著的例子,笔者想提醒读者注意,他不仅认为浪漫主义即兴诗只是风末气衰,唯有偏好,无法观照全景,传递整体印象,便将它们排除在文学经典之外,而且粗暴地把《埃特纳火山上的恩培多克勒》从他的诗歌选集之中删去,认为这部作品无法帮助消极的偏见融入一个整体,予人以快乐与慰藉。参见《诗集》"序言",xvii – xxx。关于阿诺德的"问题意识",特别是其形而上学决定的人文主义二元对立,笔者所论同福柯略同。在题目为《革命行动直到如今》的一篇访谈(载于《语言,反记忆,实践》)中,福柯说道:"敌人所谓人文主义,是指这么一个话语整体,通过这个整体告诉西方人说:'即便不擅自专权,你也仍然可能是位君主。说得更动听一些,你越是拒绝弄权作威,你也就越是屈服于那些权力,因而你的主权,你的统治地位也就与日俱增。'人文主义发明了整个系列的臣属主权:灵魂统治肉体却服从上帝,意识主宰判断的脉络但服从真理的必然,个体在名分上控制着个人权利却服从于自然法和社会法律,基本自由为内部主权,但接受外部世界的要求,而服从'命运的安排'。质言之,人文主义是为西方文明之中限制权力欲望的一切……"(第 221 页)

题。而这些问题就可能搅乱其安详平和、静水流深。

阿诺德的人文主义后裔倾向于将他的话语锚定在"文化"基础上，引导我们认为，他的国家仅仅是一种心灵状态，一种整饬意识的精神范式，一种赋予哲学文化话语秩序的心理模式。然而，远远不只是这样，国家同时也是一种政治实体。具体地说，正如他的话语之中自然化的超自然隐喻体系表明，它还是19世纪英国"主流国民生活"的理想化，即自由中产阶级/资本主义乃是原始本体论状态的异质同构，其圆形几何结构之目的在于消除和驯化差异的力量，尤其是在历史危机时刻消除和驯化工人阶层的阶级意识。而当不可能消除和驯化这些差异力量之时，它就必须以"正当理性"统治之名无所畏惧地压制这些差异力量公然扰乱的征兆。而所谓"正当理性"，乃是盎格鲁"逻各斯"的人类学替补物。像那个为晚期19世纪剧院创作一部"经典"文本的作家一样，"国家"被子虚乌有的理想范式即"优秀的自我"授权，对一切即将的偏离、可能的反叛，以及可能颠覆其典型目标的东西实施暴力，即便这些对峙的姿态采取了捍卫基本人权的形式亦复如此。国家的典型目标，就是在目的论上预定的通往/回归完美的进程。这一点坚定而冷峻地体现在《文化与无政府》的"结论"之中。因为这个结论明确地解决了圆形/全景监视主义和权力的二元对立隐喻体系，但在对于阿诺德人文主义的经典解释之中却屡遭忽略，因此这个结论值得大段引用：

> 我们已经看到，造成无序和迷乱的原因多多。现在局势趋向紊乱，问题层出不穷，在相当程度上，乃是因为迄今为止的社会管理者或集团，野蛮人或者非利士人，缺乏对健全社会的信仰，不认为优秀的自我至高无上。他们在统治机构中一味张扬和表现其庸常的自我，他们良心发现，这个社会是他们用庸常的自我而不是正当的理性造就的，现在仍然还在用庸常的自我而非正当的理性治理这个社会。因此，现在出现了紊乱和令人困惑的复杂局面，也是因为长期以来他们赖以规范、治理社会的组织机构已经无可挽回地腐败和瓦解。当这个社会经历剧烈的动荡之时，统治者优柔寡断，不能坚决地制止颠覆者的活动。我们相信正当理性，相信我们不但应该而且可能提炼出优秀的自我，并提升他的地位，相信人类前行，臻于完美。我们认为，社会的基本间架是上演人类走向完美大戏的舞台，因而是神圣的。不论谁治理这

个社会，不论他多么想在他们的任期内放逐我们，但只要他们在其位，我们就要坚定地一心无二地支持他们制止无政府主义的蔓延和紊乱。这是因为，没有秩序就没有社会，没有社会就谈不上人类的完美。(CA，第 222~223 页)

我们发现，阿诺德优先突出的"超然无执的探索"原则，并非他所许诺的"甜美与光辉"，而是那些无权无势者们的悲苦与黑暗。超然无执，可能打着复兴"文化"的旗号，以自然化的超自然国家或怀乡的人文主义意识之中世俗的天堂来慰藉这些人的悲苦与黑暗。我们发现，"超然无执"是"镇压"的工具（阿诺德自己的话），不仅镇压那些哲学的空灵之思和本体论迷误，而且要镇压以投票权之名而发起的社会抗议之类的政治事件：

> 无政府无法容忍，但自由党的朋友们的想法略有不同。他们认为，那么一点点动荡，出现了所谓的民众示威，有时对于他们自己的利益和正在展开的宝贵行动反而有用。无论他们多么卖力地宣扬英国人为所欲为的权利，而认为政府的职责乃是怂恿和放纵他们为所欲为，而避免采取过激的压制行动，我们都不会放弃自己的看法：无政府无法容忍。甚至有时他们还机关算尽地向我们摆出那些毫无疑问地十分珍贵的行为，比如废黜奴隶买卖，并由此向我们发难，说愚蠢而顽固的政府并不可能因为一点点动乱而被吓得手足无措，那么是否应该考虑善良的意图，以及征服对立面的难度？即便如此，我们仍然要说不。街头乱糟糟的游行，暴力冲击公园，即便是公开支持善意目的，也应该毫不心慈手软地予以禁止和镇压，如果听之任之，则得不偿失。因为，如果人类必须将一切珍贵且现在具有持久生命力的东西发展至功德圆满，或者为将来建立珍贵且具有持久生命力的东西，国家就必不可少，而法律必须具有权威性与统治效力，必须成为公众秩序的稳固恒常的程序。① (CA，第 223 页)

---

① 阿诺德大而化之，暗指 1866 年"改革同盟"（Reform League）打着普选制改革而组织的劳工联合会，改革同盟的领导权落在激进人士比尔斯（Edmond Beales）、布拉德劳（Charles Bradlaugh）和迪克逊（Lt. Col. Sheffield Dickson）的手上。阿诺德所指的中心事件，是他所谓的"海德公园暴乱"。1866 年 7 月 23 日，改革同盟在海德公园组织大规模工人反抗示威，警察局长梅纳（Sir Richard Mayne）奉内政大臣沃尔博尔（Spencer Walpole）和保守内阁之命而实施戒严。工人们已经决定集会，便公然违反禁令，砸烂铁栏，冲进（转下页注）

在《文化与无政府》一书的结束语中,阿诺德特别旧话重提,再论教育,用"遗世独立横空而降"的专横"吾人"的修辞语言,假设了一种确实必须源自福柯所谓"全景注视"的信念:

> 现在,人人都在自吹自擂,说自己如何教化人心,如何决定了时势的走向。迪斯瑞先生、布莱特先生和比尔斯先生都在大谈教育。我们确实不应该好为人师,因为我们正在自我教化,洁净自己。但我们确信,通过文化而致力于获取万物之稳固而可理知的规律。我们确信,摆脱陈词滥调,超越顽固习性,意识更为自由地游戏,对甜美与光明的渴望与日俱增,所有这些祈向我们称为"希腊化",乃是吾国吾民以及整个人类当今生命的主导动力。或许当前现实中还显得朦朦胧胧,但对不久的未来却更有决定作用,而且更加确定。我们确信,为此而奋斗,乃是教育者的主要使命。(CA,第229页)

按照赋予同心圆式全景监视几何学以权威的逻各斯中心主义来理解,阿诺德在现代教育学和教育实践中复活希腊精神的梦想,在主导着赫胥黎、斯宾塞的边沁学说的挑战下不堪一击,在经它们所特许、激活以及苦心经

(接上页注①)公园。虽然政府调集军队,集结警力,但冲突没有发生,示威如期举行。在编辑阿诺德的文本时,编者常常以加注的办法来解释他的"主题暗指",但是像冲击海德公园这么一种事件,其事实性一望便知,常常也援引阿诺德本人的观点来解释。这样的例子在苏佩尔(R. H. Super)主编的《阿诺德散文全编》的"考订说明"之中比比皆是。当然,脚注之中的微词无法对证,但不乏有效性,而这可能是因为苏佩尔坚定而朴素地使用阿诺德在"如实地"讲述上述事件时所用的那种轻蔑的修辞:"改革同盟组织了7月23日的乱糟糟的集会"(第384~385页);"此刻,两队卫兵被调集过来,但士兵未与示威者冲突。次日暴乱继续(在那些若无其事地写出这些话的人中间,意见也有难以置信的修辞学分歧),阿诺德常常光顾的雅典娜俱乐部的门窗被砸碎了……"(第385页);"比尔斯先生(1808~1881年),在其短暂的辉煌时期(1865年至1869年)曾担任改革同盟的主席,于1866年以改革之名组织了混乱工联"(第420页)。1866年7月事件的别一种意味深长的报道,参见威廉姆斯(Raymond Williams)《百年文化与紊乱》,载于《唯物主义与文化问题论集》(伦敦,左派书林,1980),第3~10页。阿诺德及其"超然无执"的编者们所谓的"凶恶联盟"(monster allies),威廉姆斯却说是为"确立自由集会的权利"而斗争。对历史文本的"考订说明"历来被学者们天真地视为理所当然,然而其中的问题在新生唯物主义文学批评的语境中却成为学术研究的一个值得精细研究的极其重要的议题。传统的人文主义学者担心特殊历史的细节会玷污其文本的普世性,故而将对历史的暗指放到了事实可疑的脚注当中。而恰恰就是在这些历史的暗指中,我们就发现了文本的世俗性,及其同文化、社会、政治的血脉关联。

营的科学、资本主义以及自由主义社会政治上层建筑的压制下成为南柯一梦。最后,诗性人文主义反倒同这一切串通合谋,而不只是灌输一种冷漠的寂静主义。福柯秉持尼采学理,对后启蒙规训社会权力展开批判,而在阿诺德的《文化与无政府》中,国家"神圣",而且"主权至高无上",便设定为光照万物而启迪人心的恒定中心,被设定为"不动的驱动者",主导着文化的循环往复。如果将福柯的批判导入《文化与无政府》语境,我们就看到,阿诺德的人文主义教育谋划同科学实证主义殊途同归。职识之故,教育人文主义构成了一套副本,沿着启蒙时代的不同轨迹,将形而上学的监控转换为一种工于算计的全景监视主义。虽然口口声声张扬人性人文,事实上它却成为监视、统治、控制以及再造的机制,基于人类学圭臬,而以主导布尔乔亚/资本主义文化的面目示人——此所谓"雅尚的自我"。换言之,它成为一种兼收并蓄的光学①——旧称"阿波罗主义",意在消融、收拾以及平息在二元逻辑的确定性之中被阿诺德目为迷误、偏离、离心以及怪异之物。迷误、偏离、离心与怪异,不仅发生在本体论基础上,而且始终伴随着存在的连续体,出现在文化社会政治层面。正如赛义德所说:

> 文化被国家神而化之,几近成为肯定存在物的最高境界。此时此刻,即便是阿诺德的最高境界,也同样必须被看做是一切不存在者以及被其征服者的最高境界。这就是意味着,文化乃是一个志在区分和评判的体系……因为国家之内一个特殊的阶级能够认同于它,与之合一。这还意味着,文化也是一个自上而下地赋予了合法性的排斥体系,完全通过国家的政策而制定,通过它辨别出紊乱、失序、非理性、卑微者、贱骨头以及不道德,然后将它们打入另册,排遣在文化之外,由国家权力机关管制于此。如果文化真的一方面是一种肯定的学说,断言所思所言之至美,那么无疑在另一方面也是一种否定的学说,表明一切皆不完美。如果师从福柯,学会将文化当做一种制度化程序,将被认为典雅得体之物维持于典雅得体的状态,那么,我们也应该看到,福柯也证明了如何封杀某些独异之物、某些大写他者的声音,将它们放逐在文化之外,或者像他研究刑罚和性压抑所标明的那样,将

---

① 理论重视学说。

它们驯而化之，文而化之，为己所用。①

怀着如此至高无上的确信，而坚定地忠诚于他启蒙的问题意识，阿诺德就必然看不到，他一以贯之地为防御天下大乱的威胁而开具的良方妙药（cure）②，即"安详善待生命，视生命为整体"，事实上基于这么一个前提：塑造"生命"者，乃是一种存在，它将崇高的严肃性转换为一种不离正道的权力意志，将探索转换为一种全景监视的空间化体系，其功能是将无限的差异游戏包容于并还原到包罗万象的同一性循环之中。换言之，他的人文主义睿见却不可避免地让他愚昧无知，看不到"超然无执""意识自由游戏"仍然是德里达所说的一种"建基于根本地面的游戏，一项以根本不动性和稳固确定性为基础构成的且本身超越于游戏范围的游戏"，所以当下的"吾国吾民以及人类整体的生活"只会赋予英国以至欧洲中产阶级的霸业以合法性，甚至推动此等霸业，恶化他努力治疗的国内外社会政治的腐败。阿诺德的同侪或近乎同时代的人——狄更斯、陀思妥耶夫斯基、麦尔维尔，更不用说青年黑格尔主义者——克尔凯郭尔、马克思、恩格斯都见证了这种五花八门的现实，但阿诺德的"阿波罗灵见"不仅杜绝了对于崇高严肃的律令所授权的压抑实践的意识，而且先行堵死了"紊乱"与"困惑"造反的可能性。他常常到处传扬，在语言之中、在文化之内、在社会上、在政府里，都存在着"紊乱"与"困惑"。然而，紊乱与困惑事实上乃是造反，一个异化的存在（大写他者）造反启蒙的物化逻辑，造反拟人化的西方人眼中的权力意志对生命力的压制。简言之，一个备受压抑的狄奥尼索斯造反位尊权重的阿波罗，造反崇高严肃之神。

---

① 赛义德：《世界，文本和批评家》之"导言：世俗的批评"，剑桥，麻省：哈佛大学出版社，1983，第11页。
② 与阿诺德二元隐喻体系的核心词语一致，"疗治"一语及其同义词也反复地出现在他的文本中，俨然他就是"华佗再世"（pharmakos），其"超然无执的探索"就是疗治偏私病以及防治紊乱威胁的灵丹妙药。比如，他写道："而今，让我们来昭示文化教导的超然无执吧！我们已经看到，暧昧私密的组织在清教主义之中滋生了一曲之执，心胸狭窄。我们主张，推助清教主义更多地接触国民主流生活，来疗治他们的心胸狭窄。在这一点上，我们同威斯敏斯特住牧师所见略同，而且千真万确，此君和我们一样在同一所学校受教育，而烙上了心胸狭窄的印记。所以，我们希望治愈这种疾病"（《文化与无政府》，第245页）。

三

真正的希腊人,乃是名副其实的阿波罗之骄子,……其最后所推重者,并非迷情狂喜,而是法度与清明——他们特别强调,要保护心灵的节操。将希腊人于用来赞美德性的词语"Σοφροσυνη"从字面上翻译成英语,也许就是中正平和,法度清明。我们还必须牢记,同希腊生活的阿波罗精神比肩而立者,还有迷情狂喜的狄奥尼索斯精神。但是,欧里庇得斯在《酒神的伴侣》之中神思飞扬,支持狄奥尼索斯的狂情,可是在表面上看来却好像是传扬中和节制。因而,我们可以断定,他失宠于最美的希腊精神,而对旋风之神顶礼膜拜,同这些偶像崇拜者显示出亲缘关系。

——白璧德:《卢梭与浪漫主义》

在更加适合美国的文化语境下,为了祈求一个典范,这个文化同心圆也同样塑造了白璧德的高等教育话语。法国文学教授欧文·白璧德,在20世纪初叶试图将阿诺德从陈年皇历之中所复活的信息移植到哈佛校园。是时,哈佛由信奉"卢梭主义"的查尔斯·W.爱略特(Charles William Eliot)校长主持政务,通过推行"选修体制"而听任哈佛校园百花凋残,一派荒荒,生机尽失。像写作《文化与无政府》的阿诺德一样,白璧德也撰写《文学与美国大学》(1908年),认为当时的文化衰败类似于从前"黄金时代"的没落,尤其是古典希腊和文艺复兴时代向无政府蔓延的时代堕落。白璧德认为,当代情境之所以如此凄楚,乃是因为废黜了一个先验的恒定中心,背离了一种"理想"以及偏离一种有机整体与和谐昭灵的静态境界,而走向没落颓废的"动态"(kinesis)。比如说,希腊"由于理智怀疑论的兴起而丧失了其传统的标准,却又不能建立新的标准来统一生活,对个体实施规训,因而沦落到心灵的危境,以及过分动荡的地步"。[①] 同样,现代"位于博放时代之末"(《文学与美国大学》,第219页),其特征乃是理智与政治上剑走偏锋,其过分的偏失则可能释放一种物质主义和情感的野蛮主义,严重地威胁到国家(城邦)的和谐循环。在弗兰西斯·培根的"科学

---

① 白璧德:《文学与美国大学:辩护人文学科论集》,波士顿,1908,以下简称 LAC。

自然主义"与"人道主义"以及卢梭的"感伤自然主义"所形成的强大驱力之下,反古典主义的"离心"激发了"现代世界对一切权威的最强大的反叛",现时代就偏离常轨,舍正道而不由。① 论及文艺复兴之后,白璧德以一种令人追想但力求超越阿诺德之"软性权威"的修辞语气表示,"有一场号称原创的叛乱,艺术打着这种原创性的招牌越来越**偏离中心,越来越怪异**。由于失落了标准……,我们就在同系之内大量繁殖个体和民族的怪物,偏离普遍人文而越浪越远"(LAC,第219-220页,以及230页,黑体字为作者表示强调)。值得大书特书的是,这种离心力与怪异性(eccentricity),不仅是指个性卓异的行为。在白璧德看来,这个关键词的意义回荡在空间几何图形之中,这种几何图形一如既往地决定了这个概念的词源意义。当他使用这个词语的时候,他就将一种行为视觉化了:这种行为发生在一个圆的圆周之外,发生在一个封闭圆圈的边界之外。这个形象隐含在《文学与美国大学》的字里行间,但其最明确的表述,乃是在《卢梭与浪漫主义》(1909)之中:

>……卢梭致力……拒绝一个伦理中心的观念,以及这个中心所含蕴的特殊形式。一切人文和宗教建立这个中心的努力,将一个严整有序而中心突出的原则对立于扩张本能的努力,在卢梭看来都是武断随意而且矫揉造作的。他并没有将两类中心区别对待:一类是希腊悲剧诗人索福克勒斯借着直观而把握的伦理圭臬或道德中心,另一类是伪古典主义者希望通过机械的模仿而达到的中心。从这个基本前提出发,他论证惟有变异原则才生机盎然,人的天才与原创同其本来意义上的离经叛道/离心怪异直接成正比。故此,面对一切既成的圭臬,他都随时准备伸张其独特差异。②

新知广泛扩散,随后个体与文化独特品格差异分殊,此乃博放的移心。白璧德认为,这场博放的移心运动在"古今之争"及其现代的凯旋中可以

---

① 这种对科学的情感的人道自然主义(即人道主义的驱力和感伤主义的驱力)的批评,将白璧德的"新人文主义"同"反人文主义"的人文主义联系在一起,支持后者的人士包括 T. E. Hulme, Wyndham Lewis, T. S. Eliot,以及新批评诸子,特别是 Allen Tate 和 Cleanth Brooks。参见 T. E. Hulme《沉思录:论人文主义和艺术哲学》,Herbert Read 主编,纽约,1924,第3~71页。

② 白璧德:《卢梭与浪漫主义》,纽约,1955,第54~55页。

找到最后的历史因缘。白璧德的言论令人追忆阿诺德，又显然预示着瑞恰慈。在他看来，席卷我们"偏离普遍人文而越浪越远"的危险"离心"与"扩张"的驱动力量①，可归因于浪漫主义所弘扬的历史方法，"结果它是如此强有力地溶解了基督教与古典教义"（LAC，第 185 页）。浪漫主义者在远东发现了奇幻而事实上难以消融的语言文化，"起源的研究"放纵无度，而成为"侵蚀古典传统"及其档案所载的种族中心的话语标准，因而加速了文化的无序败落。这两种趋势——

> 开显遥远时代及其文明化育的国家，而且以一种迥然有别于我们的奇幻方式，在其中找到一种新相对原理的可能暗示。它教导人们："超越激情之广域，静观永恒变异之远景。"它推助人们领悟到，并不存在古典主义者所持守的风雅标准，只有多元的标准，而其时代与环境的特殊氛围都赋予了每一个标准以合法性。（LAC，第 190~191 页）

假设这个版本的希腊标准及其二元形而上学结构具有毋庸置疑的自然正当性，白璧德像阿诺德一样但更加独断地希望回归"古典希腊文化"及其人性的光辉思想。在《卢梭和浪漫主义》之中，他断言"也许，在任何一个其他民族的生活中，人类身上的普遍性都不会更加朗照地从那种只是地方只是相对的东西上散射出来"。也就是说，他断定，在一个被无序状态威胁的世界上，当务之急乃是复活阿波罗式的人类。这是一种典范的人，中心的人，被纯化了而且"被置于地方与相对之上"，所以能够"通过一切流变的环境而勘测持驻不变的精神，用柏拉图的话说，即多中见一"。白璧德求助于亚里士多德来阐发"希腊［精神］"，但他所实际心仪以及呼唤的亚里士多德，却是被维多利亚时代的阿诺德所权威化的那个亚里士多德。笔者心领神会，此乃英国中产阶级心仪的帝国主义的亚里士多德。也就是说，白璧德旧话重提，重申阿诺德在两个自我之间做出的区分：一个是利欲熏心而迷茫无路的"庸常自我"，一个是"超然无执"的光明与权威的中

---

① 阿诺德在一种含糊的意义上使用"博放"（扩张）隐喻，有时暗示那种偏离中心而至无政府的运动，有时又暗示那种随同心圆的圆周扩大而包容接纳更多更广知识的过程。但白璧德将这个遍及其言论的隐喻理解为二元对立范畴之中的那个派生的否定项，其中享有特权的第一项乃是"精约"（集中）。正如其词源所示，"精约之世"强化了中心对于周围的权力与权威。当然，这个隐喻的对立也延伸了白璧德坚守的二极化——"中心/离心""尺度/无度"。

心,即"优秀的自我",即固有自我所固有的典雅律则,将多重价值融为一体。

像一切伟大的希腊人一样,亚里士多德承认,人是两种律则的造物:一个受本能和欲望驱动的"庸常自我"或"天然自我",一个在实践之中以控制本能欲望的权力而知名的"人文自我"。如果必须人文化成,他就不能放纵本能欲望,而必须以"中道大法"来反对其庸常自我之中一切淫乱奢华,无论这些淫乱奢华是潜入思想之中,还是落到行动上,抑或是渗透到了情感中。坚守节制与均衡,恰恰不仅应该看做是希腊精神的精粹,而且也是一般古典精神的本质。制约庸常自我的主枭,在不同的古典主义者那里以不同的方式得到了领悟,并得到了周详完备的描述:譬如,人文律则,优秀自我,理性……或者自然。①

最后,这个维多利亚/希腊式的"优秀自我"的标准,便宣告了白璧德在《文学与美国大学》中所作的人文主义界定:

也许,我们可以大胆概括探索的结论来给人文主义下一定义。我们已经看到,历史地进入视野的人文主义者,往复奔突在恻隐慈悲和规训选择二极之间,当他介入二极之间保持平衡,他方才体面地得以人文化成。如果要更概括地陈述这个真理,我们就不妨说,卓越的人身上真正的标志……乃是他和谐内在对立力量,以及占据对立力量之间的全部空间的权力。一旦具有整合内在对立品质的能力,人就展示出人性,展示出他相对于其他生灵的本质优越性。(LAC,第22页)

---

① 《卢梭与浪漫主义》,第26~27页。在他撰写的那篇以 Stuart Pratt Sherman 的《阿诺德:如何认他如国人?》(1917)为对象的书评中清楚表明,他在写引文之中那段文字时,心中对阿诺德念念不忘。在《卢梭与浪漫主义》之中关于亚里士多德的话,他在这篇书评中几乎用同样的语言再说了一遍:"但是,人乃两种律则的造物。除了飘忽的本能和欲望所驱动的庸常自我之外,他还有一个恒久不变的自我,在同庸常自我的关系之中,这个恒久不变的自我被感受为一种控制的权力。从经验上说,人只能在实施控制权时才能感到幸福。为了否定人身上这么一种精神律则与构件律则的冲突,就只要转眼不见事实,以免完全落入实证和吹毛求疵的地步。"参见《白璧德代表作》,George A. Panichas 主编,那布拉斯卡大学,1981,第105页。

这个军事上的隐喻说明，各种品质之间的完美平衡，实际上意味着西方二元逻辑的"等级化"。在这个人为的等级体系中，"选择""规训"征服并平息了"恻隐慈悲"，以及其他一切危及秩序的"本能""欲望"。

换言之，白璧德在高等教育中向青年灌输的"古典"人文主义，乃是经回忆而生的种族中心论人文主义，不仅纯化了其后代的"人道主义"积淀，而且更加谨慎地纯化了现代的"溶化"了远古时代与民族的知识。准确地说，正是那些对立于"我们"、非我族类的他者，为历史的方法甚至为时间的动力学所催迫，而今却反过来催迫决裂的"心灵流动"，"多样标准"，以及离经叛道、稀奇古怪的思想与社会政治行为，呈现出现代性的特殊品格，危及整个世界的人类福祉。不像阿诺德，白璧德对东西方文化的关系表现出非凡的兴趣，在哈佛大学和索尔邦神学院研究梵文和巴利文，从巴利文翻译佛教《法句经》①。而且，在晚年写作的《佛陀与西方》（1927）之类的文本中，他甚至还抨击西方帝国主义及其凌驾于东方之上的文化优越性前提②。但是，白璧德遭遇东方文化自始根本上就是一项古典的谋划。也就是说，他的意图是对抗浪漫诗哲人表现出来的思想潮流，即解读新出土的东方文化的文物，进一步辩护他们对于地方性、陌生性、异国情调、多元标准以及相对准则的痴迷。白璧德的办法，是将东方思想与艺术，特别是他们超越时间和地域机缘的意志纳入他自己心仪神往的古典希腊人文主义之中。举例来说，他坚持将佛教的"法相"阐发为"人文之法"，"如若可以转译的话，便是物质自然之法的对立物"。③ 他认为，巴利文经典的早期佛教，即"以小乘佛教称名于世且风行于锡兰、缅甸等国的基本宗教形式"，高于几经修改而流行于中国、朝鲜和日本的大乘佛学经典④。他还认为，佛教和儒家人文主义优于可堪比浪漫卢梭主义的老庄道家学说。⑤ 换言之，白璧德奉行的东方文化经典之解释，本质上带有欧洲风调。比如说，同19世纪末20世纪初西方那些研究东方的学者，如雷恩（Edward William Lane）、勒南（Joseph Ernst Renan）、马西农（Louis Massignon）以及基卜（Sir Hamilton Alexander Rosskeen Gibb）等人的文本同出

---

① 《法句经》，白璧德译，纽约，1936。
② 白璧德：《佛陀与西方》，见《白璧德代表作》，第225~227页。
③ 《卢梭与浪漫主义》，第237页。
④ 《卢梭与浪漫主义》，第228页。
⑤ 白璧德：《卢梭与浪漫主义》附录：《中国的原始主义》，第297页。

一辙,白璧德就是赛义德所谓的"东方主义者"。

白璧德坚定地诉诸"轨则""标准""规范"如此等等的人类"中道之律",所以绝非偶然,他必须赋予"典范的人性"以优先地位。这种金科玉律反过来又将"他异性"的对立修辞逼上绝路,让它们在"怪异"之中臻于极境:

> 古典主义者决定何等标准既适合于人类,又适合特殊阶层的人,于是就以这种规范的"本质"作为范型,进而予以仿效。举凡一切合乎其所立范型者,他就称之为"自然"或"可能",但举凡一切过分远离其所视为规范类型或规范因果关系者,他就称之为"不可能""不自然"。甚至当它近于极端的不规则性,他就称之为"怪异"。①

这个包罗万象的概念,我们已经在阿诺德那里领教过了。在福柯看来,对于启蒙的话语实践,它也最为基本。这个概念不仅表明,人文主义者面对差异心生忧虑;而且像这个词语的语源所示,它还表明他最终实施一种自我削平和同质匀化的程序,将自我还原为一种"有形的无形之物",进而抵消其对于外来暴力的敏感度。用海德格尔的话说,白璧德典范的人文主义终归产出了"庸人"或者"平均化的人"(das Man)②。

在白璧德看来,当然是这个"庸常的自我",是这种为卢梭及其浪漫天才崇拜者所开创的"血性冲动的天然游戏"③,导致了现代人日益深重的危机。因此,为了达到和谐与宁静,实现平衡与儒雅,人文化成而塑造"优秀的自我",白璧德与阿诺德一样呼吁重建"超然无执"的原则。但是,在这种安详宁静、儒雅清明的境界之中,同一在本体论上不仅先于而且构成了差异的可能性条件,"一"在本体论上不仅先于而且构成了"多"的可能性条件;因此,白璧德的"慷慨无私"与阿诺德同出一辙,都是一种功利引导的非功利,有利可图的超然:"万物以人为度",这一前苏格拉底希腊形而上学哲人所提出而为罗马人发扬光大的超历史尺度,在白璧德看来却浸染了基督教神学的基质风调:

---

① 《卢梭与浪漫主义》,第 27、25、84 页。
② 海德格尔:《存在与时间》,第 27 节,第 163~168 页;参见《论人文主义的信》,David Farrell Krell 主编《海德格尔基本著作》,纽约,1977,第 197 页。
③ 《卢梭与浪漫主义》,第 44 页。

人这种造物，注定就单向残缺，仅当他克服其天赋宿命，仅当他调和各种力量令其相反相成而达到中道之法，他方化成人文。用阿诺德可堪钦敬的话来说，人文化成之鹄的，在于"安详善待生命，视生命为整体"。（LCA，第23页）

一个恒定不变的中心，不仅成全了它在世间的历练，而且同时免受历史的冲击（即时间所散播的重大差异）。白璧德的中正之道深深扎根于这个恒定不变的中心，因此它不仅认可而且要求"形式平衡""精挑细拣""约束限制"以及"纪律规训"。（白璧德一再呼吁中正之道，笼罩在这种具有方法论强力的修辞之中。）这个中心化的规训标准事实上构成了文化的手段与目的：

> 无须反复饶舌，古典精神的精髓在于，我们首先不应该志在求源，而在于化成人文；而要化成人文，则必须仰望一个昭灵的范型，并模仿这个范型。"文化"一词，屡遭滥用，但在其真正的含义上，乃是将源自模仿而来的形式感和平衡态强加于一个人身上，限制其张狂的本能。①

"尤其是在当代美国，前所未有的需要"在于，向高贵的青年人灌输这种重见天日的中正之道（LCA，第179页）。而这当然就是本科教育的使命：

> 现代社会印象主义盛行，此乃一种缺乏尺度、穷奢极欲以及紊乱失序的取向，传统的标准已经丧失，新的标准尚未建立。如果不尝试充分考察这么一些范围广大的话题，我们至少也可以指出，对教育的最大败坏，莫过于卖弄学识，拼命标新立异。一般说来，教育理当代表我们民族生活之中保守和统一的精神。学院更应该维持人文标准，如果它还有理由作为既不同于大学又不同于预科学校而继续存在的话。学院的使命并非像人们所假想的那样，仅仅是为了帮助学生自我表现，而是更要帮助他们化成人文。用纽曼主教（Cardinal Newman）的话说，

---

① 《卢梭与浪漫主义》，第62~63页。

学院是"达成伟大而平凡的目的之伟大而平凡的手段";这个目的就是提供风雅与判断的原则,涵养清明与核心的灼见,给予背景与视野,甚至激发起顺从精神,至少也应该给予过往世界经验以应得的尊重。(LCA,第240~241页)

现在看来,白璧德的中正之道,同阿诺德的古典人文主义以及边沁的启蒙功利主义之间的类似性一望便知。但是,无论投入了多么人性的人文主义修辞,面对张狂的卢梭主义,白璧德的唯一要务,最终乃是建立一种极权主义意识形态:一种建基于绝对起源而让生活得以安详静观和被视为整体的全景监控工具性尺度。(在这个阿诺德主义的圭臬之中,我们不应低估二元形而上学。)事实上,这种二元形而上学辩护了一种强制,那就是为解救人类于飞散处境且堕落状态,而强行限制和重构"庸常自我"毫无节制的离经叛道的"自然"冲动,即强行限制他者所凸显的差异(而白璧德的二元逻辑驱使他把大写的他者解释成致命堕落的残缺人类,单向而无整全)。

> 出乎最为实用的意图,中正之道成为生活的至上律法,因为它限定且包容了其他一切律法……希腊也许是最为人文的国度,因为它不仅最为清楚地表述了中正之道(万事勿过),而且还感到有必要采取一切肆心(hybris)形式来复仇,或者公然践踏这一律法以实施复仇行为。(LAC,第24页)[①]

---

① 像阿诺德一样,白璧德大谈"崇高严肃",且坚定地将之表述为"清明儒雅",因而值得指出,在他心中甚至在真正词源学意义上,"肆心,厚颜无耻,公然践踏中正之道"与"疯狂,想象的恣肆"之间,存在着密切的关系(《卢梭与浪漫主义》,第52页),而这是对旋风之神顶礼膜拜的结果:

> 阿里斯托芬呼喊:"旋风之王驱除了宙斯。"现代智术师甚至比希腊人更崇拜旋风之神,因为加强了一种理智的流动,在传统之中既得不到支持,而且也不能明察情感的流动……比眩惑偶像更加重要的是紧密结盟的迷醉偶像。拜伦说,"理智清明的人,"依据卢梭主义的逻辑,"就必须酩酊大醉。生命的佳境只能是迷醉。"理性之下且为本能驱动的人类自我进入醉境,就不仅从一切意义上的理性监视之中被释放出来,而且他的想象力同时也从实在的约束之中得以自由。(《卢梭与浪漫主义》,第147页)

白璧德事实上还真的在空间知觉、清明儒雅与时间经验、疯狂迷醉之间建立了联系,见《卢梭与浪漫主义》,第167页。

而且，像在阿诺德的话语之中一样，白璧德的中正之道源自一种意识形态，影响所及不限于文化基础，而且延伸到存在的连续体之上的每一基础。而且我们会看到，它同样延伸并影响到性别和社会政治的基础。

白璧德矢志不渝地信奉"中正之道"及其范围广大的包容性，因而他势必将爱略特校长反家长制和反尚古主义及其在哈佛大学推行与鼓动"选修体制"的举措解释为货真价实的"卢梭主义"。哈佛的教育氛围直接构成了白璧德迂腐过时且求胜无策的复兴大业的语境，他在《文学与美国大学》之中制定了复兴纲领。在他看来，爱略特宽宏大量，最后却未免太天真，乐善好施地向"（理智的和社会政治的）博放时代"所激荡的历史差异开放本来封闭的本科课程体系，仅仅是将某种先锋绘画和小说的毁灭性后果带到了文化教育领域：

> 作为一个极品卢梭主义者，爱略特校长如是说："弱冠少年如若受教有方，则比任何院系机构或任何一个对他一无所知的智者，都长于为自己选择更好的课程……每一个年方十八的少年都是一个组织机构，无限复杂，独一无二，其副本现在不存在，未来也不存在。"至于个人应该选学什么，并无普遍规范，以及人文主义者所相信的人类律法；他应该完全依据自己的喜好及其（预想之中）独一无二的需求。与一名大二学生的性情相比，一切时代的智慧都等于零。一切强加于其性情之上的监察都是不合情理的约束，简直就可以说是难以容忍的暴政。现在，"一个受教有方的弱冠少年"对自己及其性向的看法就可能改弦易辙，按照这么一种刹那印象主义，我们就不妨将这种令个人意见极为重要的制度命名为"教育印象主义"。将个人意识无止境地提升到公意或人类常识之上，几乎肇始于卢梭。（LCA，第47~48页）

这种瘟疫般蔓延的"教育印象主义"孵育了现代卢梭主义者颓荡的"离心"与"怪异"的冲动，加速了传统等级结构的崩溃。同样，也绝非偶然，同"教育印象主义"顶逆，白璧德同阿诺德一样，呼唤"包医百病的希腊精神"，重新肯定"古典"研究——所谓"经典核心课程体系"。古典研究体现了"典雅而且成熟的众人经验，绵延万世而不衰，延伸到那些事实上对他们有所帮助和有所养育的研究"（LAC，第82页）。由于他信奉"中正之道"，白璧德就不可避免地推重文学经典，因为它们再现以及再生产了西方人所特有的本质，同时他还必然认可一部目的论的文学史，因为它将随着时间而散播的差异以及被压抑的欲望所驱动的现实功利的表现，视为西方人本质的非本质成分或摧毁这一本质的要素，从而将之打入另册，排除在外。

> 希腊和拉丁的经典书籍在其借以书写的语言死亡之后还存活数百年，不妨推测其原因在于，这些经典书籍不死，活力常在——它们同短暂之物最无关系，而同永恒的人性最为密切。经过无数的努力，世界缓慢地从糟粕之中提取了精粹，于是渐进地确立了判别标准。（LAC，第82～83页）

这些标准当然是经久不衰的古代标准，用福柯的话说，这就是"一些支配着话语型构的轨则"，唯有这些标准中流砥柱，力挽狂澜，抑制卢梭主义散播的（阴柔）潮流。也就是说，经典确立排斥/包容的"人类心灵的中正之道"，作为"杰作的金色之链，将更加牢固的种族经验联成一脉独特传统，这些经典书籍同时也在本质上认同爱默生的说法，它们就是一位广闻博见的雅士所作"（LAC，第244页）[①]，而且首先要灌输"清明儒雅，中庸见识"（第240页）。这么一项标准不仅包医精神百病，而且促进"心灵的阳刚之气与涵濡力量"的复兴（第212页）。研究古典的核心文本或经典的文本体系，就能确保一种畛域分明、含弘光大、整全一律以及上尊下卑的文化之传承与稳固，而精英贵族在其巅峰指点江山。德国批评家常常丑化美国教育"被动接受""阴盛阳衰"，但白璧德认为仅仅如此批评是远远不够的。因为仅仅如此，"就会忽视人文化成的志业，而这项志业乃是大学教育必须全力推进的特殊目标——以最为阳刚的反思努力，整合零碎的知识

[①] 十年之后，在《卢梭与浪漫主义》中，白璧德也用了爱默生的同一个隐喻（第143页）。这一点便是征兆，所以饶有兴趣。也就是说，白璧德自始就如此祈望中心化的目标，以至于其学术、批评以及教书生涯妨碍了穷源决疑的研究，而印证了马歇雷所说的——"规范的迷误"之确认。根据这一概念，"作品当不只是它自身，其唯一现实乃是它与范本的关系，而范本非他，乃是经营作品的条件。通过将作品同独立……而先天存在的范本相比较，作品便可以不断地得以有效的修改和匡正……。按照这一假定，作品乃是先行预构的。作品的展开那是一个纯粹的虚构。作品只能朝着已经固定在范本之中的目标发展。无论选择哪一条路，也总是可以想象它更短小，更优美。任何一种读法，任何一种途径，都是合法的。批评的读法更直接，因为对于范本的期待引导着这种阅读，它就可以比叙事推进更快……文学叙事毫不相干，因为它仅仅掩盖了一个秘密，一旦秘密大白天下，它就可能被弃之不顾了。"（《文学生产论》，第17～18页）

要素，使之进入理智、意志和品格；以高超的炼金术将纯粹的学识凝练为文化"（LAC，第101页）。

最后不难预料，白璧德再度肯定古典核心及其所养育的心灵涵濡力量，同时也就复活了"阳刚的"形而上父权文化记忆，以事后君子或高视阔步的方式去感知人类经验的时间化分殊过程与包括文学生产在内的历史，因而就可以整体上观照存在，或者监控存在："安详善待生命，视生命为整体！"① 换言之，白璧德的记忆即霸道专横，是"健忘""尚古""追思"以及"碑铭"的记忆，属于主导文化。诸如白璧德一再丑诋的欧里庇得斯、拉伯雷、施泰因、布朗蒂这么一些"边缘"作家，以及诸如赫拉克利特、卢梭、克尔凯郭尔和尼采这么一些思想家，总是以一个中心取代一个中心，不懈地质疑权威，但这种文化记忆依然监控和决定了直到白璧德时代的西方历史上的学术、诗歌、阐释和教学：从柏拉图到阿奎那、摩尔、笛卡尔、黑格尔、边沁，从维吉尔到但丁、巴尔扎克和T. S. 艾略特，从西塞罗到卡斯提格利翁、伊利欧特、纽曼和阿诺德，概莫能外。最后，这种文化记忆以美轮美奂的纪念碑上的宁静形式再现存在 – 动势，让时间中散播的"在场"凝固在这宁静的形式中：

> 简言之，推进人文化成的可行之道，就是为复兴几乎丧失殆尽的读书之艺而奋斗。作为一项放之四海而皆准的规则，温文儒雅的人，当对文学之至美，对完美地表达那仅存于古圣先贤心中的昭灵之心，充满深厚的记忆。反之，人文主义之式微，卢梭主义之伸张，其共同的标志就是记忆的高尚用途不可挽回地败落。不像现代人那样，希腊人认为，缪斯女神不是天才灵感的女儿，而是记忆的女儿。（LAC，第244页）②

---

① 《卢梭与浪漫主义》，第167页："任何人都不可能绝对地安详善待生命，视生命为整体；但是我们至少可以祈向安详与整体境界。浪漫主义风流人物显然与之背道而驰，他越来越公然膜拜旋风之神。"
② 白璧德眼观千年，将西方文学传统把握为一个血脉相连的整体，其权威和主导乃是单一完整、自我呈现的"人文主义心灵"，这种观点对他的叛逆弟子T. S. 艾略特的影响清晰可鉴，但艾略特在其久负盛名而且影响深远的历史感定义之中，表现得更加慧黠，灵见也更为深沉："历史感驱使一个作家不仅在骨子里心怀世代而写作，而且怀着一种将荷马以来的欧洲文学及历史境遇中的国家文学视为一个整体的情感来写作，这个整体具有一个同时性存在，构成了一个同时性秩序"（《传统与个人才能》，《圣林》，伦敦，1920，第49页）。在这篇文章中，艾略特还将这种同时性秩序称为"欧洲的心灵"（第50页）。同时参见《什么是经典？》，艾略特不含糊地陈述了关于欧洲文化记忆的目的论意识（《论诗歌与诗人》，伦敦，1957，第53~71页）。

这种彪炳史册的经典之最终业绩,他们灌输到学生心灵的"中心化人文伟业"而再生出来的业绩,就是形而上学的记忆,经天纬地的监控和遗忘一切的压抑,后现代反记忆以不同方式将这一伟业等同于"邪恶的圆圈"①;或者像德里达所说的,"……一项以根本不动性和稳固确定性为基础构成的且本身超越于游戏范围的游戏";或者像福柯所说的,一种"类似形象的范式"②;或者像阿尔都塞所说的,一种"表现性因果律的问题意识"③。也就是说,它们再生产了全景监视的权力意志。这种权力意志涵濡"零散的知识要素",实施强制,削足适履,将"物自身"的异质性,将"物自身"的差异,将"自然兴显"的状态,匀质化入同一者的形象,将存在物的动态生命之怪异形相(dis-similarities)匀质化入大写存在之类似形相(similarity),将"杂多"匀质化入"太一"(整全同一),将时间匀质化入同时性(空间)。不仅如此,它还模拟(再现、假装、异化)欺骗的形相,掩饰的虚伪,也就是说,它还模拟飞散境遇之中的男男女女步入歧途而且慧黠荒诞的真理之"精粹"。用海德格尔的话说,真理不是契合,而是解蔽。

这种权力意志即哈特曼(Geoffrey Hartman)说的"神秘管制"(mysterious management),它塑造了白璧德全景监视的"涵濡学说",从而解释了他施加在那些为其特别关注的文学之上的暴力。这种暴力不仅施加于欧里庇得斯、卢梭、华兹华斯、夏多布里昂、波德莱尔的"偏离中心"或"离经叛道"的文本之上,这些文本统统被他斥在人文主义"杰作"经典体系之外。而且这种暴力也施加于柏拉图、亚里士多德、索福克勒斯、蒙田、博克和歌德的"位居中心"或"长命不衰"的经典之上,他以新人文主义之名一再肯定它们的经典地位。笔者的意思是说,白璧德将文本之中"精微殊异"的"狄奥尼索斯"游戏,即这种决裂的"延异",统统归约为那种大而化之的典范教理,这种教理同独占鳌头的"中正之道"的约束力之间的对应关系似是而非。这么一种归约使文本的存在疏离,文本无家可归,以至于"永据中心"的心灵及其涵濡权力"窒息""控制""管制"了文本的随机尺度。布莱克摩尔(R. P. Blackmur)将白璧德与威廉·詹姆斯捉至一处,"之所以选择詹姆斯这个名字,乃是因为他恰好代表白璧德深恶痛绝

---

① 海德格尔:《存在与时间》,第194~195页。
② 福柯:《物之序:人文科学考古学》,Alan Sheridan英译本,纽约,1973,第14~44页。
③ 阿尔都塞、巴里巴尔:《马克思的伟大理论变革》,《读资本论》,Ben Brewster英译本,伦敦,1970,第186~189页。

的试验性、歧义性以及可能性"。布莱克摩尔指出：

> 詹姆斯传道授业，借着慈悲风调，循循善诱，人格魅力，伸张莘莘学子的心灵，而不是靠强制力量。白璧德限制心灵，而詹姆斯伸张心灵……他好像在教音乐，教得满堂华彩，但只是谱上谈乐。
>
> 这个人物表面看来却不那么霸道纵横。因为他传道授业，博览群书，唯独赞美那些已逝的伟大作家，他们的佳作恰恰就像乐谱，只有残缺不全的标记模糊地指向音乐，而我们完全无用武之地。这么一些作家的思想传流于世，可以被当做公式、当做中介的抽象命题来理解，但是当这些思想被演绎成戏剧或寄寓在现实之中，它们就成其为诗。因此，如果在我们内心深处，在想象之中，在当代文献之中，看不到这些诗篇生命的复活，那么在大多数情况下，我们就必须漠视它们，让它们自生自灭。索福克勒斯也不是没有暴力，安提戈涅虽非傻瓜，却是一个十足的机械狂徒；克里翁虽非笨伯，却在徒劳无益地叫喊，声嘶力竭；伊斯墨涅虽未背负恐惧与爱的双重罪孽，却是一息纯粹的忧郁之气。简言之，假如我们自己没有对之投射暴力、愚蠢、固执以及惧与爱交加的情感，整个希腊戏剧只不过是一些典范之作而已。白璧德不仅满足于这种典范之作，还坚持典范之作的统治，而牺牲一切其他的旨趣。这就是他何故永远游离在这些典范之外。①

在阿诺德那里，这种权力意志之表现更加显著，更具强力，而且一如既往地霸道纵横，气吞山河。与阿诺德同出一辙，这种权力意志，这种自始至终都志在规训的冲动，无论怎样不均衡地显现在存在连续体的每一个阶段上，无论处于白璧德选择哪个特殊阶段，它都表现在他的话语之中。他的这些话语公然以典范自诩，好为人师，穷形尽相，性本粗暴，偏执不公，呆板苛刻。这种权力意志在《文学与美国大学》之中的运作并不局限于文学、文化和教育，其延伸所及还包括性别与社会政治领域，无论同其主旨相比这些话题是何等边缘。

白璧德还认为，古典语言文学在大学课程体系中的历史衰微，可以归因于一个广大的女性读者群的出现。女性读者群的出现，又同高等教育制

---

① 布莱克摩尔：《人文主义与象征的想象：略论重读白璧德》，《狮子与蜂房：忧心与批评之论》，纽约，1955，第146~147页。

度对功利主义和机会主义"庸众"开放的趋势相关联。这些女性读者喜欢浪漫小说胜于喜欢埃斯库罗斯、柏拉图和亚里士多德。这种论点虽然在白璧德那里虽属次要,但依然能见到权力意志的踪迹:

> 现代语言……除了传承就无所事事。它们得益于功利主义的呼吁,而在母语中更得益于伤感的诱惑。它们受惠于女性在文学与教育中居高不下的影响。作为希腊语和拉丁语的替代,现代语言吸引了大量的庸众,而他们在选择课程时,多少都蓄意遵循难度最低的原则。(LAC,第182页)

但是,我们还不能就此认为,是白璧德对于"妇女的文学教育"之昭然若揭的偏见,表现了通过其逻各斯中心论话语扩散而统治存在的权力意志。因为,这些对女性文学教育的偏见毕竟还在自由游戏的境域之内。我们倒不如说,正像我们大量引证的《文学与美国大学》所标明的那样,正是菲勒斯中心主义被铭刻在以及隐藏于白璧德"超然无执"的研究之中。笔者的意思是说,他将女性的敏感等同于偏离中心的扩张本能(即卢梭主义)。因为他相信,卢梭主义可能危及西方文明。反过来,他又将"男性阳刚"原则等同于古典精神。因为他认为,复兴古典精神就可能拯救西方文明。这样的等式在他的著作之中比比皆是,被设定为自然而然的。

> ……毫无疑问,[卢梭]时刻准备让他的伦理自我服膺于他的感伤情怀。因而,在其人格与文字之中,男人的阳刚无迹可寻。而且在他的气质之中许多东西提示我们,这种感伤情怀不属于男人,而属于一个神经兮兮的敏感女人。多数论者可能同意,在卢梭的意义上,女人比男人更加反复无常,受情性摆布。我们确实应该援引拉封丹的观点来缓和这种危险的性别比较,在这方面他认识许多本该生为女人的男人。现在,反复无常就是剑走偏锋,在这个意义上也许可以说女人"比男人更狂暴"。卢梭之失,就是无法在"一切"和"无有"之间找到一个中介,而这显然就是阴柔之气而非阳刚之力。女人的典雅也许多于男人的得体,而他们总是纯粹地服从于既定法规,而不是直接感受限制博放欲望的中正之道和平衡合度。①

---

① 《卢梭与浪漫主义》,第130页。

笔者在此部分引用《卢梭与浪漫主义》的文字为题记，就见证了白璧德的高调修辞却难以让读者忘记，这个狂热崇拜狄奥尼索斯（"旋风之神"）的信徒，这个篡夺"清明""阳刚"的阿波罗权威的神祇，便是酒神巴库斯。而且，可以毫不夸张地说，菲勒斯中心主义的男女二元对立构成了隐喻体系的轮廓，笼罩且包容着逻各斯中心主义二元逻辑所派生的其他一切对偶关系。

在这个节点上，应该不言而喻：白璧德"阳刚"而且"意气风发"的文化话语，虽包藏在胸襟宽阔的修辞之中，但同阿诺德、洛克、密尔的古典自由主义一般无二，同一种本质反动的社会政治学沉瀣一气。美国大学必须以"古典完人"之名，向所谓堕落的（顺应天性而自我伸张的）学子们灌输中心的规训之道。同样，幸存的残渣余孽以超验"优秀自我"之名治下的美国，也必须磨炼庸众，净化他们"天然平常的自我"之"天然性与平常心"。这个主题在《文学与美国大学》之中不占中心地位，而仅仅是含蓄地蕴于其中，而在《民主与领袖》（1924年）中却成为昭然之论，一望便知。绝非巧合，《民主与领袖》落墨于俄国革命的余波之中：

> 启迪我们立宪而对立于独立宣言的论点……同博克所见略同。如果说，第一个宣称人人有某种抽象权利的政治哲学本质上同杰弗逊相连，那么第二个哲学则以华盛顿的思想为杰出代表。杰弗逊式的自由主义者信仰自然人的良善，因而容易忽略个体以及国家对于否决权力的需要。敝人以华盛顿为这种自由主义者的典范，他们对待自然人的态度不算特别张狂。正如人具有一个高贵的自我，严格自律地基于庸常自我而动，同样他们也认为，国家也应该有一个高尚而恒定的自我，合乎法度地体现在制度之中，对任何时刻由大众意志所表达的庸常自我予以限制。当然，敝人正在确定的，乃是一种制宪民主与一种直接民主彼此对立。人们所奉行的第一原则存在着对立：一些人坚持大众意志应占主导，但仅仅必须首先净化其纯粹本能冲动和纯粹飘忽思想；一些人则认为大众意志应该直接主导，完全无须约束。①

像阿诺德一样，白璧德祭起了埃德蒙德·博克的灵旗，将国家神化，视之为"优秀自我"的象征。1791年12月，博克在《思考法国事态》一

---

① 白璧德：《民主与领袖》，波士顿，1924，第246~247页。

文中，对于法国革命批评展开了彻底的解构，而这种解构观对于阿诺德的政治话语产生了强势而且在某种意义上具有救赎性的影响。① 与阿诺德的政治话语不一样，白璧德的话语正如上述引文以及比比皆是的净化修辞所示，是如此绝对地坚守中心，以至于不容许丝毫决裂的姿态对它构成挑战。所以，正如海德格尔的语言论可能所示，白璧德的"阳刚"人文主义话语虽然被倾空了本体论内涵，但毕竟对"美国民主的标准化平庸境界"展开了全面的合理批评，面对"红色恐慌"而致力整体化，这种话语就成为绝对包容的圆圈，一种颇似极权主义权力的工具或技术体系：

> 随着一种虚幻的自由主义的生长，主宰着当代芸芸众生的精神将会越来越不满足于投票箱和代议制政府，越来越不满足于宪法的规定和司法控制，越来越渴望"赤膊上阵，直接行动"，时代就可能降临。此乃帝国主义领袖应运而生的时代。任何一种帝国领袖，特别是在我们这样对法律控制下的自由福祉心领神会的国家大获全胜，都将是一场灾难，可即便如此也不乏选择的机缘。如果找到墨索里尼在美国的影子，我们自以为幸运的环境就朗然出现了。必须由他来拯救我们于列宁的影子之中。但无论如何，如果我们尚未偏离联盟主义传统之基本原则越来越远的话，这么一种紧迫情境就十分遥远。而维持这个传统即同维持诸种标准密不可分。②

布莱克摩尔对《民主与领袖》的这个段落做出了非常到位的评论，他指出：

> 我们反思，谦卑之见如何可能被自由良知之见所修饰而如日月丽天，以为有了自由良知即可逃避"全能国家踩躏的避难所"。在白璧德看来，谦卑部分是指向上举目进而平安向下俯视，部分是指投入艰深的沉思。同样，我们反思，谦卑之见何以可能使自由良知事半功倍。可是，白璧

---

① 参见阿诺德《批评的功用》，第266~267页。又见博克《作品与书信》，第8卷，伦敦，Ⅳ，第591页："如果人类事务将遭巨变，那么人们将心随世变，而公意与共感将蔚然成风。一切恐惧，一切期盼，都将趋之若鹜；因而，那些坚决逆人类事务巨大潮流而动的人，就不只是抗拒天道神意，而且更是抗拒人类唯一的使命。他们并非坚定执着，而是乖戾冥顽。"

② 白璧德：《民主与领袖》，第311~312页。

德却利用谦卑与自由良知来打压卢梭的公民宗教，认为它不仅感伤而且功利，更是一种普遍无聊的思想。所以，我们不妨替他补充一句：他没有看到，他既不拥有恩典，也不拥有自由良知这样的避难所，不管是基督教的自由良知还是其他的类似物。下面这么一种说法显然是饶舌的：如果他拥有谦卑和自由良知，他就不会说"如果找到墨索里尼在美国的影子，我们自以为幸运的环境就朗然出现了。必须由他来拯救我们于列宁的影子之中"。这种见解出现在 1923 年，可这样的事实虽然减缓了它的愚蠢，却丝毫没有减少其傲慢与放肆，丝毫没有减少其无能——他根本就不理解隐微的美国历史。即便是在 1923 年，用蓖麻油来疗治政治对立也不比人道主义更有人文主义味道，而且蓖麻油、街头械斗、谋杀和精神灾难恰恰构成了彬彬有礼的法西斯主义者的外观。

归根到底，白璧德事实上是一意孤行，奴役他的良知，在一种纯粹精神秩序的专权之下，以良知为个体自由的监狱，而非以良知为个体自由的避难所。①

布莱克摩尔揭露了白璧德的倒行逆施（笔者情不自禁地用"罗马精神"），揭露了他对于民主政治的厌恶，从而再一次见证了典范的权力意志。这是一种"对秩序的欲望"，"玷污了他的心灵"②，同时也玷污了他的话语，从存在光谱的一端直至另一端，无一幸免。不幸的是，尽管布莱克摩尔的议论别具一格，令人刮目相看，但他的意图不是质疑人文主义，而是将一种真正的自由人文主义同白璧德的"蓖麻油疗治政治对立"的方略区别开来，而所谓真正的人文主义与白璧德心仪的完全不同，将可以成为"逃避全权国家蹂躏的避难所"。虽然他"揭露了"白璧德所看不到的攻击性反民主政治，但布莱克摩尔的批评却一心一意关注于白璧德的秘密良心或"优雅自我"，所以本身也蔽于其优先授权的问题意识，而看不到（半是）自律而且隐而不显的一般人文主义话语的权力。更加具体地说，他"没有看到"，对白璧德人文主义的毁灭性批评会屈尊纡贵，下降到何等自由游戏的话语决斗场：不可见的"无处不在的中心"，既内在又外在于一切人文主义话语，在某种程度上用肯定或否定的方式让这些话语，甚至还有那些成为"个体自由避难所"的话语，同一种强制的霸权政治沆瀣一气。

---

① 布莱克摩尔：《人文主义与象征的想象：略论重读白璧德》，第 156～157 页。
② 布莱克摩尔：《人文主义与象征的想象：略论重读白璧德》，第 154 页。

现代人文教育中阿波罗的威权

布莱克摩尔以人文主义为"逃避全权国家蹂躏"的避难所,不仅为"世俗利益"①的自由运作和从事世俗事业留下了空间,而且在孤立具有潜在决裂力量的"自由良知"之时,这种人文主义本身却变得像一座自我强加的监狱。不论是多么漫不经意,布莱克摩尔的"避难所"最后却像是麦尔维尔《白鲸》之中梅普尔神父的讲道坛,林奈的分类体系,以及比尔达德船上新教资本主义的捕鲸产业。那里"寸草不生,气息全无",唯有一座"自我包容的堡垒——一座崇高的墓碑",完全免于批评的决裂性自由游戏,一堵无形的墙森严壁垒,一个无所不在的中心隐藏于后,对世俗的事务实施强制。② 布莱克摩尔对麦尔维尔的批评影响巨大,而且也许不只如此,他还为整个一代文学批评家确立了观照"艺术迷误"的基本立场,因而见证了人文主义的如此境遇。因为,颇具吊诡的是,布莱克摩尔通过严厉地否定《白鲸》和《皮尔埃》及其作者在美国文学传统中的地位,却恰恰成全了白璧德的结构范型及其所捍卫的政治:

> 一部小说的戏剧形式,就是使之整一,使之运动,赋予它一个中心,确立一个方向……我们可以想很多办法,让一部特定作品所再现的实在成为一个整体。但诡异的是,抽象活动和打破禁忌看来却加深了我们与作品实在的亲切感。更加令人欣慰的是,它提升了我们对控制实在之道的意识。控制意识也许是领悟的最高形式。它理解,却不沉湎。
>
> 因此,我们在此追问的是:麦尔维尔如何控制《白鲸》和《皮埃尔》?答曰:借着偶然。这种回答大而化之,但严格说来却毋庸置疑。也就是说,通过一种立场来控制,这种立场变幻莫测,从极度的傲慢冷漠到聚精会神的谦卑注目。这倒不是说,他一心只系令他感兴趣的严肃之事,因为无论崇高之事还是猥琐之事,他一概心不在焉。而是说,对于哪些事情必须管制以及哪些事情可能自为关照,他显然没有确定的原则。终极必要性无以决断之处,他的原则几近奇思怪想,神秘莫测。③

---

① 笔者化用了康拉德《诺斯特罗摩》中的名言。在小说中,康拉德坚定地用这个词语来表现两个主题:一是自由资本主义事业的霸权律令,二是资本主义物化所产生的必然结果,即连续体上存在的异化。
② 麦尔维尔:《白鲸》,纽约,1967,第43页。
③ 布莱克摩尔:《麦尔维尔的手稿:一项推证的陈述》,《狮子与蜂房》,第132页。

人们也许如笔者一样，认布莱克摩尔为新批评阵容中胸襟最为开放、探索最为得力、心灵最为博大、气质最为后现代的批评家。即便如此，本文漫游到布莱克摩尔的文学批评领域，也可能是离题万里。但是，如果您还记得，拙文的论题是人文主义，而非就事论事地局限于白璧德，那么，笔者论述布莱克摩尔洞见的盲目，其意义也一望便知。笔者暗示，将某些人文主义反动的共鸣别出心裁地归因于个人信念，就可能让"自由人文主义"将白璧德、摩尔排除在他们的阵容之外，而又不同时催迫他们自我拷问那些深深铭刻在人文主义话语之中的前提。同样，他们拒绝自我拷问人文主义话语实践的原则，也大大有助于解释：在"博放时代"，面对"现代生活中起作用的分崩离析的影响"，面对"选课制度"所孵化和养育的"道术为天下裂的怪异离心学问"，何以要一再努力强行灌输阿波罗的中正之道，实施约束，展开"君子内省"（白璧德、摩尔语），而这种努力为何永恒不绝而终于无功而返。这大体上说明了近期哈佛大学内外复兴白璧德声望的努力。① 换言之，这项计划构成了一种多元决定的征兆，预示着阿波罗主义在当代历史危机之中的复兴。它不仅表明，文学体制之内的人文主义者，诸如艾布拉姆斯、布斯、多纳休以及贝特，到解构论和批评理论对于这场复兴的反动反应，还有被他们贬低为"专业主义"的其他研究领域的出现。在广义上它还表明，《哈佛核心课程体系报告》的执笔者们所贬低且为众多人文主义教师和官员所鼓励的学术研究，笼罩在后结构主义反记忆所实施的解神秘化氛围中。"超然无执的探索"从此不再神秘，更不用说，十多年历史的越南战争，以及更重要的是，在"1968年事件"达到高潮的学生运动。

四

瑞恰慈在哈佛大厅升堂开讲诗歌大课，他看到本科学生席地而坐的爆棚景象，还听到不远处百老汇消防站传来呼啸的火警汽笛声。他一登上讲坛，就声情并茂地朗读阿诺德的"卡莉克勒斯之歌"：

---

① 参见 Douglas Bush《十字军斗士白璧德》，《美国学者再评价》，第 48 卷，1979，第 512～522 页；J. David Hoeveler，《新人文主义：现代美国批判 1900 - 1940》，弗吉尼亚大学，1977；George A. Panichas，《白璧德代表作》"序言"，第 vii - xxxix 页；Walter Jackson Bate，《致〈批评探索〉编者的信》，转引自 Stanley Fish《志业自贬身价：文学研究的忧惧与自暴自弃》，《批评探索》，第 10 卷（1983 年 12 月），第 368 页。

> 哦，［阿波罗］，崇高的太阳神！不在这里
> 虚灵缥缈之处，是你合适的归宿。
> ……
>
> 语气高昂，修辞典雅。除此之外，瑞恰慈老师的开场白令全班震惊：他的话和课程描述、教学大纲无关。他向阿波罗献诗，就好像日神仍然活着。瑞恰慈躬身虔诚，信奉柏拉图的理型，在他看来阿波罗乃是永恒存在。他的开场白假设，如果能找到一间合适的教室的话，我们的教室就将成为阿波罗虚灵缥缈之地。但是，散人不能过分渲染，瑞恰慈引诗开场，显然毫无反讽意味。
>
> ——海伦·雯德乐：《瑞恰慈在哈佛》

为了在年代上和谱系上让我们的论证逻辑更贴近于"哈佛核心课程"，揭示现代人文主义博雅教育的阿波罗境界坚定持久的传流及其互补的连续性，我们只需回顾瑞恰慈的教育哲学及其实践就可以了。人们不会忘记，瑞恰慈与蒂里亚德、福尔布斯等人一起，于20世纪20年代在剑桥发起了"英语学习的革命"。可是，他不仅是这场革命的工具，而且是40年代后期哈佛"通识教育计划"七人委员会成员之一，对这项计划的形成产生了重大的影响，以至于协调了二战之后的知识爆炸同博雅教育的关系。而《哈佛核心课程报告》认为，正是这项博雅教育计划，在60年代"课程扩散"之中，在学生反对越战运动时期，遭到了"侵蚀"。[①] 不管其表面上是多么绚丽多彩，魅力四射，随后于1955年问世的《思辨之器》（*Speculative Instruments*）的毁灭效果将表明，正是一种与时俱进的阿诺德和白璧德的古典人文主义全景监视范型塑造了瑞恰慈的语言论与诗学，及其类似的大学理念与教学实践。[②]

---

① 《自由社会的通识教育：哈佛委员会报告》，委员会的其他成员还包括：Paul H. Buck（主席），John H. Finley, Jr. Ralph Demos, Leigh Hoadley, Byron S. Hollinshead, Wilber K. Jordan, Phillip J. Rulon, Arthur M. Schlesinger, Robert Ulich, George Wald, Benjamin F. Wright。

② Paul Bové 撰文《自由多变而充实的生活：论瑞恰慈的思辨之器》（见《知识分子的战争：谱系学与知识分子》，纽约，1985），对瑞恰慈的文学批评展开了一种平行的阅读，令人信服地揭示出，瑞恰慈在《文学批评实用原理》（1929）与《实用批评》（1931）所表述的学科诗歌理论与大学教育通论之间，存在着一种整体对观的关系。我们应该牢记，这两部专著影响甚巨，不仅塑造了新批评"精读""细绎"方法，这种方法新颖但在理论上问题重重，却仍然活跃且广泛为人所用，而且还建立了带有严格规训性的空间阐释学，这种学说不单是文学研究的方法，还是现实地处理英美学术全部符号体系的方法。（转下页注）

同阿诺德、白璧德如出一辙,瑞恰慈的话语也浸润着阿波罗精神,尽管瑞恰慈公然偏离阿诺德的立场——以诗歌代替基督教,作为人类拯救的动力。也就是说,其基本动机,乃是面对失控的博放时代所引发的知识"淫乱"散播甚至从往古黄金时代的堕落而忧心忡忡。在《通识教育中人文学科的未来》里,他警告说,知识爆炸的危险已经对和谐健朗的文明构成了一种强大的威胁:

> 心灵向危险敞开,前所未有。(如果有什么观点值得大书特书,此点即是。)这种敞开的危险,也正在经历爆炸的增长。每种文化之内,各种文化之间,心灵和伦理的交流突飞猛进,没有人能预见其后果。这种动力机制的作用几乎不言而喻,只有一个例外。这些动力机制就是强调识文断字的大众教育、电影、广播、电视、现代广告,以及堪称例外的现代学术。这些都是新生力量,已经将典雅的心灵暴露在范围广大、五花八门,以及历史上罕见无匹的淫荡接触之中……至少毫无疑问,新近心灵敞开的危险在我们的思考之中必然引起剧变——人文学科担负着何等使命?如何完成其使命?(SI,第58~59页)①

(接上页注②)Bové 写道:"不言而喻,瑞恰慈及其后实践的大量英美学术批评,作为一个学科,作为一种规训,作为一种积聚的联合的知识生产、权力运作以及职业创造计划,同19世纪问题意识同步出现,伴随着某种程度的自觉,这种问题意识之取向乃是授权文学批评家't抵抗、主导和控制神秘增殖的语言之通货膨胀式扩散',并进一步努力重新整饬语言失序的功能,通过学术批评学科而重建语言学整体。学术批评学科虽姗姗来迟,它本身却同其他实证学科如经济学、心理学、医学与人类学等互相关联,同时还努力主导这些学科。为了整饬复杂的语言机制,瑞恰慈开始重新配置批评方法与修辞方法的要素,拒绝将文学的存在视为一个独立于其他一切学科的特殊语言领域,因为他紧迫地意识到,语言以及语言研究的膨胀与分殊已经威胁到和谐、清明和健康的文明。"瑞恰慈文学阐释学科论与大学教育论之间的同质关系堪称一种决定性关系;如果将知识连续体区隔为不同学科,则会驱使批评家仅仅对瑞恰慈诗学感兴趣,而忽略这种决定性关系。Bové 指出,终归是这种兴趣,最后形成了"文学分析"(即精读)的初阶,这种准备十分重要,甚至是普遍的要求,它以客观性之名,持续塑造文学研究和其他学科之中本科学生的阐释心态与判断标准。

① 瑞恰慈:《思辨之器》,芝加哥,1955,以下简称 SI。这是一部论文集,收录了他在 1940 年到 1955 年所写的论文,而这恰好是他参与哈佛大学通识教育计划的时间。在该文的其他地方,瑞恰慈说知识的扩散是"无限度的传播……传播事实,传播评论,传播意见,传播纯粹的言辞,这种传播过于广泛,过于驳杂,以至于在任何人的心灵中都难以形成一种精致的秩序,难以形成严谨一致的对于人类本质图的看法,甚至对人类本质图也更少一种引领方向坚定方向的观点"(第60页)。必须指出,瑞恰慈并未否认这一种"引领方向坚定方向的观点",只不过庸常的自我对之视而不见而已。

一如阿诺德和白璧德，在其"奠基性言论"之中，瑞恰慈满怀乡愁而谦卑恭顺，回到了柏拉图《理想国》中制定的逻各斯中心论与等级化规训范型。因为，唯有这样回归到西方教育之"源头活水"，才能恢复那种"超然无执"的能力，"安详善待生命，视生命为整体"①，从而从传统知识共同体系的现代扩散所催生的无聊与失序之中，拯救和谐有序、严整均衡、包罗万象以及清明健朗的社会，即拯救雅量包容而对反讽和批评的自由游戏刀枪不入的社会。换言之，瑞恰慈所谓"雅量包容"的社会，在社会政治上类似于"超然无执"而"雅量包容"的诗歌。他以及新批评后学赋予这种诗歌以特权，认为它高于"急功近利"而"排斥异己"的二元逻辑反项：

> 组织本能冲动有两种方式：排斥与包容，融合与淘汰……
>
> 这两种经验的结构迥然不同，其差别不在主体，而在于活跃在经验之中的某些冲动之间的关系。在第一类诗歌出自一组平行运动具有同一方向的冲动，而第二类诗歌中，最显著的特征是这些冲动不同寻常而且性质迥异因而清晰可别。可是，它们不独性质迥异，而且直接对立。因而，在日常非诗性和非想象的经验之中，它们被迫彼此给予，互相自由转化。
>
> 如果我们思考一下第一组诗歌何等飘忽，差异就一望便知。它们承受不了一种反讽的静观……在这个意义上，反讽却在于产生彼此对立而且互相补充的冲动。这就是偏爱这种经验的诗歌并未达至最高境界，而唯有反讽本身才浩气长存，作为诗歌的本质特征。②

---

① 瑞恰慈：《思辨之器》，芝加哥，1955，以下简称 SI，第 19~20、28~29、37 页。
② 瑞恰慈：《文学批评原理》，第 249~250 页。瑞恰慈的定义对于"新批评派"的影响可见于布鲁克斯，后者在其著作《现代批评及其传统》（牛津大学出版社，1965）中采纳了"排斥之诗"与"包容之诗"的区别（第 41~47 页）。平衡的包容结构乃是瑞恰慈为心灵、诗歌、文化、交游以及国家所建立的理想境界模式。虽然与此境界尚有一段距离，但这也是新批评派所追求的理想模式。在某种程度上，所有这些要点都隐含在瑞恰慈的某些特殊文本之中：对于心理学、文学批评原理、文学阐释的教学法、大学理念、文化、国家政治和国际政治，这类文本所蕴学说，是否都堪称核心？瑞恰慈对于理想诗歌和理想国家的描述简直就是将阿诺德的"超然姿态"推陈出新。"安详善待生命，视生命为整体"，阿诺德这一阿波罗式的反对理智夜郎自大的志业，在瑞恰慈手上得以更新，与时俱进。先是将诗歌分为两类，分别定义，紧接着的一段文字清晰地表明："对立冲动相反相成，臻于中正和平境界，这或许就是最高贵的审美反应之基本纲领。这种平衡态将我们的个体人格发扬得淋漓尽致，远比一种更为确定的情志之可能体验中的人格发扬更为彻底。我（转下页注）

这个视觉隐喻表明了瑞恰慈利用了阿诺德的惯例轨则。鉴于其优先地位，所以我们当毫不觉得奇怪：他坚定地将柏拉图所权威化的结构范型称为"蓝本"或者一种"组织章法"。或者说，如同福柯提示我们，此乃一种工具，它一方面不仅微缩而且定位了广袤与多样，另一方面构成了启蒙新型物理学有效实际运作的本质：

> 规训的首次伟大运作，就是……为"生命图画"制定宪法，将朦胧无用或凶险的大众改造为遵纪守法的大众。制订"生命图表"乃是18世纪科学、政治和经济技术体系的巨大难题之一：……植物学与动物学，经济、军事、医疗分类组织系统，都是一剑双刃，既分布又离析，既监控又可知，这两种精神内在纠结，难解难分。在18世纪，这张生命图表既是权力技术，又是认知程序。问题的关键在于组织大众，提供覆盖和主导它们的工具；问题的关键在于，强加给它一种"秩序"。②

（接上页注①）们不再在一个特定的方位上确定方向；心灵之多面性得以敞开；同时，事物之多维性也可能感动我们。[审美]反应之途，不是一条狭隘单一的功利渠道，而在同时以及在本质上乃是多条渠道。因此，在我们所殷殷顾盼的这个词语的唯一意义上，[审美]反应就是**超然无执**，弃绝功利。一种不能超然于功利之外的心境，就是那种仅从一个立场或仅从一个维度去格物致知的心境。同时还因为，我们的个体人格更多地趋向于独立，而他物的特殊个性也更为卓著。显然我们是'全面'观物，观物如其所是；观物而不计功利，免除特殊利益考量。情有可原，如果一点功利也没有，我们就不会观物了，但特殊功利越是显得无关紧要，立场也就越是**不滞于物**。而且，说我们**没有个性**，只不过是以一种奇特的方式说我们的个性**臻于完美**而已！"（第251~252页，**黑体**为瑞恰慈自己所加）这段文字展现了一个迷人的悖论，令人束手无策。"情有可原，如果一点功利也没有，我们就不会观物了。"瑞恰慈以独特的方式附加了这么一个关键的限定修饰，则成为一个逻辑绝境。这个逻辑绝境解构了"超然无执"和"自然无我"这两个悖论定义的权威。也就是说，这是一种被殖民化的"功利"声音，在严格的二元对立的禁区之内执着地寻求自我表达：一方面是绝对积极的超然无执，另一方面是绝对消极的（狭隘的，夜郎自大的，排斥的，希伯来式的）功利介入。远远不能排除超然无执姿态同权力意志的合谋，瑞恰慈的定义确实自相矛盾，见证了他自己同阿诺德的权威话语以及同启蒙哲人的话语血脉相连。在伽达默尔看来，包括边沁在内的启蒙哲人，都把功利还原为"偏见"，然后以制度的形式强固了超然无执的探索与急功近利的探索或坚执忠诚的探索之间的二元对立关系。沿着海德格尔的思路，伽达默尔的阐释学一直以来就力求复活偏见，解除对于偏见的殖民压制，断言功利乃探索的动力，但反过来这种功利已经成为这种探索话语所消解和改造的对象。参见伽达默尔《真理与方法》，Garret Barden和J. Cumming英译本，纽约，1973，第224页："克服偏见，是启蒙时代的普遍要求，其本身将成为一种偏见；消除这种偏见则为恰到好处地理解我们的有限性敞开了道路；有限性不仅统治了我们人性，而且还主宰着我们的历史意识。"

① 福柯：《规训与惩罚》，第148页，参见《物之序》，第73~75页。

他的视觉/空间隐喻表明,瑞恰慈在何等程度上将教育体制理解为一套生产技术体系,其基础是边沁主义的全景监视图式:这种监控的规训意识形态感受到,在个体突发的冲动之中永远有一种潜在的无序化、挥霍生命以及破坏性的增殖倾向,因而被授权依据目的论整体将它们空间化,在空间中给予它们位置,赋予其上下尊卑等级,对它们进行调节、纠正和改造。它可能大批量地产生一种个体的集体性。用福柯的话说,这就是"易于驾驭的肉体",最后自觉自愿地为服务于国家的目的而存在。①

1953年,瑞恰慈在哈佛大学发表演讲,题为《大学理念》,解释柏拉图的《理想国》对"何为正义"的探索,而这种探索实际上又归结为对"何为一个可能的正义者",以及"如何造就一个正义者"的探索。城邦的伟业丰功究竟为何?《理想国》的成就究竟何在?对于这么一些彼此关联同语反复的问题之回答,乃是:

> 基于这么一个前提:如果没有一个**造就正义者**的社会,我们几乎就不可能遇到一个真正正义者,如果没有一个**引领和保卫**这个社会的正义者,我们就几乎不能生活在一个正义的社会。于是,这样的回答就一起展开了一种对正义者的描述["正义者与其基本要素、个人才能以及合法地位上的能力相一致,畅行无阻"],以及对正义社会的描述,展开了人类与社会的**一套组织宪章**。(SI, 107,第一个**黑体**为引者所加,其余的皆为原来就有。)

瑞恰慈意在更新柏拉图的城邦,因而在下一步理论推演中,他用"理性的人"代替了"正义的人":

> 如果我们将"理性"与"正义"并用,那么城邦即可更新。正义者即理性者——一切皆在秩序之中,在他身上无一不是中正和平。同样,正义社会是这么一个社会,一切党派,一切压迫集团,一切自私自利的谋权之士,都毫无机会摆布其他公民。**在一个正义社会,一切人都抗拒作恶,而一心寄系共和。**(SI, 107-108,**黑体**为引者所加)

---

① 尤其参见《规训与惩罚》之论"易于驾驭的肉体"专章,第135~169页。

如此偷梁换柱，如此添枝加叶，瑞恰慈的话语就更明显地暴露了同启蒙档案书写策略的关联。按照福柯的看法，这种策略意在捍卫布尔乔亚资本主义的文明社会权威：将非理性迷狂定义为理性规范的对立面；二元对立，排斥而非包容，且将疯狂/非正义同理性/正义的交流分离开来。①

瑞恰慈把柏拉图高度复杂的"人学"归约为耳熟能详、简明扼要以及易于把握的二元结构，而假设一切逻各斯中心论的思想和实践都是健康的、构型和再度构型的，以及中正和平的，相反一切解－逻各斯中心论的思想，不论在个体还是在社会潜能上，都是不健康的、解构的以及对称破缺的，尤其是有害于人类。这样，作为欧文·白璧德的精神子嗣，人文学科的后起之秀，就以"人类意志虽屡入迷误，但仍然可塑可正可救"为前提，秉持（理性/正义）的圭臬作为匡正世界的动力，瑞恰慈就辩护教育和政治经济的动力学、改革论和复兴主义概念。在《英语教学的责任》（Responsibilities in the Teaching of English）中，瑞恰慈盛赞通过"基本英语"而实现了教文盲民族和非西方民族阅读字母文字的效益上的突飞猛进，并继续断言："如果类似的改革能够通过整饬高等水平材料而得以实现，那么我们就可以提出人类最为紧迫的需要——联合理解一个共同的目的。而且，这是唯一的良药，保护他从自杀的力量之中活下去，也就是说，通过一种对他的可能存在与应然存在的操作性认识，而增益他的智慧，再造他的意志。"（SI, 93-94）② 值得注意，面对潜在的社会失序，现在我们非常熟悉的紧迫断言乃是"一桩必不可少之事"——建立同一模式为规范标准。然而，更重要的是，瑞恰慈顺带将秩序与紊乱、文化与失序之间的形而上二元对立关系神秘化了，而在其文学教育话语之中，这种形而上二元对立采取了"清明与疯狂"对立的形式。经过这么一番神秘化，瑞恰慈便能够从张狂的个人主义或杂多状态复活一种教化结构，等级分明，王朝气象，霸道纵横，其特征乃是治病救人、改恶扬善的师生关系。不仅如此，这种教化结构之中，还隐含着一种同质化的社会政治结构，同样等级分明，王朝气象，霸道纵

---

① 福柯：《疯癫与文明：理性时代的疯癫历史》，Richard Howard 英译本，纽约，1965，第 241~278 页。
② 也参见《论一种更为概括的观点》（Towards a More Synoptic View），SI, 122："语言必然是一种社会行动，唯有它与众人的交流和共同体互动过程共存，且拥有其整体品格，所以，即便是在最基础阶段的语言学习也必须依赖于最高级的类属模型——即所谓的'伦理学'。其规范标准与有效性，永无止境。正如学习**医学**一样，学习语言也完全是**讲究规范的**。"（**黑体**本来就有）

横，其特征乃是卫士与护卫对象（甚至是主人与奴隶）关系，其治疗（规训）的工具乃是规范、标准、中正、清明、正义的圭臬。我们没有忘记，治疗矫正过程的目标乃是造就理智清明的正义男女，用瑞恰慈的话说，"正义者与其基本要素、个人才能以及合法地位上的能力相一致，畅行无阻"。保罗·博维（Paul Bove）关于瑞恰慈的文学批评"原则"与"实践"的说法，也可以用于他的一般教学原则与实践：

> 瑞恰慈的文学批评"原则"与"实践"不仅把人造就为规训的工具和对象，对于分析的读者也一样，而且通过追求知觉与交流之经验的平衡和谐，通过比较而把个体规范化了……它们以悖论的方式实现了这一目标，其途径恰恰就是通过比较与疏离而造就不同的个体。也就是说，这种技术造就了多样的个体，在他们之间，规训让我们辨析，以便师生可能为"千篇一律之同一性"（identity in sameness）而奋斗。同一性乃是权威的实践所产生的效果，权威审辨"清明"与"规范"的回答不同于"疯癫"和"无知无觉"的回答，但同一性在更为根本的意义上乃是实践的产物，因为实践将所有个体融入一种组织模式和一系列判断标准之中……福柯论说古典时代法国学派惩罚"耻辱阶层"的教化方法，而做出了一个论断，笔者以为这个论断同样反映了瑞恰慈学术志业的本质，展示了其学术谱系的另一个维度："穿过规训体制之中全部节点，监视每一瞬间的终身刑罚，就是比较、区分、等级化、同质化以及排斥异端。质言之，惩罚就是规范化。"①

当然，这就是瑞恰慈所钦定的所谓"大学"——"圭臬的宝库"，"世间思想与言语的精粹"，"传统"或"核心"，"人文主义尺度"。此乃"这**么一个社会造就能够且适合捍卫**这个社会的男人和女人的最高器官：不仅捍卫这个社会不受外敌（疯癫状态）的侵害，而且捍卫这个社会不受内敌（志得意满的谋权之士）的腐蚀"。（SI, 108，**黑体**为引者所加）按照瑞恰慈修辞的句法气势，这种不对称的类比遮蔽了另一个更为根本的敌对状态——不正常的畸形人。为了实现前定的目标，大学必须接受的良方也许正在意料之中：

---

① 保罗·博维：《自由多变而充实的生活：论瑞恰慈的思辨之器》，福柯的引文出自《规训与惩罚》，第183页。

挑选学校谷物之菁华，精挑细拣最后候选人名单，这些才华横溢天赋自在的青年男女，这些刚毅可嘉而不知疲倦的学子，给他们以长时间的训练，以及一门极为重要的课程学习。哪方面的课程呢？课程描述如下："彼等于学园习得诸般技艺，陶钧诸般学识，尔后博采各家，自成脉络，修习既久，则于各类技艺与学识之彼此关联，及其与真如之关联，得一包罗万象的纲维之见。"（柏拉图：《理想国》，537c）（SI，108）

"包罗万象的纲维之见"，瑞恰慈在一篇论文中择取了一个更为技术化的定义，称之为"总揽全局之见"，它以大学生产和再生产的知识精英为基础，却又为知识精英所传流。然而，"它不可避免地成为规范"（IS，124）。① 这个定义考虑到了一个解释学的循环：从本体论上说，存在先于时间，理型先于过程，目的先于手段，全景监视眼光先于一切其他的感官。② 于是，将阿诺德关于"安详善待生命，视生命为整体"的概括命题变成方法论，就为实现瑞恰慈呼唤的"伟大的复兴"（回响着弗兰西斯·培根的口号：the greatest instauration）提供了强大的工具（SI，94）。而这也就是改造"［个体］意志"，以及在隐喻意义上挽救"健康、理智、中道、正义的国家"。"因此，一种包罗万象的纲维之见，一种真正的普世研究，可能不只是担负着安邦治国的使命，而且它还应该是功盖四海的军师和包医百病的医师。"（SI，124）

在其论述教育理论和诗学理论的话语之中，瑞恰慈无处不在坚定地强调，要灌输这种中流砥柱的"包罗万象的纲维之见"，同时预见目标，管制

---

① 《论一种更为概括的观点》（*Towards a More Synoptic View*），SI，113 – 126。这篇文章的基础乃是1951年3月15日在"第八届控制论会议"（Eighth Conference on Cybernetics）上的发言。这次会议举行于纽约，受到了小约赛亚·梅西基金会（The Josiah Macy, Jr. Foundation）的支持。

② 关于瑞恰慈对于解释学循环的理解，参见《循环与反馈的机制》（"Circular and Feedback Mechanisms"），《论一种更为概括的观点》，第118页以下。在海德格尔解释学循环理论中，探索者"最初就完全纵身于循环之中"，承认暂时性乃是蔽蔀的动力因（《存在与时间》，63）。将瑞恰慈与海德格尔比较，则可揭示瑞恰慈的"前倾驱动机制"（feed-forward mechanism）在何等程度上事实上和本质上依然是形而上学的恶性循环。参见拙文《海德格尔，克尔凯郭尔，解释学循环：论解蔽作为后现代解释理论》，《疆界2》（"Heidegger, Kierkegaard, and the Hermeneutic Circle: Towards a Postmodern Theory of Interpretation as Disclosure", in *Boundary* 2, Vol. IV, 2, Winter, 1976, 455 – 488）。毫无疑问，这么一种比较揭示了，瑞恰慈的"机制论"在某种程度上就是海德格尔所谓的"控制论工具"，即一种抽空了内容的工具（参见海德格尔《哲学的终结与思想的使命》，《论时间与存在》，Joan Stambaugh英译本，纽约，1972，第59~60页）。

反常，治愈心理和社会疾病，而所有这些都是现代大学的重要使命。瑞恰慈在修辞上令人遥想阿诺德和白璧德。在他看来，之所以如此，是因为这种姗姗来迟的高等教育体制，建基于柏拉图的"纲维范式"之上，但在历史实践中又没有寻求这种权威中心及其统御的消融的律令：

> 柏拉图的学园（他本人毕生在学园中为人师表）非常可能探索一切，几乎无所不学，而不只是这种"总揽一切的视野"。也许，他的苏格拉底，虽然我们除了柏拉图之外就对这位老师所知甚微，以及苏格拉底为理想的大学教师所创立的范式，事实上只是教会人们彼此误解，互相犯错，彼此刁难，而非教会人们如何彼此理解，如何运用这种理解合力寻求共同优势。可堪忧惧者，乃是柏拉图的对话及其徒子徒孙主要一直在传播思想斗争的策略与方略。然而，教化的原始目标，可能不是教导人们如何争斗，而是如何互相理解。（SI, 109）

在柏拉图的话语中，潜藏着最有启发意义的可能性，鉴于形而上学二元逻辑在当代的解神秘化，它显然成为后现代的"反记忆"。然而，瑞恰慈恰恰就把这种最有价值的东西决然弃之不顾，认为它不可避免地挑起思想的争斗。柏拉图的话语乃是一种原创性思想，更确切地说，是一种以对抗性对话为理性的解释学，其基础和渊源乃是人类"存在"移心时刻确定无疑。在此，笔者所呼吁和祈求的矛盾命题当然也是巴赫金的命题，但笔者指涉一个更为宽阔的语境：平行视域（解－构/投/射）解释学。在一个论域内，它大而化之甚至颇不稳定地由后人文主义思想家所表述，他们包括尼采、海德格尔、伽达默尔、梅洛-庞蒂、利科和德里达。在另一个不同的论域内，还有葛兰西、阿多诺、阿尔都塞、福柯、詹明信、萨义德和弗雷列。将海德格尔的命题据为己有，融入笔者之命意，不妨说这是一种"重演"（wiederholen）的辩证解释学。塑造这种解释学的，不是一种隐微的恶性循环的权力意志，而是处之泰然、无关功利的超然姿态（Gelassenheit），其对于存在之生命过程（be-ing of Being）之忧虑，对于存在之生命过程（be-ing of Being）的敬畏，总是已经坚定不移地揭露无处不在却伪装成超然客观探索（好像这种探索没有前提，没有偏见）的压抑中心。同时，它还放任差异展开游戏，听任差异独自言说。笔者在别处曾指出，这是一种否定能力的解释学（a negatively capable hermeneutics），其圭臬不是一种超自然神授、以天道（Seminal Word）为根基、自上而下监管一切的标准，而是一种基于探索者之世间有限性而随机缘发的标准。①

然而，瑞恰慈却以阿诺德的"卓越自我"概念为基础重构了一种严谨缜密的理解方法论，以及一种相关的教育哲学，从而一心寄系于"包罗万象的纲维"。借瑞恰慈之助，新批评的形而上空间化诗学被建构为一个学术典律（an academic discipline）。与之相类，瑞恰慈"卓越自我"的纲维主义假定"大写的真理"（"真如世界"）在终极意义上乃是经纬天地，超越时限，因而能够为超然无执、远观其势的概略之眼所包容、把握、控制以及殖民化。② 它要求倒着阅读，从结尾/目标（双重意义上）开始阅读，要求回忆或内省的解释学，其物化的对象，解除区分的对象，以及疏离异化的对象，不是别的，恰恰就是这种解释学致力于称名、致力于驯化的内容。虽然确保"超然无执的卓越自我"具有慈悲亲切的权威，但这就是瑞恰慈式的阿诺德主义浪漫化努力的结果，他一心要从对话唯物主义者苏格拉底那里救赎出一个思辨哲人柏拉图：

> 我们将会拥有权威：这种权威背后有人类以其一切认识方法所认识的一切，以及他经过其一切对存在的探求所意愿生成的一切。这将是一种可能完全得到尊重和接纳的权威，因为它将代表整个人类，而非任何一个党派，任何一个心怀利益的压迫集团。所有权威源自承认权威的人们的认可。（一切政府仅仅依赖强制而非依赖权威。恐惧仅仅是我们心灵

---

① 在此，笔者采用 Robert Creeley 的术语——"诗歌乃是其机缘之尺度"，意在解除"普世/机缘"对立之中第一项的优越性，及其对意义的异化，从而将意义从殖民化的权力之中解救出来。这一再生的意义由词源学所昭明：它直接来自于拉丁语 occasus（日落），最后来自于 cadere 的夺格形式（如"de casibus illustrium virorum"），意为"没落""寂灭"与"死亡"。笔者还想用它来唤起其他一些被殖民化的同源词语，像"案件/情形"（如"人生在世就是我们的情形"），"偶然"，"意外"，"终止"，当然还有源自 occidere（"陨落""下沉"）的"西方/夕土"。"西方/夕土"（occidere）乃是"终止"（cadere）和"日落"（occisus）两个拉丁词语的连接。关于海德格尔对"机缘尺度"的论述，参见《……人诗意地栖居……》（221-222）。笔者对海德格尔观点的拓展讨论，参见《后现代文学与解释学危机》，《联盟研讨评论季刊》，"Postmodern Literature and the Hermeneutic Crisis", in *Union Seminary Quarterly Review*, Vol. XXXIV (Winter, 1979), 127-128.

② 像黑格尔一样，瑞恰慈赋予了"领悟、理解"一词过度的意义，这正是由于其词源学含义（com + prehendre，意为"通过同时把握全体而理解"）。笔者注意到，在这种确定评价之后，有一个解释学循环概念；按照这么一个概念，大写的存在在本体论上先于暂时性（时间性）。参见《略论领悟理论》（"Towards a Theory of Comprehension"），SI, 17-18。

的内讧。）柏拉图的"纲维之见"致力给予我们的权威可能得到全体认可，可能具有完全的说服力，因为它让我们归于整齐一律。(SI, 112)

按照这些具有涵濡力量的术语来理解，瑞恰慈的"包罗万象的纲维之见"则可能成为一种"审美化的君子协定"，因而成为柏拉图以后的西方特别予以优待的全景敞视的另一个历史补充物；或者更准确地说，柏拉图的罗马解释者，提出记忆乃是复现原罪之前、历史之先理型王国的工具[①]；将差异强制为同一，将语言强制为神言，将"多元"（οιπολλοι）强制为太一，将开枝散叶的知识强制为一种经天纬地的象征概略图画，这个理型王国再度肯定了主宰存在的权力意志。瑞恰慈的"大学"因此也像阿诺德和白璧德心目中的"大学"一样，成为"思辨之器"，将秩序带到道术为天下裂的"无序"之中，从而圆西方人永恒哲学之梦。当代众多时贤，包括哲人、诗人和科学家已经亲身历证，这个霸气纵横的帝国之梦在相当程度上应该对胡塞尔所说的"欧洲人的危机"负责。瑞恰慈一心寄系于"全体""人文""自由"，以人文化成反抗肢解、抽空人类且将人类机械化、功利化的制度化机制，因而他的"人文化成之人"便继续作为"权势之人"而存在。步武浪漫诗人济慈，诗人查尔斯·奥尔森杜撰了这么一个新词——"权势之人"。[②]

[①] 特别参见柏拉图《菲德若斯篇与书信》，VII，VIII，Walter Hamilton 英译本，企鹅丛书，1973，第 55 页："……理型御使吾人借着通则之用而获领悟，于杂多感官印象之中选取推理程序所获之整一。吾人灵台曾有感物事，理性程式不外回想而已……。此乃理据，唯有哲人灵魂得以重振羽翼，再度飞翔；究因在斯，理型万古栖于最佳记忆，如同神祇独霸神权而居于万物之上。唯因善用追忆之器，方可绵延开显，领悟完美神秘灵见；获此灵见之人，方修得正果，完美者实至名归。"

[②] 笔者这个词语"权势之人"借自查尔斯·奥尔森，奥尔森又采自济慈，济慈用这个词来批判西方人文主义意识（尤其是华兹华斯的人文主义意识）所特别优待的"自私之我的崇高"或"本我"："……我们可以将 1750 年至 1945 年这段时间册封为'权势年代'。投射另一束光，则可理解济慈为何切中时弊，致力于从'权势之人'当中解救出另一类人——你当想起，他就是这样在文学中称呼华兹华斯和弥尔顿，而在另外一些场合又这么称呼那些执着于'本我'或'自私之我的崇高'的人。"与这种难破"我执"的人针锋相对，济慈提出他的"消极能力之人"，或者"伟业丰功之人"，这种人"没有任何个性，没有任何确定的品格"（《特殊历史景观》，Ann Charters 编，伯克利，1970，第 41 页）。又参见保罗·博维《自由多变而充实的生活》："瑞恰慈及其弟子，不论是合法后裔还是非法杂交之子，都坚定一致，表现得敌视劳动分工，人类和知识的支离破碎，以及意志对理性的统治——柯勒律治曾才华横溢地说到这么一种事件的多维体验，但是，我们却发现，政治与思想的极权主义及其特殊程序对于自由的威胁，无非就是他们如此强烈谴责的更大规训结构的一部分，仅仅是天真无辜地延伸了这种规训结构的权力而已。"

笔者将瑞恰慈的学说称为"帝国主义",同时却也不愿将其意义仅仅局限于本体论和教育学的"殖民主义"。因为,像马修·阿诺德和欧文·白璧德以及他们所推崇的圣伯夫、勒南的话语一样,瑞恰慈的圆融修辞学不仅宣告了古典/基督教文化(T. S. 艾略特致力复兴的"维吉尔/但丁的帝国主义闭合传统"①)的普遍瓦解,而且同时宣告了一战和二战期间西方人(尤其是英国人)对众多他者世界的经济社会政治霸权的历史性瓦解。(在这方面,瑞恰慈大体上同《黑暗之心》和《诺斯特罗摩》的作者康拉德、《智慧的七盏明灯》的作者劳伦斯、《印度之行》的作者福斯特、《缅甸时日》的作者奥威尔、《约翰逊先生》的作者卡利,以及一些英国人文主义者所见略同,他们都忧心这个桀骜不驯令人束手无策的矛盾难题。)所以,他的本体论逻各斯中心主义同样也呈现在种族中心主义之中,还显示为一种方法论上的英美中心主义,以自己的话语形象建构他者文化,因而不是解除反而是强化了西方人的权力意志。按照海德格尔的看法,这种种族中心主义躬身力行,

---

① 参见弗兰克·柯穆德《经典:永恒与变易的文学意象》(*The Classic: Literary Image of Permanence and Change*, Cambridge: Harvard University Press, 1983)(剑桥,1983,1975 年法波尔出版公司初版),第 15~80 页。表面上,柯穆德偏爱一种充满乡土气息、因时而变、转瞬即逝、任性使气的理解,而批判 T. S. 艾略特式的"帝国主义"或"维吉尔主义"对经典及其永恒传统、本质精神的理解,然而令人遗憾的是,作为一个人文主义者,柯穆德不会否定**经典**理念的有效性。他努力逃避却仍难免恪守他的先驱者阿诺德、白璧德、瑞恰慈在文学史解释之中更为放肆地呼唤的同一体或**泰洛斯**(Telos)。他承认历史过程具有暂时性,但在解释历史之时却继续赋予"存在/形式/理性/在场"本体论上的优先性。在传统二元结构之内对时间性行使殖民统治,而依然被禁锢在解释学循环之中无力自拔,柯穆德以取代解释学的努力而重构了调适的解释学,甚至以一种自然化的形式,在努力质疑经典的行动之中,复活了帝国主义的经典观:"我们可以断言……,要求经典在当代直接对我们说话,而不是要求我们自己站到古典的时代对经典说话,这就是 T. S. 艾略特所谓'高估当代和我们自己之重要性'的特例。然而,铁一般不可回避的事实在于,同艾略特的传统[显然是人文主义传统]相比,还有一种更为卑微的传统贯穿在时间之中而前流数代,而这正是尚有一些经典存在而有人仍读奇书的近因。而且,这就意味着,**这些奇书在时间中一再适应不同语言和文化的读者之趣味**(共同趣味?如果不是,哪是何等趣味?)。同一体是存在的,但它在变易。然而,确定不移的是,通过解释的努力,而非通过简单的调适,通过建立'[现实]相关性',[传统]同一体在某种程度上可以免于变易。这么一种确定性又让上述悖论更加困难了。显然,以公平眼光观之,我们称为经典的书籍确有某种抗变绵延的内在品质,同时也有开放的适应能力,而可以在变化无尽的倾向之下确保其生命力。"(43 - 44,**黑体**为引者所加)不仅如此,我们还可以进一步指出,柯穆德所谓的"经典帝国主义",是按照艾略特所归属的传统以及他力求复活的传统来理解的,所以他的讨论事实上空无一物,抽空了物质性的历史——因为深重的历史危机危及了"经典"以及经典化的社会政治含义。在柯穆德看来,这种帝国主义本质上就是文学的事情。笔者在本文后一部分将回来讨论艾略特对于"经典"的罗马式理解。

致力于将大地和人类全面欧化。① 瑞恰慈的"思辨之器"暴露出他与爱德华·萨义德所谓的档案"东方学"之间的沆瀣一气。萨义德认为,"西方"对"东方"的文化统治,是历史地建构起来且被文本化进而是生产出来的,在将这种文化统治"自然化"的过程中,档案"东方学"以一种渐渐系统化甚至非常明晰的方式,尤其是在启蒙时代以来,不仅赋予了那些塑造了西方话语及其政治实践的霸权文化/经济/政治意图以权威,而且赋予了这种权威以合法性。以勒南的文献学东方研究为例,萨义德表示:

> 为了能够维持一种让生命与准生物(印欧文化,欧洲文化)以及近乎怪异的类似的无机现象(闪米特东方文化)打成一片的幻境,此乃实验室(全景监狱)之内的欧洲科学主义者的真正业绩。他们建构。其特有的建构行为乃是主宰反抗现象的帝国权力之符号,同时也确认了统治文化及其"自然化"。毫无疑问,说勒南的文献学实验室就是欧洲种族中心主义的现实场所,这一点也不过分。然而,必须强调指出,在这种话语之外,在这种永无止境地被生产和被体验的文字之外,根本就不存在什么文献学实验室。因此,甚至被他称为有机活体的欧洲文化,亦是实验室之中文献学的造物。②

与勒南不一样,瑞恰慈生活、研究和传道授业于东方(特别是在中国)多年。但这样的事实又不至于误导人们得出这么一个结论:他所参照的非西方的文化形象源出于这些文化本有的现实性。相反,瑞恰慈的"东方话语"以对于西方或西方文化的焦虑为出发点。在他看来,知识的增长危及当代西方文明的中正平稳,其原因在于"怪异"而又根本异己的文化、语言和修辞的入侵。下段引文堪称代表,其中熟悉的家族修辞——"我们",直接否定了"他们"为自己说话的权利,这种情形不可低估:

---

① 海德格尔:《关于语言的对话》,《通往语言之途》,Peter D. Hertz 英译本,旧金山,1982,第 15 页。值得强调指出,这是在海德格尔后期论技术以及"世界图像时代"的著作之中反复出现的主题。参见《哲学的终结》一文:"哲学的终结便是一个科学技术世界及其专属的社会秩序之可控安排的胜利。哲学的终结意味着,基于西欧思想的世界文明显山露水了。"(第 59 页)

② 萨义德:《东方学》,纽约,1978,第 145~146 页。萨义德首先提到了勒南的《闪米特语言比较的历史与体系》,以及《科学的未来:1948 年思想录》。

也许，甚至完全可能，**公正地**阅读越来越难。在界定分明的传统中，他们所能得到的范本和模式同迄今为止难以融通的文化的表层交流相比，会越来越少，越来越明晰。我们今天依然生活在这些难以融通的文化之中，感动在这些难以融通的文化之中，而且渴望赢得某些存在。**我们新近从其他文化之中所认识到那种不合传统的过去，千奇百怪的思想，以及千姿百态的情感，可能会令我们的心灵与道德安全的核心节奏出现紊乱。**（SI，101；**黑体**为引者所加）

西方高瞻远瞩的大学（the Western synoptic University）最为紧迫的使命之一，乃是为教授英语打造一套利器。而这也是瑞恰慈到处兜售的治病救人的灵丹妙药。因为，像勒南的文献学一样，清明"儒雅"的英语不仅靠驯化消除了"其他文化之中那些千奇百怪的思想，以及千姿百态的情感"（值得注意的是，这里回响着阿诺德的声音），这些文化充满凶险，可能危及"我们"的生命节奏；同时，进一步被奥登和瑞恰慈的"基本英语"所消毒与纯化之后，这种典范的英语还会依据西方模式矫正那些一望便见"怪异"的道德价值，矫正那些五音不全而且过分张扬的语言标准，以期"形成规范"，将它们纳入西方的轨道（κμκλοξ）。当然，瑞恰慈的意图坚定不移，那就是淑世易俗，人文化成。他后期一部文集取名为《如此亲近：世界英语论文集》（1968），其中提出，"一个世界"的伟业丰功将显扬天下。可是，像阿诺德、白璧德、勒南以及众数早期和晚期人文主义者一样，瑞恰慈的档案话语修辞也未经考辨，而暴露了其心照不宣的种族中心主义：

> 普天之下，我们三分之二的人在写作之时，都是目不识丁的文盲。在20亿活着的人之中，大约15亿人压根就不能读，或只能读些非字母文字。在此论断字母文字之优点，却显得不合时宜。如果在可以预见的将来，不同民族之间果真有世界范围的普遍交流，那么，这种交流就将使用字母文字的语言。知道这一点就够了。这将会通过英语，发生在我们的有生之年。（SI，93）

历史空前腐蚀，介入历史的危机拐点。这种历史危机引发了瑞恰慈独具匠心的论断，以及托马斯·巴宾顿·马考莱（Thomas Babington Macauley）的名作《1835年备忘录》（"Minute of 1835"）当中对于印度英语教育的论

现代人文教育中阿波罗的威权

辩里所提出的论点：

> 我既不懂梵文，也不懂阿拉伯文，但也勉力而为，尽己所能地对它们的价值做出正确的评估。我读过阿拉伯文和梵文的杰作名篇的译本。在国内以及在这里，我同那些精通东方语言的优秀学者交流，在研究东方学者的同时我也准备研究东方学问。在东方学者之中，我找不到任何一位敢于否认：一座上好的欧洲图书馆的一排书架上值得摆放全套原汁原味的印度和阿拉伯文献。对于西方文学根深蒂固的优越感，那些支持东方教育计划的委员会成员确实供认不讳……我相信，可以毫不夸张地说，集合在梵文语言之中的全部历史信息，同英国预备学校里使用的零星摘要中所可能发现的信息相比，更是不值一提。在自然哲学或道德哲学的每一个分支，两个民族的亲缘地位却近乎相同。①

马考莱的东方学话语源自"一种强权立场，据此就可能将他的意见转化为决断，让整个土著南亚次大陆仰人鼻息，学习一种非其所属的语言"②。瑞恰慈的东方学话语则发生在帝国主义事业和种族兴起的不同语境中，因而被迫让这一学说的"逻各斯"去适应这种天翻地覆的历史处境。但是，他执着于英文的疗治力量天下皆知，所以他志在一个颇为不同且更为审慎的西方权威论域之上调适，重构因种族意识的兴起和公开的殖民统治坍塌而移心的中心权威。如果"我们"不能将他们当做"殖民地"来统治，至少也能"影响"他们——通过将英语确立为"辅助的世界语"，③ 通过控制

---

① 转引自萨义德《世俗批评》，12。萨义德又转引自《帝国主义》，Phillip D. Curtin 主编，纽约，1971，第 181 页。
② 《世俗批评》，13。
③ 瑞恰慈：《论世界英语》，《如此亲近：世界英语论文集》，纽约，1968，第 241 页。关于这种调适的独特例子，参见萨义德对于杰出法国东方学家希尔维因·列维在 1925 年对于新生东方的举荐报告（参见《东方学》，第 248~250 页）。但是，在略微提到瑞恰慈的《孟子论心：多重定义实验》（伦敦，1932）时，萨义德却惊奇地发现，对于这种独具匠心的东方学家适应新生"东方"的努力，瑞恰慈的话语提供了一个令人欣慰的例外："我的论点是，将一门相当真纯的文献学次生学科转化为一种包容能力，去处理政治运动，管制殖民地，以近乎启示录的陈述去表现白种人艰难的文明使命——所有这一切，都已经在据称自由文化之中发生作用，这种文化对其自诩的天下为公、多元并举以及心绪开放的诸种标准充满了忧虑。事实上，所发生的事情却与自由正好相反：'科学'所灌输的原理与意义僵化为'真理'。因为，如果这么一种真理为自己保留了以我所谓的不变东方来评判东方的权利，那么，自由就只不过是一种压迫形式，一种心灵偏见的形式。这种不自（转下页注）

信息秩序，从而培育、驯化以至收编他们危险的"导致节奏失序"的能量。瑞恰慈显然并不认为，新兴的第三世界国家可能并不需要凭靠英语、仰仗英语来改变自己的命运。更重要的是，瑞恰慈显然也不认为，对于生活在20世纪中叶的中国人、印度人和阿拉伯人而言，作为话语实践的英语同时也是经济社会政治和殖民主义权力的工具①——文化帝国主义的工具。

《实用批评》的杰出作者，仍然影响深远，却以"公正"阅读之名，不懈地表现出"死抠教条"和"平庸应答"，玷污剑桥大学莘莘学子的档案。但他依然对铭刻在"高效的"边沁主义思辨工具之中的全景监视修辞和种族中心论权力意志刀枪不入。这一点确实不无反讽味道。本节之开头，笔者引用了一首赞美诗，其中最后一句便充分暴露了瑞恰慈的阿波罗式话语的真谛："他对于自己所描述的历史事件的理解是何等抽象虚灵！"②或者换言之，这位反讽大师如何陷入文献学传统之中不可自拔！而反记忆不仅把这一文献学传统揭示为社会化建制的结构，而且将其视为强制的规训网络：

> 语言已经功德圆满，成为一种浓密而且自成脉络的现实，构成了传统的场所，不假语言来思考习惯的场所，一个民族心灵隐秘的场所。它积聚了一种无法逃避的记忆，甚至它还不知道自己就是记忆。调遣他们无法制服的语词表达思想，将它们尘封在对其历史维度无知无觉的语言形式之中，人们相信言语就是他们的奴隶，而丝毫觉察不到他们对言语有求必应。一种语言的语法秩序相对于其表达的可能内容而言乃是先天的。话语的真理被困于文献学的陷阱之中。③

福柯等人提醒我们，人文主义语言的牢房之外，没有更安全的监狱，而他的狱友却相信牢房乃是自由空间。被监禁者无知无觉，却自觉自愿地

（接上页注③）由达到了何等程度？从文化内部总是无法认识的，过去无法认识，现在也无法认识。……令人欢欣鼓舞的是，正如瑞恰慈《孟子论心》中所表现的那样，这么一种不自由的处境常常遭到挑战……瑞恰慈的论证逻辑发挥了这么一种要求：根除系统定义的好战精神，而实践他所提倡的'多重定义'，实践一种货真价实的多元主义……"（《东方学》，第254页）

① 不言而喻，瑞恰慈曾做了大量的努力说服中国政府在学校里采纳基本英语，但显然无功而返。
② 保罗·博维：《自由多变而充实的生活》。
③ 福柯：《物之序》，第297页。

作为他们自己和他人之监禁状态的承担者。

五

三位典范的人文主义者的文本,时间上跨越了从英国维多利亚晚期无产阶级意识的兴起到二战期间全球生活国际化。笔者认为,通过对他们的教育话语的持续解构,我们已经见证了一个长盛不衰的范式,它以审慎而微妙的强制手段塑造了他们据称超然无执的研究方式。据说这种范式能够以其引力中心调适任何一种历史危机所引发的意识形态和社会政治的迷乱。这一范式可以通过文艺复兴而溯源到罗马共和国人文主义,最后溯源到晚期希腊的柏拉图。当然,同他们的先辈们一样,三位人文主义者无不认为,这一范式即"同心圆",乃是完美或美本身的象征结构。但是,笔者已经有言在先,人文主义者先辈们所仰慕的范本更是悠悠天钧,朗然如日,这个范式同时也是"大写权力"的象征结构与多元动因,能够通过限制、规训以及压服历史危机所催生的他者(差异)之破坏潜力,从而让危险烟消云散。

譬如说,假如把福柯的边沁功利主义全景监狱谱系(以及启蒙时代瞩望的规训社会)向历史深处延伸,直至文艺复兴人文主义乌托邦思想家康帕内拉(Campanella,1568-1639)理想化的圆形城市,以及人文主义建筑家/设计师阿尔伯蒂(Alberti,1404-1472)、费拉雷特(Filarete,1400-1469)、马尔蒂尼(Martini,1439-1502)、乔孔多(Giocondo,1435-1515)、卡塔尼奥(Cataneo,?-1519)的建筑图案,我们就可以一览西方完美与权力之间的持久关联。结果表明,这些以圆形几何学为范本的理想人文主义城市,在文艺复兴到启蒙时代的实践中,必然渐渐成为理想的堡垒。简言之,从康帕内拉的乌托邦太阳城,到沃邦(Vauban)为路易十四设计的阿尔萨斯圆形城堡新布里萨奇(New Brisach),有着一脉相承的传统。将文艺复兴人文主义话语转化为社会政治的工具之所以成为可能,原因不只在于,同心圆式的理想城市,同抵御外敌而稳扎稳打地建构复杂防御技术系统具有内在的一致性。而且有更为重要的原因,如费拉雷特为他的恩公米兰僭主弗朗西斯科·斯福札(Francesco Sforza)设计的"斯福札城"所表明,那是因为严格的圆形的美的建构容易在围墙之内造就一个放射、区隔以及等级化的空间,这一空间无论如何优美雅致,都是为了易于

"培植""监视""管制"以及审美的精雕细刻。"美丽的城市"为组织物理空间提供了完美的几何学,不仅要保证其中的居民肉体的"幸福",而且要保证他们精神的"健康"。换言之,美的建构,属于空间且被空间化,保证了以规训的办法合乎纪律地将潜在具有破坏力量的人改造为好的公民:能干、驯良、可靠,堪为抵御内外危险敌人的卫士。美丽的圆形城市,本质上就是权力的城市。[①]

不论在他们的"救赎"修辞学之中如何被淡化,文艺复兴时代人文主义话语所建构和神化的这种关系,这种理想圆圈与权力实践之间的关系,仍然是阿诺德、白璧德和瑞恰慈的教育伟业之中隐而不显的基础。笔者认为,由于他们诉诸"文科教育",这种隐而不显的意识形态纲领,这种由同心圆隐喻所提供全景监控与规训实践之间的沆瀣一气,决定且激发了他们在著书立说的特殊历史危机之中,面对"知识爆炸"以及由此释放的社会政治焦虑,各有拥趸,自立纲领,阿诺德倡导"文化",白璧德倡导"文化的圭臬",瑞恰慈倡导"高瞻远瞩的大学"。他们努力重构"我们"支离破碎的"古典遗产",同时也是努力挽救并且再度巩固濒临坍塌的主导文化之霸权。

如果将20世纪70年代后期哈佛大学对"核心课程"的采纳,以及随后美国学院对哈佛项目的整体跟风模仿,放置在这种备受压抑的历史语境之中来"理解",那么,我们就有可能理解挽救策略与知识爆炸的关系。哈佛"核心课程"计划的执笔者将"知识爆炸"叫做"课程的激增"或者"选修课程过度",并将之归因于60年代越南战争的刺激,认为这种趋势"败坏了现存博雅教育的意图"。本文之第二部分,意欲将这种连续性作为

[①] 笔者在一篇更长的文章中论述了这段历史,见《后现代文学及其机缘:挽救中间介质的过去时》,载于《重演:论后现代机缘》。以一种人文主义为视角描述这段历史,参见古金德(E. A. Gutkind):《国际城市发展史》,第8卷,纽约,1964-1972,特别参见 N.J. 琼生(N. J. Johnson)《圆形城市》,西雅图,1983。福柯的谱系学研究揭示,像古金德、琼生之类"超然无执"的人文主义者太典型了,他们对根本的美学问题具有洞见,却对塑造了圆形城市的权力意志一派盲目;也就是说,盲目于洞见,致使他们看不到西方美学的概念/意象与具体的历史强权之间存在着绝对而没有充分显现的关系。譬如说,琼生坚持把从一开始就显山露水随后渐渐被强化的现实军事/规训的功能(对此他非常清楚)解释为对于文艺复兴人文主义者展望的原型梦境的悲剧性侵犯,在这个梦境之中,圆形城市成为宇宙之美在大地上的呈现,他没有将此理解为他自己文本之中一切证据所隐含的清晰意义:圆形城市理论家、乌托邦主义者以及从业的建筑师和工程师在这种整体化优美几何学之中一开始就认识到了,潜在强权历史地以特殊方式得以完美地实现(参见《圆形城市》,第45页)。

主题来探讨。① 绝非偶然，笔者的意图同样是要揭示：阿诺德、白璧德、瑞恰慈以及当代博雅教育制度，虽然公然宣称"古典的"希腊教育（paideia，教育文化），但它事实上乃是罗马的，或者说现代的人文教育，就像文艺复兴人文主义教育一样，渊源所在，乃是古罗马的人文［Humanitas］，基于那种代表的模仿的工于算计的思想，赋予罗马帝国以权威、伟力及合法性，而终归与古希腊的原创性思想毫无瓜葛。

（作者单位：美国宾哈穆顿大学比较文学系，《疆界2》杂志编辑部；译者单位：北京第二外国语学院跨文化研究院）

The Apollonian Investment of Modern Humanist Education: the Examples of Matthew Arnold, Irving Babbitt, and I. A. Richards

William Spanos

Abstract: The recuperation by the Harvard faculty of a Core Curriculum from what traditional humanities have come to call "the overoptioned curriculum" represents a symptomatic nostalgia for, if not a reactionary effort to restore, the "common body of humanistic knowledge" whose authority was called radically into question by the student protest movement during the Vietnam War, drawing attention to the compliance, if not complicity, of higher education in America with the industrial/military/political establishment's ethnocentric war against the people of Vietnam. By way of a destructive analysis of synecdochic example of the Harvard "Report on the Core Curriculum" we try to show that humanism is a logocentrism that precipitates a binary logic—being/time, identity/difference, order/chaos, etc. —in which the first term is not simply privileged over the second, but is endowed with the authority and power to colonize or to relegate it. To

---

① 参见拙文《教育的终结："哈佛核心课程报告"与改革的教学法》，《疆界2》，第10卷，1982年冬，1–33。

invoke three of the most prominent voices of the post-humanist counter-memory the history of humanistic education has enacted totalizing recuperative strategies which reflect, however uneven the development, the structural imperatives of metaphysics as defined by martin Heidegger and Jacques Derrida and of panopticism as defined by Michel Foucault. The following essay is referring to the images informing these thoughts: the ideal circle and the panopticon of the Age of the Enlightenment.

Keywords: humanism; logocentrism; the ideal circle; Arnold; Babbitt; I. A. Richards

·异邦视野·

从边缘到中心
——媵妾们的文学志业

方秀洁（Grace S. Fong）/文 董伯韬/译

摘　要：讽刺的是，明清蔚然一时的纳妾之风竟将这些在社会、家庭等级中身处边缘、身份卑微的媵妾们的文学作品带入了人们的视界。因此，借由探讨媵妾们的文学作品，笔者冀图强调在社会臣服与文本实践的交集中建构主体姿态的可能。笔者意欲探讨媵妾们如何透过反复的书写来营构文学身份，确立权威，展现别样的主体姿态，体认自我实现。由是，透过阅读媵妾们的文学作品，本文旨在阐明处身卑微阶层的女性借由书写所彰显的能动性与主体性。在从语言、社会、文化等维度概述媵妾制历史后，笔者将考察17世纪以来勃兴的媵妾文学，并讨论《撷芳集》的意义，这是一部由汪启淑（1728—1799）编纂的卷帙浩繁的诗集，收录了17世纪中叶以降的女性作者的诗。书中，汪启淑以很大篇幅记录了媵妾阶层的生活与写作。而在本文第二部分，笔者将深入分析沈彩文集，沈彩是位极富才情的侍妾，她的诗作令隶属与能动性之间任何简而化之的关联都问题重重。

关键词：媵妾制；媵妾文学；社会臣服；主体建构；自我实现

　　媵制在中国是一项历史久远的社会建制，至少周代（公元前11世纪—前3世纪）已然。《周礼》中有关于天子、诸侯、卿大夫的媵制记载。① 在父权制家庭体系中，纳妾或为声色之娱，或为传宗接代，不一而足。从现

---

① 关于周代媵制，见《周礼注疏》，7.46 - 48，《十三经注疏》卷一，阮元，中华书局，1980，第684~686页。关于媵妾、娼妓史，见王书奴《中国娼妓史》，生活书店，1935。关于早期媵妾史，见陈东原《中国妇女生活史》，上海文艺出版社，1990，第33~36、59~60；刘增贵：《魏晋南北朝时代的妾》，《新史学》2.4（1991）：1~36。

代的立场，毋庸置疑，媵制作为女性从属地位的体现形式深深植根于中国帝制时代。其流风余绪在20世纪犹班班可考。在当代中国，1950年，中华人民共和国颁布婚姻法，方根除纳妾遗俗。英治时期的香港则要到1971年才在法律上禁止纳妾。①

而讽刺的是，明清蔚然一时的纳妾之风竟将这些在社会、家庭等级中身处边缘、身份卑微的媵妾们的文学作品带入了人们的视界。因此，借由探讨媵妾们的文学作品，笔者冀图强调在社会臣服与文本实践的交集中建构主体姿态的可能。通过书写，这些女子可曾补偿、抗议、抵制或颠覆与其媵妾身份俱来的边缘性和从属性？鉴于其身份在社会与礼教层面上均遭抹消，媵妾们的文学追求能为她们提示一种立基于社会前提之外的拟构的主体性吗？笔者认为不无可能，文中，笔者意欲探讨媵妾们如何透过反复的书写来营构文学身份，确立权威，展现别样的主体姿态，体认自我实现。由是，透过阅读媵妾们的文学作品，本文旨在阐明身处卑微阶层的女性借由书写所彰显的能动性与主体性。在从语言、社会、文化等维度概述媵妾制历史后，笔者将考察17世纪以来勃兴的媵妾文学，并讨论《撷芳集》的意义，这是一部由汪启淑（1728—1799）编纂的卷帙浩繁的诗集，收录了17世纪中叶以降的女性作者诗。书中，汪启淑以很大篇幅记录了媵妾阶层的生活与写作。而在本文第二部分，笔者将深入分析沈彩文集，沈彩是位极富才情的侍妾，她的诗作令隶属与能动性之间任何简而化之的关联都问题重重。

媵妾的社会与文化铭刻

媵妾制的原初逻辑是服务于父权制家庭传宗接代的要求。在中国文化的设计与践行中，夫妇应生育子嗣，延续香火。尽管战国晚期以后，在法律和礼教的脉络中，遵行一夫一妻制，但实际上，男子可另娶一房乃至几房妾。虽然在帝制时期，一些男性是在关切的父母和无子的嫡妻敦促、请求下纳妾的，但也有些男性纳妾是趁机满足自己逐欢渔色的贪欲，炫耀财富、门第，甚或只为倩人料理家务。而正室们对纳妾有的接受，也有共谋和反对的，态度颇见差异。

历史地看，就纳妾而言，因阶层乃至地区的不同，存在着不同的模式。

---

① Rubie S. Watson, *Wives, Concubines, and Maids: Servitude and Kinship in the Hong kong Region, 1900–1940*, Berkeley: University of California Press, 1991, p. 237.

两宋（960—1279）时，纳妾之风遍被士林。及至明（1368—1644）、清（1644—1911），不仅钟鸣鼎食之家姬人成群，即区区寒士也蓄一二侍妾以应门、延嗣。① 对此，男性的态度不尽相同。一些将之视作当然，一些则惟与妻子相悦终老，只有少数对其反对、挞伐有加，个中卓荦者如早期的女权倡导者俞正燮（1775—1840）。② 18、19世纪，一面是蓄妾风行，一面是疵议之声盈耳。说部中对此时有披露。在吴敬梓（1701—1754）的《儒林外史》和李汝珍的《镜花缘》中有很多嬉笑怒骂的相关桥段，作者对果敢、机智、拒为人妾的女子与不弃糟糠的专情男子颇致赞美，对沦为媵妾、寄人篱下的女子亦深具同情。《儒林外史》中讲述了才女沈琼枝的故事，沈父（大年）受盐商宋为富诓骗，以为其将聘女为妻，不意彼实欲纳女为妾。琼枝坚决不肯伏低做小，乃逃去南京：鬻字售诗自给。③ 而《镜花缘》中，海盗之妻则在指摘其夫"讨妾"之顷畅言性别平等。当海盗欲将所掳三女纳为妾时，盗妻怒斥其无情无义，并要为自己置三名男妾以示公平。④

在白话小说和民间故事中，出现了两种习见的类型化的媵妾形象。一种是寡廉鲜耻、残忍无情、工谗善妒，为争宠无所不用其极。另一种则恰成对照——被侮辱与损害，饱受怨毒的正妻与其他小妾折磨。女性的嫉妒是一夫一妻多妾制婚姻体系中不可避免的结果。⑤ 晚明白话小说《金瓶梅》和1993年张艺谋执导的电影《大红灯笼高高挂》刻画姬妾时都驾轻就熟地搬演父权左右下的妻妾等级体系中性别与权力激荡之黑暗。⑥ 据对20世纪上半叶香港为妾女性的人种志研究，人类学家Rubie Watson认为被侮辱与损

---

① 伊沛霞（Patricia Ebrey）讨论了宋代媵妾境遇，宋为中国社会、经济近代化转变的关键时期。相关论述见该作者著 *The Inner Quarters*: *Marriage and Lives of Chinese Women in Sung Period*, Chapter 12, Berkeley: University of California Press, 1993; 另见其专文 "Concubines in Sung China," *Journal of Family History* 11 (1986): 1 - 24。

② 有关俞正燮对纳妾、缠足、寡妇守节的抨击，见陈东原《中国妇女生活史》，第247—250页。另见 Arthur Hummel ed., *Eminent Chinese of Ch'ing Period* (*1644 - 1912*), pp. 936 - 937, New York: Paragon Book Gallery, 1943。

③ 见吴敬梓《儒林外史》第40、41回。英译本：Wu Jingzi, *The Scholars*, trans. Yang Hsien-yi（杨宪益）and Gladys Yang（戴乃迭），Beijing: Foreign Languages Press, 1957。

④ 见李汝珍《镜花缘》第50回回末及51回开头。英译本：Li Ruzhen, *Flowers in the Mirror*, Trans. Lin Tai-yi（林太乙），Berkeley: University of California Press, 1965。

⑤ 关于女性嫉妒的议题及小说中的悍妇形象，见 Yenna Wu 的 *The Chinese Virago*; 另见 Keith McMahon 的 *Shrews*, *Misers*, *and Polygamists*。

⑥ 《金瓶梅》英文全译本有：*The Golden Lotus*, 4 vols., trans. Clement Egerton, Singapore: Graham Brash, 1979; *The Plum in the Golden Vase*, vols. 1 - 3, trans. David T. Roy, Princeton, NJ: Princeton University Press, 1993。

害的小妾形象与身处其境的女性之真实体验更为接近。①

从法律史的角度，Kathryn Bernhardt 注意到从两宋到民国，因应物权法的改变，媵妾的法律地位有了全面提高。逮至清代，灼然可见的是，姬妾们身为"小妻"享有了一些与正室相同的权利，如拥有对亡夫财产的监护、保管权，及在亡夫没有子嗣的情形下有权指定继承人。但 Bernhardt 随即指出，这一地位的提升并不表示妇女继承权已逐步获得承认，而是更多由于明清时期所日益推重的贞节观念也涵盖媵妾。② Bernhardt 考察的几起媵妾与夫家在财产继承方面引发纠纷的案例中，事主皆为正室往生后仍苦节不渝的孀妾。

年龄和人生阶段这些变量对媵妾影响很大，以致我们考察其不同分组时，会发现迥然有别的风貌。以本文的焦点——媵妾书写者为例。因为她们主要仰赖丈夫在道义上、社会上和经济上的支持才得以在闺阁内写作，所以尽管很多富于文采的媵妾妙龄时写诗作文并付梓刊行，但守寡后于此道仍孜孜不辍者却鲜有所闻。一个显著的例外是晚明进士葛徵奇（d. 1645）侧室李因（1616—1685）。葛逝后，李因寡居四十年，在这漫长的岁月中，她鬻画为生，晚岁有两部诗稿行世。而同为孀居，笔耕不辍的正妻要远比媵妾为多。方维仪（1585—1668）、顾若璞（1592—1681）、商景兰（1604—1680?）、骆绮兰（1754—?）、季兰韵（1793—1848?）则是个中佼佼者。夫亡后，正妻们有些肩起教养失怙孤儿的责任，如顾若璞、商景兰，有些则成为更为活跃的书写者，尤其当她们到了晚年，在孀居生活中，有了更多闲暇、自主和权威。③ 甘立媃的诗稿具体地展示了在四十余年的寡居岁月中书写于她是多么重要。作品数量上的悬殊再次表明媵妾身份的不稳靠，尤其当其夫君濒死之际。④ 失去凭依的孀妾在夫亡后可能被夫家卖掉或遣出。19 世纪著名满族词人顾太清（1799—1876?）的一生即是证明这一规律存在的例外。顾太清作为乾隆帝曾孙奕绘的侧福晋有过令人羡慕的婚姻，

---

① Rubie S. Watson, *Wives, Concubines, and Maids: Servitude and Kinship in the Hong Kong Region, 1900 – 1940*, p. 247, Berkeley: University of California Press, 1991.
② Kathryn Bernhardt, *Women and Property in China*, 960 – 1949, p. 161, Stanford: Stanford University Press, 1999.
③ 孙康宜曾有专文检讨明清时期几位寡妇诗人的诗作，见该作者著《古典与现代的女性阐释》中《寡妇诗人的文学"声音"》，台北：联合文学，1998，第 85～109 页。
④ 虽然不涉及媵妾的文学创作，《儒林外史》第五回、第六回却提供了一个精彩例证，形象地写出一个意识到自身地位岌岌可危的小妾如何在正妻、丈夫和幼子接连亡故之际用计固权。See Wu Jingzi, *The Scholars*, trans. Yang Hsien-yi（杨宪益）and Gladys Yang（戴乃迭），Beijing: Foreign Languages Press, 1957, pp. 57 – 74。

她与奕绘琴瑟和谐,在诗书画上有同好。1828 年,奕绘嫡福晋妙华夫人去世后,奕绘没再续娶。而顾太清与奕绘的爱与知足亦愈发形诸言表。但十年后,奕绘刚一去世,顾太清母子即被夫家逐出。但虽寡居艰难,顾太清于含辛茹苦抚育子女之余仍不辍笔耕,在女性文友的鼓励、支持下,写出了中国第一部由女性创作的白话小说。[1]

士绅阶层的女性嫁为正妻,除却拥有法律与礼教上更为稳定的地位,还可通过与娘家保持持续联系而得到父母、兄弟姐妹、中表在社会、经济及情感方面的援助,甘立媃的一生即为显例。而且,她们的文学才能借由鱼雁往返以及更为习见的诗词唱和有了一个可贵的交流媒介。恰成对照的是,媵妾通常都与娘家断绝了联系,也没有嫁妆可以依仗。因此,显而易见,其创意潜能的发展端赖主君与大妇的支持。二者的首肯与帮助是其文稿得以梓行最不可或缺的因素。沦为孀妾的顾太清在这方面即是一例。1838 年,其夫奕绘年甫不惑即意外早逝,这令太清当时尚未付梓的诗集直至 20 世纪初仍以未刊稿形式传世。

"侧室"何谓?

指称媵妾的常用词在语言层面上加固了其性别化、臣属化地位的文化建构。对媵妾最早、最常见的指称是"妾",例见《易经》和成书于公元前 4 世纪的《左传》。[2] 战国晚期(公元前 4 世纪—前 3 世纪),"妾"字意为"女奴",每与指称"男奴"的"臣"字连属。[3] 同一个"妾"字兼指"女奴"与"媵妾"足见后者在规范的社会结构如家庭、世系中的地位之低。

---

[1] 最后,顾太清和她的子女获准回到家中。有关顾太清生活与文学创作的简明讨论,见伊维德(Wilt Idema),管佩达(Beata Grant)著《彤管》(The Red Brush)第四部分;拙作"Engendering the Lyric"曾论及顾太清的词作成就。Huang Qiaole 指出"女性社群"(women's community)在顾太清的写作与感情生活中扮演着至为重要的角色,见其麦吉尔大学硕士学位论文"Wring from within a Women's Community";有关其小说《红楼梦影》的论述,见魏爱莲(Ellen Widmer)The Beauty and the Book(《佳人与书》)的第六章。

[2] 妾为"女奴"这一释义出自《书经·费誓》,见《尚书正义》卷一,255b,有关秦律中妾为"女奴"的用例,见 Robin D. S. Yates(叶山),"Slavery in Early China: A Socio-cultural Approach"(《中国秦汉时期的奴隶制:一种社会-文化进径》)。

[3] 妾为"女奴"这一释义出自《书经·费誓》,见《尚书正义》卷一,255b,有关秦律中妾为"女奴"的用例,见 Robin D. S. Yates(叶山),"Slavery in Early China: A Socio-cultural Approach"(《中国秦汉时期的奴隶制:一种社会-文化进径》)。

"妾"在言语间逐渐被女性用为指代自身的第一人称谦辞。其言外之意标志着女性附属于男性这一社会定位。① 一些女性如甘立媃则弃绝"妾"字而始终用"我""吾""余"等中性的第一人称代词指称自己。

对媵妾的另一称谓是"侧室",字面意思为"房屋两侧的房间"。② 其变体有"偏房""偏室"(字面义亦为"房屋两侧的房间"),"箙室"③ "副室"(字面义为"附属的房间")及"后室"(字面义为"后面的房间")等,而都含有远离中心、位居边缘的意味。"侧室"这一特殊称谓源出于中式庭院的空间建构,并与这一建构的性别化、等级化及其社会、宗教、文化结构相呼应。在中式庭院的理想架构中,媵妾当别居一侧或后部。而以"侧室"一词定位居于其间的女子主要是为与居于"室",或更准确地说,居于"正室"的另一女子相对照。这位女子就是正妻,"正室"一词表明了她家中女主的地位。富有之家的中堂通常是供奉、祭祀祖先的所在。正妻的居室要紧邻这一重要的社会与礼仪空间。④ 在建筑布局上,侧室远离中心亦即位于边缘,正与媵妾在社会、礼法上的家庭角色类同。尽管媵妾的地位高于婢女,但在原则上,也常见于实践,媵妾应既侍奉丈夫也服侍正妻。因此,性别化的社会等级观念已融入中国家庭的空间设计,个中象征、社会、物质等不同层面萦绕牵缠,形成环环相扣的网格。

妻在法律与礼教上的地位是理想上门当户对的两家凭借姻娅之礼赋予的,她所带入夫家的嫁妆则成为她自己经济上的倚仗。与此相对,妾经常是通过捐客从蓬荜之门或破落之家买来的。本身被视为商品,也没有嫁妆。过门时不必拜堂、告禀祖先,婚后也不参加祭祖。因为讨妾的目的或为洒扫庭除或为追欢逐乐或为张扬夸饰,所以,在男性友朋间,姬妾可作为礼物赠予和收受。丈夫可以随意为姬妾命名或改名。有时,正妻也会行使这一特权,张叔琬妻江兰在为其侧室诗集所作的序中即写道:"夫子命名曰'如蕙',余以

---

① 与"妾"用法相同,"臣"(男奴,仆,吏)也用作在主公、官长前的谦称。
② 似是汉文帝刘恒(公元前179—157)最早用"侧室"一词,称自己为"高皇帝侧室之子"。见班固、班昭《汉书》95.3839,中华书局,1962。
③ "箙室"中的"箙"意为"副,附属"之意,例见《左传·召公十一年》。《春秋左传正义》45.358;阮元:《十三经注疏》卷二,2,2060b.,中华书局,1980。
④ Francesca Bray 在书中对中国住宅布局有过详明的讨论。见 Technology and Gender: Fabrics of Power in Late Imperial China, Berkeley: University of California Press, 1991, pp. 96 – 105。

'瑶草'字之。"① 即使已为丈夫生育子嗣,姬妾也可被任意遣出。而丈夫的所有孩子都属于正妻,都以正妻为正式的(亦即法律上的)、社会学意义上的母亲(嫡母),而且正妻可以嫡母身份将妾生子攘为己出。② 这对姬妾与其子女的关系在情感上甚至身体上都不无伤害。由是,侍妾作品中势必绝少有提及或直接写给自己子女的诗,这是颇耐寻味的。而与此构成鲜明对照的是,身为嫡母的正室写给子女尤其是业已成年的儿子的诗作却连篇累牍。

在已婚女性的诗作中,"归宁"——回娘家省亲——是另一常见主题,展现了一个与交际密切相关的文学场域。在描述媵妾的一般地位与境况时,Rubie Watson 着重指出媵妾"与外部隔绝,全部世界就是主君与家事"。③ 媵妾亲人离散,而正妻则能同父母、兄弟姐妹及其他家人保持联系,这令她们判若云泥。尽管"省亲"是已婚女性诗作中屡见不鲜的主题,字里行间记录着一个对诗人说来别饶情味的场景,但这一主题在媵妾们的诗作中却难得一见。④ 所以如此固然因为主题不适合但也缘于经验的匮乏。少数尚有娘家音讯的媵妾则对自己与亲人间的时空阻三致叹惋,在正妻们寄怀父母兄弟的诗章里也有同样的哀伤。唐代金陵(现在南京)女子欧珑十七岁时与金山(今上海附近)汤云开为妾。在两首题为《忆妹》的诗中,她首先用"雁"这一意象来暗喻远在家中的小妹。年将笄开,欧珑希望小妹不要重复远嫁的悲剧命运。

忆 妹

风雨潇潇夜

遥天落雁声

相思泊何处

---

① 江兰还为徐如蕙诗集题名《厂楼集》。见汪启淑《撷芳集》69.7b – 8a。
② Francesca Bray 指出在姬妾众多的家庭中,正妻可以嫡生母的身份过继、收养出身卑微的侧室之子。见 *Technology and Gender*: *Fabrics of Power in Late Imperial China*, pp. 351 – 368, Berkeley: University of California Press, 1991。
③ Rubie S. Watson, *Wives, Concubines, and Maids*: *Servitude and Kinship in the Hong Kong Region, 1900 – 1940*, p. 244, Berkeley: University of California Press, 1991。
④ 现代语境中,"归省"称为"回娘家",是亲属关系的标志。Ellen Judd 考察了当代山东农村妇女与"娘家"的联系纽带与交际网络。在媵妾诗作中,笔者只发现一首提及"归宁"的诗:李淑仪"归省之际,时值秋秒,余过金文仪先生读书处,心有桄触,因成四咏"。该诗本身属于题咏名胜的"怀古诗"这一亚文类,并未涉及题目中"归省"的主题。见《疏影楼吟草》14b – 15b,附录于《疏影楼名姝百咏》。

>   有妹石头城①
>   别我犹娇小
>   年来定长成
>   前车真可鉴
>   远嫁最伤情②

尽管欧珑没有明确抱怨与人为妾的婚姻,但她告诫妹妹以自己为前车之鉴,切莫重蹈覆辙。

在接下来的例子中,云南女子王玉如被宦游其乡的孙春岩纳为妾。通常,这样的情形是任期结束后,官吏若对这位妾觉得满意,就会带她一起离开。王玉如就是这样。下面这首诗写她与幼弟睽违九年后重逢时的欣喜与牢愁。两姐弟的团聚似颇不寻常:

喜弟至
>   既见翻疑误
>   凝眸各审详
>   九年云出岫
>   一夕雁成行
>   别后沧桑换
>   途中日月长
>   旧容惊半改
>   乡语叹全忘
>   对月秋垂泪
>   听猿夜断肠
>   逢人问消息
>   觅便寄衣裳
>   翦烛心方慰
>   回头意转伤
>   自余离故土
>   赖尔奉高堂

---

① 石头城是南京的别名。
② 汪启淑:《撷芳集》,70.6a。

> 感逝餐应减
> 思儿鬓恐霜
> 弟能支菽水
> 妹可致温凉
> 闻已调琴瑟
> 曾无弄瓦璋
> 当年送我处
> 今日遇君场
> 彼此皆如梦
> 依依两渺茫①

该诗以日常的意象和情感符码来呈现个人体验。相传云出于岫，故而，离乡九载的诗人以云自况是颇为贴切的。同时，云，这一寓意"漂泊"的意象又与诗人的故乡——云南（字面义为"云之南"）双关。与此相类，"雁行"这一比喻亦常用来借指同胞手足。弟弟的来访使如雁分飞的姐弟又得以一夕成行。离乡日久、去乡日远的影响不只见于容颜的改变，也不只见于如诗中第十行那一常见的乡愁指涉所言的夜夜断肠的思念，这一影响更见于因侍夫宦游没有机缘使用自己的方言而导致的乡音的失落。由是，诗人建基于语言上的地域身份感亦受到摧折。王玉如在诗中还表达了对双亲的挂念，"自余离故土，赖尔奉高堂"。最后一联则流露出一丝不安与迷惘：不知来日还能否与亲人再行聚首。

对这些少小离家的媵妾而言，在别无他途的情形下，读写能力和写诗的才能为她们提供了呈现体验、建构空间和情感联系的工具。在她们的诗中，我们听到她们的声音穿透社会边缘性的藩篱，在告诫、在叹息、在讲述她们的所思所想。

"侧室"中的文学能动性

笔者无意否认媵妾制中女性的臣属化与商品化，只是想指出，借由女性文学能动性视域，媵妾体验得以向我们展现各领域间更微妙的协商，并

---

① 汪启淑：《撷芳集》，69.20a – b。

使历史、法律以及小说中在在皆是的性别与权力关联显现出更复杂也更为在地化的架构。姬妾众多的家庭中,一些侍妾乐于、肯于学习和运用自我建构的技艺。不足为怪,媵妾中一些最有成就的诗人、画家原是歌妓,而吟诗作画是事此业者所必需的才艺。她们中很多人从小就习练这些技艺以备日后与士大夫酬酢交接。柳如是(1618—1664)、顾眉(1619—1664)、董白(1625—1651)都曾为名妓,后皆觅得姬人身份,而以"侧室"为得天独厚之所,用作浮世遁逃薮。她们成功脱离了朝不虑夕的神女生涯,成为士大夫的副室。在侧室中,她们继续艺术与诗歌创作,技艺甚乃更上层楼。除却自己吟诗作词,这些饶具才思的姬人还担起合编者的角色,和丈夫一起编撰总集、刊刻精本。例如,柳如是就负责《列朝诗集》的闺秀部。1644年,明亡后,董白在与其夫冒辟疆相伴相守的九年中倾心营造他们审美的、避世的生活。董白曾纂有笔记《奁艳》,论述女性与女性美,已佚。①

更有意义的是,通过披览明清普通妇女卷帙浩繁的著述,我们能够更好地考察媵妾的自我呈现。胡文楷《历代妇女著作考》中著录了七十余位著有文集的媵妾。无疑胡文楷省略了很多著作未获刊刻的及在他检读的总集、别集、地方志中未曾出现的媵妾。例如,他没有包括谢雪(1783—1837)的诗。谢雪是大学问家阮元(1764—1849)三名才姬之一。1797年,阮元纳十四岁的谢雪为自己第二个妾。1837年,谢雪辞世,享年五十四岁。② 阮元的正妻孔露华和他的另外两个妾刘文如和唐庆云,都有文集梓行。③ Betty Peh-T'I Wei 在她的新著《阮元》中声称:"姬妾中只有谢因学识文采不足而没有文集行世。"④ 但据女学者梁德绳所作序言,谢雪也有一部

---

① 关于柳如是的贡献,见孙康宜《明清女性诗选及其甄选策略》("Ming and Qing Anthologies of Women's Poetry and Their Selection Strategies", pp. 153 – 156. In *Writing Women in Late Imperial China*, ed. Ellen Wildmer and Kang-I Sun Chang, Stanford: Stanford University Press, 1997.);关于董白的著作,见胡文楷《历代妇女著作考》,上海古籍出版社,1985,第688页。另见冒襄《影梅庵忆语》,宋凝编《闲书四种》,湖北辞书出版社,1995,第1~70页。白话译本见潘子业(Pan Tse-yen),《董小宛事》(*The Reminiscences of Tung Hsiao-wan*),商务印书馆,1931。
② 张鉴:《阮元年谱》,中华书局,1995,第16、192页。
③ 胡文楷:《历代妇女著作考》,上海古籍出版社,1985,第219、456、712页。
④ Betty Peh-T'I Wei, *Ruan Yuan, 1764 – 1849: The Life and Work of a Major Scholar-Official in Nineteenth-century China before the Opium War*, p. 252, Hong Kong: Hong Kong University Press, 2006. 书中,Wei 简要讨论了阮元妻妾间的互动及她们的学识与文学才华,见该书第243~258页。

扎实的诗集,收录了她几百首诗,题为《咏絮亭诗草》。这些诗中既有写于内阁的,也有作于侍夫宦游途中的。① 然而,胡文楷《历代妇女著作考》著录的近四千名女作者中只有不到八十位媵妾,其所占比例的确很小。② 笔者业已指出不同的社会力量影响着媵妾们的写作。但虽身处艰困,她们的字里行间却讲述着她们卓越的文学成就。

文采激扬处:《撷芳集》中的媵妾们

作为一个特殊部类的女性作者,媵妾在明清诗选中所占比重很小,不过,她们的才华却日益得到关注。③ 虽然在将女性按照其家庭角色和社会范畴分为妻、妾、方外等时,编纂者更强调收入集中的女性作者的德行和社会地位,但与此同时这一分类法也不经意地让人注意到当时具有读写能力、热爱文学、热心写作的女性范围竟如此之广。

18世纪晚期的女性诗歌总集《撷芳集》为观察媵妾文学书写者提供了一个颇有教益的视角。编纂者藏书家、印刻鉴赏家汪启淑这部收录两千余名女性作者的皇皇巨著共分八类,媵妾位居第四:一类节妇(卷1—11),二类贞女(卷12—13),三类才媛(卷14—16),四类姬侍(卷67-70),五类方外(卷71—72),六类青楼(卷73—74),七类无名氏(卷75—76),及八类仙鬼(卷77—80)。④ 从部别类居的顺序看,汪启淑的分类体系明显先德行而后文学,他将最受推重的"节妇""贞女"置于二甲之列。但当我们考察每一部类中的作者人数以及相应的诗词数量时,就不禁会将

---

① 谢雪诗集的梓行及存佚情况不得而知,俟考。在节引的梁德绳序中,梁言其三女许延锦嫁阮元与谢雪之子阮福。见张鉴,《阮元年谱》,第220页。包括姻娅方式在内,有关女性之间文学交游的更多细节见沈善宝《名媛诗话》第四章。《续修四库全书》卷1706"集部:诗文评论类",上海古籍出版社,1995—1999。
② 方秀洁编"明清妇女著作"数据库收录约180位媵妾的作品。引人注意的是,只有五位是寡妇身份,而正妻中却有三百五十多位寡妇。见http://digital.library.mcgill.ca/mingqing/martialstatus。
③ 晚明诗文选集中,李栻《彤管一编》与胡文焕《新刻彤管摭奇》收有媵妾作品,见胡文楷《历代妇女著作考》,第879-880页。女作家沈善宝(1808—1862)的《名媛诗话》没有明确类目,但在卷十二中,收录、评鉴了很多媵妾诗作。关于沈善宝及其《名媛诗话》的论说,见笔者论文"Writing Self and Writing Lives"和专书 Herself an Author 第四章。
④ 汪启淑:《撷芳集·凡例》1b;胡文楷:《历代妇女著作考》,第879—880页。在《凡例》中,汪提及全书共十个类目,但实际成书只有八类。汪还言道这些浩繁的手稿曾两次遭遇家火,最终付梓的只及他起初蒐集的一半有余。见《凡例》2a。

《撷芳集》视作女性文学才华的颂歌。"才媛"部中女性作者所写诗章占了全书八十卷中的五十三卷。作为一个部类,"姬侍"介乎"才媛"与"方外""青楼""无名氏""仙鬼"(这些多是颇受争议与不为人知的女性)之间。汪在集中列有"无名氏"一目,收录那些身份湮灭只有零简断章传世的女子——这让人们注意到女性的读写程度及汪启淑钩稽网罗、备存文献的企欲。

从17世纪中叶到汪所处时代,六十八位"姬侍"的诗收入卷67—70。① "姬侍"一词暗示滕妾角色意涵之游移与境遇之多歧。《撷芳集》中著录诗作的滕妾中,既有明清之际艳极一时的名妓,如前文提到的柳如是、董白、顾眉,亦有湮没无闻空余姓氏的小妾。在这一类目下,汪启淑以自己的两名侍妾胡佩兰、庄璧的诗作殿后。汪在附注中说,庄璧看到胡佩兰与自己诗词唱和,有所启悟,就从自己另一侍妾杨丽卿习诗。② 从汪启淑提供的几则较为详尽的小传中,可以看出,滕妾多系"故家"或"寒门"的韶龄少女,后被卖或献与其主君之家。欲纳之妾的最佳年龄似为十三岁到十五岁,这样的女孩正值豆蔻年华,仍具可塑性,可教以家政,晓以声色。

《撷芳集》中的小传与诗让我们得以省察这些年轻女性成为侍妾后的不同遭际。她们中有些与丈夫鱼水和谐,在丈夫的培养下共享琴书之乐,有些则遇人不淑,丈夫粗鲁木讷。有些遭遇大妇的妒忌、虐待,有些则得到正妻的疼惜、呵护,甚至母亲般的慈爱。从这些侍妾的诗作中,我们读到一些正妻与侍妾间有着亲密的友谊,彼此相濡以沫。《撷芳集》中记录的湖北汉阳张叔珽妻妾间的情谊堪作佳例。正妻江兰的言辞间流露着骄矜与怜惜。上文引及,在叔珽为其徐姓侍妾命名"如蕙"时,江兰即以"瑶草"字之。而在如蕙诗集序中,对自己的成功教导和这位"弟子"的聪颖及不俗表现,江兰的自豪之情溢于言表:

> 徐妹瑶草年方二八,聪颖过人。方初来也,女工而外一事不知。余教之以识字、叶韵。不半年而字能书、音能调矣。又教之读书属对,

---

① 这些滕妾,有的见于胡文楷《历代妇女著作考》,有的则未见之,而著录的邵氏(邵巧云)条有误,邵氏并非姬妾。汪启淑《撷芳集》70.17b言:"(巧娘)至十六岁,姿态绰约,美冠一时。巨家富商争求婚,媒氏踵相接。巧娘欲嫁一才人,羞涩不欲明言。父母推重富贵,竟许字盐贾之子……越三年,举二子。贾子渐游荡于外,妓女、优童多所狎昵。"

② 汪启淑:《撷芳集》,70.17a–19b。

颇能会意。教以五七言绝句,竟能成章。余心爱之,又教以作诗余,而体用、平仄、换声、改调有如宿构。嘻,异矣!以蓬荜之女似可追彼学士大夫亦奇矣哉!①

这也就无怪《撷芳集》选录的六首徐如蕙的诗中,有三首是应答、唱和江兰的,还有一首则是悼念她的。② 虽然两人间有着明显的等级区隔,诗词唱和却令彼此心气相通。她们的诗中记下了这份相知相惜。

明清两代女性文学勃兴。饶是刊刻和发行女性诗集成为聚讼纷争的议题。就女性而言,刊刻诗集等同露才扬己,有悖温良、贤淑的妇德。而中国传统中"诗如其人"的诗学观则使这一展露愈形不堪。与女性作品传播上所呈现出的这一文化上的两歧萦绕牵绊,女性每自焚其稿或央他人于身后代焚其稿,以示自疚、自责。在女性的小传及诗集序言中,"焚稿"之事屡被提及,以致她们的作品俨然火中"孑遗"。而恁多以"焚余"题名的手稿、诗集彰显了这一惯例的象征意义;它是对温良、贤淑之训诫表示认同,亦是对写作于女子不相宜这一观点的部分默许。③

然而,至少一位批评者——吴均,在胡佩兰(汪启淑妾)诗集序言中,若非是十足讥讽,亦公开质疑了这一陈词。在吴均看来,"今之作妇人传者……耻其诗之少",乃"必称焚弃之余"。他嘲笑作传者或还以为女子孝必刲股,贞必毁面。④ 值得注意的是,《撷芳集》收录的媵妾诗集中,只有两部题为"焚余"。⑤ 与"妇人"为众期许的恭谨、恬退迥异,很多媵妾都设法保存、梓行自己的诗稿。在几篇序中,丈夫都称侍妾于身染沉疴,不久于世之际恳请为之刊刻诗稿。⑥

---

① 汪启淑:《撷芳集》,69.7b—8a。
② 汪启淑:《撷芳集》,69.8a—9a。
③ 胡文楷《历代妇女著作考》第 1068—1069 页收录三十一部题目以此语起首的诗集。伊维德,管佩达在书中谈及一位生活于 9 或 10 世纪的女性曾自焚诗稿,这或是同类事件中的第一例。见 Red Brush, pp. 164–165,另,一些男子也以此语命名诗集。
④ 汪启淑:《撷芳集》,70.17b。
⑤ 其中之一是传说中的人物冯小青。小青诗集名《焚余草》,但这一题名并非其自拟。见胡文楷《历代妇女著作考》,第 176~177 页。
⑥ 在汪是、欧珑、汪佛珍的小传中,她们的丈夫不约而同写下了有关段落。见汪启淑《撷芳集》,70.17b。扬州青楼女子陈素素与才子姜学在定情。在题为《病中删诗》的诗中,素素表达了欲将诗集付梓的心志。在素素诗集的跋语中,名媛龚静照言其曾寄语姜学在,促其纳陈为妾。想来姜学受了龚静照的提议,因素素列于《撷芳集·姬侍》,见该书 67.16a—17b;另在《历代妇女著作考》中,胡文楷也将其列为姜学在侧室。

袁倩是顾益斋的宠姬,与顾的正妻失和。据她弟弟的密友也是她的小传作者说,袁倩于是"私键其稿以授弟"。感愤成疾后,袁倩召来其弟,殷殷嘱托,称不愿像蹇塞的小青那样薄命飘零——小青是晚明时一名侍妾,被妒恨她的大妇幽囚在西湖孤山。相传,这位悍妻不许丈夫去探望小青,小青乃将自己的情志尽瘁于诗。但人们推测她的大部分诗稿在她含恨夭亡后都被将她视若仇雠的正室付诸丙丁了。① 小青之才、之遇在众多媵妾心底引发共鸣,诗中,她们常常以小青自况。袁倩在将诗稿交给弟弟时,坦言相信自己将凭借这些诗而"终不死于千百世以后之人心"。② 她对诗感人、传世之力竟坚信若此。而因能与娘家人(弟弟)保持联系,诗集亦得以留存,则是这一案例犹堪寻味之处。通过自我铭刻而为人所知、被人认同,对此,媵妾们念兹在兹;这与女性自焚其稿免为人知的一般想法截然不同。

媵妾在她们的诗笺中更坚定、果决地言说爱欲与思念。换言之,媵妾们能够开掘侧室所秉有的边缘性,建构显然比正室更自由、更少正统妇德束缚的主体立场。"妻"这一角色要求正室在生活中辅助丈夫、在道德上引导丈夫——给他们忠告、建议,艰困中的抚慰,以及燮理家政,等等;但对媵妾却较少有这样的期望。媵妾在写给丈夫的诗中可以相当坦率地言说爱欲。《撷芳集》中收录的四首徐珠渊(1650—1689)的诗就是显例。徐珠渊是清初诗人、学者施润章(1619—1683)的侍妾。这四首诗都是寄给时在北京的施润章的。其时,施以暮年首度入选翰林、参修《明史》。③ 徐珠渊十三岁归施润章,施亡后五年辞世,卒年仅四十。在她寄诗润章款诉心曲时,三十几岁:

寄 北

风紧牵离别
灯残人未眠④
此身无羽翼
安得到君边⑤

---

① 有关小青生平与传说的详细研究,见 Ellen Widmer, "Xiaoqing's Literary Legacy and the Place of the Women Writer in Late Imperial China," *Late Imperial China* 13.1 (June 1992): 111-155。
② 汪启淑:《撷芳集》,68.11b;亦见胡文楷《历代妇女著作考》,第491页。
③ 施润章生平事迹见 Hummel 编《清代名人录》(*Eminent Chinese of the Ch'ing*),第651页。
④ "人未眠"中的"人"为诗人自指。
⑤ 汪启淑:《撷芳集》,68.2a。

与诗行间涌动的思恋、爱欲适成对照，在施彦恪为徐珠渊所作小传中，这位施润章与其嫡妻之子强调的是其庶母的至德及对夫君的赤诚。①

《撷芳集》收录的几位侍妾的小传表明，与其与纨绔子为妻，她们更属意于为文人学士之妾。易言之，她们深知自己文学上的才具和禀赋，她们将心智与艺术上的琴瑟和谐而不是名分视为天作之合最重要的指标。

《撷芳集》收录的姬妾们的诗作中，我们发现：幽闺、小园的背景屡现；时节变易、万物行休的省思、咏叹迭出，这是她们在荫蔽下无多新意的日常存在的折射。她们的诗时有寄赠丈夫或陪侍丈夫与正室的主题。偶尔，也可读到她们侍夫宦游时写下的诗作。但，如笔者上文所言，她们绝少有写给娘家亲人与子女的诗作。对"示儿"这类在正妻诗中屡见不鲜的主题的回避与省略与媵妾的庶母身份相应。

形变"侧室"

尽管为数不多，媵妾仍致力从被派定的边缘言说自我的身份与主体性，并试图改变这一处境。她们的作品提供了弥足珍贵的原始资料，使我们得以获知明清复杂性别世界的另一维度。对某些侍妾而言，虽身居边缘，她们却因之而将侧室变为重要空间。她们得以利用这一社会、物质空间内在的悖立——从属却不失独立。在这样一个无论物质或情感都孤立的地带，一些媵妾设法营构和维护了一定程度的自主性与创造性。恰是在意在彼此增益的边缘-中心的空间区隔和底层-上层的社会等级的双重枷锁中，某些媵妾凭借书写开辟了一方能动空间。

无论就现实还是隐喻层面而言，因顺遂、横逆之别，侧室会呈现出颇为不同的意义和形式。在富有之家，除却位于旁侧或后部的某个房间，侧室还可能是一个跨院儿（如《金瓶梅》和《大红灯笼高高挂》所示），宅邸中一个恬静的居所，竟至府外一处幽静的乡间别业。钱谦益（1582—1664）即曾为柳如是别筑绛云楼，二人于其间同攻铅椠，远离俗务羁绊与妒妇"狮吼"。②

---

① 徐珠渊小传中言其"每自焚其稿"，见汪启淑《撷芳集》，68.1a-1b。
② 陈寅恪用大量篇幅记叙绛云楼的建造、使用和焚毁。见《柳如是别传》，上海古籍出版社，1980，第422~442页。关于柳如是生平与诗词的论述，见 Kang-I Sun, *The late Ming Poet Ch'en Tzu-lung: Crises of Love and Loyalism*, New Haven, CT: Yale University Press, 1991。

然而，正如我们已看到的，另一些侍妾则像传说中的小青一样与正妻交恶。李淑仪（1817—?）就宛若小青转生，她是黄仁麟的侍妾。在自己的诗和诗集序中，李淑仪讲述着自己的身世。① 最初，身为农户的父母因家境困顿不堪而将她卖给人家做丫鬟，一家之中，丫鬟位于女性等级的最低端。尽管她有幸遇到一位将她视若己出、教她读书写诗的主母，但九岁鬻身为奴这一经历所造成的情感创伤李淑仪一直未曾疗愈。在《鬻女歌》中，她犀利地批评了自己的父母，结尾椎心泣血地疾呼：

……
百年难洗青衣丑
与其鬻女身
不如啖女肉
啖肉犹得饱亲腹
鬻女女心死不足②

父母鬻女为奴的作为已经斩断了亲情，因而，李淑仪也就不必再履行孝女的义务。她把自己的一腔孺慕之情都献给了慈祥的主母。李淑仪的读写能力与她的文学敏感不仅使她痛切地了悟自己的社会身份，而且使她能够以精警有力的言辞清晰地说出自己的回应——她对自己无情（但，也可能是无助）的父母的怨与怒。李淑仪这一自传性的诗体记录也是对轻视女儿的文化体系的控诉。

据李淑仪叙述，主母临终前，为使她未来有所依靠，就让她与黄为妾。年轻的黄仁麟与李淑仪年龄相当并且一样雅好诗词，的确堪称佳偶。但仁麟正妻却憎厌这位饶具才情的侍姬，将她禁闭在山间的小楼中，多熟悉的剧情。在谪居的那一年，李淑仪完成了——《疏影楼名姝百咏》和《疏影楼名花百咏》，而两部诗集付梓时，李淑仪才十六岁，如此早熟。③ 李小荣令人信服地指出，在《疏影楼名姝百咏》中，遭遇拂逆、正当韶华的侍妾

---

① 有关李淑仪生平与诗集的更多细节，见 Li Xiaorong（李小荣），*Woman Writing about Women：Li Shuyi（1817 - ?）and her Gendered Project*, MA thesis, McGill University, 2000。
② 《疏影楼吟草》，2a - 2b，附录《疏影楼名花百咏》。关于这首诗的翻译和讨论见李小荣麦吉尔大学硕士学位论第 11 ~ 13 页（Li Xiaorong, *Woman Writing about Women：Li Shuyi (1817 - ?) and her Gendered Project*, pp. 11 - 13）。
③ 李淑仪梓行诗集时的年龄这一令人惊诧不置的细节，承李小荣告知，于此致谢。

李淑仪企欲理解女性在历史、文化中的地位。① 借由题咏一百位著名女性，妃嫔、名媛、侍妾、歌妓，李淑仪关注着她们缤纷的才华、斑斓的成就和悲剧的命运。李淑仪从史籍、稗官中钩沉辑佚为这一百个女性人物附上小传，为她对每位女性的诗意读解提供了历史脉络。对李淑仪而言，写作开辟了历史探索的空间，写作成为超越当下局限的工具。

为更细致地考索文本生产中的能动性，下面，我们将聚焦沈彩的生活和文学创作，这位才情卓异的女性以她丰富的诗文展示了侍妾如何借由文本生产创造和呈现多重主体位置，堪为显例。沈彩作为侍妾书写者的经验还提供了有益的镜鉴。在婚姻生活中，她与丈夫及大妇的和谐关系可同上文引及的其他案例相辉映，也可与诸如李淑仪这样的悲惨案例形成鲜明对照。另外，沈彩身居内阃的稳定生活与如李因那样侍夫宦游的媵妾的漂泊生涯相比也判若鸿沟，李因的行旅诗笔者将另文讨论。

沈彩：媵婢·诗人·书家·鉴赏家·抄录者

沈彩十三岁为学者、藏书家陆烜（号梅谷）妾。陆家是浙江平湖的望族。在沈彩《春雨楼集》序中，陆烜称沈彩出自吴兴"故家"。② 我们对沈彩为妾之前的生活知之甚少。她曾在陆烜收藏的北宋画家、书法家米芾（1051—1107）《云山图》手卷题跋中提及自己的童年，在以鉴赏家身份对米芾笔墨佳妙处做了一番评点后，沈彩受手卷上茫茫雾霭启发，蓦然忆起自己似乎相对自由、活跃的童年，乘舟徜徉于故乡的山水画卷间：

> 余记儿时常往来于故乡浮玉碧浪湖间，见云树葱茜，人家依水，下山道场。岩山一带，如鬟如眉，若灭若没，杳霭苍茫，俱入图绘。披此卷，旧游如梦。③

从十三岁起，她在陆府的居室基本成为她全部的世界。没有资料显示她曾归宁。但，她的诗词表明她与小妹飘香保持着亲密的往来，偶尔，飘

---

① 见李小荣硕士论文第三章（Li Xiaorong, *Woman Writing about Women: Li Shuyi* (1817 - ?) *and her Gendered Project.*, Chapter 3）。
② 陆烜：《春雨楼集·序》，3a。"故家"意为"财富和地位都衰落了的人家"。
③ 沈彩：《春雨楼集》，13.4a - 4b。

香会来与她同住，后来，飘香似乎也成为陆府的妾室。①

　　沈彩文中记述的唯一一次远足是去附近的东溪。那年她二十岁，陆烜带着她，乘着新置办的书画舫夜游东溪。在《东溪泛舟记》这篇短文中，沈彩记下了丈夫的邀请：

>　　壬辰七月，吾家新置书画舫成，制虽朴小，而有窗槛棂格，仍设渔钓之具。是夜，月明如昼，主君谓余曰："子好游乎？吾语子游：游，不必名山大川也，惟取适兴而已。只此东溪，可沿，可泛，可吟，可眺，盍往游乎？"余曰："喏。"乃命农叟棹舟，属鸦鬟备茶茗膏烛，遂登舟。

　　文中，沈彩以抒情的笔调绘写自己对夜游中景色与声音的体察——简言之，细致入微地描摹这一罕有的经历所带来的欣悦与亲见亲闻的点点滴滴：

>　　于时已立秋，天气清肃，白露下瀼瀼，寿星若环若璧，已宿鹑首之次，两岸荻花萧然，栖鸟不惊，微波不动，白云鄰鄰，皆贴水底。主君曰："苏子赤壁之游，客有吹洞箫者。"② 言未已，笛声隐隐，遥出林端。时见人家灯火从篱隙射出，熠熠有光。或有起者，见余舟洞窗燃烛，皆错愕审顾。乃命插篙中流，烹茗进泉，尽数器，夜已深乃返。

　　沈彩在文章结尾处反思此次夜游的意义：

>　　顾余足履六尺地，从未尝游；游，止此，然而已饫清兴，苟不得清兴，虽足迹遍天下，以为未始游可也。遂记之。③

　　这篇游记记录了沈彩仅有的一次内闱之外的活动，它也表明沈彩的日常生活幅面是多么狭窄。文中，沈彩服膺其夫"游，不必名山大川也，惟取适

---

① 沈彩：《春雨楼集》，4.7b – 8a、7.5b – 6a、8.8b、9.2a，《念奴娇·为飘香妹催妆》似暗示飘香已入陆府为妾。
② 隐指宋代诗人苏轼的名篇《赤壁赋》。该赋的灵感源自诗人与友朋的赤壁之游。见《苏轼文集》卷一，中华书局，1986，第 5~8 页。
③ 沈彩：《春雨楼集》，10.7a – 7b。

兴而已"的观点，这体现了她对自己生活的空间边界的接受与认同。与此适成对照，《平湖县志》记陆烜性嗜山水游，尝游四明、天台，北涉江、淮。① 职是，他给沈彩的教诲若衡诸其作为则包含着习见的双重标准。如果读出话语中潜在的性别差异，那么，就可看到，他的说法虽貌似概而言之，却旨在说服自己的媵婢无须跨出闺门以观世界、赏山水。置身将内阃定为女性理想所在的性别体系中，陆烜和沈彩都没有觉察他言行的内在矛盾。当时，男主外而女主内。

稚龄即入陆家为侍妾，沈彩的社会地位、所受教育及生活环境无不影响到她的身份形成。陆烜《春雨楼集·序》中说沈彩入门之初，"清华端重，智慧聪俊"，其妻即授以唐诗、教以《女诫》。② 陆烜正妻为清初学者、诗人、词学批评家彭孙遹（1631—1700）女孙诗人彭贞隐。③ 而且，陆烜还称赞沈彩记性好（浏览书史，过目不忘）、学书法用心（学右军书，终日凝坐，常至夜分）。在这些描述中，彭贞隐教授沈彩读书的情景宛若母亲在教育女儿。如是，正室与媵侍间形成了一种体恤与亲密。

沈彩与彭贞隐之间的文学互动生动地体现在彼此频繁的诗词唱和上。有时，一方写了首诗，另一方就会步韵唱和。陆烜不在时，她们会连床夜语。而在诗词创作中，妻妾间的等级则经常逆转，时见彭贞隐唱和沈彩诗词。陆烜在一次远游前，建议沈彩与彭贞隐追和宋代女词人李清照（1081—1141）的词，以免无聊、寂寞。沈彩完成了这一作业。显然，沈彩，这位陆府才情洋溢的书法家，还曾编竟、缮写陆烜、彭贞隐词以便梓行。1775年，在为彭贞隐《铿尔词》所作跋语中，沈彩提及此前她已将陆烜词缮写完毕以备刊刻。④

《平湖县志》称，陆烜不仅性嗜山水，而且富藏书、精于岐黄。在《秋夜怀梅谷主君客越同夫人韵》一诗夹注中，沈彩提及陆烜当时"应聘，往范氏天一阅书阁"，这是罕见的礼遇。⑤ 另据《平湖县志》记载，陆烜乡试不售后

---

① 《平湖县志》，《中国方志丛书：浙江省》，成文出版社，1974，第1705页。
② 陆烜：《春雨楼集·序》，3a。
③ 沈彩《满江红·偶作》"大妇多才红豆女"系点化彭孙遹名句"口嚼红豆寄多情，为谁把、相思尝透"，沈彩在小注中说，彭贞隐为彭孙遹孙女（玉嵌夫人，其女孙也。），见《春雨楼集》，8.5b－6a。另，关于彭贞隐，见胡文楷《历代妇女著作考》，第627~628页。
④ 彭贞隐：《铿尔词》，2.7b。
⑤ 沈彩：《春雨楼集》，4.3b。

即不再追求功名,而是变卖部分家财以搜求典籍,潜心向学、吟诗作文。① 因此,陆烜的读写资源,文人禀赋,彭贞隐的诗才、慈爱,以及阖府上下弥漫的文学、艺术兴趣共同构筑了有助于沈彩诗歌及艺术才华发展的空间。

沈彩杂诗文中同样强调了自己所受的教育和向学之心。在题为《戏述》的组诗中,已入暮年的沈彩回顾了自己受教育的阶段:从最初受教于大妇;到学会读书;到课儿诵读。沈彩入府前,尝略习书,但在第一首诗中,她对此略而不提以示对彭贞隐的铭感:

戏述三首

十三娇小不知名
学弄乌丝写未成
却拜良师是大妇
横经曾作女书生

春风十里锦江明
女状元标第一名
若论鲤庭桃李例
东君应许作门生

敢希愚鲁到公卿
识字须粗记姓名
夏楚俨陈刀尺畔
课儿今作女先生②

第三诗中提到了子女,这在沈彩的诗文中是极为罕见的。笔者所见的另一例是,沈彩为陆烜法书手卷所题跋语,个中提到将以之示子孙。③ 陆家当然有子女。在《春雨楼集·序》中,陆烜曾言及"儿女粲行"。④ 但无从知道

---

① 《平湖县志》,《中国方志丛书:浙江省》,第 1705 页。
② 沈彩:《春雨楼集》,7.6b。
③ 沈彩:《春雨楼集》,14.8a–8b。
④ 陆烜:《春雨楼集·序》,3a,陆烜小传中,提到他儿子陆坊在 1808 年考中举人。在方志的人物志中,常常有某人之子考中功名,获授官职的记载,但人子的成就较其父往往要稍逊一等。

沈彩是否诞有子嗣,如前所述,侍妾所生子女在法律及社会意义上皆被视为正妻所出。庶母这种暧昧的社会、情感地位使侍妾在诗文中鲜少提及子女,无论其尚在童稚还是业已成年,亲生还是正室所出。在书写中,沈彩决然不以母性角度建构自己的身份和主体性。她宁愿在诗中将自己塑造为一个绰约的女子和勤勉的书家。

铭刻与安排:自我生产的模式

沈彩《春雨楼集》的内容与形式充实而又丰富。一旦我们认识并切实感受到她对写作与书法的专注和用心,对此就不会觉得讶异。《春雨楼集》共十四卷,依次为:卷一·赋(7篇);卷二至卷七·诗(253首);卷八至卷九·词(66阕);卷十至卷十一·文(10首);卷十二至卷十四·题跋(61则)。《春雨楼集》刊刻于1782年,沈彩当时三十岁,这部诗文集是她十五年来勤奋笔耕、专心临池的硕果。《春雨楼集》可视为沈彩艺术与文学成就的顶峰。其以类相从(而非依年代划分)的内容安排凸显了她多方面的成就,证实了我们的诠释。

为了付梓刊行,沈彩一丝不苟地亲手缮写,像早前缮写陆烜、彭贞隐词一样。这项工作费时几个月,于1781年完成。在这部诗文集内,沈彩记下了某些卷次准确的编竣日期。在第一卷末尾,她写道:"乾隆辛丑又五月廿一日,书于荷香竹色亭。卷一终。"① 第四卷末尾为:"七月巧日,薄病初起,菱茨既登,秋海棠盈盈,索笑香韵清绝,御矴绫单衣,写于奇晋斋之东轩。"准确的编竣日期、周遭的景致、气味以及衣服的体感一并镌入文本。第七卷末尾,她又写道:"廿三日,编诗竟,写毕。计诗六卷,二百五十三首,附录诗十五首。"② 胡文楷《历代妇女著作考》于"沈彩"条附注谓《春雨楼集》以沈彩手书镌版,很是昂贵,然亦因之增添了文集的美学价值。③

文本中的女性主体

当沈彩专注于诗词这一主体建构之域时,她又在楮页间濡染了些什么?

---

① 沈彩:《春雨楼集》,1.8b。
② 附录为陆烜和彭贞隐的诗。
③ 胡文楷:《历代妇女著作考》,第365页。与常规的宋体和隶书相比,以行书刊刻,需要更熟练的刻工。

她可曾模仿、构想或再创造过某些体派和风格？检视《春雨楼集》中诗词，依据雷迈伦研究女诗人文本立场时所提出的"才女"这一再现方式，注目所及将是一个佻达、谑浪、不拘形迹的女性自我。① 这是一个为男性的凝视（gaze）与欲望所建构的女性人物（persona），《玉台新咏》艳情诗中为窥私癖式的呈现所欲念化、客体化的女性意象即是此类典型。② 而沈彩《春雨楼集》诗部第一卷确以《效玉台体》一诗弁首：

> 盈盈十五女
> 皎皎在洞房
> 月映眉黛浅
> 风吹口泽香
> 红豆相思树③
> 花开秋日长
> 自怜罗带减④
> 不敢绣鸳鸯⑤

起首一联系化自《玉台新咏·杂诗》"盈盈楼上女，皎皎当窗牖"⑥ 一联。而全诗由铺采摛文到淡淡的欲念化的意象，相思的隐喻（红豆、鸳鸯、罗带下清减的腰围）在在皆由玉台体抑或笔者所谓"闺情体"衍生而来。然则，这种模仿是自我客体化还是自我呈现？诗部各篇大抵以时间为序，作为第一篇，《效玉台体》一诗极有可能是篇少作。十五岁或十四岁，即诗

---

① 雷迈伦：《闺音：唐宋明清词中性别化主体的建构》，《明清》，13.1（1992年6月），第63~110页（Maureen Robertson, "Voicing the Feminine: Constructions of the Gendered Subject in Lyric Poetry of Medieval and Late Imperial China," *Late Imperial China* 13.1, June 1992, pp. 63 – 110）。

② 《玉台新咏》英文全译本见 Anne Birrell, *New Songs from a Jade Terrace*，我同意雷迈伦（Maureen Robertson）对"才女"风格的评论，拙作对男性凝视（gaze）下之女性形象亦有所讨论。见 Grace S. Fong, "Engendering the Lyric: Her Image and Voice in Song", in *Voices of the Song Lyric in China*, ed. Pauline Yu（余宝琳）, Berkeley: University of California Press, 1991, pp. 104 – 144。

③ 这一比喻典出唐代诗人王维《相思》一诗。诗中，王维将红豆比喻为"相思豆"。见《全唐诗》卷4（128），中华书局，1985，第1305页。

④ "罗带减"诗中指相思致瘦。

⑤ 沈彩：《春雨楼集》，2.1a。

⑥ 徐陵编《玉台新咏》，1.19 – 20。

中女子的年龄，为女子及笄之年，这时女子会把头发绾起来，行簪礼；这一仪式经常在女子于归之前举行。① 沈彩在《跋智永春雨帖真迹》中记录了彭贞隐为自己举行的笄礼："此余乾隆丙戌始笄，拜夫人，夫人以此帖为还贽，余遂易余楼名曰'春雨'。"② 这则跋语是她与陆烜合卺的文本移置。沈彩和夫人彭贞隐一起庆祝自己的笄礼，但在《效玉台体》诗中却铭刻着她对自己作为欲念客体的自觉。

《玉台新咏》见于陆家藏书。沈彩《寻芳草》一词副题为"春日题玉台新咏后"。③ 某种程度上，沈彩自身的生命体验与《玉台新咏》中所呈现的幽闭、欲念化的闺阁/小园甚为契合，在这一空间里，时间具象为有条不紊、周而复始的万物菀枯，与那些在外面的大千世界及历史变革中跌宕起伏的人生迥乎不同。沈彩每每在诗题中用到"闺"字，而在正文中"闺"有着不同的变体，如幽闺、红闺、金闺、兰闺，等等，与艳情诗的体制若合符节。《春雨楼集》中很多诗题还用到季节词，令其有泛普之感。但诗词正文的语言却守正出奇，于矩度间别辟蹊径，而这展现了书写者对自身所体验与观察到的微观、切己的自然之细腻、细小的变化的敏感。试以下面几联为例：

蝶惊乍冷难依草
蝇恋未温易入茶④

坐久青苔滋白露
行来黄叶衬红鞋
……
错认拂鬟萤火落
疏林明月耀金钗⑤

下面几首诗则捕捉、展现了她日常生活中的细节。第一首诗中，沈彩

---

① 见伊沛霞 The Inner Quarters（《内闺》），Berkeley: University of California Press, 1993, pp. 45 – 47。
② 沈彩：《春雨楼集》，14.7a。
③ 沈彩：《春雨楼集》，8.7a – 7b。
④ 沈彩：《初寒》，见《春雨楼集》，6.5a。
⑤ 沈彩：《小园秋夕》，见《春雨楼集》，5.7a – 7b。

抛却针线而当起小丫鬟的老师——她厌倦了鄙俚的村歌,教丫鬟唱起自作的新词:

遣 兴

针线长抛尽日闲

朱藤一桁掩花关

村歌厌听斑斑曲

自把新词教小鬟①

接下来这首诗展现了一位夜坐读书的少妇,庄子对个体自由与适意的倡导、对矫饰和礼俗的摒弃深深吸引了她。突然,她憬悟到时光的流逝:

新秋夜坐读书

嫩凉初喜读南华

柴几框床映碧纱

月过降楼知坐久

鬟边茉莉已开花②

一个小小的物象,一个微不足道的细节,一个看似无足轻重的插曲乃至一个省视与沉思都凝结在诗中。从所用女性意象中,不难看出这些诗的语、体制都受到闺情体影响,然则沈彩在运用这一范式的同时颠覆了这一范式,她将这些诗化为与《诗经》、吴曲及六朝《子夜歌》等民歌传统紧密关联的富于表现力的形式,并在诗中建构出主动的女性主体。在《作字》一诗中,她把自己转化为凝视的客体,从而营造出一个令人忍俊不禁的画面:丫鬟成为天真的窥视者,她无意中看到那被墨汁点染的樱唇:

作 字

双鱼洗冷汲青涛

淡墨轻濡吮彩毫

---

① 沈彩:《春雨楼集》,2.2b。
② 沈彩:《春雨楼集》,6.3b。

却被鸦鬟窥窃笑
朱樱忽点紫葡萄①

诗中，沈彩大胆开掘欲念表达的潜力。这表明身为媵妾，沈彩在书写中有更多自由，逾越了妇德、妇范的束缚。在《春雨楼集》中，读者可以看到中国女性诗人所能写出的最具挑逗意味的诗词。《冬夜纪事二绝》记录了与丈夫共同度过的难忘的良宵：

冬夜纪事二绝
疏帘残雪共论诗
不信人间有别离
梦里忽吟断肠句
梅花帐底被春知

鸳鸯枕上唤卿卿
红豆词人信有情
重唱鱼游春水曲
薰笼剪烛到天明②

二诗以常见的香艳意象再现一对恋人在温馨的闺房中卿卿我我的画面，梅花帐底、鸳鸯枕上，郎情妾意绵绵无尽，鱼游春水之曲不绝如缕。

另一些诗则明显关注女性身体。这些诗在题目或副题中往往着一"戏"字，以冲淡情色意味，转移自我指涉，而凸显其笔墨游戏的一面。以下诗词皆遵循这一"欲"说还休的策略。《戏咏春山》中，沈彩以欲念化的物象再现描摹女性的双乳：

戏咏春山
杏子梢头玉两峰
微云横束翠烟重
玲珑欲见山全体

---

① 沈彩：《春雨楼集》，2.6b。
② 沈彩：《春雨楼集》，3.8a。

拟倩三郎解抹胸①

大胆的意象，逗引、谑浪的语调挑战着女性恭谨、贤淑的边界。沈彩还写过几首咏缠足的词。作为女体最隐秘、最被欲念化的部分，上流女性诗中绝少题咏。偶尔涉及，亦会采用含蓄的暗喻形式，以"玉钩""新月"拟喻小巧的红菱，以"莲步""芳踪""行迹"状写袅娜的步态。如历史学者所言，缠足成为明清女性文化的重要部分，是女性重要的性别标志。② 13世纪晚期以降，虽有些许差异，不同地域、不同阶层的汉族女子却都默默地一代代传承着缠足这一礼俗。缠足的情欲魅惑端在其神秘性，这被包裹着的"物神"可以把玩、嗅闻却从未裸露。当缠足被建构为最令男性颠倒的性感地带后，"三寸金莲"这一缠足的婉称就成了明清狎邪小说中的要素。③ 下词中，沈彩描摹了一幅沐浴图以将缠足前景化：

南乡子　戏咏浴
纤手试兰汤
汗融融卸薄妆
料得更无人到处
深防
鹦鹉偷窥说短长

丝雨湿流光
花雾濛濛晕海棠
只有红莲斜出水
双双
雪藕梢头两瓣香④

这阕词直是香艳欲滴：轻试兰汤的纤手，汗融融的娇颜（玉体），"更无人到处"沐浴的美人。凝注间，女性身体既是外物投射亦是自我指涉，而私

---

① 沈彩：《春雨楼集》，4.6b。
② 最新研究见 Dorothy Ko（高彦颐），*Cinderella's Sisters*（《灰姑娘的姐妹们》），Berkeley: University of California Press，2005。
③ 譬如，《金瓶梅》中有经典的引诱与色情场景。
④ 沈彩：《春雨楼集》，9.3a。

窥机制则借由鹦鹉引入,这一内阃中饶舌的宠物目睹了一切,也许会讲述所有。于是鹦鹉代替了暗藏的侵入者,一个丫鬟婆子或私托终身的情人,如明清春宫图中常见的场面。下阕转向私密的玩乐场景:花雾濛濛晕海棠,似在隐指入浴的杨妃,至此,词揭示出女性性感的最私密所在:一双出水"红莲"①,缠足被除去了脚布以展示其由文化建构的、美学化的性感。在另一阕咏缠足的词中,沈彩将裸露的缠足进一步恋物化:

望江南　戏咏缠足

湖上女
白足美於潜
脆滑江瑶初褪甲
玲珑秧藕乍抽尖
毕竟比来妍②

沈彩对湖上女子(自己)身上最被情欲化部位的评价、爱憎都绝非简单。她一面似在颂赞缠足,以为堪与自然美或本色美比肩甚而远逾其上;另一面,她又在嘲谑缠足色情、扭曲的矫揉作态,暴露了其丑陋的底面:

望江南　戏咏缠足

无谓甚
竟屈玉弓长
牢缚生脐浑似蟹
朗排纤指不如姜
何味问檀郎③

词中,沈彩以批判、讥讽的口吻写及缠足,并通过向只能嗅闻未尝亲睹的情人展示缠足赤裸的真相来祛魅其情欲蛊惑。因为女人都知道彼此缠足的形状、样貌,故而,沈彩的"诗意"呈现是在刻意迫使男性读者去想

---

① 词中,以"红莲"易"金莲"状写缠足,尤显含蓄。
② 沈彩:《春雨楼集》,9.2b。
③ 沈彩:《春雨楼集》,9.2b。

象缠足这一女性性感产物的扭曲外观。

对自己诗中,特别是很多以闺情体写就的词中,表现出的绮罗香泽之态,沈彩亦不无踌躇。《减字木兰花　春日》一词写她妆洗后展读吟哦合德宜礼的《诗经》,突然,一阵无端的怅触令她"欲写春词",但她又有些不安,担心侧艳之词引来彭贞隐的嘲笑:

减字木兰花　春日

洗妆初罢
闲坐海棠红影下
且展瑶函
兰吹咿唔读二南
无端触绪
杨柳如帷莺对语
欲写春词
谑浪深防大妇知①

沈彩意识到自己是在闺情体传统中写作。教她诗词的彭贞隐、陆烜对此亦有所省察。沈彩在一首诗的诗题中言及"前诗假夫人润色而绝无脂粉气"②。但也由于这一望而知的闺情体,沈彩的自我再现更为个性化,因为她虽以闺情体语言、风格写作却颠覆了那陈腐的、滞于深闺、娇弱无力、以泪洗面、相思成疾的仕女形象。沈彩诗中,泪水与忧郁全然缺席,倦怠与百无聊赖也全部遁形。她将闺阁文本化为一个充满活力与创造力的空间。她把自己的日常职责、活动都纳入了诗中,如为主君侍茶、针织刺绣、教导丫鬟、抚琴吹笛,或在自己的小园独坐、漫步。在其自我再现中,沈彩总是孜孜于饶有意义的文化活动——读书、临池、作诗,每至夜分、黎明。其中,临池是她诗中经常吟咏的题材。有的诗中不乏惹笑的"事故"并包蕴着一抹自嘲,如下面两首诗分别写她临摹前代著名书家羊欣(370-442)、欧阳修(1007—1072)③时发生的趣事:

---

① 沈彩:《春雨楼集》,9.3a。
② 沈彩:《春雨楼集》,4.6a。
③ 原文如此,实误,应为欧阳询。——译注

学 书

象管轻轻蘸墨云
日寒书格仿羊欣
不成失手尖毫落
竟浣泥金蛱蝶裙①

夜临欧书忽灯烬落成烧痕余恚甚夫人有诗因和作一绝

瘦欧一幅美无瑕
忽漫烧痕似落痂
不道银釭曾送喜
秋窗失口骂灯花②

而更为常见的是,沈彩在诗中展现自己临池时的专注与投入。亭午夜分、无间寒暑,这些诗展示了她学书的恒心、毅力。一首七绝的题目描述:一次沈彩正在练字,陆烜想同她开个玩笑,就"忽自后掣其笔",而专心致志的沈彩握笔如此坚牢以致笔终"不脱"。那首七绝的后两句是:

莫道春纤无气力
爪痕入竹已三分③

又一次,纤细的韭葱/手指——一个在闺情诗中常遭恋物崇拜的女性身体部位——被赋予了力量和着意有为的底蕴。

沈彩虽以闺情体为起点,她的很多诗却切切实实地将欲念化的女性客体化为活跃的欲望主体。她欢喜自己的身体、心智、才华,最重要的,她以自己身为女人而欢喜。她的欲望里有对读书、求知和书写的热烈求索。沈彩没有把自己的性别或自己求知的努力当做负担也没有觉得两者互不兼容:她对二者都献上礼赞。沈彩的诗完完全全写于闺阁之内。如是,她将闺阁变成了创造与展演的场域。

虽僻居侧室,沈彩却在有生之年取得了一定的艺术、文学声望。她的才华

---

① 沈彩:《春雨楼集》,3.3a–b。
② 沈彩:《春雨楼集》,4.4b。
③ 沈彩:《春雨楼集》,6.5a–5b。

已跨越闺门,书法为日人希求,诗词传布帝京。① 《春雨楼集》刊行不过几年,汪启淑已将其中七首收入《撷芳集》。② 1779年,《春雨楼集》即将付梓,陆烜在序言中暗示沈彩在侧室完成的书法和诗文于陆家不只是经济来源也是文化资本:"业已诗传日下,书达海陬。藉彩鸾之笔札,堪佐清贫;资络秀之操持,益光令誉。"③ 陆烜将沈彩比作吴彩鸾,唐代一位鬻字养家的女书法家;还比作李络秀,李络秀出身蓬荜之门,后为晋安东将军周浚(265—316)妾。狩猎途中,周浚偶然发现李络秀操持宴会的能力,遂纳其为妾。李络秀抚育了三个儿子,都成为显宦。显然,得与李络秀相比对于沈彩来说是种恰切的褒扬。④

沈彩刊刻手书诗文集想必为家里带来了经济收益。《春雨楼集》的印数似乎超过通常的一百部,这意味着她的著作受到欢迎,有更多读者。与其他女性文本不同,那些文本一般只有一两部保存在善本室内,而沈彩的《春雨楼集》则在北京、上海、南京、杭州图书馆的善本室中都可找到。

就沈彩而言,她的从属地位和十三岁即为人妾的成长经历使她得以接受作为媵婢的特定性别角色以及狭隘的生存模式。她的首要义务是侍奉主君而又不扰乱家庭的和谐。然而,就其诗文所见,没有哪位读者会把她视为被动的客体、屈从的女性,或一个善于邀宠的侍妾,在与家中其他女性,尤其是与正室之间,沈彩更多将其视为师长、母亲,而不是竞争者。她的自我再现抗拒这些刻板形象。她的诗尽管近于男性再现女性的范式,但在过程中却颠覆了这一范式。身居侧室,她却凭借书写这一媒介和技术为自己建构了一个别样的性别意味与性别空间。

结　语

从柳如是、沈彩身上,我们看到,性别制序对位于社会等级底层的女性颇多阻碍,但也提供了一些机遇使她们中一些人获得读写能力、拥有文学声望。它给了她们"侧室",一个贮满可能性的空间。这可以被读解为儒家性别体制中的某种因应女性共谋的弹性。⑤ 在写给一位邻家少女——可能

---

① 沈彩在《春雨楼集》7.7a中曾提及;亦见陆烜序3a。
② 汪启淑:《撷芳集》,70.12a–13b。
③ 陆烜:《春雨楼集·序》,3a。
④ 李络秀的生平见《晋书·列女传》。
⑤ 高彦颐(Dorothy Ko)在所著《闺塾师》(*Teachers of the Inner Chambers*)中着重阐述了儒家性别体制。

是一个虚构的对话者——的诗中，沈彩为既为求知向学亦为作为女子的满足感辩护：

答邻妹
长啸月当窗
微吟日卓午
邻妹谓余曰
读书徒自苦
多谢邻妹言
余心慕终古
譬如蜂酿蜜
性命藉为主
千函敌百城
万事轻一羽
但愿长如此
来生仍老姥[①]

一如在其他媵妾文本中所见，沈彩的诗文对其自身及其所处环境亦表现出颇为正面的态度。这些媵妾是幸运的，获遇佳偶，得到她们的主君甚或正室的不可或缺的帮助。然则她们的幸运遮蔽不了另一事实：媵妾们的境遇判若鸿沟，在光谱的另一端，则有冯小青、李淑仪，这些遇人不淑者在。在包办婚姻中，文学女性甚乃正妻身罹不幸的事例也指不胜屈。但我们仍可究诘文本生产给这些身份低微的女性带来了何种意义，而沈彩的经历就是生动的例证。在很多画卷题跋和鉴赏札记中，沈彩都体现出一种主体地位和作为艺术批评家的十足权威。这种被赋权的主体性在很多未加讨论的媵妾作品中亦有呈现。作为社会地位低微的群体，这些身为媵妾的诗人、作家提供了一个有关有限能动的范例：她们借由文学素养改写了臣属架构中自身的主体地位。

（作者单位：加拿大麦吉尔大学东亚学系；译者单位：新华网教育频道媒体文化创意人，外语教学与研究出版社编辑）

[①] 沈彩：《春雨楼集》，6.5b。

From the Margin to the Center: the Literary Vocation of Concubines

Grace S. Fong

Abstract: Firstly this paper will exploring the way, in and through the repeated act of writing, of concubines' communication of literary identity, authority, alternative subject position, and self-fulfillment. Secondly, by reading the textual productions of concubines, this paper will aim at illuminating agency and subjectivity rendered visible by literacy of a socially subordinate class of women. Thirdly, this paper will depict a broad overview of the historical practice of concubinage in its linguistic, social, and cultural dimensions. Finally this paper will turn to investigate the rising literary production of concubines from the seventeenth century on, especially focusing on the significance of the Xiefang Ji (Anthology Gathered fragrance), a vast collection of women's poetry from the mid-seventeenth century on compiled by Wang Qishu (1728 – 1799), who gave important space to recording the lives and writings of concubines as a social category. Then this paper is going to scrutinize the literary collection of Shen Cai (b. 1752), a talented concubine whose poetic practice problematizes any simple relation between subjection and agency.

Keywords: concubinage; concubines' literature; social subordination; subject building; self-realization of women

《圣经》在 20 世纪中国的译介
——以《诗篇》为例

高利克（Marián Gálik）/文　刘燕/译

摘　要：作为迄今为止写下的最有影响力的宗教诗集，《圣经·旧约》中的"诗篇"在中国最早被翻译，且版本众多，深受欢迎。其主要原因在于这些诗歌优美动人，具有非同寻常、高深莫测的文学价值，易于获得受过中国传统哲学与文学教育的中国士大夫的青睐，也是全世界基督徒易于践行的部分。本文梳理了《圣经》在中国的翻译历程，尤其是对比分析了施约瑟译本、和合本、吴经熊译本有关"诗篇"的翻译段落，以及冰心、蓉子等现代诗人对此的阅读理解，这有助于我们更深入地理解《圣经》在中国的翻译、接受与跨文化交流。

关键词：《圣经》翻译；诗篇；施约瑟；和合本；吴经熊

在中国，《圣经》的翻译历史始于公元 635 年，即景教（Nestorian）传教士阿罗本（Aluoben，原名已不可知，这是其名的中文拼音）从近东到达唐朝（618 - 906）的都城长安。虽然传说这一时期曾有三十余种《旧约》或《新约》中译本盛行，但除了篇章名目外，它们并未保存下来，"诗篇"（The Book of Palms）即是其中之一。①

据说"诗篇"在元朝（1260 - 1368）已广为人知，恰逢马可·波罗（Marco Polo）及其父亲尼可罗（Nicolo）、叔叔麦特罗（Matteo）一起在中国旅行。麦特罗与马可访问了当时南方最大的城市杭州的一座教堂，他们

---

① 汪维藩：《〈圣经〉译本在中国》，《世界宗教研究》1992 年第 1 期，第 72 页。其英译文标题为"The Bible in Chinese"（没有注释），发表于 *The Chinese Theological Review* 8（1993），pp. 100 - 123。

发现当地的中国人手拿一卷书，其内容正是"诗篇"。① 如果此事乃真，那么它只能是唐朝时期的中译本，这时距那个时代差不多七百多年。

1294年，方济各会（The Franciscan，又称"弗朗西斯会"）的会士孟高维诺（Giovanni de Monte Corvino，1247－1328）随身携带着拉丁语与希腊语《圣经》来到元大都汉八里（Cambaluc，即现在的北京），随后他翻译了"新约"和"圣咏"（即"诗篇"）。② 这是《圣经》第一次被译为蒙古文，即当时元朝统治者使用的语言。

17世纪末18世纪初耶稣会（Jesuit）的传教士来到中国后，他们采纳的是圣哲罗姆（Jerome，347－419）翻译的拉丁通行本《圣经》（Vulgate），为了便于礼拜，传播耶稣基督的教导和生平，他们翻译了《圣经》的某些部分，但并未翻译整本《圣经》。当时至少有方济各会的罗明坚（Antonio Laghi, ?－1727年）、耶稣会的贺清泰（Louis de Poirot，1735－1814）和法国外方传教会的白日升（Jean Basset，约1662－1707）等三位天主教传教士翻译了《圣经》的部分章节，但仅以手稿保存。③

19世纪初期之前没有一本中译本《圣经》以出版物形式出版（或保存）下来。《圣经》的第一个中译本的最早译者是新教（Protestant）传教士。马士曼（Joshua Marshman，1768－1837）和拉沙（Joannes Lassar，1781－约1835）、马礼逊（Robert Morrison，1782－1834）和米怜（William Milne，1785－1822）于1822年④和1823年⑤发表了各自的译本。在随后的几十年中又陆续出版了其他一些不同版本的中译本，其中被称为"深文理"（使用典雅高深的文言文）《圣经》中译本深受欢迎，但这种译本只有那些受过高等教育的士大夫们才能读得懂，而大众逐渐对被称为"浅文理"（使用浅显易懂的半文半白的语言风格）的中译本表现出极大兴趣。这类最好的中译本译者是施约瑟主教（Samuel I. J. Schereschewsky，1831－1906），像

---

① 汪维藩：《〈圣经〉译本在中国》，《世界宗教研究》1992年第1期，第73页。在我所看到的马可·波罗游记的版本中，没有查到这段纪录。John Masefield 主编的《马可·波罗游记》（*The Travels of Marco Polo*）[Everyman's Library, no. 306（London 1908, repr. 1929）, p. 309]中提到了一座景教教堂。
② Robert Streit O. M. I., *Bibliotheca Missionum*, Vol. 4: *Asiatische Missionsliteratur 1245－1599*（Aachen 1928）, pp. 38－39。
③ Jost Oliver Zetzsche, *The Bible in China. The History of the Union Version or the Culmination of Protestant Bible in China*（Sankt Augustin: Monumenta Serica Institute, 1999）, pp. 26－30。
④ 参见 Zetzsche, pp. 45－28。
⑤ 参见 Zetzsche, pp. 33－45。

他之前的许多《圣经》译者一样,他最先是尝试翻译"诗篇",并于1867年发表。① 施约瑟根据希伯来原文翻译的《圣经》"浅文理"中译本完成于1902年,深受欢迎,是当时出版的最佳译本。②

第一个根据希腊文翻译的中译本《新约》于1864年在北京出版,③ 译者是俄国东正教传教士固里·卡尔波夫(Gury Karpov,? —1882)。在他之后,另一位俄国传教士、著名汉学家巴拉弟·卡法罗夫(Palladii Kafarov,1817-1878)也将"诗篇"译为中文,但译文并未出版。④

天主教传教士在翻译、出版全译本《圣经》方面姗姗来迟,只有德雅(J. J. F. Dejean)和李问渔曾经在1893年⑤和1907年⑥发表了他们用文言文翻译的《四史圣经译注》(The Gospels)与《新经全集》(The New Testament)。

1850年后,世界总格局的变化推动着跨国、跨文化、文学和宗教之间的交往,促使改革甚至"革命"。⑦ "深文理"和"浅文理"《圣经》译本都难以满足大众的阅读和欣赏。故有必要将白话口语,即所谓的"官话"(Mandarin,普通话)作为语言交流的工具,使其承担起翻译外国文化与文学(包括《圣经》)的工作,将之介绍到中国来。基督新教在文化领域开始涉足。第一个使用北京官话翻译《新约》的中译本出版于1872年,⑧ 它比以胡适(1891—1962)为代表的一些学者在1917年⑨所开展的白话革命要早45年。然而,还需要28年的时间,由一批外国传教士组成的翻译团队才能完成第一部官话《圣经》中译本。这部闻名中国的"和合本译本"(Mandarin Union Version)是由狄考文(Calvin W. Mateer, 1836-1900)、富

---

① 参见 Irene Eber(伊爱莲),《犹太主教与中文圣经》(*The Jewish Bishop and the Chinese Bible. S. I. J. Schereschewsky*, 1831-1906)(Leiden: Brill, 1999), pp. 165-166。
② 参见 Zetzsche, pp. 181-182。
③ 参见 Zetzsche, p. 133。
④ 参见 Zetzsche, p. 136。
⑤ 参见 Zetzsche, p. 419。
⑥ 参见 Zetzsche, p. 419。
⑦ Z. Černá et al., *Setkání a proměny. Vznik moderní literatury v Asii* (Meeting and Transformation. The Rise of Modern Literatures in Asia)(Prague, 1976). See also Marián Gálik, "Some Remarks on the Process of Emancipation in Modern Asian and African Literatures," in: AAS 23 (1988), pp. 9-29.
⑧ 参见 Zetzsche, p. 149。
⑨ 参见 Chow Tse-tsung(周策纵), *The May Fourth Movement. Intellectual Revolution in Modern China* (Stanford, 1976), pp. 273-274.

善（Chauncey Goodrich，1835 – 1925）、鲍康宁（Frederick W. Baller，1852 – 1922）、文书田（George S. Owen，1847 – 1914）、鹿依士（Spencer Lewis，1854 – 1939）和其他一些人共同完成的。① 像他们前后的所有外国译者一样，他们都有中国助手。这个中译本在中国读者中广为流传，对中国的知识分子、学者和政治家产生了极大的影响，同时也被基督教的反对者们所阅读。它有助于现代汉语的形成，在 20 世纪 20 年代到 20 世纪 40 年代促进了中国现代文学的书写。②

在 20 世纪 40 年代，中国人开始感觉到现代汉语的发展大大溢出了"《圣经》和合本"的范围。不过需要说明的是，尽管最初的《圣经》中译本在传教上未取得很大成功，但它们带来了新气象，其影响持续至今。

其中之一是吕振中（1898 – 1995）于 1970 年出版于香港的《圣经》译本。这项工作得到了大英海外《圣经》公会（British and Foreign Bible Society）的资助，但并没有被联合《圣经》公会（United Bible Societies）推荐在教堂使用。③ 最近，中国人又出版了一个双语《新国际版圣经》（New International Version，NIV）。不过，其中文对应部分并非此（英语）版本的对应译文，而是 80 年前的"和合本"（香港，1997）。我没有看到《现代英文译本圣经》（Today's Chinese Version/Today's English Version，TEV），其翻译遵循了著名翻译理论家奈达（Eugene A. Nida，1914 – ）提倡的"意义相符，效果相等"（dynamic equivalence）原则，奈达也是运用多种不同语言翻译《圣经》的组织者。另一个《现代中文译本圣经修订版》（*Today's Chinese Version Revised Edition*，香港，1995）是根据英语福音版《圣经》（*English Good News Bible*）对此前的修订。④

至于 20 世纪天主教的《圣经》翻译，需要提到的是由雷永明（Gabriele M. Allegra）神父主持的思高圣经学会（Studium Biblicum Franciscanum）

---

① See Zetzsche, 1999, pp. 193 – 330. 此处有误，本文作者高利克没有把施约瑟在 1874 年出版的官话《旧新约圣经译本》考虑进去，施约瑟译本才是中国第一个白话《圣经》全译本，比后来的和合本要早 40 多年。——译者注。

② 参见 Robinson, and Eber and others（eds.）. 在与 L. S. Robinson 相关研究的论著包括：马佳《十字架下的徘徊——基督教文化和中国现代文学》（上海，1995）和杨剑龙《狂野的呼声：中国现代作家与基督教文化》（上海，1998）。

③ Marián Gálik, Lü Zhenzhong's——A Chinese Translator of the Bible, in *Asiatische Studien* 54 (2000) 4, pp. 815 – 838.

④ 感谢香港浸会大学的 Linda Wong 博士送给我《新国际版圣经》和《现代中文译本圣经修订版》。

出版的天主教思高版《圣经》，这项富有价值的翻译工作完成于 1961 年，并于 1968 年出版了全译本。① 1946 年已经出版这个译本的部分之一"诗篇"。② 同一年，出自律师、外交家和翻译者吴经熊（John C. H. Wu, 1899 – 1986）之手的《圣咏译义初稿》也与读者见面。③ 它使用了文雅的文言体，或许是这部希伯来诗歌集的最美中译范本，也是中文《圣经》中译本最具"基督合一"（ecumenical）的译本，因为吴经熊的顾问是当时的总统蒋介石（1887 – 1975）。吴经熊是个天主教徒，二次世界大战后曾经担任中华民国驻梵蒂冈公使；而蒋介石本人则属于循道宗（Methodist）的新教徒。1949 年，吴经熊出版了《新经全集》。④

综上所述，不难看出，"诗篇"深受中国一些特定读者的喜爱。但本文所谈论的"诗篇"翻译情况并非限于全部译文。"和合本"译者之一的鲍康宁在 1908 年就出版了片段的格律体"诗篇"译文。⑤ 在他之前，另一位传教士湛约翰（John Chalmers, 1825 – 1899）于 1890 年出版了他用古汉语翻译的"诗篇"第 1 – 19 和第 23。⑥ 1867 年，宾惠廉（William Chalmers Burns, 1815 – 1868）则用官话翻译了"诗篇"。⑦

为什么《圣经》中的"诗篇"会成为第一个被翻译成中文的经卷？为什么这个译本（如果我们相信马可·波罗的话）延续了七个世纪？为什么它是"旧约"中唯一被孟高维诺翻译成蒙古文的部分？为什么施约瑟以"诗篇"作为他翻译《圣经》的开始？为什么在 19 世纪和 20 世纪"诗篇"比"旧约"中的其他部分更多地被选为翻译对象？显然，最重要的原因之

---

① 参见 Arnulf Camps, "Father Gabriele M. Allegra, O. F. M. (1907 – 1976) and the *Studium Biblicum Franciscanum*. The First Complete Chinese Catholic Translation of the Bible," in Eber and others (eds.), pp. 66 – 69.

② Arnulf Camps, "Father Gabriele M. Allegra, O. F. M. (1907 – 1976) and the *Studium Biblicum Franciscanum*. The First Complete Chinese Catholic Translation of the Bible," in Eber and others (eds.), p. 64.

③ 吴经熊《圣咏译义初稿》（上海 1946）。其修订版发表于 1975 年。有关吴经熊作为哲学家和文学家的资料，参见 Matthias Christian S. V. D., "John C. H. Wu. Ein großer Chinese und Katholik," in: *China heute* 15 (1996) 1, pp. 15 – 27, and another version in: Roman Malek (Hrsg.), "*Fallbeispiel*" China. Ökumenische Beiträge zu religion, Theologie und Kirche im chinesischen Kontext (Sankt Augustin 1996), pp. 269 – 297.

④ 参见 Zetzsche, p. 420.

⑤ 参见 Zetzsche, p. 310.

⑥ 参见 Zetzsche, pp. 212 – 213.

⑦ 参见 Zetzsche, pp. 144 – 145.

一在于它对全世界的基督徒而言，是易于践行的部分。

我认为，"诗篇"获得了那些受过中国传统哲学与文学教育的中国士大夫的青睐。《圣经》中的诗歌，尤其是"诗篇"，很容易被那些浸染了儒家文学观念的中国知识分子所理解。在中国，抒情诗（Lyric poetry）是最重要的文学形式，其宗旨在于文字之美与伦理之纯（尽善尽美）。由于含有性爱意象及中国人陌生的隐喻，直到 20 世纪最初的十年，中国人都难以接受"雅歌"（The Book of Songs）。而"诗篇"能使中国人联想到《诗经》（公元前 11 世纪 – 前 6 世纪）① 和《楚辞》（公元前 4 世纪 – 公元 1 世纪）② 中那些中国最古老诗歌的某些篇章。

让我以最早出现的湛约翰翻译的"诗篇"第 23 首开始。作为一首把上帝视为"好牧人"的诗，它是"诗篇"中最受中国人喜爱的一首。至少这一结论是我与中国新教徒和天主教徒的谈话中得出的印象。湛约翰的译文采用了《楚辞》作者屈原所使用的古典"楚骚体"。或许，《楚辞》中的"九歌"最接近"诗篇"，尤其接近那些个人的感恩诗，因为它们都表达了对上帝、神或女神的挚爱。③

在为所有中译者较为熟知的"詹姆斯国王本《圣经》"中，我们读到英文："The Lord is my shepherd; I shall not want. He maketh me to lie down in green pastures: He leadeth me beside the still waters."

湛约翰的译文使用了十一音阶（字），并在第六音阶（字）后加一音顿"兮"的形式，格律非常工整："耶和华为我牧兮吾必无慌/便我伏青草苑兮引静水旁"。（The Lord is my shepherd, I do not need to worry. / I prostrate over the green meadows, and he leads me to still waters.）④

吴经熊的文言译文更加精致，更富有优雅的诗意。他使用了"五言律诗"来翻译"诗篇"中的这首诗，这是一种从 3 世纪后半期到唐代都很通行的诗歌形式。这首诗译于 1937 年 12 月 7 日傍晚，地点是上海的法租界，

---

① 这里主要指《诗经》中的"大雅"和"颂"，其最佳英译本为：*The Book of Odes. Chinese Text*, Transcription and Translation by Bernhard Karlgren（Stockholm, 1950）, and Arthur Waley（transl.）, *The Book of Songs*（London, 1969）.
② 《楚辞》最佳英译本为：David Hawkes, *Ch'u Tz'ŭ. The Song of the South. An Ancient Chinese Anthology*（Oxford, 1959）.
③ David Hawkes, *Ch'u Tz'ŭ. The Song of the South. An Ancient Chinese Anthology*（Oxford, 1959）, pp. 35 – 44。
④ 引自 Zetzsche, p. 145。

此时外国租界都被日本侵略者管辖。后来在香港，吴经熊将此译文及其他"诗篇"的译文展示给蒋介石的妻姐孔夫人（宋霭龄）一阅。1941年珍珠港事件后，吴经熊回到中国大陆，在蒋介石的要求下，他继续翻译了一部分。这一首的译文为："主乃我之牧/所需白无忧/令我草上憩/引我泽畔游"。（The Lord is my shepherd./I do not need to fear/.He asks me to rest on the pastures/and leads me to fertile land）.①

施约瑟的半文半白的中译文虽在旋律上不如吴经熊的译文，但同样优美动人，简明易懂："主乃我之牧者/使我不至穷乏，/使我卧于草地，/引我至可安歇之水滨"。（The Lord is my shepherd./I shall not want./He makes me to lie over the pastures/and leads me to the river bank where I may rest.）

在最后一节的第二句，施约瑟依据的是希伯来原文，其中"still waters"（静水）被称为"the water of rest"（可安歇之水滨）。②

"和合本"的译文与施约瑟译文十分相似，只是它更为口语化：耶和华是我的牧者/我必不至缺乏。/他使我躺在青草地上/领我在可安歇的水边。（The Lord is my shepherd./I shall not want./He makes me to lie over the green pastures/and leads me to the waters where I may rest.）

在1995年末与1996年初停留台北期间，我有机会与台湾诗人蓉子（王蓉子，Katherine J. C. Wang，1928－ ）多次会面。她允许我影印她自己使用过的《圣经》。从1964年以来，她在每日的圣经阅读中，她在一些句子或一些部分下面画了线。在全书中，只有"诗篇"第23首被全部画过线。③

在另一位著名中国女诗人冰心（1900－1999）的回忆录中，她讲述了一个有趣的故事。在北京读书期间，她在神学教师房间里总爱凝视一幅"好牧人"的画像。一次，这位女教师看到她在哭泣，就翻开"诗篇"，冰心读到这首上帝对其子民充满着怜爱的诗行。在这个敏感的女孩读完后，她又翻了一页。冰心读到了"诗篇"第19首的第一行："诸天诉说神的荣耀；/苍穹传扬他的手段。/……无言无语，也无声音可听。"

---

① 参见 Francis K. H. So（苏其康），"Wu Ching-hsiung's Chinese Translation of Images of the Most High in the Psalms," in Eber and others（eds.），pp. 321-349。
② 参见施约瑟《旧新约圣经》（浅文理，上海，1922），第501页；and The Oxford Annotated Bible With the Apocrypha. Revised Standard Version（New York，1965），p. 671。
③ 参见《旧新约全书》（香港，1964）。

甚至在此之前，冰心就已被"创世纪"中的故事所吸引，我们可以想象她在读了这两首诗后的感受。在接下来的几天，她接受洗礼，而"诗篇"第19首中的词句可谓最终引导她写出第一部短诗集《繁星》的刺激因素之一。[①]

我们无法知道冰心当时读到的"诗篇"中的这两首诗是英/美英语版，还是"和合本"。无论如何，"和合本"刚刚出版，可能她是其最早的读者之一。

在"和合本"中，这几句诗行翻译为："诸天诉说神的荣耀/苍穹传扬他的手段/……无言无语/也无声音可听。"（The heavens declare the glory of God./The firmament propagates his craftsmanship/… Without words, without speech, /without sound it can be heard.）

对中国人而言，这些诗句类似道家或佛家审美意境或诗意的回响，它们表达的是无音、无语及无形的自然之美。[②]

"和合本"的译文并非原创。如果我们把它与施约瑟的译文进行比较，就会发现，"和合本"的译者很大程度上采纳了施约瑟的中译文，他们只是使中译文更顺应了当时使用的国语。施约瑟的中译文为："诸天诉说神之荣耀/苍穹传扬其手所作/……无言无语，/亦无声音可闻。"（Heavens declare the glory of God./The firmament propagates the work of his hand/… Without words, without speech, /without sound it can be heard.）

吴经熊的译文则与众不同，他再次采用了五言体来翻译："乾坤揭主荣，/碧穹布化工/……默默无一语，/教在不言中。"（Heaven and earth make known the glory of God./Blue sky display the work of creation/… Silently without a word, /it teaches without speech.）

吴经熊在译文中使用了《易经》中的术语，乾是《易经》64卦中的第一卦，坤是第二卦，前者代表天，后者代表地。[③] 为了让不熟悉犹太 – 基督教教义的中国读者理解此诗作者大卫王（King David）想要表达的意思，吴

[①] 参见 Marián Gálik, "Stuides in Modern Chinese Intellectual History: Young BingXin (1919 – 1923)", in *AAS2* (1993) 1, pp. 49 – 50。

[②] 参见 Wai-lim Yip（叶维廉），"The Taoist Aesthetic: *Wu-yen tu-hua*. The Unspeaking, Self-generating, Self-conditioning, Self-transforming, Self-complete Nature," in *New Asia Academic Bulletin* (Hong Kong) 1 (1978), pp. 17 – 32; and Gunther Debon, "Literaturtheorie and Literaturkritik Chinas," in Gunther Debon (Hrsg.), *Ostasiatische Literaturen*, Neues Handbuch der Literaturwissenschaft, Bd. 23 (Wiesbaden 1984), pp. 39 – 59, esp. 49 – 54。

[③] 参见 Fung Yu-lan（冯友兰），*A History of Chinese Philosophy*, vol. 1 (Princeton, 1953), pp. 382 – 383。

经熊使用了自古以来中国人熟悉的话语,把乾坤(天地)视为自在自生的"阳"(光明、温暖等阳刚之气)和"阴"(黑暗、寒冷等阴性之气)相互氤氲的最终结果。① 他对第二行诗句的翻译并不完全忠实于原文,但我想指出的是,在吴经熊翻译此诗之前的 25 年,冰心曾在她的一首诗中描写了满天的繁星:"沉默中,微光里,他们深深的互相颂赞了。"② 也许他读到此诗时留下了某种印象。

1921 年冰心依据"诗篇"第 57 首,写下了另一首诗。③ 而这首诗也是蓉子在 1964 - 1995 年阅读的那本《圣经》中标出的部分。在"詹姆斯国王本"中,这首诗的英文为:"My heart is fixed, O God, my heart is fixed: I will sing and give praise. Awake up, my glory; awake, psaltery and harp: I myself will awake early."(神啊,我心坚定,我心坚定。/我要唱诗,我要歌颂!/我的灵呵,你当醒起!/琴瑟呵,你们当醒起!/我自己要极早醒起。)

根据"和合本"对这首诗的附注,冰心和蓉子了解到它是大卫在扫罗王面前弹奏竖琴时所唱,扫罗在愤怒中"用枪想要刺透大卫,钉在墙上"("撒母耳记"上 19:10),大卫离开并"逃到亚杜兰洞"(Adulam cave,"撒母耳记"上 22:1)。在这两位中国女诗人中,没有一人对这首诗的前两行产生兴趣:此时祷告者祈求摆脱其岳父为他设下的罗网和深坑,他向主求援,希望投靠在上帝翅膀的庇护下。蓉子在其阅读这首诗时,并未用线标出诗人经受的艰难处境的诗行。对她而言,"诗篇"主要(虽然不完全)是为晚祷者准备的篇章。而对冰心而言,"诗篇"是在这个充满光明、严静和灿烂的世界上对上帝唱出的赞美诗。她的内心充满着安定、讴歌或颂美。④

吴经熊对这首诗的作者大卫王所经受的磨难与伤疼则感同身受。他在翻译时虽未严格遵循作者的原意,内心却与之共鸣。因为这时日本侵略者正为他布下罗网。他与家人一起被软禁在房间里,日本人挖了一个坑,把他放在

---

① Fung Yu-lan (冯友兰), *A History of Chinese Philosophy*, vol. 1, (Princeton, 1953), pp. 379 - 383. 最佳英译本为:*The I Ching or Book of Changes*, The Richard Wilhelm Translation, Rendered into English by Cary F. Baynes (Princeton, 1976, 3rd ed.).
② Marián Gálik, "Stuides in Modern Chinese Intellectual History: Young BingXin (1919 - 1923)", p. 42.
③ 冰心《黎明》,最初发表于《生命》(1921 年 3 月 15 日),第 8 页。重印于《冰心诗全编》(福州,1984),第 110 页。
④ 《冰心诗全编》,第 110 页。

狮子坑中。在可能成为狮子的猎物时,他以不同方式阅读并理解了大卫写下的这两行诗句:有主何危/方寸安宁/心怀大德/口发颂声/昧率鼓瑟/唤醒清晨。(If God is with me, am I in danger? /Actually I am in peace and may repose. /In my heart there is a great virtue, /and my mouth sings praise. /Just before the daylight, drums and harps/summon the early morning.)

吴经熊在翻译这首诗时使用了四言诗体,这一诗体常见于中国诗歌最古老难懂的诗歌典籍《诗经》。[1]

在中国为什么"诗篇"成为《旧约》中被翻译得最多的书卷,这个问题的确令人深思。当阿罗本到达中国时,唐朝最伟大的皇帝唐太宗李世民正统治着这个中央帝国。他是当时世界上最具好奇心,或许也是最宽容的统治者。630年唐朝开始了向周边大肆扩张,它向西沿丝绸之路几乎抵达底格里斯河(Tigris)。[2] 在外来宗教影响方面,佛教徒玄奘(602-664)在645年从印度带回了657卷佛典;前无古人后无来者,[3] 其成就远超阿罗本及其景教徒同伴。从安世高开始,佛教徒就开始了他们在中国的译经工作。安世高是帕提亚人(Parthian),大约于公元148年到达洛阳。许多佛教译著都兼具哲学之睿智与文学之优美,而《圣经》的译作却相距甚远。据南京神学院的汪维藩介绍,早期的基督教经卷主要完成于"帝国的图书馆",这些530卷的译本目录,在1908年敦煌石窟中被发现。[4] 最初,景教徒被允许翻译经文,修建教堂。但在女皇武则天统治时期(690-705年),他们成了佛教徒的死对头。[5] 在唐明皇(玄宗,712-756年在位)期间,景教重又获得皇室的保护。那时中国涌现了最伟大诗人,如王维(699-761)、李白(701-762)和杜甫(712-770),但是其状况并未好转,因为受过高层教育的中国人对景教并不感兴趣。通过翻译"诗篇",景教基督徒也许想竭力证明希伯来也出现了伟大的诗人。在842-845年经过佛教徒的迫害和外来宗教的禁令后,景教几乎消失殆尽。但景教在非中国的民族以及后来在的蒙古部落中获得了成功。在蒙古人统治中国期间,他们重新得到恢复。

---

[1] 参见 C. H. Wang(王靖献), *The Bell and Drum. Shih Ching as Formulaic Poetry in an Oral Tradition* (Berkeley, 1974), pp. 35-97。

[2] 参见 Jacques Gernet, *A History of Chinese Civilization. A Conflict of Cultures* (Cambridge 1985), p. 253。

[3] Kenneth K. S. Ch'en, *Buddhism in China. A Historical Survey* (Princeton, N. J. 1964), pp. 235-238.

[4] 参见 Wang Weifan, *op. cit.*, p. 72(中文), p. 101(英文)。

[5] 参见 Jacques Gernet, *op. cit.*, pp. 283-286。

忽必烈汗（Khubilai Khan，1215－1294）的母亲 Sorkhakhtani Beki 就是个景教徒，她像以前的唐太宗或唐玄宗一样，对帝国内的各种宗教非常宽容。忽必烈非常像他的母亲。据马可·波罗记载，忽必烈曾说：

> 有四个受到崇拜的先知，每人都敬仰他们。基督徒说他们的上帝是耶稣·基督；撒拉森人的是穆罕默德；犹太人的是摩西；偶像崇拜者的第一个偶像是释迦牟尼；① 我尊重和敬仰所有这四位先知，但是对天上那最伟大者，更真实者，我向他祈祷，求他帮助我。②

忽必烈死于孟高维诺仍然滞留中国期间，其继位者铁木尔（Temur，成宗，1265－?）对中国的教导比对来自西方的教导更有兴趣。铁木尔的四个继任者（即忽必烈的孙子）的统治构成了一段残酷的历史，充满着暗杀、血腥暴力、年幼无能的皇帝登基、兄弟相残、军人掌权。③ 蒙古人感兴趣的是如何让自己变得富裕强大而非靠伦理道德统治国家。如果中国人试图改变这种现状，那么他们会通过本土的孔子之道。如果孟高维诺想通过翻译"诗篇"去说服蒙古贵族统治者或中国的皇帝以大卫王为楷模，他几乎不可能获得成功。此时的中国迥异于中世纪的欧洲。

1615年，耶稣会士收到教皇将《圣经》译为古汉语的许可，但他们却从未开始此项工作。成立于1622年的宣教会在1655年颁布了一项限制令，禁止"任何未获写作许可的传教士所写的书籍的印制。这项法令使得《圣经》中译本的出版几乎成为不可能"。④ 即使耶稣会士们翻译了其中的一部分，也被禁止发表。

除吴经熊外，我们不太清楚那些在19、20世纪翻译"诗篇"的译者的动因。施约瑟翻译"诗篇"的一个原因，可能是19世纪60年代初期他注意到在中国许多地方，甚至上海郊区也遭到了太平天国叛军的威胁。⑤

---

① 参见 Herbert Franke, "Der Weg nach Osten. Jüdische Niederlassungen im alten China," in Roman Malek (ed.), *From Kaifeng…to Shanghai. Jews in China.* Monograph Series XLVI (Sankt Augustin-Nettetal 2000), p. 26.
② 参见 Arthur C. Moule-Paul Pelliot (eds.), *The Description of the World/Marco Polo* (London 1938), p. 201. See also H. Franke, *op. cit.*, p. 26.
③ John D. Langlois, Jr., "Introduction," in: *id.* (ed.), *China under Mongol Rule* (Princeton, N. J. 1981), p. 7.
④ Nicolas Standaert, "The Bible in Early Seventeenth-Century China," in: Eber (ed.), p. 38.
⑤ Eber, Schereschewsky, pp. 72－73.

无论如何,"诗篇""或许是迄今为止写下的最重要和最有影响力的宗教诗集"①。这些诗歌优美动人,具有非同寻常、高深莫测的文学价值。也许正因为如此,它们受到了文质彬彬的中国人的喜爱。

(作者单位:斯洛伐克科学院东方研究所;译者单位:刘燕,北京第二外国语学院跨文化研究院教授)

The Bible in Twentieth Century China against the Background of Psalms Translation

Marián Gálik

Abstract: The book of biblical Psalms is the one of the most influences in China because it could be easily understood by Chinese intellecuals, educated in the Confucian apprehansion of literature. It is common practice for Christians throughout the world. This paper analyzes the Bible in twentieth century China against the background of Psalms translations including S. I. J. Schereschewsky's version, Mandarin Union Version and John C. H. Wu's version and also discusses the Psalms' reading by Bingxin and Rongzi and other modern poets, it will help us a deeper understanding of the Bible translation, acception and cross-cultural Communication in China.

Keywords: Bible translation; Psalms; S. I. J. Schereschewsky; Mandarin Union Version; John C. H. Wu

---

① Carroll Stuhlmueller, *Psalms* 1 [Psalms 1 – 72] (Wilmington, Del. 1983), p. 15.

·文论前沿·

方法有限与哀悼理论

——从新批评到新生命论

李博雷特（Jeffrey S. Librett）/文　胡继华/译

摘　要：二战之后，人文学科方法论的探索以及文学批评理论的建构重演了欧洲早期现代的精神处境，即对失落的绝对之物的哀悼。从新批评到结构主义及后结构主义，从历史主义-文化研究到新生命主义，二战之后的文学学科方法论依次再现了审美主义、新古典主义、现实主义以及新浪漫主义，分别聚焦形式、系统整饬的知识、历史以及主体生命，将如此众多的意象、修辞甚至幽灵作为失落的绝对价值或绝对基础的象征。

关键词：哀悼绝对；新批评；结构主义；新历史主义；文化研究；新生命主义

> 这怎么可能呢！森林里的老隐士还没听说过这样的事：上帝死了。
> ——尼采《查拉图斯特拉如是说》
> 没有内容的思想空无一物；而没有概念的直观一片漆黑。
> ——康德：《纯粹理性批判》
> 诗人是在普遍之中寻求特殊，还是在特殊之中见出普遍？其中差别极大。当特殊之物代表更为普遍之物……作为神秘之事的生动启示而转瞬即逝，此乃真正的象征主义出现之所。
> ——歌德：《箴言集》

20世纪80年代以降，政治化宗教的回归令我们这些人苦恼不已。因为我们坚信，现代性乃是不可避免的世俗化进程。然而，这种回归之势，要求我们反思晚近人文学科方法论体系，用一些术语来表述它与宗教和哲学政治历史的关联。从里根主义到原教旨主义，再到当今方兴未艾的"茶党运动"（Tea-Party movement），全球宗教政治保守主义将催促我们重审，这些一望便知的世俗方法论思潮与教条以种种方式再现了早期世俗化未竟之业的方方面面。因为，这种自觉展开自我批判而试图完成其世俗化大业的努力，可以在原则上保护当代理论探索免遭新保守主义的谴责：当代理论有欠成熟，仍然凭靠着非理性的承诺和教条的信仰。然而，如果不首先反思我们持续依附于那些宗教和形而上学架构的潜在方式，我们就无法完成世俗化大业——而笔者所说的"世俗化"，就是指要超克或规避这些宗教和形而上学的架构。① 二战之后，思想派别林立，他们从多重视点审思这项事业，但无论怎么努力，我们都仍然必须反思和复兴这些追求。在此，在启蒙初期（专制主义君主时代）将教会变成国家的附庸随后二者分道扬镳的世俗化历史背景下，笔者通过回顾二战之后人文主义文学研究的主要方法论思潮（始于新批评登堂入室），从而展开这么一种对世俗化的反思和复兴。除了新批评，笔者还打算反思：（后）结构主义，新历史主义和文化研究（在此笔者将二者作为紧密相关的历史主义相提并论，而后者无疑出自前者），以及"新生命主义"（笔者之所以这样称呼它，并非出于赞赏而是意在批评）——在这个名目下，笔者将晚近一些"后文化研究"思潮（特别是G.阿甘本和S.齐泽克的理论）收纳于内，而宗教论争由此浮出表面。

笔者的主要论点是：二战之后的方法论探索，变相地重演了哀悼绝对丧失的现代早期时刻；丧失了的绝对之物，还指作为总体化无限性的形式或意象的绝对价值；这个过程的一再重演表明，这么一种哀悼之举在当今还远远没有终结。上述四种方法论思潮用普遍的术语详细展示了当代批评之丰富可能性的符号，然而我们却仍然无法从任何一个高高在上的立足点去研究它们。我们所能做的，最多也只不过是把它们置于一起，从它们所形成的某些视角，来逐一对它们进行描述。笔者据以描述这些视角的出发点，基本上是毫无争议的：新批评聚焦形式特征；结构主义推进了理性认识论；新历史主义/文化研究推重历史；新生命主义看重"生命"［对齐泽克而言，那是心理分析主体的生命；而对阿甘本而言，那是源初的生命（zoē）］。笔者随后将从形式、认识论、历史书写以及隐含的心理分析主体立场系统地描述这些方法论思潮（参见图1和表1）。笔者力求同这些思潮保持距离，它们总是为确立一种视角而做出言过其实的论断，因为这种视

---

① 反对卡尔·施密特的世俗化论题，又同布鲁门贝格在《现代正当性》之中对施密特的回应保持距离，笔者假设，现代性不必为获取合法性而世俗化。

角极易被那些明目张胆的支持者以隐微的方式绝对化,而变成一种以精神趋向为伪装的宗教。在这种意义上,笔者取消或置换了他们的视角。笔者的目的在于让四种方法论思潮互相制约而相对化,而不是让它们达到一种总体化而功德圆满,或者依据我们的一己之见而泯灭它们的部分断言。因识之故,笔者尤其推重一种特殊甚至散漫的历史事变:绝对超验的基础在现代的失落。由此笔者论断,随着这种失落而产生了认识论和修辞文体学的后果,而心理分析范畴反过来有助于将它们描述为修复失落的策略。

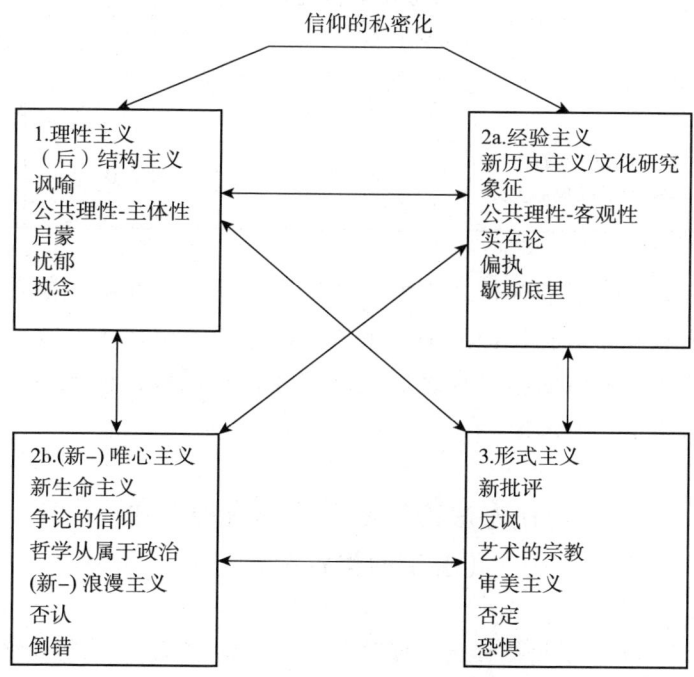

图 1　哀悼"上帝之死"的认识论策略

表 1　二战后人文学科方法论的重要维度

维度 人文学科方法论思潮	私密化再现形式	私密化认识论取向	历史特征		主体性	
			相应的早期现代国家-教会立场	相应的早期思想史时代	对绝对失落的反应	主体结构
新批评	反讽	批判	分离主义 私密化 艺术宗教	审美主义	否定	恐惧

221

续表

人文学科方法论思潮 \ 维度	私密化再现形式	私密化认识论取向	历史特征		主体性	
			相应的早期现代国家-教会立场	相应的早期思想史时代	对绝对失落的反应	主体结构
后-结构主义	讽喻	理性主义	分离主义 公共理性-主体性 （真理即自我确定）	启蒙	忧郁	执念
新历史主义和文化研究	象征	经验主义	分离主义 公共理性-客观性 （真理即符合）	实在论	偏执狂	歇斯底里
新生命主义	信仰即在场的争论	（新-）唯心主义	绝对主义 教会从属国家 （真理即信仰）	新-浪漫主义	否认	倒错

笔者开始描述早期现代"上帝之死"的历史背景粗略轮廓：正是绝对之物的私密化和相对化，让尼采后来居上的宣喻不仅成为必要，而且成为可能。接下来笔者将回顾二战之后美国宗教政治语境，再进一步讨论新批评以降的人文学科方法论。

现代方法论体系即一部哀悼之作
（上帝的慢性死亡）

16世纪上半叶，路德提出"唯凭信仰，因信称义"，从而导致了基督教会的分化，而早在现代早期哲学话语充分展开之前，上帝的"慢性死亡"就悄悄发生，并无声无息地蔓延（参见 Berlant）。基督教会的分化开启了一种以内在化为取向的运动；尽管完全出乎路德的意料，这场内在化运动在现代达到高潮，其标志是一切绝对之物的私密化和相对化。教会附属于国家，结果是1648年三十年战争的爆发，这就隐含地预示着宗教的私密化，尽管最后只有那些有权私密化的人才成为绝对君主。然而，启蒙的"宽容"话语可能把这种根本的权利与义务延伸到整个人类存在。现代个体因此而成为一个王国的绝对君主，主宰着这个王国的，仅仅是一个分裂的自我意识的主体，即一个近乎君主的布尔乔亚本人（参见 Kosellek）。他们说，一个人安居家园……

但是，宗教的私密化也导致了宗教的相对化，这一双向进展过程最后导致了在当今新保守主义之间备受谴责的自由主义者的"虚无至上论"。①而且，绝对之物的内在化本身反过来又转化为武断的主体欲望或内在心境的绝对化。因此，情感的政治反复自我伸张，从18世纪晚期反启蒙思潮，到当代世界新保守主义和原教旨主义（以及身份至上主义）所复活的政治宗教：从维特的烦恼到布什对恐怖的战争，再到晚近复活的生命至上论（在后者当中，"情感"化身为"快乐"或"存在"而再露峥嵘）。

然而，在对立于启蒙的反现代性思潮出现之前，启蒙时代用莱辛和康德等人倡议的"理性宗教"来置换前此"开化的公众"心中失落了的绝对（但它因此而成为特殊的私密的相对化了的绝对）。在这个意义上，现代理性补偿了绝对之物的失落。表达现代理性构成了哀悼根基失落的过程，现代理论的兴起则直落悖论，为的是哀悼理论的沉沦——自我失落，就是失落了其特有的总体化无限性、超验基础以及超验境域。因此，关于理论哀悼（理论）的方式，也必须被蕴含在一切元理论之内。

现代哲学理性兴起于17、18世纪，作为一个过程而部分地预示着对失落绝对根基的哀悼，其本身却采取了两种根本对立的形式：理性主义和经验主义。理性主义集中于作为知识本源的主体，因而一开始就导致了两种趋势，不是同失落的（神圣父系菲勒斯）客体相融合，就是与之同一。弗洛伊德指出，在哀悼中，"检测现实业已表明，被挚爱的对象不复存在，而命令从对象的关联物之中撤回力比多之流……自由的力比多并没有转移到另一个对象之上，而是被拖回到自我……构成了自我与废黜对象的同一"②（3：198，203）。理性主义的"我思"自行设定为一种类似于上帝的基础，

---

① F. H. 雅可比在1800年前后就已经嗅到了这种气息，同时开启了同费希特唯心主义相关的现代虚无主义概念的历史。雅可比将费希特唯心主义描述为以颠倒的方式重演了斯宾诺莎的唯物主义。

② 伯恩鲍姆论证，笛卡尔的立场隐含着弗洛伊德式的"忧郁"。她附加了一种限制，说笛卡尔本人认同于一个已经失落的对象而缺少自我克制。但是，她又只是考虑到世界作为对象的情况，而忽略了笛卡尔学说中隐含的自我控告——笛卡尔一再拒绝服从整体的幻觉，抗拒邪恶精灵的骚扰。这并不是说，笛卡尔致力于用上帝存在的著名论证来复活一个已经寿终正寝的上帝。然而，他用"自然理性"证明上帝存在的努力却以质疑《圣经》启示为前提。更进一步说，邪恶精灵存在的假设本身就设定了神圣基础并不存在；在第三个沉思中，上帝存在则是基于心灵之中存在的上帝理念，其自我确定的存在乃是先验的。现代理性主义奋力忧悼，上帝行进在坐以待毙的过程之中。当然，这么一种观点可能更明显地呈现在斯宾诺莎的学说中。在其哲学流布的最初150年中，人们一般都把斯宾诺莎看作一个无神论者，但他也是率先（在《神学政治论》中）论证《圣经》历史批评的哲人之一。

这一基础随后就奠定在上帝存在的证明中。

但是，理性主义基础马上不可避免地开始变得问题重重。现在开口闭口以"我"相称的内在化绝对之物显然是一个相对概念，仍然缺乏活力，或者已告死亡，或者行将就木。弗洛伊德说："对象的阴影笼罩着自我，现在也许可以判为……被废黜的对象。故此，对象之丧失本身就转化为自我之丧失。"（3：203）认识论主体疯狂外求，"宛如一个贪得无厌的饥肠辘辘的人向外部对象奔突，志在必得"（3：208）。现代经验主义为它自己规定的使命，是为一片空白的心灵求得知觉的对象，以供可以为全体所共享的世界知识建立基础。作为绝对之物的替代品，菲勒斯－父权－神圣的对象在此就成为我们梦寐以求并希望用经验主义认识方式去（再度）占有和（再次）拥有的事物，而不是实际存在的事物。笔者将后结构主义同新历史主义以及文化研究对观互照，然后再来讨论这一点。

主体结构和形式再现方式

丧失之物所引发的忧郁情绪与狂热反应，也同样对应于主体结构及其形式再现方式。在一个侧面，理性主义取向对应于哀悼活动的压抑一极，而且就像压抑本身那样，这种取向也十分类似于执迷不悟的强迫症结构（Abraham）。只要"我"取代了"上帝"，上帝的死活问题本身就一再呈示为典型的强迫症问题：我是死的还是活的？这个问题也显示在那些驱动理性主义话语的问题之中，这么一些话语论涉自我确定的可能性与方法论。[举例来说，笛卡尔第二沉思之中有这么一段值得思考的文字："我就是我；我存在——这一点确定无疑。但是，能存在多久呢？就同我思考的时间一样长。因为，这样的情况也可能发生：**如果我停止一切思想活动，那么我就一定不再存在**。"（65，黑体字是作者为表示强调而加上的）]像理性主义一样，强迫症非常不确定地维系于拉康的象征秩序，而绝对忠实于普遍规则。①它贸然将思想作为宠爱有加的症候领域而置于身体之上，通过形式化和仪式化而逃避欲望和特殊之物（在特殊之物里，它嗅出了可堪恐惧的死亡气息）。

在另外一个极端，经验主义的取向一开始就疯狂地拒绝自我对于一种

---

① 关于这一点，笔者特别感谢 Andrew Cutrofello 对本文初稿的建议。

已死或将死的普遍性的认同,因而十分近乎歇斯底里。它带着怀疑的眼光来打量(又是拉康式的)象征律则。同对于特殊性的绝对忠诚若合符节,它敏锐地意识到了同普遍结构相连的缺乏维度,以及它自身亦感到恐惧的"爱"或整齐划一的权力。它总是倾向于血肉化,在身体层面上自行表现为不可概念化的空间,聚焦对象知觉,去包容唯一遗留下来的可信之物。①

理性主义的强迫症与经验主义的歇斯底里,这两种立场进一步暗示研究再现物的不同方法,或者说,研究再现物的不同方法进一步导致了这两种立场。每一种方法都试图通过用一种特殊的方式将比喻义与字面义区分开来,从而承认和界定缺乏。一方面,如果沿着经验主义前行,我们就会假设,一切普遍命题都是抽象,其地位乃是比喻的,纯粹是一种派生的"可能性"或派生的"观念",而其特殊案例却发挥字面的作用,而作为本原和具体的"现实性"。另一方面,如果采取高度理性主义的立场,走纯粹"理论"或"纯粹思想"的路子,那么我们就认为构成出发点的概念规定性就是字面上的。我们主张将这些概念看做认识论基础或特殊案例的根基,但在我们看来它们本质上是隐喻派生物——它们越是特殊,越是具体,情况也就越是这样。

这些方法丰富的认识论研究方法具有其存在论修辞学(ontorhetorical)前提,因此它们隐含着或者说对应于不同的再现诗学形式。奋力认知之道毕竟也同再现之道唇齿相依。故此,从字面的具体化到一种从来就不稳靠的比喻抽象物的过渡具有经验主义和歇斯底里的品格,这一过渡将象征作为其合适的形式,但绝不是拉康意义上的象征形式,而是在浪漫和后浪漫文学之中提出来被当做文学诗艺再现之最高境界的象征形式(Sørensen)。我们从具体之物开始,挑拣出更普遍的意涵,但它们还仅仅是一些模糊的含义,因为这些意涵纯粹派生于人类意识的具体感性知觉基础,而构成比喻之维。相反,字面抽象化到比喻具体化的过渡具有理性主义和强迫症的

---

① 在《理性分裂为二:理性主义与经验主义》一文中,笔者指出,弗洛伊德在《神经病与精神病》里展开了一个类比研究,据此理性主义(或哲学)之于经验主义(或科学),恰似精神病之于神经病(169ff., 181n. 12)。也许,精神病-神经病的对立在神经官能症内部以替换的形式重现为妄念强迫-歇斯底里的对立;在这种对立当中,思想变成了色情,实在因此而被涂抹得无影无踪,这种情形正好对立于被压抑物的肉体化所导致的对实在的过分注重。在《神经病与精神病》中,弗洛伊德明确规定,神经病-精神病的界线乃是一种同忧郁症相关的自恋结构。

品格，这种过渡在哲学上对等于文学形式的寓言形式，它创造具体形式，以此作为附属之物，去再现具有先验意义的抽象实在（Fletcher, 279 - 303）。在这两种认识论（欲望或伦理的）取向及其对应的文学审美方式之中，特殊个案起着"举证"的作用。但是，在经验主义研究中举证可谓范本，因为它为由此派生而来的概括、概念和律则提供了基础，而在理性主义研究中举证却只是发挥图解之用。

哀悼上帝：从早期现代性到诸种极权意识形态

即便形形色色的理性主义和经验主义以各自不同的方式维系着（慢性死亡的）上帝，但它们彼此互动，致力于消融"上帝之死"的困境，从而构成了现代哲学的发展，为抵达并超越康德哲学铺平了道路。康德的努力在于通过悬置"物自体"来解决上帝问题。[①] 有两种方式来应对客观绝对之物的失落，但现代思想却陷于二者的张力之中，绝不可能越雷池半步。毫无疑问，康德的努力在《判断力批判》中臻于高潮——他认为，在审美目的论经验之中，形象与概念和谐互动，彼此嬉戏，但不确定性也由此而生。可是，康德的审美目的论判断也为意识的持续分裂留下了地盘。德国唯心主义对康德哲学的反应是双重的：费希特的哲学是理性主义的，以自我为中心的，因而仍然以认识论为焦点（但其途径乃是一种认识论的"设定行为"）；谢林的哲学将自然世界置于绝对自我的地位，因而成为经验主义的。克服此二者之对立的方式多种多样：黑格尔试图以历史的名义，瓦格纳试图以神话的名义，现代极权主义和国家（在黑格尔之后有一个列宁化的马克思，在瓦格纳之后有一个歪曲了的尼采）试图以无阶级社会或以生物性为基础的民族政治神学意识形态的名义。但法西斯主义被挫败，斯大林主

[①] 将"先验对象"设定为经验不可把握之物，悬置"物自体"，此乃康德面对绝对的失落而完成哀悼之举的途径；而对失落的绝对之物的哀悼始见于理性主义的忧郁症和经验主义的偏执狂当中，康德在"第一批判"讨论"纯粹理性"的二律背反之时，将这些诉求一概存而不论，而揭示教条的（理性主义）和怀疑的（经验主义）立场彼此矛盾又互相蕴含。可是，二律背反的左右摇曳，又切实地以一种令人疑虑的方式呈现为理论理性的经验主义与实践理性的理性主义（后者无视"本然之在"而设定"应然之在"）之间无法化解的张力。康德批判哲学体系的终点，乃是在《判断力批判》中讨论反思判断（审美和目的论判断）之"中介"的著名段落里，他主张用"中介"化解这种张力，克服这种左右摇曳。美与崇高的反思经验和自然有机体成为绝对基础无言复活的场所。这种绝对基础的复活也在新批评的有机唯美主义之中遥遥嗣响。

义备受批评，这又明白无误地表明，一切在政治上复活绝对之物的努力都无功而返。在二战期间，尤其是在战后，新批评借着康德的审美自律论，以期重新断言世俗主义乃是一种自命不凡的非意识形态文化。

政教分离主义在战后美国的重现

笔者正在论证的命题是：二战之后，即法西斯主义的溃败和反共冷战的开始，到国家社会主义的没落和新自由主义的余震，文学人文研究面对（新生命主义哲学之中）隐而不显的绝对主义姿态的回潮而展开的方法论体系建构，凝缩了康德哲学、理性主义以及经验主义方式之中的启蒙理性（同时又再次规定了世俗文学经典）。同时，笔者还假设：除了新生命主义哲学之外，文学人文研究的方法论探索还努力复活和再度肯定现代自由主义的社会契约，而这项契约乃是极权主义政制蓄意颠覆（如法西斯主义）或故意废黜（如共产主义）的传统（参见 Stevens）。在笔者论设所及的美国，历史的重演发生在 20 世纪 50 年代宗教普遍回归的语境中，随后是六七十年代的宗教危机，紧接着又导致了 80 年代宗教的显著复兴（参见 Sorauf）。

这段复杂的历史具有三个对下述论述尤为重要的特征。第一，新教当权体制在二战之后四分五裂——"当权体制"，在此是指一种类似于国家做主的教会（参见 Sorauf, 10）。第二，法律申诉的历史，还有高等法院立案证明，从 20 世纪 50 年代到 70 年代，有一种强烈的政教分离的诉求（而且总是伴随着对分离主义的强烈抵触），然后才是 80 年代中叶以来这个过程的部分倒转（参见 Sorauf, 370）。宪法分离主义强劲而突兀的发展势头，新教霸权地位的销蚀，人权运动的兴起，三者携手同行，齐头并进，因为这段历史不仅十分类似于，而且确实依赖于并现实地重演了 17 世纪历史的某些重要特征：理性宽容的启蒙话语取代了专制主义及其国家做主的教会（参见 Maclear，关于 60 年代之争，参见 Oaks）。第三，从 50 年代到 70 年代，分离主义的宪法通过最高法院立案而迅猛增长，而这些立案几乎总是涉及学校、学院和大学的宗教政见。教育位居政教分离复兴运动的中心。鉴于这么一些理由，我们可以说：这个时期的文学研究持续重演了早期现代哲学方法，重做了分裂与哀悼的功课，而这个事实远远不只是表明了观念史层面上某些思想传统的连续性或类似性。相反，它活生生地证明，在宗教-政治意识形态、制度和法律的历史上，存在着某些（变相的）重演。

"新批判之道"（Neo-Kritizismus），反讽，
恐惧症—新批评

爱智而求道，我们就不妨说：一方面，新批评就是公开的经验主义。在理查兹的学说中，批评家的求知欲望转到了诗人的经验上。批评家想把诗人的经验复活，而延续对作品的体验，然而，这是一种以形式为中介并通过形式而得以臻于至境的内在经验。总而言之，在新批评学说之中，批评家的欲求转向了同一切对象及以此对象为中心的理论孤立绝缘的诗性对象（参见保罗·德·曼《盲目与洞见》，229-145；布鲁克斯《精制古瓮》，x）。另一方面，新批评家对自律的艺术品情有独钟，对形式的反思兴趣盎然，而其立场又超然无执，新批评学说又将某些理性主义的要素容纳于内（布鲁克斯《精制古瓮》，XI）。它仍然远离一种朴素的黑格尔主义，不至于对所给定的对象情有独钟。也许，康德第三批判的影响不太明显也不太持久，但把上述两个方面合而观之，新批评家的立场还是非常类似于康德美学所提出的立场。一般而论，康德业已倡导了审美自律的学说，而在新批评学说之中，人们集中关注体验对象与形式的相互作用，对脱离上下文的作品展开超然无执的反思。

新批评在再现方式上最为忠实于浪漫主义的象征原则，因为它对艺术品的研究常常凸显对立、歧义、悖论以及张力，然而我们最好还是将它定性为一种反讽批评（Jancovich 22，170 n26；Brooks，"论反讽"）。F. 施莱格尔和德国早期浪漫主义者在这个方向上推进了康德的美学反思，在他们的学说中反讽在永无止境的循环游戏之中返回自身，永无止境地完善作品的无限有机整体，从而永绝于外部世界。同样，新批评将焦点放在形式之上，经验主义将焦点放在作为客观所予的人造物的个别作品之上，二者之间的"统一"建立在一种析取的综合关系（disjunctive synthesis）中。①

伊格尔顿将新批评描述为一种"防御型知识分子"的意识形态（47）。从弗洛伊德的视野来看，这种意识形态显然是"恐惧症"（参见 Studienausgabe 1：394-397；3：115ff.）。不论是其早期反对科学无涉价值的势力范

---

① 新批评要调和形式主义与阐释学，因而我们在其学说之中发现的那种"反讽"显然不是德·曼在《盲目与洞见》之中特别地描述的基本反讽。

围而辩护诗学话语,还是后期拼命回避二战与冷战意识形态张力所决定的政治立场,新批评都在努力退出危机四伏的语境而躲进有机作品整体的安全港,视作品为绝对价值的象征。① 避免成为法西斯主义者、共产主义者、资本主义者、科学主义者,因而百无一用,无所作为——这么一种焦虑之情通过反应("幸运的是从这个世界抽身而出")而构成一种征兆,表明阅读主体消逝在作品之中,这种情形反过来成为伟大诗人之主体性的典范,而归属于他对自然美、整体性和生命力的体验。在弗洛伊德那里,作为诊断范畴的恐惧症之地位仍然飘忽不定。但恐惧的立场徘徊在歇斯底里的焦虑和强迫症的焦虑之间,后一种焦虑逃避特殊性,激起了被禁止的对于父权法定原则的冒犯之举,而前一种焦虑是指面对诱惑的可能(失败)而对原始场景充满害怕之意。譬如说,从 T. S. 艾略特开始,新批评对"感性的分离"展开了广泛的讨论,而这种批评话语就呈现为一种恐惧之情,唯恐主体性分崩离析,裂变为两种外在之物:抽象化思想和特殊化情感(Eliot,247;参见格莱克纳和安斯科对于休姆、布鲁克斯、福格尔、文萨特和弗莱的研究)。从这种恐惧症立场出发,新批评认可世俗化(即主体裂变分离,生成普遍性与特殊性),但它趋向于将艺术作品神化为没有明确创造者的创造作品,从而将世俗化放逐到远方。显示作者远离传记钩沉,远离"生命-作品"的文学编撰历史,作者的天才就被存而不论,读者也必然在原则上面对作品而遁迹无形了。这种立场令人想起弗洛伊德的"拒绝"(Verneinung)心理机制——在承认与否认之间寻求微妙平衡,但不像"否定"(Verleugnuong)那样(笔者下面将要讨论到),先是承认然后又拒绝了它不能融合之物。

在英美国家,细读批评蔚然成风。在这种普遍流行的意识形态之中,自律的艺术采取了新批评主义的立场(当然这是指它延续并更新了康德主义批判美学的反思)。这种立场在反讽之中找到了其重要的修辞学对应物,且以最为可信的心理分析的方式转换为恐惧症式的拒绝行为。然而,直到 20 世纪 50 年代末期,这种立场开始自我解构:一方面,理论的内在动力导致了一场更为广阔的理论运动,志在将形式主义的种种可能性上升到概念高度(弗莱《批评的解剖》即为明证之一),展开一种以理性主义为取向的

---

① 关于文萨特和比尔兹利的"情感迷误"及其相关论说,参见 Siebers, 36-46。他指出,服务于奇理斯玛领袖风范,修辞学的力量充满危险;对这些危险的"焦虑与恐惧"正处在这些分析情感修辞术的批评家注意的中心。

系统化运动，而出现了英美结构主义（参见 Lentricchia, 3 – 26; Hartman, esp. 14 – 23）；另一方面，英美批评话语尝试向外突围，企图既占有大陆思想范式又认可作品（就像英美批评理论自身一样）浸润于漫溢其外的语境之中。然而，在我们现在所力求追溯的方法论探究的历史上，这种语境最初乃是由语言学文学结构主义所提供的形式语境，因为它与新批评所见略同，都聚焦于形式，但它和新批评家的解释学经验论判然有别（参见 LeSage, 22, 9, 11）。冷战时代，对极权主义与一般意识形态的忧虑之情普遍蔓延（具体地说，文化反抗的叛逆运动开其端，而反抗意识形态的运动紧随其后）。与此等焦虑之情合拍，新批评转向了结构主义，从而基本上规避了物质实在语境（最为显著的是民族 – 阶级的历史语境，那时全然被法西斯主义与共产主义之间敌对而又临近的关系玷污了），而是转向了历时或共时的语境，关注其形式与理论的维度：语言以及更一般的概念范型。此外，结构主义还给了文学批评一种客观科学的诱惑，以期补偿文学研究之中一望便知的主体个性化，因此它在世俗理性框架之内至少也为社会的正当性提供了一种幻想的收益。

新理性主义，讽喻，执念：从结构主义到解构

1966 年，"文学批评的语言与人文学科"学术研讨会在约翰·霍布金斯大学举行，这标志着结构主义在美国正式登堂入室。按照其哲学认识论取向，结构主义向我们展现了一种变相复兴的理性主义。毫无疑问，此等理性主义更亲缘于斯宾诺莎而非笛卡尔，因为虽然把个体主体性置于一个更大结构的实体之中，它仍然是一种理性主义。结构主义躲避历史，或者将历史边缘化，因而也倾向于以系统来取代自觉意向的主体。这里的系统，是语言学的因而也是社会文化或文学的，位居结构主义之基础（参见皮亚杰）。差异取代了同一（比如有机作品的自我同一），关系取代了要素（比如一种特定诗学体验的要素），而成为认识的"真正"对象和意义 – 结果的生成动力。将差异关系概念化，视之为转换的普遍规律，便取代了对特殊之物的观察而成为认识的基础。结构主义的形式唯物主义纲领将理性的普遍通则当做方法论的焦点。而特殊个案，作为一个系统的构成要素或系统功能的个别体现，在原则上仅仅是作为图解式的例证同理性的普遍通则相关。

在形式再现或文学语体层面上，结构主义（在解构之中遭遇到其极限）以讽喻概念来描述一般和特殊的关系。结构主义天然具有认识论的取向（而且常常被恶意地称为"超高-理论"），因而它总是极力将语言学、文本和社会文化历史纳入他们所描绘的主导性理论模型之中。它讲述一个结构的故事。师宗索绪尔及其后学，以语言学为出发点，偏爱结构主义的系统的语言之共时性总体，而舍弃一段历史的历时性展开，尤其是舍弃一种以语义学为取向的历史，像19世纪末和20世纪初作为历史语言学研究中心的历史。同样的，它赋予普遍语言结构相对于实现语言的个别言语行为的优先地位。在文学批评的结构主义之中，诗学（或曰统治着文本生产诸种可能性的规则体系）就节节上升而压倒了阐释学，后者的取向乃是重构个别作品的意涵（参见库勒《结构主义诗学》）。

一种悖论自不待言，其结果必然是读者似乎统治着作者——而在一种令人不胜苦恼的程度上，对于那些深受新批评熏陶的人而言尤其如此。然而，在此读者仅仅是诗学符码的导体而已。这些诗学符码肢解了"作品"，或者说将"作品"呈现为一个在整体上支离破碎的"文本"，其可能的生成系统具有多元性，而没有保护其作为"作品"的整全性。"作品"这个范畴宣称"有机整体性"，而结构主义却满腹狐疑地考量着这种主张（参见罗兰·巴特）。一目十行的阅读与聚精会神的解释之间的距离，可能在保罗·德·曼的著作之中得到了测量。① 在其晚期著述里，特别是在《阅读的讽喻》之后，文本显然就是讽喻叙事，其对象不仅是文本自体的写与读，而且更为难堪的是，它还揭示了这么一种反思的不可能性。换言之，从个别文本到恰如其分的概念化阐释，这种经验论的上升之路是行不通的；或者说，从一个修辞学网络向一种坚定地维护这一网络的劝勉行为，实施这种转换是不可能的。

最后，从心理分析的诊断范畴或主体立场而言，结构主义显然倾向于强迫症。弗洛伊德认为，强迫症的主体性将思想色情化（这一点的确是他对强迫症的突出病症的主要定断之一）；同样，结构主义的理性论也优先集中于认识论方法，结果乃是为"理论的来临"弹冠相庆。但是，强迫症模式构成了

---

① 德·曼的学术历程穿越了现象学、新批评和结构主义，他的独特理论力量在于能同所有这些思想运动保持距离，但在其学术生涯的后期阶段服膺解构，这又说明他处于结构主义自我消解和自我超克的地位。譬如说，在《符号学与修辞学》一文中，他谈到了"某些防御型符号学保健法"（《阅读的讽喻》，6）的必要性，但这种反讽的语气并没有取消他用以论说结构主义符号学的严肃性，即便他召唤这一学说只是为了揭示语法与修辞之间的和解的虚幻程度，情形亦复如此。

一种延长的犹豫心态,一种不依不饶的替换-紊乱状态——请注意,在"鼠人"案例及其他情况下,弗洛伊德将变相替换(Verschiebung)描述为执念的首要特征。同理,结构主义,以及在某种程度上,后结构主义也犹疑不决,徘徊不定,迟迟不肯实在地提出一种文本阅读方式或历史理解方式,遑论为并非文本所属的行为提出一套议案了(参见库勒《论福楼拜》)。或者说,如果患上强迫症的结构主义者疏于行为,那么他们就一定会在实现行为的完美过程之中生死疲劳,以至于将创造物化为乌有。考虑一下列维-施特劳斯、罗曼·雅克布森和罗兰·巴特吧!前两者对诗歌进行语法解读,而后者在《S/Z》中,巴尔扎克的文本消散为多重可能性,而对多元的视点俯首听命。结构主义分析,即便不是像萨拉西纳(Sarrasine),起码也是像"未名杰作"(chef d'aeuvre inconnu)那样,自我造就,以至功德圆满。

质言之,结构主义与强迫症执念共有一种压倒一切的矛盾情感,令批评家火冒三丈,可正是这一点构成了其"老奸巨猾的持重"。从索绪尔语言作为一个差异系统的观点,到德里达解构用以处置西方形而上学传统之二元对立(包括超克形而上学和驻足形而上学的对立)的"非此/非彼和亦此亦彼"的策略,这种矛盾情感随处可见。当然,用这种强迫执念来描述德·曼也一样贴切,尽管他本人拒不认同(参见《浪漫主义修辞学》,239-242),因为他极力证明,阅读完全不可能从文本的特殊性上升到意义的普遍性,遑论理性引领的人生在世之行为!如果说,德·曼去世之后,一切都朗然可鉴,这种立场始终是由多种因素决定的,其中最主要的因素乃是他青年时代与法西斯主义的政治牵连,而笔者认为这种政治牵连萦绕了其大半辈子,同时又不言不语地自我哀悼,并极力防止自己和其他人重蹈覆辙,那么,这么一种人生经历有助于解释,结构主义和特殊意义上的解构论以何种方式回应了极权主义,因为正是极权主义终止了政教分离与公私分离,而这种分离之根源可以追溯到对于极权主义绝对之物以及一切神圣化的自然主义理论的批判之中,这种批判洋溢着理性主义精神,充满了激进的世俗气息。①

---

① 至于对德·曼调用"矛盾情感"概念的一种部分历史化的探讨,参见阿拉克(Arac)的论著,此君将德·曼对"矛盾情感"的偏爱同他回避一切价值判断的努力联系起来,而这种努力是值得怀疑的,因为德·曼终归断然支持以矛盾情感为最高价值。至于德·曼在何等意义上"执迷不悟",在整个学术生涯中如何回到数量有限的文本,阿拉克也展开了论述(129)。同时参见赫尔兹(Hertz),他不仅在德·曼的著作之中发现"强迫症"的形式,一种表现在"强制重复的人物身上的……不确定动力的激情"(100),他还注意到"不确定激情有选择的具体化乃是镜像的结构"(102)。

新经验主义,象征,歇斯底里:新历史主义到文化研究

1983 年,杂志《表征》问世,保罗·德·曼辞世。从这一年开始,文学批评发生了转向:从结构主义-解构论的理性主义强迫执念的倾向转向了(笔者称为)经验主义/象征主义/实在主义和新历史主义的歇斯底里事业,及其在文化研究中的延伸。[①] 鉴于相当程度的非历史主义之故,这种转向"硕果累累"——不仅对如此众多的(后)结构主义理论是这样,而且在更宽泛更危险的程度上,作为新大陆的美国以及作为理想化失忆症的意识形态大陆的美国,情况更是如此。更有甚者,新批评肯定文化在(后)结构主义时刻的余韵尤其在英语研究之中影响不可谓不深远,然而在其他某些语言领域它却可能并非主流。(比如说,在日耳曼研究中,历史主义和马克思主义传统以及纳粹过去的影响,更是难以让人置历史于不顾,甚至在二战之后最初几年"文本内在性"批评在德国蔚然成风,情况依然如故。)进一步说,1980 年新右派的崛起,结构主义普遍衰微,最终在政治上败北。作为结构主义的标志,理性至上的普世主义,显然不太像启蒙的宽容,而倒像是抹杀特殊身份,几近重复了 17 世纪国家教会以绝对主义的方式否定宗教多元性。

新历史主义/文化研究力求通过肯定个体人格的政治性而修复公共普世性与私密特殊性之间的分裂。聚精会神于经验论,乃是这种纲领的一个重要维度。[②] 历史重大事件、现实制度以及话语结构(而不只是理论的或者语言学结构),并阶级、性别和种族权力游戏,在文学研究内外都成为历史描述的优先对象。特殊性而非普遍模型,乃是其目标所至。奇闻轶事、档案

[①] 在英国传统上,文化研究的历史至少可以追溯到 20 世纪 50 年代晚期雷蒙·威廉姆斯的著作以及 1964 年"伯明翰当代文化研究中心"的建立,但笔者在此主要集中于美国语境。关于新历史主义的早期争论,参见 Veeser,文化研究稍后数年的发展简介,参见格洛思贝格等人的著作。

[②] 蒙特罗斯,虽然是新历史主义(笔者称为"文化研究")的热烈支持者,但在《教化文艺复兴:诗学与文化诗学》(见 Veeser, 15 – 36)一文中,他又承认,新历史主义勉为其难地对他们的"实践"进行"理论思考",乃是某种折中调和与经验至上趋势的征兆,而有可能挫败区分新、老历史主义的努力(18)。但只要放弃经验论,我们又会遭遇相反的危险:无法区分新历史主义和(后)结构主义。而且,我们同时丧失了历史。参见 Fox-Genovese《文学批评和新历史主义的政治》,见 Veeser (213 – 224)。

记录、集体表演，以及边缘声音，无不在这种特殊性之列。范本特例，而今不仅主宰着而且优先于可能的理论探究。事物的脉络所构成的语境是真枪实弹而非纸上谈兵。语境位于物自身（即便这些事物也不时地被称为"文本"），与时俱进而具体展开，而非位于（现在渐渐显得是"仅有的"）认识事物的理论系统的诸种可能性之内。譬如，在《文化研究导论》中，格洛思贝格、讷尔森和屈齐勒反复强调"语境"的重要性，以至于它显然成为文化研究的决定性概念或者主导能指符号，因为该书的作者们特别地宣称：文化研究没有特殊的对象与方法。同语境相关者，殊异之物也，它包括特殊、实践、历史、具体、物质、社会、大众、兴味和斗争，而对立于普遍之物。普遍之物包括概括、理论、抽象、理念、精英精神、超然姿态，等等。在一条近乎定义的陈述里面，作者们提出，文化研究永远是在"特殊语境"下界定"特殊的实践"，因为这些实践决定了高雅与通俗（大众）文化的差异："文化研究要求我们认证特殊实践的功用，认证这些实践如何连续不断地反复刻画合法的和大众的文化界限，认证他们在特殊语境下取得的成就。同时，文化研究还必须常常质疑它与当代权力关系的联系，及其博弈状况。"（13）因此，必须在对权力斗争的特殊语境之描述中求取意义，而这也常常被理解为主动出击，积极干预。文化产品和规则于焉出现，自我转化。

但是，语境一方面同它所圈定的对象保持着距离，另一方面（在原则上）又是无限地不可确定的（或可反复确定的）。因此，意义是否可能出现在具体的语境生成过程之中？这个问题（尤其是依据德里达的学说）仍然是开放的，难获正解。毫无意义的历史，确实并非大多数文化研究学者的意见，至少是因为他们可能宣称自己的学说是有意义的。"语境"如何黏合起来而自成脉络？这个问题却不是只靠反复提到"语境"概念就能解决的。德文"整体关系"（Zusammenhang）恰到好处地强调了这个黏合而自成脉络的问题，因为它既指"上下互文"，又指"自成肌理"，而其字面意思是"置于一处，彼此支持，和谐有序"。如果一种分析最后归结为"语境"，那么这种分析最终就会一头扎进所给之物的模糊状态，而无法获得明晰之见。即便批评家自以为所给之物的语境性赋予了它一种可窥透的半透明性，情况也只能是这样。

就一种研究语境殊异性的经验论而言，普世性显然永远具有一种犹抱琵琶半遮面的权力兴趣。比如，保罗·德·曼就把"普世性"称为"技术正确的修辞读法……","而且普世性从来就是天生缺陷的语言范式,它不可能成为一种范式语言"(《抵制理论》,19)。聚讼纷争,不一而足,每一种对于超验同一性的论断现在都是对一种特定意识形态同一性的肯定——即非概念和无处不在的权力意志现实性的案例而已。这种废黜神话的姿态确实包含着一个必要的批判反思要素。譬如,在结构主义和解构的理性面具后面,权力政治的经验现实性现在可能清楚地显示在那些善男信女对于这种现实性的相对冷漠之中("现实性"乃是"指称效果"而已),某些耶鲁学派的解构论者的高傲冷漠和对政治的不屑一顾,以及德·曼的法西斯往事,在许多学者们带着特殊的偏好看来,显然都印证了这种立场。但是,即使去蔽虚幻普世主义具有一种废黜神话的权力,语境论历史主义的反理性主义倾向也将普世主义的诉求化为乌有,而普世主义对于其解放的欲求乃是必不可少的。这就是一个矛盾,必然导致一种矫枉过正的努力,像拉克劳的《解放论》,或者巴迪欧的《圣保罗:普世主义的基础》,就是实施这么一种努力。

进一步说,以福柯等人的权威理论为基础而展开的知识-权力关系历史描述,几乎全无英国浪漫主义自然诗或法国象征主义抒情诗的样子,我们几乎都认为象征主义方式同现实主义(以及历史主义的)方式正相对立,因为依据阿布拉姆斯之见,前者被认为是模征与表现,而后者被认为是模仿。然而,新历史主义同象征主义文学语体分享一种意识形态的信念,认为模糊不清半明半昧的具体事物优于清澈明晰的抽象概念。故此,回归历史最终以变相的现实主义的转喻形式复活了象征主义美学,因为新历史主义所开启的文化历史转向事实上忠实于浪漫主义以来日渐明朗的象征主义呈现方式。①

格林布拉特在《略论文化诗学》一文中提出"一种实践规则,而非一套学理原则"(1)。尽管如此,以及正是因为如此,这份文献在20世纪80年代的语境之中却成为新历史主义的基本纲领文本。格林布拉特开宗明义,将自己置于同马克思主义和(纯粹形式和分别反映在詹明信和利奥塔论文之中的)后结构主义的对立面,反对两种形式的讽喻主义。格林布拉特就

---

① 关于浪漫主义研究之中的回归历史,参见 McGan 的论著。他向柯勒律治发难,反对"讽喻的灵见"(allegorical vision),显然就回应着所谓的浪漫象征主义的意识形态,不过,他的宗旨在于"揭露政见,社群意识,或者国家机器和意识形态"(McGan,97),参见 Kenneth R. Johnston 等人的著作。

此指出，在他从《政治无意识》之中所引证的一段并不关键的文字里面，"回荡着一个人类堕落的讽喻"。这么一个讽喻"在全书的结尾已经再次被导向了终末论，以至于整体不再启示的永恒总是堕落于往昔，而在无阶级的未来。因而，一种明智的诉求将以一种缺失的经验事件为目标"① （3）。格林布拉特继续论证说，后结构主义犯了相反的错误：真实差异（比如公私差异）被抹杀，而意识形态的差异未设定，资本主义必须对此负责。然而，对立归对立，缺陷确是共同的："在两种情况下，历史都是一种方便实用的奇闻轶事，附加在理论结构上作为装饰，而资本主义不是西方历史发展阶段上的一个复杂的社会经济实体，而是一项邪恶的哲学原则"（15）。

取代这些互相对称的讽喻，格林布拉特提出，美学与政治、私密与公共、自然与文化之间的分分合合构成了那么"一种令人目不暇接而显然不可穷尽的循环往复"，其二极为同一与差异、独占的整体性和分裂的多元性；但是，"唯有资本主义才能推进这种循环往复运动"（8）。格林布拉特宣称，这种洞见"与其说依赖于后结构主义理论，不如说依赖于美国政治的循环节奏"（8）。所以，一种对于基础的诉求就是经验主义和历史主义，或某种类型的现实主义（实在论）（White，参见 Veeser，297，Said，223）。整体与差异之间的循环往复被进一步"铸造为美国日常行为的诗学"（8）。在格林布拉特的话语之中，"诗学与政治"之间的往复循环的自觉动机以及合法性诉求，乃是他对于这种往复运动的独特论证；在此，这种循环往复运动与其说是由后结构主义理论不如说是由一个"美国"来定位以及通过美国来获取血脉关联的，因为美国乃是格林布拉特认识的可靠基础，并作为真实的对象而存在；即便经验主义的"感知"已经为充满理论反思的阐释解读取而代之，情况亦复如此。（毫无疑问，假如这种洞见的基础不是某种现实，而是一种理论，那么，格林布拉特就无法区分新历史主义和后结构主义，而后者构成了其理论资质的重要部分。）可是，格林布拉特在美国找到的"循环往复"究竟是何种概念，何等现象呢？

格林布拉特进而举了两个令人着迷的例子，来说明他的本意。笔者在

---

① 格林布拉特宣称，詹明信的（结构主义）马克思主义是讽喻修辞。这么一种看法确实似是而非。詹明信认为，一切阐释都是"一种本质的讽喻行为"（10），且认为马克思主义乃是将过去的事件"统一建构为一个单一宏大的集体故事……共同具有一个单一的基本主题……集体奋斗，以期从必然王国挣脱出来，进入自由王国……此乃单一宏大却未至功德圆满的情节之中一段生动的插曲"（19 – 20）。

此仅仅略提一笔，以便讨论它们究竟所证何物。第一个例子：他描述了"优胜美公园"（Yosemite Park）的自然与文化的差异之确立与消解，以及彼此渗透的情形，而称为"资本主义美学的一个典范神话，然而它却没有呈现'属性关系'的维度"（10）。第二个例子：为了包容属性关系维度，他以诺尔曼·梅勒的《行刑者之歌》和《野兽的肺腑之言》为例，描述社会话语与美学话语、艺术与历史、文本与事件之间的互相渗透，以及这些文本所呈现经济处境和引发的怪异可怕事件。在笔者看来，举这两个例子绝非偶然，也不仅仅是谨慎之策和权宜之计。但这两个例子仅仅产生了一个令人梦系魂牵的希望，那就是有一个特别适用于它们的抽象概念，不过尚未公布于世："我们需要发挥这些概念，以便描述素材……在话语领域之间互相转换并向美学属性生成的方式"（11）。因此，像一个象征形式，格林布拉特自己典范而出色的例子显然又没有经过合适的归纳。而这些例子同马克思主义和后结构主义呈现方式之间的差距，恰恰就在这里。格林布拉特的例子具体生动，召唤一种缺失的抽象概念，同时颠覆了讽喻的再现模式。在他看来，詹明信和利奥塔正是利用这种模式展开哲学诉求，以一种"缺失的经验事件"为目标；取代这种事件，他们仅仅是利用"历史"来装饰点缀。

格林布拉特在结束论说时强调指出，"艺术乃是艺术家或艺术家阶层……同社会制度及规范法则之间协商的产物"（8），而这种协商取决于创造一种"有效货币，据以展开实质性相互获利的交换"（8）。而且他还补充说明，他所说的货币，不仅是指金钱，尤为重要的是"在隐喻意义上使用'货币'一词，来指称系统调节，符号换算，以及为了实现交换所必须的信用底线"（13）。因此，他不仅在现象学对象（美国或者资本主义？）之中而且也在作为"协商与交换的隐秘场所"的特殊对象上将同一与差异、私密与公共彼此渗透成为一个整体（13）。对象成为交换场所，但交换乃是实在对象，这就是新历史主义的"历史"。进一步说，"货币"不仅是在隐喻意义上使用，而且是误用的隐喻之隐喻，意即转换和交换，于是隐喻就是（历史的）实在。这就意味着格林布拉特利用"货币"这个意象在作为话语的隐喻和作为社会的实在之间建立了隐喻的越界。而且，隐喻的津梁从来就比实在更加实在。正如他告诫我们，至少就目前而言，隐喻的越界超越了一切可能的抽象理论思维。因为，一切货币都只能在流通过程中存在。

历史之本质在于以货币为媒质的协商，也就是说，在于从某些必须作为交换对象的非常特殊的立场和实体之中永恒地派生出一种非稳态的抽象交换媒介。所以，历史就在不断地累积，并流溢出象征的灵氛。最后，"货币"一词还意味着"在场"；在这层含义上，格林布拉特提醒人们注意，"在场"飘忽而又持久，空灵而又永恒，至少也构成了浪漫主义以来象征意识形态的一部分。《略论文化诗学》即为明证，在这么一篇开创性的文本中，象征方式在新历史主义里面出现，而成为隐喻与实在之间的隐喻共鸣——共鸣就是流通或往复运动，而这就是实在之实在。所以不妨说，格林布拉特在此所举出的例子，产生了超现实的怪异的惊悚感，比如"一种令人目不暇接而显然不可穷尽的循环往复"（8）和"动荡不休的流通"（13），但这一切同"一种稳态的艺术模仿论"全然无关，恰恰因为它是一种历史的象征论。①

最后，新历史主义和文化研究在哲学方法论上是经验主义，而在文学方式上是象征主义，因此像一切现代经验主义和象征主义一样，从精神分析学说的术语来描述，它显然是歇斯底里的。20世纪80年代以降，新历史主义的肉体化转向，聚焦物质自然语境、制度和事件，这就取代了构成结构主义理论至上特色的思想色情化。像弗洛伊德体系之中对强迫症的描述一样，"歇斯底里的方言"而今为歇斯底里的语言本身取而代之。文学批评肉体化，策略就变成技巧，文本就具体化为制度以及福柯意义上的话语。身体而非文本理论本身成为一个突出的研究对象以及学术书写之中一个恒定假设。② 多少有些出人意料，我们认为自己就是书写，在物质历史中思考身体——身体的历史。我们还认为，自己的作品之中的参照、所指、能指都是肉体、物质等。（后）结构主义理论至上倾向与新历史主义/文化研究之间疏远而又亲近的关系，恰恰在于它颠覆了前者对语言躯体（能指秩序或修辞文字）的集中关注，转换为后者对躯体语言本身的集中关注，不论

---

① 我们同样也可以在蒙特罗斯的学说中认出一种不自觉的象征主义策略："'文本的历史性与历史的文本性'，如果这么一种交错的表达很时髦……那可能是因为它们提出了……一些模式，资以描述话语领域和物质领域之间的一种动力学的非稳态的相互作用关系"（Veeser, 23）。

② 比如，约翰·费斯克在其《文化研究与日常生活的文化》一文中，专辟一节讨论"差异的身体"，概括描述福柯、布迪厄、德赛都等人的立场："那些将我们铸造为有机规训主体并适合资本主义要求的机制终归穿透了我们的肉体……社会秩序……却取决于对人的身体和行为的控制"（Grossberg, 162）。

是人类躯体还是制度躯体。① 同实在躯体和构成并约束躯体的实在社会话语机制相比,能指不太让人感兴趣。在《性倒错歇斯底里夫妇的快乐命运》一文中,精神分析学家露西·康婷用拉康的话说:"歇斯底里者缺乏信任能指的能力,只能等待身体文字,而其他文字基于身体,并靠身体而得到确认,同时若无身体文字,能指就是不可思议的"(参见 Appollon,169)。因此,经验上特定的语境以及作为社会快乐的权力之物质隐喻,就成为历史主义文化研究旨趣寄居的躯体场所。

从心灵转向肉体,伴随着一种将阅读变成政治的趋势,这种趋势风起云涌,高瞻远瞩,同时也对权力和意识形态的美学理论文本之中的隐秘旨趣展开了质疑。结构主义和新批评,时而代表着科学的文化,时而代表着肯定的文化。与此相反,上述身体转向的后果却是持续地冒犯传统经典;更为具体地说,是冒犯现代高雅文化的菲勒斯父权制,即资产阶级政治建制。偏离"高级理论"同时也意味着偏离哲学权威,因而着重点发生了转移,人们越来越怀疑这些权威是否属于欧洲中心白人男性的主导经典。弗洛伊德的对多拉和鼠人的个案研究尽管复杂而又可疑,但他首先论证歇斯底里压抑了爱(爱欲,或者一项隐喻—体化的原则),而强迫症压抑了恨(死亡,一项维持换喻差异的原则),从而为精神分析理解这种转折提供了一个出发点。(在每一种情况下,都有被压抑物的回归:在歇斯底里中,被压抑的是身体隐喻;在强迫症中,被压抑的是诱发情感转移和置换的换喻。)依据这种划分,文化研究与新批评/(后)结构主义显然分别体现了对立的压抑方式,前者既控告美学与文本现象,同时又投注了激情,对这些现象做出了职业化的生命承诺,后者通过"批评"也许还通过"解构"将自己必然怨恨的菲勒斯中心论压抑立场推到了理想境界。

这两种对立的方式所决定的显性欲望立场,最好通过精神分析学者约尔·多(Joel Dor)略微修改的概念来把握:"强迫症患者对[隐喻意义上]作为菲勒斯而存在的境界充满了怀旧之情,……而歇斯底里患者则摩拳擦掌,一心想[换喻意义上]占有菲勒斯"(Dor,74)。每一种立场依据性别而以不同形式显现出来,但"同样的幻想决定了歇斯底里患者的欲望……主体被不公正地剥夺了菲勒斯属性,因而必须再度占有它"(74)。按照这

---

① "后弗洛伊德心理分析学及其女性主义叛逆女儿们认为,歇斯底里者的无言之言——她的身体语言,乃是'雄性'话语的关键替代品,而构成了对男性主导话语形式的重大挑战"(参见 MacCannell,199)。

么一个定式,认同逻各斯(及其语言本身)传统的不确定欲望,构成了(后)结构主义的理性主义特色,现在却可能以精神分析的轻浮姿态去支持经验主义文化研究的理论上反理论取向,那就是以语境化殊异性之名批判能指,又以批判能指之名再度占有能指。

当然,若想作为某物而存在,也就必须作为此物来自我占有,在自我之外自我占有,因而就不可能同时作为存在而存在。相反,为了占有某物,就必须同被占有之物(作为我们的属性或自我的固有之物)合一,因而也就是作为它而存在,而不再是对它的占有。约尔·多提出的概念旨在将强迫症和歇斯底里区分开来,然而二者事实上却是互相渗透,彼此干扰的。无论如何,这都不是指歇斯底里和强迫症的欲望建构压根儿不存在。毋宁说,它是指一种对立的互相纠结,而显然预示着(后)结构主义与新历史主义文化研究之间彼此合谋,难解难分(Moore-Gilbert)。

不唯宁是,只要我们用精神分析诊断性语言来对歇斯底里话语的生成之源展开更加具体的思考,就立刻发现,文化研究的立场既意味深长,又无甚高论,二者都大大地得到了历史的辩解,且为能指败落的超历史之维所相对化了。能指败落,意味着能指遭到了怀疑,我们不妨称之为一种真知,就是说了解到能指不能恰如其分地再现真实和形成合乎惯例的安排,因而产生了一种创伤。故而,能指的败落也许是文化研究一代文学批评的反应,其旨趣同歇斯底里患者的反应没有什么两样。但是,在集体层面上:

> 歇斯底里的主体同母权的要求决死抗争……无论雌雄,歇斯底里患者遭遇到了某种被阐释为母权之不满与哀怨的东西。这种东西从来就不是指缺失,不是指母亲像一切人类存在一样地体验到的不可避免的阉割,而是指父权菲勒斯的败落和无能……母亲的哀怨……源自她求取父亲之爱的能指而不得满足,但父亲之爱将终结在她身上起作用的快感(死亡本能)。因此,主体必须努力回应母亲难以满足的欲望,而这种欲望反过来又突出了歇斯底里,利用了歇斯底里。(Lucie Cantin, 162-163)

当然,我们也不妨说,文化研究中高雅文化与自律的非政治美学的对峙关系同这么一种描述是完全一致的,因而并无将文化研究视为纯粹病理学之意。在笔者看来,之所以如此,尤其是因为:没有一种批评运动全然抵制转换为用以描述特殊精神分析主体结构的语言。不言而喻,我们也不无理由指出,男人和女人长期浸润在大众文化社会,特别是在战后,妇女被赶回到家里相夫教子,而从二战期间他们积极参与的公共生活之中抽身而出,因而他们同母权抗议思潮普遍地不期而遇,而他们的抗议之真实的历史原因在于,母亲们遭到了社会和性别上的歧视。更有甚者,白种男性异性恋话语无法满足人权运动和女性主义思潮中涌动的正义要求,这种能指的败落在社会历史学上精确地对应于母权的怨艾。在这个意义上,文化研究和歇斯底里的类似性就不无理由,但绝对不会贬斥文化研究或隐或现地以历史经验之名而展开的研究,因为这些研究在 80 年代以后先行预示着政治化宗教的复兴。

反过来说也一样,与歇斯底里联系在一起,也许为审视文化研究提供了一个限定性和界定性的视野,以至于精神分析的理论化也许揭示了解放运动、经验主义和象征论历史主义之中极其重要的方面,但思考尚未触及,没有上升到自觉层次。也就是说,这种互相对立的关系将导致对立之物的复兴,而复兴又有助于逃避一种不可历史化的缺失之维。只要一种绝对授权或纯粹自本自根的想象驱动着剥夺权力的斗争,比如说,以此为手段去获得一种主权的人格同一性,一种对无限正义的合法要求就被一种对无限自由的(自欺而)非法要求所取代,比如说无限要求从再现的局限之中解放出来(因为再现过程的后果常常是扰乱真实界之中在场的一切非中介安居状态;而这就是"阉割"一语的唯一意义)。寻求解放的历史主义旨在复活主权,这么一种趋势毕竟让文化研究面对一种难以抗拒的诱惑,那就是情不自禁地用倒错的主人来实施置换。稍后在讨论"新生命论"时笔者再来详述这种诱惑:

> 歇斯底里患者的"反应"(有时)可能是努力地巩固父亲的权力,追寻一位主人,将菲勒斯的境界推至极端,其双重目的在于:让母亲满足,又安慰父亲的无能……这么一种角色非倒错者莫属……巩固父权的努力压抑和遮蔽了这么一个事实:与其说问题在于每一个特殊的父亲都无能为力,不如说在于事关死亡本能的能指符号本身委顿无力,万分匮乏……这么一个进程的结果,或者是大写他者落入诱惑,让歇斯底里患者把自己构想成大写他者的欲望对象与爱恋对象,或者是大

写他者备受指责，目的在于将大写他者的欲望缺乏当做主体自身的欲望缺乏来压抑。无论是哪种结果，一个负责任的他者之在场……还是构成了歇斯底里患者规避和压抑阉割恐惧的方式。（Cantin，163）

经验论历史主义者竭尽全力，要让具体殊异的个案在一切理论能指的相对缺失中亦显充实。这种努力不只是一种废黜（解构）能指的方式，或一种完成对失落者之哀悼的方式，而是一种以历史之名并作为历史来强化理论能指的方式。此乃利用历史的躯体来诱惑/指责理论，以及通过否证来克服它们的差异。鉴于这种事态已经发生，控制（倒错的）纷争，嫉妒执念的理性主义，将诉之于他们所共享的实在，以此为中介来补足（歇斯底里的）经验主义。

新唯心主义，争论的信念，倒错：新生命论和哀悼的终结

在此，事态再次变得困难，充满魅力而又危机四伏：一种难以抑制的怨怼之情直指中介过程，而出现在反复重演的现代哀悼方法之尽头，而把"有机作品"分裂为二：结构的前提（结构主义-后结构主义阶段）及其现实语境（新历史主义文化研究阶段）。我们已经看到，无论是在理论意识之中，还是在历史意识之内，认识的标志都是缺乏，中介都是缺失或间距，它自身必须增补，以便跨越事实知识与完美境界之间的鸿沟。理论意识仍然缺乏参照，历史意识仍然缺乏意义。诱惑出现在文化研究阶段的尽头，呈现了一种朝向当下实在或向当下存在回归的可能性，进而回避个案逻辑，不论个案是纯粹的例证，还是典范的殊异性。这种诱惑已经隐隐约约地存在于结构主义和新历史主义（因为它自觉地养育具体意识，因而尤其呈现在后者）之中，但在文化研究开始枯竭或至少是不可避免地穷尽之后，在一种复兴的生命论非理性主义（笔者在此只能简要地描述其独特形式）语境之中更加显著地呈现出来。①

首先，在俗世领域内，在政治与媒介话语中，在宗教与市民社会机构

---

① 关于新生命主义，参见本雅明，特别是其中的第 202~208 页。又参见巴迪欧《冒险》，其中断言，20 世纪法国哲学源自柏格森所开创的生命哲学，及其由布伦茨维奇所凝练的概念哲学。巴迪欧进一步指出，战后法国哲学首先就全力以赴地克服概念与存在的分裂。

里，宗教（犹太教、基督教、伊斯兰教、印度教、锡克教和佛教原教旨主义，以及个别狂热的民族主义）的复活在全球范围内表明，现代世俗主义范式已经穷途末路，理性必须以启示为基础，政治领域必须以（不复既往的）私密信仰领域为基础（Juergensmeyer）。具体殊异的实在性与抽象普遍的理想性之间的裂缝必须由一种新型的总体化绝对之物来填充。生命无须死亡即可绵延不息，而死亡的存在终止了生命，在每一环节上只留下了差异、局限和缺失。

第二，似乎回应着这场宗教复兴，学术话语也开始再度断言，同自由主义、持论偏激的相对主义以及虚无主义相对立，存在着新－绝对主义普世身份模式，一望便知地超越了一切殊异主义文化。这种再度肯定绝对主义的论断之最为有力的代表，乃是齐泽克、阿甘本以及巴迪欧近期著作中表现的"回归保罗"。因篇幅所限，笔者在此仅仅讨论齐泽克。这批思想家个性不同（参见 Johnston；Zizek, *Puppets*, 107；Vogt, "exception", 72－74；Dean, 161），但他们也总是自相矛盾，以复活普世主义之名（反对新历史主义文化研究的殊异立场），同时又肯定基督教文化、修辞和哲学的殊异性，说它们既是典范的普世主义，又是特殊－普遍对立法则的例外。从基督徒保罗的观点出发，他们反对犹太教，肯定殊异文化的普世性，因而辩护一种普世教义或普世体系，用魔法召唤出一种粗略说来类似于中世纪神学之争的精神氛围，或者严格地说是一种新－绝对主义（因为他们提出一种政治的生命形而上学，比如齐泽克，通过表述基督教救恩，建构马克思主义的拉康主义，提出无国家的教会这一见解，从而反对"巴尔干化的"身份政治，而这种情形在类比意义上对应于历史上"三十年战争"）。故此，他们力求融合历史主义阶段（强调基督教身份）的殊异主义与结构主义阶段的普世主义，然而在笔者看来，这么一种融合隐含着深刻的难题。

这些理论模式在逻辑上用例外取代了范例，进而适配于卡尔·施密特话语的意图。个案总是造成个案本身与个案所属法则之间的分裂，即便法则就是无法无天唯有权力，情况依然如此。因此，个案现在基于一种逾越法则且使法则成为可能的丰富性——法则本身就是例外。

强迫症的（后）结构主义即一种讽喻的理性论，歇斯底里的历史主义/文化研究即一种象征－现实主义的经验论。现代性方法的晚近重演认可了属于并作为缺失和限制的法则，故而这些现代方法可以名副其实地被描述为结构的神经官能症。反之,反现代立场的复活,在齐泽克的学说之中,显然就是性倒错——同时,性倒错与总是逾越在外的激变道德论难解难分,因为它"否定"法则和阉割而自我建构,而所谓"阉割"就是上帝的死亡,以及存在之直接性与丰富性的失落。但唯有上帝,直接而又丰富的存在才有可能。我们就再也不必理会生命的压抑与死亡,爱或攻击,因为死亡与攻击现在可能作为生命与爱而直接得以肯定,甚至得以升华。

同神经官能症的压抑和精神病的丧失相对应,否定缺失发生时也就否定了修辞学上喻义与本义的分裂,以及模态学上可能性与现实性之间的鸿沟——无论以何种方式设置这种二元对立范式。笔者已经指出,理性论的结构主义和经验论的历史主义仍然维持着两个维度的分裂;无论是历史主义当中殊异立场不可普世化的法则,还是结构主义当中纯粹意义差异不可再现的法则,分裂依然如故。新生命主义哲学纲领主张回归直接性,却出示了相反的可能:通过某种得体的行为,我们可以加速未来的降临;而在这么一些未来,这种分裂再也不会中断存在的连续性了。

因而,一点也不奇怪,新生命主义系统地解读保罗的经典而自我诏谕。保罗不仅代表着典范的基督教反犹太立场,凸显了律法与信仰之别,而且保罗比别人更主动地把犹太教和基督教之间的关系确立为一种特殊的关系:喻义的期待(死亡的律法之文)由本义的实现(纯粹的信仰之灵)取而代之。也就是说,新生命主义以特殊的姿态解读保罗,提出一种基督教的思想去取代一种犹太教的思想;这种姿态隐含着从喻义到本义,比喻到文字的过渡,而这一直就是以认识论范畴为媒介表达出来的现代哲学方法的使命。不言而喻,一旦认同垂死的上帝(而非一种完美的哀悼之举),新生命主义就置换了认识论方法。在齐泽克、阿甘本以及巴迪欧那里,新生命主义都对立于可能死亡的文字之可能死亡的思想。

最后,就"诗学"或再现方式而言,本义与喻义之间的分裂也是讽喻意义与讽喻意象、象征的压缩与(从未出现的)抽象的指称之间的分裂。但是,在新生命主义看来,差异分裂之法在其最后的遁迹之中为信仰所替代。最后遁迹或者最后升华,比如在齐泽克那里,便是超克那个色情迷离徘徊于法则之上的超我。作为讽喻或象征,文学以及广义的再现,将被争论之道(polemic)取而代之,而自我理解为一种信念的表演。

外观略微不同,阿甘本的学说为这种直接性诱惑的复现提供了一个范例;他混合了海德格尔和基督教的主题,甚至在否定的符号下,充满怀旧之情，对卡尔·施密特关于例外的学说情有独钟。笔者在《从文字的献祭到证言的声音》一文中有言在先，对德里达思想做不妥协的争论，阿甘本志在向源初语言事件回归，而源初语言事件本身就被他视为作为逻各斯的存在。在论说"牲人"的著作中，他最后画了一幅司法领域的漫画，把这个领域当做"事件"失落的替罪羊，这么一种姿态在他对保罗的解读中得到了支持，可是他终归还是没法理解纳粹反犹主义的献祭之维，因为他看不到保罗及其所延续的反唯名论传统在反犹主义建制之中所扮演的角色，尽管纳粹主义对（非雅利安起源的）基督教也充满了敌意。（这倒不是说阿甘本是法西斯主义者和反犹主义者；但一种哲学化的反犹主义立场隐秘地贯穿在他的思想中。）他渴望一个世界，中介之法或再现之法并不能有效地自我导向，以期获得终极意义上的纯粹直接性灵见，充满至高无上的形而上幻觉。由特殊法律力量构成的状态，本身就让特殊与普遍毫无区别，因为法律抹杀了殊异之物。然而阿甘本在终末论意义上将法律的终止构想为已经成为法则的例外状态的超克，因而，法律终止本身就是特殊之物抹杀了一切普遍之物的情境，仿佛存在自我呈现而无待任何再现形式（或者，我们不妨用叔本华的话说，海德格尔置换了一个纯粹的自我废黜的意志）："作为赤裸的生命，这一生命政治体系本身必然……被改造为一种生命形式和一种生命源质（bios）建构和安身立命的场所，这种生命形式在赤裸生命之中完全枯竭，而这种生命源质又仅仅是它独有的生命力（zoe）……依据海德格尔对'此在'的定义，本质就是它的存在"（188）。

尽管同阿甘本观点有别，齐泽克近来复活基督教，以此作为政治激进主义的基础，而这种基础显然是"倒错的"。然而，这种努力与阿甘本在推进方向上却是同一的。① 传统基督教把犹太教描述为对立于基督教信仰的律法宗教，以及期待基督恩典精神来赋予生命的死亡文字。齐泽克赞同这么一种定位，因此在他看来，认识到在场的局限以及某些必然的基本缺失，显然就像是犹太传统"自由主义"的方法。律法的终极意义，也蕴含在结构主义和新历史主义学理之中。超越这些方式，以扬弃特殊与普遍为旨归，

---

① "否认"，"拒绝"，在齐泽克近期作品中的角色飘忽不定，决定了他复杂的立场，也使得他的立场难以理喻。参见《论信仰》，130，132，137，以及《玩偶与侏儒》，112，113，118。

在齐泽克看来必然是一条凭借保罗之助而开辟的基督之路。①

譬如说,齐泽克在《论信仰》一书的结论中特别强调指出,我们逾越"伦理规范"领域而走向基督教传统的"信仰","从一开始就构成了现代性的特有宗教维度"(150),因为这种信仰在上帝身上(我们必须认同这个作为基督的上帝)看到了"彻底否定的虚无献祭姿态,也就是彻底放弃了同我们生死攸关的东西"(150)。虚无献祭隐隐约约地令人想起巴塔耶的"耗费"概念。明明白白地依据克尔凯郭尔超越伦理通往宗教维度的过渡来理解"虚无献祭",齐泽克进一步指出,这就是"一种本质上无条件的伦理承诺的必要前提"(151)。这里面困难重重,但齐泽克天真而又固执,忽略了在其他场合下特别强调的对"本真性行话"的批判。阿多诺、德里达、保罗·德·曼等人分别以不同的术语论述了这个话题。"信仰的奇迹"使这种"本真而无条件的伦理承诺"成为可能。因而,信仰的奇迹绝对可信,因为它让我们有能力超越(显然是德里达主义的)"消极决断"。齐泽克将这种消极的决断与拉康的"基本幻想"等量齐观(147-148)。毋庸讳言,德里达的"消极决断"变成了拉康的"基本幻想",这就构成了齐泽克话语的独特品格,既令人着迷,又令人不解,而且过于武断。

信仰的潮流也属于真正的基督教。"真正的基督徒之爱……即超越慈悲之情的爱,它永远是他所欠缺的对他者之爱——我们爱他者,因为他深陷囹圄,孤苦无望,甚至猥琐平庸。"基督徒之爱,因而对立于"异教徒对神或人之完美的颂扬"(147)。因他者深陷囹圄而生爱意,这种异教徒之爱乃是一种冠名堂皇的修辞术(rhetoric),因此而构成了对文化研究道德论的一种诱惑,齐泽克在别处对之报以轻蔑。齐泽克断言,犹太人是真正的异教

---

① 同样,这个步骤对于(后)结构主义和文化研究也是梦寐以求的,原因诚如 Joel Dor 所论,"尽管习焉不察,强迫症患者在走投无路之时就极力想做一个性倒错者,但这样的努力总是无功而返"(46);另外,Lucie Cantin 提醒我们,"性倒错者宁为主人,因而取代了他者……。他许诺全面的满足,阻死一切遭遇缺乏的通道,性倒错者为歇斯底里患者身上发生的快乐负责"(《拉康之后》,163)。当然,齐泽克本人是否患了神经官能症,是不是性倒错者,既难以确定,又无关紧要。问题的症结是:在那些倾向于基督教立场的著作中,他提出了一种倒错的解决办法。在另外一些著作中,比如在《敏感的主体》中,就有一章题为"激情的(破除)执念,或朱迪斯·巴特勒作为弗洛伊德的一个读者"(291-373),其中他就反对作为一种颠覆精神的性倒错与一种认同歇斯底里的彻头彻尾的左派立场混为一谈。但是,正因为歇斯底里-性倒错配对成偶,形成了一种单一的结构,二者彼此补充,互相满足对方的要求,因而不难预料,这两种立场左右摇摆,飘忽不定,而赋予了歇斯底里或性倒错优先地位。关键在于,将一种特殊的主体结构与一种值得追求的政治立场等同起来,是令人费解的。

徒。随后我们马上看到，基督徒之爱与异教徒之爱针锋相对，互不相容：
"与众多的异教徒相比，恰恰就是犹太人自己心存假设，真心相信神圣位格
的（感性/物质）形象显现过度"（132）。齐泽克永远是通过一种非历史的
概括，对犹太人和异教徒进行一种大而化之的描述，对基督教徒的描述也
一样。犹太人（和异教徒）显然不具备"他所欠缺的真正的基督徒对他者
的爱"。不仅如此，尽管齐泽克一路警醒，注意到犹太人和基督徒在立场上
有千丝万缕的联系，但基督教精神反复呈现最为传统的保罗废黜论（super-
cesssionist）类型学品格，作为"走向末日"的宗教而出场。① 也就是说，
基督教兑现或完成了犹太教的预言（prefiguration），但用保罗的话说，后者
永远是律法的死文字。譬如说，犹太人"事实身上并不活在当今社群主义
者所谓的'生活世界'"（128）。我们不妨补充说，这是一个瓦格纳及其徒
子徒孙简单地称为"自然""土地"的世界。犹太人虚假做作，内在空虚，
因而他们也没有主动决断的自由。对于犹太教或齐泽克所谓的"犹太拉康
主义立场"（137），基督徒的回答是："安慰人心的律法与骄奢淫逸的超我
之间的张力恰恰不是我们体验的终极境域——可以逾越于外，但不是享受
虚假的幻想的幸福，而是挺身进入行动的实在界"（137）。

毋庸讳言，每一个人都想挺身进入行动的实在界，即便对这种实在界
的沉思可能充满恐怖也罢。② 无论如何，有必要对这种许诺做出两个限定。
一方面，齐泽克像先知一般地打着基督教的旗号，视之为犹太教精神的现
实化，从而延伸这种许诺，为一种革命的马克思主义提供实质性存在论导
向和心理定向，因而这种许诺终归成为反启蒙的许诺，即逃避再现与中介，
而退缩到一种纯粹的当下，其非理性形而上学和难以制服的政治历史都十
分值得怀疑，分而论之与合而论之都是一样。另一方面，我们不能一相情
愿地假设，一个由再现与中介为标志的世界，一个被齐泽克风扫残云一般
地当作自由圭臬来夸张地描绘的世界（在海德格尔、施密特倒行逆施的反

---

① 在此，这是一个典型的"自由主义"立场的例子。然而，在别的论著之中，主导着齐泽克思想的，却是用更明确的类型学模式来描述犹太教和基督教的关系。不言而喻，自由主义姿态与之略见矛盾："在其'规范的'作用上，律法作为对其'苛求'的附加伤害，而产生了僭越与过度（即哥林多前后书之中以不可超越的方式描述的'律法与罪之间的恶性循环'），而在基督教和犹太教里面，传递给我们的正是这种过度本身"（《玩偶与侏儒》，113）。

② 对齐泽克化用拉康"行动"的有益研究，参见 Devenney 和 Marchart 的论文，载于 Bowman 和 Stamp 的著作，45 – 60, 99 – 116。

现代主义传统中更是如此),就空无一物,行动之维不见踪影。换言之,如果认为低劣的当代"自由主义"导致了消极不自由的现实,而优秀的革命时刻出现了积极自由,那么,这种二元对立就不仅粗陋而且虚幻。①

进而言之,像齐泽克此处和其他晚近论著中那样,将自由主义的现代性与犹太教相提并论,就重复了倒行逆施的反启蒙反犹太的基督教(雅利安主义者及其他)立场,从 F. H. 雅可比到瓦格纳,再到维伊特·哈兰(Veit Harlan)1940 年臭名昭著的电影作品《犹太人苏斯》(*Jud Süss*),都是如此,概莫能外。在这么一些话语中,犹太人因自由主义现代性而李代桃僵,为人顶罪,而恰恰又是这种自由主义的现代性伴随着政教分离,第一次让犹太人融入了欧洲社会。自从《论犹太人问题》发表后,不断回到马克思主义,而慎思其中的反犹主义维度,或者说,为此而不断回到这个文本,而慎思那种大而化之、粗暴夸张地抹杀公私之别和政教之分的基本纲领,委实让笔者惊讶,以为如此唐突地"再度激活"左派,实乃误入歧途。为了确立一种意味深长而可以付诸实践的左派政见,有限性确实无须"自我牺牲"(参见 Badiou,142 – 143)。

更有甚者,不论他拥有多少犹太朋友,不论他获得了多少犹太知识分子的支持,齐泽克在回答亚当·科尔什(Adam Kirsch)的争议性批评时表示了抗议。这一点却委实让人难以释怀,而情不自禁地视之为某种征兆,认为真是不可思议的事。即使科尔什的批评在文献和哲理上都略嫌狭隘,然而它毕竟不完全是混淆视听,产生误导。② 更加不可思议的是,齐泽克竟然在其他语境下非常正确地论证说:幻想无法渗透经验的实在(在此是指犹太人的经验实在,而犹太人都是齐泽克的一些好友)。在当下,即此时此刻,无限制地生活,无死亡地生活(即便对这种新生命主义进行调整,以便包括一种超越本质生命的盈余生命),也就是说,生活在"行动实在界"——不言而喻,这么一种可能性是如此令人梦系魂牵,以至于我们当

---

① Berlant 在《缓慢死亡》一文中,用"实践主权"概念提供了一个重要的选择。她提出,"最好不要把实践主权理解为对派生的或实在的国家形态,或者别的主权,而是一种通过区分、劳动、消费和治理的中介条件而塑造的形式,以及一种不自觉但明显存在的欲望,也就是不想成为一个膨胀的自我,随时利用权力和炫耀权力。"(757)
② 齐泽克与科尔什的通信发表在 2008 年 12 月 3 日和 2009 年 1 月 7 日的《新共和国》上。在《齐泽克思想中的例外》一文中,Eric Vogt 在一条脚注中对自己早些时候对齐泽克的批评意见进行了自我批评(见《齐泽克政治神学中施密特的踪迹,以及德里达的幽灵》)。文章之中提出,"笔者仍然认为,基督教徒对犹太教与基督教的理解未免太充满护教气息了",而现在他发现,这一批评过于苛刻(74,注释 9)。

中智慧、学识、机智以及经验无人能及之士,在这种幻想的魅力蛊惑之下也无法不自欺欺人。①

最后,哀悼上帝之死尚未完成,这个构成现代方法论的哀悼之举在齐泽克的学说里取得了一种模仿形式,即以模仿为手段将濒临死亡的上帝内在化,将耶稣基督作为"例外"状态内在化。作为我们认同的对象,基督之死亡立即就是基督之复活,他以绝对之物的完全在场取代了律法,从而灭绝或悬置了律法。但是,我们仍然难以理解,这么一种哀悼何时能有个尽头。在无谓的献祭中,无限重演对基督的模仿,而哀悼因此而趋于永恒,即便这种模仿被改头换面,成为"期待基督教的末路英雄之象征":"为了挽救基督教的精神财富,它就必须自上祭坛——就像耶稣基督那样,他必须以死亡来换取基督教的兴起"(《玩偶与侏儒》,171)。为了挽救"圣像"(*agalma*)的精神价值,就必须进行模仿,而齐泽克在别的场合敦促我们说,为了获得爱,就必须挽救这种精神价值。但这么一种模仿几乎无法逃避文化殊异主义所显示的普世化倾向——这一次乃是基督教的普世化倾向,而文化研究一般地摈弃这种倾向,总是不乏理由。② 不仅如此,对于一种货真价实的普世主义政治,这种模仿几乎就不足以构成一项可行纲领。

因此,虽然这些关于例外的思想之范例引人注目而且意味深长(当然,在理想的程度上还必须更加细致地阅读笔者在此出示的文本),但它们所赖以安身立命的方法论体系却要求继续予以批判的重估,并考虑到回归欲望以及再度主张生命直接经验(Erlebnis)的危险,而这种直接经验的标志并

---

① 参见《玩偶与侏儒》,93-99:"忆起大屠杀,乃是警告人们意识到,让生命服从某些崇高目标最后会产生何等结果"(99)。齐泽克在这个论断之中谴责自由主义者对大屠杀事件的滥用,从而说明齐泽克和巴迪欧为何对此等说辞感到厌倦。但显而易见的是,大屠杀与一切都有关,但不是让生活服从于崇高目标,而是让生活服从于纯洁生命的目标(纳粹的生物学神话乃是生命至上论的反现代主义意识形态的一个版本)。如果说齐泽克的修辞术鼓起我们的勇气去过一种充实的生活——"充实生活意味着过一种更广阔的生活"(98),那么,大屠杀事件确实提醒我们,恰恰要对(受虐狂的)生命主义报以警觉,即便这种生命主义主张革命的马克思主义,放弃种族主义本身。

② 一方面,齐泽克论证基督教实现了犹太教的律法,另一方面他又强调指出:"与其说犹太教的问题是'太讲法律',不如说是'讲法律讲得不够'"(《玩偶与侏儒》,117)。这种说法显然慧黠地颠覆了保罗学说所预料的逻辑,但这不是说"实现"律法永远意味着成就律法而逾越律法。齐泽克认为,犹太教只是在一种自恋的意义上才过于可爱:"我对律法的统治深感恐惧,因而持续依赖当下即是的爱"(117)。反之,"律法丧失了一种外力的异化性……此时主体就放弃了它对于深藏自身之内的病态圣像的依恋,这种观点是说:在其自身之内隐藏着某些只能去爱的珍贵精神价值"(117)。一旦洗尽了犹太人"病态的肮脏的爱"(117),我们就接近了基督之爱,泯灭了有限与无限的差异。

非根本的缺乏。不是康德主义，理性主义，经验主义，政治化的宗教（或宗教的政治），以及以拉康、海德格尔的马克思之名的思想；不是恐惧症，强迫症，歇斯底里，性倒错；不是反讽，讽喻，象征，诀疑的信仰；不是新批评，结构主义，新历史主义，新生命主义——它们都无法克服有限性！因为这些方法论体系之中的任何一种方法本身都只代表一种有限的立场。超越有限性而无功而返，本身并无大错：每一种立场都有漏洞，因而也是局部的方法，即便将它们像笔者所考虑的那样联成一体，也无济于事。如何应对绝对之物的失落？我们尚无良策。

追根究源，失落的绝对（基础或本源）的回归，乃是对于这种失落的不同反应之重演。毫无疑问，这种回归对于我们的控制与不同"时段话语"绵延不息的传统（及其相关的主体定性）对我们的控制，力量一样强大。反过来，二战之后人文学科方法论建构的潮流一再重复了这些话语传统和主体定性。如果说，作为认识论的方法假定并以可靠的方式规定了一个自觉的认识主体，那么，它也就重演了启蒙对普世合理性的欲求。结构主义在认识论上充满执念，首先就是一种新启蒙的文化构想。在另一个极端，如果说作为主体和情感立场之定性的方法假定了一个无意识的主体（不自觉的主体），欲望的主体而非真正的认识主体，那么，就像人们常常论断的那样，这种以精神分析学说为典型的方法就植根于浪漫主义文化之中，因为它努力的目标乃是描述意识的非理性之维，而非预先规定意识的合理性。同样毫无疑问，精神分析出场，十分接近于生命哲学（Lebenphilophie）（假如真有这么一种学说的话，它就是一种新浪漫主义的文化构想）。但无论如何，精神分析把作为生命本能的厄洛斯（Eros）同敌对的作为死亡本能的塔纳托斯（Thanatos）内在地联系起来，批评了生命本能学说，使之更为复杂化了。齐泽克依赖结构主义的拉康式主人话语，其学说看上去颇有理性主义的气息，然而他漫不经意地解构了精神分析学说的复杂关联。① 在结

---

① 精神分析虽然在疾风暴雨般的生命主义/唯心主义潮流之中脱颖而出，但它依靠精神分析亚传统而以不同方式抵制这些思潮。笔者在引言之中有言在先，弗洛伊德模仿一种批判的认识论；拉康的调停则在民族主义（笛卡尔主义）传统之中自我定位；自我-心理学和客体-关系学说则偏重经验论话语。（因此，不仅精神分析范畴可能处于认识论的途径，而且认识论范畴也可能处于精神分析的范式中；在此笔者毫不讳言，精神分析并不具有优势。）弗洛伊德的元-心理学反讽，拉康的结构主义讽喻，温尼科特的转换象征主义，齐泽克理想化的物质性——所有这些概念都构成了对生命主义立场的厘定，这种区分合法，但是有限。齐泽克的唯心主义之特殊局限性在于，这种学说漫不经意地将分析理论同19世纪晚期生命哲学的氛围相联系。因此，齐泽克的立场属于正统的拉康派，但这种立场总是混淆视听，产生误导。

构主义与精神分析两极之间，历史主义的方法脱颖而出，指涉一个假设的历史主体以及作为主体的历史；作为"主体"的历史之地位在仍然十分深刻的福柯主义传统之中是否已经改头换面，是否被拒斥否认？这样的问题不在考虑之列。在文学史上我们称为"现实主义"的方法，它有一个努力的目标，那就是把对历史条件的理性呈现与人类公然对于条件的非理性屈服联系起来。最后，如果说，像新批评那样（在此，不言而喻，新批评在这个国度同取代它的结构主义重合），作为形式主义的方法假定了一个形式主体，或作为主体的形式，那么，它仍然植根于并紧密依恋于19世纪晚期的审美主义。因此，人们常常指责新批评巩固了"为艺术而艺术"的教条，使之长存不朽，在某种意义上这种指责所言不虚：像 T. S. 艾略特这么一些现代主义诗人深受19世纪晚期"象征主义"诗歌的浸淫，而"对立于"浪漫主义（参见 Abrams）。故此，根据这些参照系，我们要说，二战之后的文学学科方法论依次再现了审美主义、新古典主义、现实主义以及新浪漫主义，分别聚焦形式、系统整饬的知识、历史以及主体生命，将如此众多的意象、修辞甚至幽灵作为失落的绝对价值或绝对基础的象征。一种"特定的"创伤呈现出不同的阶段性，不同阶段如无置换则无重复，同时也不一定存在于更早重复发生的秩序之中。仍然有待确定，在晚近人文学科方法论探索不断重演的过程中，人们在何等程度上已经治愈了"上帝之死"导致的历史创伤。

参考文献

Abrams, Karl, "A Short Study of the Development of the Libido, Viewed in the Light of Mental Disorders," Part 1, section 1, "Melancholia and Obsessional Neurosis," *Selected Papers of Karl Abrams*, trans. Douglas Byran and Alix Strachey, intro. Ernst Johns, London: Hogarth Press, 1948, 422 – 33.

Abrams, M. H., "Coleridge, Baudelaire, and Modernist Poetics," *Immanent Äesthetik, Äesthetische Reflexion: Lyrik als Paradigma der Moderne*, ed. W. Iser, *Poetik und Hermeneutik: Arbeitsergebnisse einer Forschungsgruppe II*, Munich: Wilhem Fink, 1966, 113 – 38.

Agamben, Giogio, *Homo Sacer: Sovereign Power and Bare Life*, trans. Daniel Heller-Roazen, Stanford: Stanford UP, 1998.

Apollon, Willy, Danielle Bergeron, and Lucie Cantin, *After Lacan: Clinical Practice and the Subject of the Unconscious*, ed. Robert Hughes and Kareen Ror Malone, Albany: SUNY Press, 2002.

Arac, Jonathan, "Rereading 'Literary history and Literary Modernity': Paul de Man's Ambivalence," *Time and the Literary: Essays from the English Institute*, ed. Karen Newman, Jay Clayton, and Marianne Hirsch, New York: Routledge, 2002, 121 – 44.

Badiou, Alain, "The Adventure of French Philosophy," *New Left Review* 35 (Sept.-Oct. 2005): 67 – 77.

——. *Metapolitics*, London: Verso, 2005.

——. *Saint Paul: or the Foundations of Universalism*, Stanford: Stanford UP, 2003.

Barthes, Roland, "From 'Work' to 'Text'," *Image Music Text*, ed. and trans. Stephen Heath, New York: Hill and Wang, 1977, 155 – 64.

Benjamin, Walter, "über einige Motive bei Baudelaire," *Illuminationen*, Frankfurt am Main: Suhrkamp, 1961, 201 – 45.

Berlant, Lauren, "Slow Death (Sovereignty, Obesity, Lateral Agency)," *Critical Inquiry* 33.4 (2007): 754 – 80.

Birnbaum, Antonia, *Le vertige d'une pensée: Descartes corps et ame*, Lyon: Horslieu éditions, 2003.

Blumenberg, Hans, *The Legitimacy of the Modern Age*, trans. Robert M. Wallace, Cambridge: MIT Press, 1983.

Bowman, Paul, and Richard Stamp eds., *The Truth of Žižek*, London: Continuum, 2007.

Brooks, Cleanth, "Irony as a Principle of Structure," *Critical Theory since Plato*, ed. Hazard Adams, New York: Harcourt Brace Jovanovich, 1977, 1041 – 48.

——. *The Well-Wrought Urn: Studies in the Structure of Poetry*, New York: Harcourt, Brace, 1947.

Culler, Jonathan, *Flaubert: The Uses of Uncertainty*, London: Elek, 1974.

——. *Structuralist Poetics: Structuralism, Linguistics, and the Study of Literature*, Ithaca: Cornell UP, 1975.

Dean, Jodi, *Žižek's Politics*, New York: Routledge, 2006.

De Man, Paul, *Allegory of Reading: Figural Language in Rousseau, Nietzsche, Rilke, and Proust*, New Haven: Yale UP, 1979.

——. *Blindness and Insight: Essays in the Rhetoric of Contemporary Criticism*, 2nd ed. Minneapolis: U of Minnesota P., 1983.

——. *The Resistance to Theory*, Minneapolis: U of Minnesota P., 1986.

——. *The Rhetoric of Romanticism*, New York: Columbia UP, 1984.

Descartes, Rene, *Discourse on Method and Meditations on First Philosophy*, trans. Donald A. Cress, 4th ed., Indianapolis: Hackett Pubilshing, 1998.

Dor, Joel, *The Clinical Lacan*, New York: Other Press, 1999.

Eagleton, Terry, *Literary Theory: An Introduction*, Minneapolis: U of Minnesota P., 1983.

Eliot, T. S., *Selected Essays*, New York: Harcourt Brace Jovanovich, 1978.

Fletcher, Angus, *Allegory: The Theory of a Symbolic Mode*, Ithaca: Cornell UP, 1964.

Flowers, Ronald B., "Everson at 60," *Church and State* 60.1 (Jan. 2007), http://www.au.org/media/church-and-state/archives/2007/01/emeversonem.html.

Freud, Sigmund, *Studienausgabe*, 12 Vols, ed. Alexander Mitscherlich et al., Frankfurt am Main: Fischer Taschenbuch Verlag, 1982.

Gleckner, Robert F. and Gerald E. Enscoe eds., *Romanticism: Points of View*, Fetroit: Wayne State UP, 1975.

Grossberg, Lawrence, Cary Nelson, and Paul A. Treichler eds., *Cultural Studies*, New York: Routledge, 1992.

Hamburge, Philip, *Separattion of Church and State*, Cambridge: Harvard UP, 2002.

Hartman, Geoffrey, "Structuralism: The Anglo-American Adventure," *Beyond Formalism: Literary Essays 1958 – 1970*, New Haven: Yale UP, 1970, 3 – 24.

Hertz, Neil, "Lurid Figures," *Reading De Man Reading*, ed. Lindsay Waters and Wlad Godzich, Minneaplos: U of Minnesota P, 1981, 82 – 104.

Jameson, Fredric, *The Political Unconsciousness: Narrative as a Socially Symbolic Act*, Ithaca: Cornell UP, 1981.

Jancovich, Mark, *The Cultural Politics of the New Criticism*, Cambridge UP, 1933.

Johnston, Adrian, "From the Spectacular Act to the Vanishing Act: Badiou, Žižek, and the Politics of Lacanian Theory," *International Journal of Žižek Studies* I (2007): 1 – 40.

Johnston, Kenneth R. et al. eds., *Romantic Revolutions: Criticism and Theory*, Bloomington: Indiana UP, 1990.

Juergensmeyer, Mark, *Terror in the Mind of God: The Global Rise of Religious Violence*, Berkeley: U of California P, 2000.

Kant, Immanuel, *Critique of Pure Reason*, trans. Norman Kemp Smith, New York: St. Martin's Press, 1965.

Kosellk, Reinhart, *Kritik und Krise: Eine Studie zur Pathogenese der burgerlichen Welt*, Frankfurt: Suhrkamp, 1973.

Lacan, Jacques, *The Seminar of Jacques Lacan. Book 2. the Ego in Freud's Theory and in the Technique of Psychoanalysis, 1954 – 1955*, ed. Jacques-Alain Miller, trans. Sylvana Tomaselli, notes John Forrester, New York: W. W. Norton, 1988.

Laclau, Ernesto, *Emancipation (s)*, New York: Verso, 1996.

Lentricchia, Frank, *After the New Criticism*, Chicago: U of Chicago P, 1980.

LeSage, Laurent, *The French New Criticism: An Introduction and a Sampler*, University Park: Pennsylvania State UP, 1967.

Librett, Jeffrey S., "From the Sacrifice of the Letter to the Voice of Testimony: Giorgio Agamben's Fulfillment of Metaphysics," *Taking the Exception to the Exception*, ed. Jason Frank and Tracy McNulty, spec. issue of Diacrtics, 37.2 – 3 (2007): 11 – 33.

——. "Introduction-Reason Split into Rationalism and Empiricism: Divergent Traditions on the Borderline," *Borderlines in Psychoanalysis, Borderlines of Psychoanalysis*, Spec. Issue of *Konturen*, 3 (2010): 162 – 85, http://Konturen.Uoregon.edu.

MacCannell, Juliet Flower, *The Hysteric's Guide to the Future Female Subject*, Minneapolis: U of Minnesota P, 2000.

Maclear, J. F., *Church and State in the Modern Age: A Documentary History*, New York: Oxford UP, 1995.

McGann, Jerome, *The Romantic Ideology: A Critical Investigation*, Chicago: U of Chicago P, 1983.

Moore-Gilbert, Bart, *Postcolonial Theory: Contexts, Practices, Politics*, London: Verso, 1997.

Nietzsche, Friedrich, *Thus Spake Zarathustra*, trans. Thomas Common, revised with introduction and notes, H. James Birx, Amherst: Prometheus, 1993.

Oaks, Dallin H. ed., *The Wall Between Church and State*, Chicago: U of Chicago P, 1963.

Piaget, Jean, *Structuralism*, trans. Chaninah Maschler, New York: Basic Books, 1970.

Said, Edward, *The Edward Said Reader*, ed. Moustafa Bayoumi and Andrew Rubin, New York: Vintage, 2000.

Siebers, Tobin, *Cold War Criticism and the Politics of Skepticism*, Oxford UP, 1993.

Sorauf, Frank J., *The Wall of Separation: the Constitutional Politics of Church and State*, Princeton: Princeton UP, 1976.

Sørensen, Bengt Algot, *Allegorie and Symbol: Texte zur Theorie des dichlicherischen Bildes im 18. und frühen 19 Jahrhundert*, Frankfurt am Main: Athenäum, 1972.

Stevens, Jason W., *God-Fearing and Free: A Spiritual History of America's Cold War*, Cambridge: Harvard UP, 2010.

Veeser, H. Abram, ed., *The New Historicism*, New York: Routledge, 1989.

Vogt, Eric, "Exception in Žižek's thought," *Taking Exception to the Exception*, ed. Jason Frank and Tracy McNulty, Spec. Issue of *Diacritics*, 37.2 – 3 (2007): 61 – 77.

——. "Schmittian Traces in Žižek's Political Theology (and Some Derridian Specters),"

Diacritics, 36.1 (2006): 14 – 29. Print.

Žižek, Slavoj. *On Belief*, London: Routledge, 2001.

——. *The Puppet and Dwarf: The Perverse Core of Christianity*, Cambridge: MIT Press, 2003.

——. *Tarrying with the Negative: Kant, Hegel, and the Critique of Ideology*, Durham: Duke UP, 1993.

——. *The Ticklish Subject: The Absent Centre of Political Ontology*, London: Verso, 1990.

Zorach, Rebecca. "Love, Truth, Orthodoxy, Reticence: or What Edgar Wind Didn't See in Botticelli's Primavera," *Critical Inquiry*, 34.1 (2007): 190 – 224.

(作者单位：美国俄勒冈大学德语和比较文学教授；译者单位：北京第二外国语学院跨文化研究院)

Finitude of Methodology and Theory of Mourning: From New Criticism to New Vitalism

Jeffrey S. Librett

Abstract: Since World War Two the methodological researches in Humanities and construction of literary criticism have in a certain way repeated the spiritual situations of early modern Europe, that is, the mourning for the lost absolute. So from new criticism and structuralism through historicism-cultural studies to neo-vitalism, the methodologies of literary studies have in turn replayed aestheticism, neo-classicism, realism, and neo-romanticism, which put their respective emphasis on form, systematically ordered knowledge, history, and subjective vitality while taking plural images, rhetorics, and even spectres as the symbols of the lost absolute values or foundations.

Keywords: mourning for the absolute; new criticism; structuralism; new historicism; cultural studies; neo-vitalism

·新著揽英·

批判的人文主义（等5则）

孙立武等

摘　要：这是一组在广阔视野下再现当代文学研究景观的书评，覆盖了存在主义、批判的人文主义、理论的当代处境、酷儿研究和多元语境下的美国文学。这些书评将存在主义呈现为一个充满道德与宗教张力的有机文学整体，在"理论终结"的时刻反思理论的歇斯底里和意识形态，描述从人文主义到反人文主义的发展及其从浪漫到批判的演化，尝试通过对酷儿研究的跨学科考察而重构主体、文化与政治话语，以及在当代争论之中重审多元文化语境下的美国文学，突出族裔认同的诉求。

关键词：存在主义；理论的未来；人文主义；酷儿研究；后殖民主义；族裔认同

L. 帕特里克：《存在主义文学导论》

(*Existential Literature: An Introduction*, ed. Linda E. Patrik, Belmont: Wadsworth Publishing, 2001)

存在主义作为一个广泛传播的哲学流派，人们并不感到陌生。现代文明的到来，科技的冲击，让人的生活变得越来越方便，越来越现代化，但是现代化的生活却让人渐渐地迷失自己，归属感早已伴随着现代文明云烟消散。那些习惯于思考灵魂、思考自身的哲学家着手寻找一种理论来化解发生在自己身上的这种异化，于是存在主义应运而生。其主张以人为中心，尊重人的个性和自由。而存在主义文学是存在主义的文学呈现，于二战后出现，一般认为，在20世纪70年代，存在主义文学作为一种文学流派事实上已经不复存在。从40年代兴起到70年代绝迹，存在主义文学的巅峰也并不是很久，但是即便是这样，存在主义文学则是进入存在主义理论的一个非常重要的途径。

存在主义文学，顾名思义，就是存在主义者创作的小说、戏剧、短篇小说、艺术散文以及自传。二战后，当世界从纳粹主义的创伤中渐渐恢复的时候，表达存在主义思想的文学作品吸引了大西洋两岸读者，因为这些作品体现了一种对个人自由的辩护以及对独裁主义的社会批判。伴随着他们对自由坚定不移的承诺，以及他们对人物内心深处思想的生动描述，存在主义者唤起了那些重视自由的个人的深切渴望和忧患。而这些文学性的故事还有着一些共同的特色值得人们去关注，假如对其进行纯文学性的解读会发现它与现实之间难以捉摸的关系，势必对其进行哲学性的解读。

对于一个没有哲学背景的研究者，尤其是初学者来讲，接触存在主义理论十分困难。帕特里克知晓这一认知难点，将"存在主义文学——理解存在主义的重要途径"这一观念带给了整个学界，也就是说从认知的角度，帕特里克捕捉到了这样一个突破口，以文学文本为依托进入哲学理论。在纯理论书籍汗牛充栋的今天，这种方式无疑更能抓住读者的注意力，从而使读者更进一步地了解哲学家的哲学理论。

法国的存在主义者——波伏娃、加缪、萨特——是这部导论所关注的主角。这不仅仅是因为他们是20世纪存在主义运动的核心，还因为他们的文学作品将存在主义带向了整个世界。他们的作品在被编纂刊发之前是没有联系的，但是在被帕特里克选取并编纂在一起后就在文学和哲学之间建立起了一种联系。

这部导论还包含了19世纪的三位思想家——研究个人自由的祁克果，描述了自觉意识并对自由进行调查、将人从宗教桎梏中解放出来的陀思妥耶夫斯基，批判并大胆研究社会道德模式最终进入无神论观念的尼采。尽管这三人生前从来没有被描述成为存在主义者，但是他们的许多思想为日后的存在主义发展奠定了基础。这三位思想家是存在主义的先驱，他们所提出的问题正是后来存在主义者所思考的问题。

这部导论最后选取的是两位20世纪的作家：弗兰兹·卡夫卡和理查德·赖特，尽管从严格意义上讲他们并不是存在主义者。虽然卡夫卡是在存在主义作为一种运动兴起之前进行创作的，但是因为他对荒诞性进行探索，并对宗教进行质疑，所以他所提出的令人不安的主题和存在主义者提出的问题是相似的。他在一些作品中所表达的思想后来成为存在主义思想的一部分。在存在主义运动达到高潮的时候,理查德·赖特正居住在巴黎,他创作的作品也都洋溢着存在主义的主题。自美国前往巴黎之时,赖特就对存在主义饱含着热情,在其晚期的著作中,他探索了关于个人自由与非正义的解决方案之间的矛盾,这也是存在主义所关注的话题。

很显然,无论是从选取的作家看,还是从导论的结构看,作者将本书分为了三个部分,第一部分的主题是人类社会的存在主义观点;第二部分的主题是与他人关系的存在主义观点;第三部分是关于宗教的存在主义观点。三个部分的每个章节,这部导论的结构是相同的,首先对存在主义作家做梗概,然后摘录其某部作品的一部分,进而介绍几个存在主义的基本概念,最后列出供人讨论和思考的一些问题。例如在第一部分的第三章,编者选取的是萨特的《苍蝇》作为文本,将"存在先于本质"作为简介,然后选取的是《苍蝇》中的一部分供读者阅读,接下来,编者对其中涉及的一些存在主义的概念比如"自由""责任""映射""痛苦"等基本概念作了简单而又明了的注解。最后列出的是结合存在主义的基本概念和选取的文本提出的一些问题,供读者或者学习者思考和讨论、再如,在第三部分的第十章,选取的是尼采的《查拉图斯特拉如是说》中的片段作为供读者阅读的文本,首先介绍的是"道德批判"的概念,然后是文本阅读,编者对其中涉及的"畜群""超人""权力意志""价值重估"等基本的存在主义概念进行了简明扼要的阐释,最后仍然是依托《查拉图斯特拉如是说》文本和具体的存在主义概念提出的相关问题供读者思考。

帕特里克所编写的这部导论中的理论概念和文学文本都是我们耳熟能详的,至少从字面的认知上都是为人熟知的,但其优秀之处是将这些我们熟知的理论概念和文本联系到了一起。当一部作品以一个有机的整体呈现在眼前的时候,它的优点便凸显了。

首先是编写方式上的独特。

帕特里克从19世纪和20世纪存在主义文学中选取的这些作品,无论是单独使用还是和其他的文本联系在一起使用,皆是致力于为存在主义的核心思想提供清晰的文本案例。他通过聚集文本、背景和基本问题介绍以及提出颇具洞察力的问题,使得文本与哲学概念、文本与文本、哲学概念与哲学概念建立了一种有机的联系。这一联系在一起的文本集合构成了存在主义哲学思想的支撑材料,相较于存在主义的非小说的、哲学性的著作,尤其是对于那些不熟悉20世纪欧洲哲学术语和论证风格的读者来说，存在主义文学提供了更易接近存在主义的途径。但是如果读者没有一些关于存在主义的哲学背景，他们看到的也仅仅是其中的人物而非哲学问题，因而错失了存在主义的原创性，也会错过作品中反对先哲的批评。鉴于此，为了让读者能够带着一些对存在主义哲学的理解去加深他们对存在主义小说的理解，帕特里克对一些基本的存在主义概念进行了简短的解释，作为对所选文本的补充。这正是作为一部哲学入门导论的独特之处。

其次是编者具有宏观的视野。

阅读帕特里克所编的存在主义文学导论，使人认识到，理解存在主义哲学理论最有趣也是最有效的方式是阅读波伏娃、加缪、萨特、陀思妥耶夫斯基、祁克果、尼采、卡夫卡和其他著名存在主义者的著作。这一开创性的导论不仅仅囊括了许多19世纪和20世纪存在主义文学作品，也以具备哲学思想的说明材料为特色，并且将与存在主义观点相关的四个主题——人类社会、与他者的关系、伦理学以及宗教——有效地组织到了一起。虽然与传统的理论专著相比，这部导论更像一本通识教材，但是正是这样一种简单的切入方式和宏观的格局，提供了进入纯理论的一种行之有效的方法。相较于纯哲学理论的枯燥乏味，这部导论也更能激发读者的阅读兴趣，不至于对高深的纯理论望而却步，对于全面地理解和把握存在主义起到了很好的引导作用。

再次，选取的作家非常全面，主要的存在主义理论都进行了介绍。

第一部分通过选取陀思妥耶夫斯基、萨特、加缪、波伏娃等人的作品，主要介绍的是"存在先于本质""自由""异化""偶然荒谬""有限性"等存在主义理论，主要集中于人本身和人类社会的思考；第二部分则集中于探讨"我与他"这样令人"麻烦"和"烦恼"的关系；紧接下来的第三部分则是集中于宗教也可以说是神学关系。从人与社会到人与他人再到神学的思考，正是存在主义的几个重要的理论领域。"主观意识决定存在的意义，但承认有独立于意识的存在"，"人的价值高于一切"，这些观念都在存在主义文学作品中一一体现。还有一点值得注意的是存在主义作家主张作家、人物和读者是三位一体的，如此看来，对存在主义文学的理解更应该将这三者联系在一起，帕特里克部正是做到了这一点吗？

此外，还有一点值得肯定，即强烈的问题意识。

每一篇文本的最后，编者都提出了几个问题，看似问题很随意，但无一不是依托文本和存在主义的理论概念而提出的,这些颇具敏悟力的问题能够引导读者进行进一步的思考。

存在主义大师加缪的《西西弗的神话》之最后一个章节的标题让人记忆犹新——"世界是我们最初和最后的爱"。怀着一种奇特的爱去进行反叛,殊不知反叛就是生命运动本身,反叛并不欲求解决一切,它至少已经能正视一切。身处一片荒漠,存在主义者们一直在废墟之上寻找迷失的家园,祈求一种新生。如今,我们不再思考现代和后现代是不是真正的对立,而是身居"高地",重新审视我们的理论,重新认知我们自己。帕特里克将存在主义以一种文史哲互动的方式呈现,这是人文主义的眼光,如此看来,存在主义文学、存在主义理论都是人类自身化感通变、通和致化的尝试。

(编译者:孙立武,北京第二外国语学院2014级比较文学与世界文学研究生)

M. 哈利维尔和 A. 穆斯里:《批判人文主义:人文与反人文的对话》

(*Critical Humanisms*, by Martin Halliwell and Andy Mousley, Edinburgh: Edinburgh University Press, 2003)

作为一个新的研究方向,"批判人文主义"(critical humanism)出现在西方学术视野中不过30余年。这一研究领域不仅聚焦于众说纷纭、百家争鸣的"人文主义",它更是一批才高卓识的学者身处20世纪八九十年代的历史节点,回望行将逝去的滚滚洪流——轰轰烈烈的七八十年代"理论热"(high theory)——所作出的澄思寂虑、触目兴叹。90年代以来,美国学界逐渐展开对文坛适才发生的"理论鼎盛"现象的梳理和审思,批判人文主义研究正是乘着这一波反思的浪潮而兴现,扎根更渊远浩渺的历史,追溯"理论热"背后一条隐现的人文主义线索,并由此勾勒出由人文主义走向反人文主义(anti-humanism)的思想脉络。

《批判人文主义:人文与反人文的对话》一书同样如此。马丁·哈利维尔与安迪·穆斯里两位教授各有所长,前者专攻美国文化、文学研究,曾任 BAAS(British Association for American Studies)协会主席,著有2007年出版的《20世纪50年代的美国文化》(*American Culture in the 1950s*)、2014年出版的《威廉·詹姆斯和跨大西洋对话：实用主义、多元主义和宗教哲学》(*William James and the Transatlantic Conversation：Pragmatism，Pluralism，and Philosophy of Religion*) 等；后者的研究领域则涉及文艺复兴时期文学、读者反应理论、关注批评理论、人文主义和后人文主义等领域，其著作主要有2011年出版的《朝向新文学人文主义》(*Towards a New Literary Humanism*)，2012年出版的《忧虑、怀疑和多重言说：〈李尔王〉中的后人文主义和人文主义》(*Care，Scepticism and Speaking in the Plural：Posthumanisms and Humanisms in King Lear*) 以及2013年出版的《文学与人：理论、批评与实践》(*Literature and the Human：Theory，Criticism，Practice*) 等。两位教授的研究领域紧紧追随人文主义的发展，以大洋彼岸以莎士比亚为最高潮的英国文艺复兴为古，以当今"理论热"的批评研究为今，形成了历史与当下的呼应。

本书首先谈及人文主义走向反人文主义的发展历程，这一过程被表述为由"宽松"(baggy) 到"精简"(streamlined)。对于19世纪中叶到20世纪中叶英美人文主义，最能体现其宽松性的词组便是"人生批评(criticism of life)"。这一短语在19世纪由马修·阿诺德所用，随后也出现在利维斯的作品以及美国批评家屈瑞林 (Lional Trilling) 的作品中。"人生批评"对立了艺术与科学、文化与商业以及生活与技术，"人"是意义之源，是行动之据，是"历史"之发端。这种形式的人文主义确有其批判锋芒，但忽略了对自身建立依据的预设进行彻底批判，暴露了其理论依据存在的巨大漏洞。

反人文主义思想传统包含三个阶段。第一个阶段从19世纪中期延伸至20世纪早期，包括达尔文 (Darwin)、弗洛伊德 (Freud)、马克思、尼采、索绪尔 (Saussure) 和韦伯 (Weber)，这些反人文主义先驱们通过远超人类个体之上，非人的庞大整体或机制的惊人力量，向人们展示着血肉之躯的渺小，其中，弗洛伊德因对人类深层心理结构中非理性部分的考察而独树一帜。20世纪60年代晚期开始的第二阶段包括了法国思想家巴特、鲍德里亚 (Jean Baudrillard)、德里达 (Jacques Derrida)、福柯 (Michel Foucault)、克里斯蒂娃 (Julia Kristeva)、拉康 (Lacan Jacaueo) 及利奥塔 (Jean-Francois Lyotard)。后结构主义大潮汹涌而来，对建立在逻各斯中心主义基础上的传统形而上学产生了巨大冲击，而"理性""经验""个体"等术语正是人们努力搭建逻各斯框架的典型代表。"人"作为一个系统，其中没有所谓的"身体""灵魂",填充着人的实质被掏空。在批评理论的反人文主义高峰时期,为了约束"宽松的人文主义",凯瑟琳·贝尔西(Catherine Belsey)、保罗·利科(Paul Ricoeur)、伊恩·钱伯(Iain Chamber)等批评家纷纷发声,古典人文主义或者说自由人文主义的三大特征被一一否定,通过确证语言的首要地位,肯定社会对个人人格的深刻塑造,所谓的最高权威以及个体独立性受到了怀疑。语言不再透明,人类不再至高无上,理性不再充当真理的灯塔。

在追溯了人文主义和反人文主义的思想流变后,本书提出了"批判人文主义"的概念。全书贯穿着作者折中主义和后基础主义(post-foundationalist)的态度。这种折中主义在卷首插画——乔治·格罗兹(George Grosz)的达达主义画作《旅行的人》(*Travelling People*)的角度变形和图形的自由展现,同时也在标题采用的人文主义的复数形式上得到呼应。这种折中主义观点并不是把人当做一种规定的独立存在物,而是将人视为一段无限延伸、可以变化的过程。与之相对应,本书的批判人文主义企图将人文主义确认为一种多样化的传统。

对多样化的理解构成了全书的重点。首先,多样化体现在对文化权威的解构上。作者在此吸收了萨义德"东方学"的一些观点,认为人文主义并非仅来自于西方话语。对弗朗茨·法侬(Frantz Fanon),马丁·路德·金(Martin Luther King),斯图亚特·霍尔(Stuart Hall)和米哈伊尔·巴赫金(Mikhail Bakhtin)等人的考察将有助于人们扩大人文主义的划定范围,将非西方世界纳入视野。其次,多样化意味着人文主义类型的多元与丰富。人文主义并非铁板一块,就本书而言,人文主义便可划分出八个类型,即浪漫主义、存在主义、对话体文学、市民文学(庸俗文学)、宗教主义、异教主义、实用主义和技术主义。每种类型都由三位思想家做代表,尽管三位思想家具有一致性,但他们各自身处极为迥异的文化、民族、历史、智力背景,使每种类型都朝着至少三个差别明显的方向延展。而这些类型可作如下配对:浪漫主义/存在主义;对话体/城市文学;宗教的/异教的;实用主义/技术主义。每组配对又可相应地纳入更高层次的两种趋势的相互对话:一种趋势是朝向内部的自我与主体性,作为人类价值和意义的源头;另一趋势是在指向外部的观点引领下,在人与他者及世界的关系中审视自身。因此本书从内向型的浪漫主义/存在主义流动到外向型的对话体/城市文学,从内向型的精神/异教主义转化为外向型的实用主义/技术主义。多样性的第三层含义在于人文主义同反人文主义间界限的模糊。罗兰·巴特的符号学研究将文本意义推向了极致。他将文学文本看作由无数文化中心发散而出,而对其意义有无限的阐释。即使是在极具说服力和感染力的反人文主义文本中,由于被巴特视作主体性危机之展现,因而能显示人文主义的修辞方式。人文主义同反人文主义产生了暧昧不清的交集。

由此,我们回到了该书的中心立场,即折中主义。在书的引言部分,作者曾明确表示拒绝为人类作定义。首先,为人类下定义或许是具有破坏性、不道德的一种约定俗成的行为,如同殖民主义者对西方文明-东方野蛮的界定;其次,任何人类定义不过是对一些属性、范畴的抽象化,不是对人的高度总结,而是过于强调某方面所带来的人的异化;除此之外,将人类具体化,也将否认人类含义的开放性,阻碍了阐释和重释。正如作者所意识到的,"我们并不想让书中的人文主义过于缺乏它所丢失的基础。过度的无根据会导致人类失去批判的锋芒,因为从极权主义到刨沙挖砾,任何事情都能看作某种人类的表示。基于伦理和政治的人文主义无疑是必要的,因为我们不得不保有对人类是什么的一些认知,来判断某人是否遭受了侮辱,或否认其为人后,人类的代理是什么"。当人文主义最终导向开放和多元时,每个人都将保有各自的阐释。这些带有鲜明个人色彩的理解面临着差距过大、无法发掘其内部一致性的问题,最终,拒绝定义的人文主义成为一种漂浮在个人思想领域中的浮风,难以把握。但无论怎样,本书对批评理论的反人文主义进行了审视和反思,展示了两者内部各个派别复杂而精微的理论差异,甚至探讨对立的两者存在契合的可能性。作为单一整体的人文主义窠臼观念被打破,走向转变、自我开放、朝气蓬勃的人文主义"大观"因解放了桎梏而奔腾激荡。

(编译者:吴昱璇,北京第二外国语学院 2014 级比较文学和世界文学研究生)

J.‐M. 拉巴泰:《理论的未来》

(Jean Michel Rabaté, *The Future of Theory*,
Oxford: Blackwell Publishing, 2002)

理论死了吗?真的是像怀疑论者所假设的那样,它离"真实"太遥远而显得无用,它涉猎面太广而无法担负重大责任?或者,它仅仅是学术界一个时尚而自产自销的面具?对这个充满争议的话题,让·米歇尔·拉巴泰(Jean Michel Rabaté)表达了他对文学理论的忧思与焦虑,并指出理论在今天仍然扮演一个非常重要的角色。让·米歇尔·拉巴泰是宾夕法尼亚大学英语和比较文学的教授。他出版过多部关于贝克特(Beckett)、高本汉(Bernhard)、庞德(Pound)、乔伊斯(Joyce)、拉康(Lacan)、精神分析以及文学理论的作品。他最近出版的书有:《现代性的幽灵》(*The Ghosts of Modernity*,1996),《乔伊斯和利己政治》(*Joyce and the Politics of Egoism*,2001),《雅克·拉康和文学》(*Jacques Lacan and Literature*,2001)。他还编有几部论文集:《罗兰巴特之后的符号写作》(*Writing the Image after Roland Barthes*,1997),《雅克·拉康在美国》(*Jacques Lacan in America*,2000),以及《剑桥指南:雅克·拉康》(*The Cambridge Companion to Jacques Lacan*,2002)。

文章内容分为四个部分。

第一,理论的未来是什么?

书的题目告诉我们,本书的主旨是在谈论文学理论的未来,然而如果不仔细考察文学理论的过去就无法谈论它的将来,所以拉巴泰教授从追溯它的谱系入手,尤其关注它和超现实主义、哲学,以及硬科学的关系。拉巴泰假设,理论总是指出官方的、严肃的、"专精"的知识的不足之处,仿佛一种"歇斯底里"。同时,拉巴泰认为文学理论的职能并不是为我们解决什么具体的问题,而应该是要提出一些较有深度的问题,这要求读者阅读多个版本的文本。他还声称,不论现在是结构主义的或是全球化的理论,在广义上,理论终将回归,它的意义在于让我们对正在做的事以及正在阅读的文本有更深入的思考,产生更深刻的认知。

拉巴泰教授认为,从传统意义上来说,哲学始于一种好奇心。随后理论来势汹汹,解释那些人们渴望知道的事件的起源和缘由。作者以亲身体验作为出发点,几年前,他偶然读到朱迪思·巴特勒(Judith Butler)最早在1989年的会议上提到的《模仿和性别反抗》一书,拉巴泰总是把巴特勒和当代美国理论"前沿"联系在一起,而且他很钦佩她,她的开创性的对"施为性别"的分析以及充满哲学和精神分析的对话,都表现出她对于理论概念的极度忧思和矛盾。拉巴泰和巴特勒对最近关于理论的论述充满了忧思,或者说是紧迫感,但拉巴泰呈现的方式稍有不同——以反讽的形式。

人无法准确地说出第二天会发生什么,所以也无法根据过去猜测"未来"。然而很奇妙的是,理论的历史就如同时尚一样,陷进了一个轮回的圆圈中,从某种程度上来说,是呈周期性的。相似的思考也出现在巴特勒的自我告诫中:"如果政治任务是要展现理论不仅仅是理论,是要让理论完全政治化(智慧甚至是实践),为什么不称其为政治呢,或者它的近义词之类的?""如果我要写理论的将来,我就应该要追溯'理论'一词的谱系,尤其关注它的巅峰和传播,对抗和误解。"作者如是说。拉巴泰指出理论从来没有"闲散的沉思",即使理论被描述为可笑的、抽象的、视物质条件于不顾的。

第二,那么我们不禁要问,什么是"理论"?

在马克思主义盛行的时候,"理论"就是"实践"(praxis),如在萨特的《辩证理性批判》中提到的,或者"理论"就是一个政治话语,"……的政治"可以涵盖20世纪大部分事情的意义,而"理论"似乎总被指责少了一些什么东西。拉巴泰给出答案,它缺少的是"生活"。拉巴泰引用了生活中的一则实例:最近《纽约时报》关于"理论"的热门词语是"帝国"(Empire),这是一部讨论"全球化的政治秩序"的著作,而该书的标题"帝国"不仅是全书的核心范畴,而且是作者——美国学者迈克尔·哈特与意大利学者安东尼奥·奈格里——对当代世界的一个独特的理论描述与概括。有人称哈特是下一个德里达,但哈特否认了他将成为下一个德里达的论点,因为他不认为这是一本很原创的书,他们只是把很多别人提出过的理论整合编入,这也是为什么这本书大获好评。它是人们一直在思考却没有得出结论的问题。有意思的是,就像几乎所有现代西方左翼思想家一样,他们对当代资本主义的理论批判可以非常深刻而大胆,但一旦涉及社会的变革问题时,无论是大卫·哈维还是哈特和奈格里,无一例外都成为乌托邦主义者。

第三,如何理解"理论"仿佛歇斯底里?

我们不足以说"理论"可以解决诸如全球化之类的问题,或者其他的现在日益尖锐的问题,因为"理论"的作用宛如一个目击者。它应该问一些困难又基本的问题,但它没有必要给出答案。

"理论"永远不能是纯粹的,因为它总缺少一些东西,这是它的弱项,而恰好也正是它的强项。在知识生产和话语传播中理论的主要效应可谓一个歇斯底里化的过程。正如哈特坦承,《帝国》的成功可能是由于给了人他们不知具体是什么但想要的。几个世纪以来,歇斯底里从来无法被确切地用医学知识定义为一种有明显症状的疾病，或是被具体描述的病理学。

在哈特之后恰克（Charcot）和弗洛伊德（Freud）试图将它置于一个新的舞台，他们试图通过具体的艺术形式展现它的作用。作者用安德烈·布莱顿（Andre Breton）和路易·阿拉贡（Louis Aragon）联合发表在《超现实主义革命》（La revoluncion surrealiste）上赞扬歇斯底里的话，如四十年后拉康所言，歇斯底里催生了一种话语，而且总是追求真理，指出官方的严谨的专业的知识的不恰当之处。

像歇斯底里一样，"理论"永远不会停止回归，至少带着稍许伪装——这一点被数量庞大的选集、同伴、指南和新的介绍所证实。似乎我们都受困于这个旧的悖论：由于"理论"被说是灭亡了，出版行业和学术机构都在疯狂寻找一个答案，一个解决办法，或至少一些征兆来回答未来将会是什么样。作者写这本书的目的就是对这些合理关注和担忧做出一些回答。

而另一方面，巴宾斯基与恰克的观点截然相反，他认为歇斯底里没有那么广泛地存在，因为它是虚构或模仿，如果遭到强制就会消亡。他在第一次世界大战期间对男性歇斯底里的严酷对待，药物滥用，包括令人毛骨悚然的电击疗法，皆遭到超现实主义者严厉抨击。

最后，"理论"是一种科学吗？

20世纪60年代，拉康正在融合马克思和弗洛伊德，不仅指出马克思是"发明该症状"的人，还提出了经济术语：一个可以把马克思剩余价值（Mehrwert）的力比多等效于弗洛伊德的剩余价值（Mehrwert）。

把这四个话语归于四个方面，比归于四个人更为恰当：他们是主人、歇斯底里、精神分析学家和大学。歇斯底里，这不是一个来源于医学分类，而是一个话语概念或理论语词，让人们可以表达这种理念的概念。由大学提出的话语、主人提出的话语、歇斯底里提出的话语和精神分析学家提出的话语构成了十字交叉、纵横交错的社会关系。科学与歇斯底里的话语关系颇大，科学的目的是产生新的知识，虽然在知识被分类或传播时它属于大学的话语。

弗洛伊德曾提出三大不可避免的又"不可能"的职业：教育学家、管理学家、精神分析学家。拉康添加第四个职业，同样不可避免：理论学家。像精神分析学家一样全面研究经验，然后通过创建适合于视觉的有力的概念得以产生意义，同时保持力比多的活跃性，在歇斯底里的论说中被当成了绝妙的例子。

"理论"向所有类型的知识发问，以一种创造诱惑和困惑的效果的方式。在这样做的时候,它会产生某种知识并将瞄准一个真理,这是毫无疑问的。这方面的知识将需要一定的在相应条件下形成的要求。如果是针对阅读,那就是指需要阅读多个版本的文本。在此基础上研究,当一个良好语境里遭遇到歇斯底里话语时,"理论"如何显现。因此,当我们决定是否要把黑格尔-拉康等人逐出理论的领域前,我们应该回顾一下他们在历史上扮演的角色:黑格尔的思想如何引起"歇斯底里",又是如何导致了"理论"的"革命"?

我们不难发现这篇名为《理论的未来》的作品,并不仅仅在谈论"未来",拉巴泰更多是靠着对理论的历史梳理,带我们进行了一次文学理论之旅,从古至今,放眼未来。可以说这部作品并不是一部传统意义上的学术论文,我们可以把它当做拉巴泰化身为一名向导和学者,他一边带我们进行理论之旅,一边思考研究。

(编译者:汤嬿,北京第二外国语学院 2014 级比较文学与世界文学硕士研究生)

R. 柯尔博和 S. 瓦罗其:《酷儿研究:一位交叉学科的读者》
(Queer Studies: An Interdisciplinary Reader, ed. Robert J. Corber and Stephen Valocchi, Oxford: Blackwell Publishing, 2003)

该书收纳了先前已问世的酷儿研究论文。通过编者精心遴选的经典论文,本书为读者呈现了酷儿研究这一诞生于十年前却飞速发展的学科,并追溯了其得以产生的学科谱系。它的发展如此迅猛有力,使人文学科和社会科学中的性别和性向研究改头换面,并对女性研究提出诸多质疑,同时改变了女/男同性恋研究的重心。

在牛津字典中,queer 一词最初是对同性恋的蔑称,而后在同志解放运动的发展中剥离了贬义意味,逐渐有了"毁坏、搅乱"的含义,更贴合酷儿群体特立独行的个性。正如编者在序言中所言"to queer is to disrupt",酷儿之酷在于"扰乱"传统观念中稳固的性属(sex)、性别(gender)、性向(sexuality)关系。

虽然"性取向"一直是酷儿研究的核心,但酷儿类别对非常规的性身份和实践尤其感兴趣。在社会科学、人文学科、女性研究和同性恋研究等学科各自的理论框架内对这一类别作出阐释时,以上学科的局限和不足也逐渐暴露,然而随着历史的发展和不同学界之间的交流对话,酷儿研究中性取向的身份与实践以及相关的语词、概念和类别在一次次推翻和重构中逐渐变得复杂,也引发更多的思考。当这些学科遭遇酷儿类别时,不同学科出产知识的不同方式也体现了出来。例如,同性恋研究者提出的小众模式,以及基于身份问题建构的知识体系,因其方法论导致的弊端已经难以让酷儿学者信服。又如,酷儿理论与女性研究的既亲密又冲突的亲缘关系,二者在性属、性别、性向三者关系的理论化上产生了分歧,前者小心谨慎地对之加以区分,而后者则倾向将它们混为一谈。但在涉及种族和阶级对三者对应关系产生的影响时,女性研究以其交错性的研究方法显示出优势,然而两者依然各有千秋,仍有广阔的探索空间。又如,福柯的权利话语理论,以及他对社会主体之形成的诠释挑战了社会科学对结构和机构(structure and agency)的主流观点,他强调社会体制中的权力机构对主体形成的塑造和监管作用,也就是说,现代社会中人们的性倾向认同已经成为社会准则被个体内化的结果,而这些准则来自性倾向话语。然而权力无处不在,也不可能被推翻。又如,人文学科越来越倾向于依靠酷儿研究的心理分析模式,来分析主体的形成,强调无意识在塑造性取向时的作用。但社会科学家们对此兴趣寥寥,他们更热衷于通过"符号互动"(symbolic interaction)理论来解释个体性向身份的建构。对此酷儿学者提出了质疑,认为社会科学家并没有充分考虑到异性恋对同性恋类别稳定而持续的依存关系,对于性取向本身的叛逆性与矛盾性也缺乏认识。然而心理分析模式也并非万全之策,其局限在于在建构性别与性向身份时,它将家庭置于社会制度之上,并且这种心理分析的方法是否具有普遍性也未为可知。以上种种反映出酷儿学界的不满足之处,酷儿研究自带跨学科的基因,一边继承和发展了这些学科,一边却颠覆这些学科的基本推论。

正是出于以上考虑,本书的编者在选录论文时试图深入酷儿类别的核心问题,但又要在这些学科中保持平衡,对关键的概念进行拓展、修正,使其内涵变得丰富。所选论文划分成四个社交场所,分别对应社会科学家对社会研究的四个层面。

第一章（"实践、身份和社群"）关注社会群体，以及非常规化的性别与性向，如雌雄同体与两性人，如何在微观层面下的人际网络与社交互动中得以形成。随着这些社群为推行"性别代理"（sexual agency）提供渠道，他们甚至发展出一套自己的行为准则，这一套准则反过来规约和控制着内部成员抵制主流的性别与性向结构的方式。尽管这些行为标准既有催动力也有约束力，但这些社群成员在更强大的权利体制与话语体系无法触及的地方推行性机构，而这一更强大的权利体制与话语体系强化了性别与性取向的规范性建设。由于社群所处层次使性机构成为关注的焦点，而且在许多情况下也使群体力量与集体行动得到关注，故而一直以来，女/男同性恋研究的对象是这些群体的社会定位。

另外的社交场所将我们的注意力转向这些权力体系，以及这些体系如何影响着性别与性向的建构。"性别与性向的文化建构"考察文化领域对人们内化、体验、表达性别与性向问题的看法所产生的巨大影响。文化作为性主体与社会结构进行动态互动时浮现的意义体系，它孕育了社会准则，这些准则如我们所见的那样能够同时赋予和解除权利。无论是通过影视、报纸或国家与社会制度创造出的话语，文化准则都有助于划定可接受性的界限，即跟性别与性向之可接受和不可接受有关的定义与意义，而且，文化准则还能为我们认识和建构自身性别和性属身份提供具体的形象。鉴于后者，作为权利本质上具有多面性与残缺性的证明，这些文化准则还提供了一些形象与观念，能够常常出其不意地抵制异性恋规范下的社会结构。这种出其不意一定程度上应归因于社会主体的本质，尤其是无意识的作用，以及幻想与性欲在塑造性别与性属身份中与文化进程之间的互动方式。

民族国家（nation-state）是性别与性向建构的又一个重要层面。"性公民身份与民族国家"一章的焦点在于，性属与性别准则如何成为公民身份的前提，以及这些准则如何被确立、传播和违背的。不出所料，这些过程必然会运用国家的法律机器，或许更重要的是，它们还必然导致政治进程叠加在其他各种制度与话语权力上。这些制度与话语权力来源于商品资本主义、异性恋规范，并通过谣传、含沙射影和流言蜚语的方式对性别和性向进行非正式监管。尽管民族国家确立和强化了归属的标准，个体能在此开放的空间推行性机构，却又在一定程度上抵制主流对性公民身份的认识。另外，由于话语权力天性复杂，以及其在社会主体的形成中所起的建构作用，这种抵制总是不完整的。

民族国家的概念作为研究性别与性向的解析框架从未完完全全地让人满意，尤其考虑到西方世界长久的殖民历史和至少从 16 世纪开始的人、货物、思想的跨境流通。"跨越国别的性取向"一章考察了全球术语中性别与性向的关系，并指出全球进程在性别和性向的建构中所扮演的角色。由于拥有丰富的物质资源的人，道法和意识形态在建构性别和性向时更具影响力，这些进程毫不意外地在显然不平等的措辞中逐渐失去作用。

再者，这一社交场所凸显了不少酷儿研究的真知灼见，因为从跨国主义视角理解性别与性向动摇了关于性实践、身份、社群机构的一些推论，这些推论一直主导着人文学科和社会科学，同时在女性研究和女/男同性恋研究的交叉领域中占据最重要的位置。鉴于此，"跨越国别的性取向"进一步质疑了稳定的性主体意识与身份等概念，强调性属、性别以及性向的流动性，凸显了种族、阶级和性别在国与国权力关系的构成中扮演的角色——这一切都是酷儿研究的核心点。这一社会场所，以及其所处的组织框架，展示了以酷儿视角研究性别和性向的重要性。这种视角挑战了人们对性属、性别和性向三者关系的传统理解，将我们推向一个全新地带，一个疑问丛生的区域，这些问题不仅包括性别身份和性属身份，同时也有关于权力的本质，结构与机构的关系，以及各种社会差异（social difference）模式如何形成、表达和运作的。

值得一提的是，在国内学界，酷儿理论的发展似乎停滞不前，酷儿研究的成果也是寥若晨星。而大众对酷儿的认识仅仅局限于"同性恋"的意义层面，也许我们需要清楚认识到，酷儿理论作为一项独特而有力的批判工具拥有重新定义主体、文化与政治话语的力量，它尝试颠覆传统的性取向二元划分，挑战社会制度精心维护的异性恋霸权。《酷儿研究：一位交叉学科的读者》不仅为我们厘清了酷儿理论的发展脉络，更提供了酷儿类别的热门议题和最前沿的思考成果，从跨学科的角度抛出了诸多发人深思的质疑。这于当下多元价值的共存以及不同性取向群体的互容也多有裨益。无论如何此书都是一个重要的参考。

（编译者：叶淑君，北京第二外国语学院比较文学和世界文学 2014 级硕士研究生）

李安珞:《美国多元文学:比较黑人文化,本土传统,拉美与亚裔小说》

(*Multicultural American Literature: Comparative Black, Native, Latio/a and Asian American Fictions*, by A. Robert Lee, Edinburgh: Edinburgh University Press, 2003)

笔者意识到,只要身为黑人、奇卡诺人,或者印第安人,就会不由自主地感受到异质文化(disparate cultures),于是人们必须得变身为多元文化主义者。在美国,谁能活下去?决定性因素将是多元文化。这就像进化——夜郎自大、坐井观天之流无疑身处劣势;虚怀若谷、兼容并蓄之人才能适者生存。[①] 如果我从各个民族的精神象征(multiple anchorages)出发,研究日裔美国人、华裔美国人、菲裔美国人、墨西哥裔美国人、犹太裔美国人、美国印第安人甚至印度裔美国人,那么我能否在不同民族的话语、思想、行为和符号之间婉转腾挪、换位移置,就像阴暗角落里的卖艺人玩抛球杂技那样?我能否想成为什么就是什么?美国这块机遇大陆,梦想之国,是否也能想成为什么就是什么?[②]

"多元文化语境下的美国文学"——这个短语可谓累赘。细较之下,美国,或说美国文学,囊括了清教徒至后现代主义者,怎能说它不是多元?那么又有谁在质疑里德的"异质文化"和亚历山大的"精神象征"呢?然而,按照一贯的解读方式,质疑的人恐怕不少。无论是因其历史遗留,还是为了一跃成为权威,长久以来,美国都不自觉地将自己视为世界主流,发展成以欧洲、大西洋主义以及白人男性为中心的主流文化。

由于这一看法影响力颇大,美国电视剧要求容纳异质文化。以前美国电视剧里的非白人等"其他人"常被看做边缘人,是所谓的"民族先驱"。历史上,美国土著印第安人部落遭到驱逐打压,分散至美洲各地,从那时起,无论在居住地内外,印第安人都被视为美国的边缘人。居住在美国南

[①] Ishmael Reed, "Interview with Mel Watkins," in James Olney (ed.), *Afro-American Writing Today*, Anniversary Issue of *Southern Review*, Baton Rouge in, LA: University of Louisiana Press, 1989, pp. 26 – 27.

[②] Meena Alexander, *Fault Lines: A Memoir*, New York: The Feminist Press at the City University of New York, 1993, p. 202.

北部的非裔美国人有独特的语言、音乐、服装甚至犯罪文化，他们本应该受世人关注，最终却默默无闻——他们是由肤色和聚居地划分出来的"另一种"美国人。奇卡诺人（墨西哥裔美国人）、波多黎各人以及古巴—佛罗里达人等说西班牙语，美国由南至北，从附属岛屿至内陆，都有他们的聚居地。但是这些西班牙裔的居住地充斥着拉美风情、褐色皮肤以及贫穷，就像是"另一个"美国。（按：西班牙裔又称拉丁裔 Latino、西语裔等，讲西班牙语或葡萄牙语，美国人将其称为西班牙裔。西班牙裔并非指西班牙人，而是指欧洲人与当地印第安人的混血。下文译为西语裔或拉美裔。）亚裔美国人随太平洋劳工移民潮而来，但他们并无美国清教徒前辈移民那般荣光，而且因难以适应当地的语言风俗，他们趋于无名，不受关注。当今洛斯阿拉莫斯（Los Alamos）的华裔核科学家李文和（Wen Ho Lee），甚至受到指控，言其卷入了"间谍"阴谋。

然而，20世纪60年代美国掀起了身份政治（identity politics）运动，民权运动是其导航灯。身份政治运动中发出的种种声音极大地改变了人们认识世界的方式，让世界回归正途。这并非意味着，从前哥伦布时期至当代，人们未曾注意美国文化、文学或其他领域的多元性。美国人怎会真的忽视文化之间的差异？当时的主流思想认为，非白人种族寄身美国域内，他们将永远处于白人美国的边缘，所用语言是方言，居住地间或有如画的风景，或有异域风情。但身份政治运动狠狠地反击了这一主流思想。在这种情形下，少数族裔中的"少数人"轻巧地揭露了文学-文化兴味和成果中的相对混乱性，于是生发了种种挑战。[1]

为了挑战传统，术语"小说"也初步扩大了其范畴。新定义的"小说"包含了具有小说虚构性的文体，如长篇小说、中篇小说、故事与成套故事

---

[1] 相关的历史学术成果与政治学术成果参见：Stephen Thernston（ed.）（1980），*Harvard Encyclopedia of American Ethnic Groups*, Cambridge, MA: The Belknap Press of Harvard University Press; John D. Buenker and Lorman A. Ratner（eds.）（1992），*Multiculturalism in the United States: A Comparative Guide to Acculturation and Ethnicity*, Westport, CT: Greenwood Press; Judy Galens, Anna Sheets and Robyn V. Young, with Rudolph Vecoli（eds.）（1995），*Gale Encyclopedia of Multicultural America*, vols 1 and 2, Detroit, MI: Gale Research Inc.; Alpana Sharma Knippling（ed.）（1996），*New Immigrant Literatures in the United States: A Source to Our Multicultural Heritage*, Westport, CT: Greenwood Press; Cheryl Russell（1998），*Radical and Ethnic Diversity: Asians, Blacks, Hispanics, Native Americans and Whites*, Ithaca, NY: New Strategist Publications; 以及 Elliott Robert Barkan（ed.）（1991），*A Nation of Peoples: A Sourcebook in America's Multicultural Heritage*, Westport, CT: Greenwood Press.

以及自传，还有韵文记事乃至美国文化迷思（cultural-myths），甚至将博尔赫斯（Jorge Luis Borges）《虚构集》(ficciones) 中形式各异的小说也囊括其中。小说研究的对象涵盖了近半个世纪美国的多元叙事篇章，美国白人作品亦列其中，不外乎是为了了解逐日显现的非裔美国文学、美国印第安文学、拉美文学以及亚裔美国文学的条理和结构，并进行比较研究。

本书《美国多元化的文学》(Multicultural American Literature) 的开篇重考了近期多本标志性小说。在形式创新方面，书中列举了四部影响深远的著作，作者分别为美国黑人作家埃里森（Ralph Ellison）、印第安作家莫马代（Scott Momaday）、墨西哥裔美国作家鲁道夫·安纳亚（Rudolfo Anaya）以及亚裔美国女作家汤婷婷（Maxine Hong Kingston）。接下来的章节讨论了族裔性自传文体，并解释了两个概念：族裔性自传以及自传体小说，这部分的论述与关于"隐于外在个体下的慧黠想象"的论述同等重要。之后几篇论文探寻了美国少数民族文学的踪迹，即黑人文学、印第安文学、拉美文学以及亚裔文学。论文中，研究者将作者及其作品与相关的历史背景、地点、政治局势、通俗文化与精英文化等因素相联系，不仅如此，研究者还分析了各类文本，挖掘出埋藏于各民族文学之间的、或隐微或凸显的相似特征和关联。

随后几章讨论颇具比较精神。有描写民族聚居地的小说之间的比较，这些小说各取材自印第安地区、亚洲城（某亚裔加拿大作者的小说亦有提及）、哈莱姆区（美国黑人边缘城市）以及边境、移民与西语裔聚居区的墨西哥裔人民的独立民族意识；有美国少数民族小说和故事，这些小说的主题多为太平洋和大西洋的岛屿，几乎可视为平实的地理历史学，但亦折射出作者个人生活体验；另外还有一系列文学作品竟可明确地划入后现代民族主义作品范畴。最后，白人文化是美国主流文化意识形态，美国文学中几乎所有关于种族特征的术语都源于此。本书终章细致分析了美国白人以及白人小说精选集，恰到好处地结束了全书。

60 年代后，美国黑人文学、印第安文学、拉美文学以及亚裔文学不仅包含了纯文学小说的各类衍生文体，还容纳了诗歌、戏剧、风格散漫的文学作品、行为艺术以及流行文化等各种艺术形式，迎来了复苏重生。但族裔文学的复苏绝没有否定传统的文学谱系，更没有回避今后面临的危机四伏的论战场。支持族裔文学复苏的意见和反对的观点辩驳不休，而就在你来我往中，族裔文学的影响越来越大。

美国顺势对多元文化主义和种族展开了更大规模的讨论，战场扩大至政治及意识形态领域，族裔文学亦借此寻求支持，同时在争论中反思自身。首先，美国历史学家劳伦斯·W. 莱文（Lawrence W. Levine）将文化多样性看作"美国精神"之开篇，那么为了更深刻地理解美国的文化多样性，是否该将此番对族裔文学的争论看作解密密码，抑或据历史学家亚瑟·M. 小施莱辛格所言，对族裔文学进行讨论就是分裂美利坚合众国？对于族裔文学，一方认为其是"文化民主"（更高的多元化标准）的典范，而另一方谈的则是"巴尔干化（balkanisation）"的威胁，是个人服从集体，此乃无聊的政治正确之言。①

保守右派和激进左派内部各有分歧使得局势更加复杂。保守派支持的是哪"一个美国（one America）"呢？是经济保守和社会保守的美国，还是不以种族当基础确定政治秩序而更深刻地意识到种族特权且在逐渐消灭种族特权的美国呢？激进派同样有不同的派别。新马克思主义者认为，多元文化主义不过是文化政治的政治姿态，也是不实用的精致时髦；是一条遮羞布，遮掩了不断深化的阶级鸿沟，遮掩了美国对移民和廉价劳力的剥削；是一句托词，回避了所有未曾断绝亦未曾解决的种族主义阴谋。然而，另有自由派人士全力支持多元文化意识，将其看作未来美国诸政治之基，与阶层、性别和地域三者共同影响国家权力的分配。从这方面看，种族性虽然备受争议，但亦能应对种种挑战，绝不死气沉沉，可视作当前人类发展的动力。

作家斯坦文斯（Ilan Stavans）是墨西哥裔犹太人，后来加入了美国籍。在其著作《西语裔的现状：对美国文化和身份认同的反思》（*The Hispanic Condition: Reflections on Culture and Identity in America*）（1995）的末尾，他有意模仿《下一次烈火》（*The Fire Next Time*）（1963）中的鲍德温（James Baldwin），写了一封"寄儿语"。斯坦文斯先说文化遗产。文化遗产不仅在

---

① Lawrence W. Levine, *The Opening of the American Mind: Canons, Cultured History*, Boston, MA: Beacon Press, 1996. Levine 的看法与 Allan Bloom 某些意见相左，即 Allan Bloom (1987), *The Closing of the American Mind*, New York: Simon and Schuster, Levine 的反对者还包括 Arthur M. Schlesinger Jr (1992)，其著作 The *Disuniting of America: Reflections on a Multicultural Society* (New York: W. W. Norton) 中的观点与开明派（Kennedy-style liberalism）的观点相悖。另有杞人忧天之言论，参见 John J. Miller (1998), *The Unmaking of Americans: How Multiculturalism has Undermined the Assimilationist Ethic*, New York: Free Press, 以及 Alvin J. Schmidt (1997), *The Menace of Multiculturalism: Trojan Horse in America*, Westport, CT: Praeger Publishers。

华盛顿和玻利瓦尔之间建起了一座跨越南北半球的桥梁,还是墨西哥和美国之间的纽带(斯坦文斯据其经历而言)。再谈"盎格鲁人与西语裔的文化交锋"(p.19)。最后他写道:"我的孩子,你生活的时代,多元文化主义之果实必会甘美。虽有唱衰之辈,如澳大利亚批评家、《巴塞罗那》作者罗伯特·休斯,认为社会中怨怼不满之戾气已将多元文化之良风驱走……但我坚信,多元文化主义是一位仁慈之师,是一扇通往更加人道的世界的门。"那么种族本身呢?无论这个说法是不是对复杂问题的简单表述,难道不总有一个角落,回荡着优生学的论调,重复着智商、血统、肤色等至上主义的观念吗?历史早有明证,优生学和至上主义,不正是与奴隶制、殖民主义、纳粹主义以及其他危险意识形态的核心思想相关吗?[①] 聚焦美国,情况更为复杂。DNA和大量新近基因挖掘研究结果表明,约30%的美国白人(5000多万人)至少有一位黑人祖先,普通非裔美国人的祖先中将近1/6是白人。种族并没有特定的基因,这已经成为生物学研究的常识。

黑人与印第安人混血就像白人与印第安人混血一样,都是长期以来不争的事实。过去十年中,白人与亚裔或黑人与亚裔之间的跨族交流(通婚和混血后代)至少是以前的两倍。拉美裔血统的核心是混血(Mestizaje)。但就算是有"混血"民族,也难以解决当前的"种族"困境。在其自身、肯定自身以及向其自身,这难道不近乎是另一种有影响力的"种族"元认同吗?不怪乎美国在2000年的人口普查中,首次给予美国人机会,让他们将自己和后代归于一个或多个民族。但此举丝毫没有否认"种族"仍是一个既有攻击性又充满戒备的词语,同时亦没有否认其通常并无以肤色定阶级的暗示。

另外,在美国大部分地区,"种族"常仅划分为"白人-黑人",这种预设是如何形成的呢?美国2000年的人口普查不意对这个问题避而不谈。吴华

[①] 美国黑人女作家左拉·尼尔赫斯顿(Zora Neale Hurston)在其自传 *Dust Tracks on a Road*(1942,修订版由纽约 HarperPerennial 出版社1996年出版)中有力地驳斥了当前社会对"种族"的看法——以种族定成就高低和能力大小。她认为:"'种族'一词是人们基于身体特征作出的不严谨的分类,因此,'种族'并不能表现一个民族的内在品质。民族曾取得的成就也不能证明什么。一个民族从不曾做过任何事情,取得成就做出贡献的是个人。白种人没有走进过实验室发明白炽灯,发明白炽灯的是爱迪生。犹太人没有创立相对论,创立相对论的是爱因斯坦。黑人没有发现花生和甘薯的奥秘,也没有发现鸡蛋发育的秘密,取得这些成就的人分别是卡弗(Carver)和贾斯特(Just)。如果你认为每一个白人都是爱迪生,请向四周看一看,如果你认为每一个黑人都是卡弗,还是花时间做做研究吧。"(249)。

扬（Frank H. Wu）在著作《黄种人：美国白人和黑人之外的种族（*Yellow: Race in America Beyond Black and White*）》（2002）中热烈地讨论了"肤色政治（colour politics）"。书中，吴华扬强烈批评针对亚裔美国人的"模范少数族裔"理论以及"荣誉白人"头衔（18），主张终结"白人-黑人"这个既普遍又不普遍的种族二元论："人们说起美国，俨然只指'白人'，说起'少数族裔'，俨然只指'黑人'。在这种刻板语境下，亚裔美国人既不属于白人，也不属于黑人，自然也就不是美国人或者少数族裔了。"（20）

作者的身份必然显现了人类民族之丰富多彩，同时探究了人类学的多样性。以女诗人爱（Florence Anthony，日本名爱小川 Ai Ogawa）为例。爱著有诗集《残酷》（*Cruelty*）（以此开始了独白诗写作），她的父亲是日本人，母亲是黑人、印第安乔克托族和爱尔兰人的混血，但非裔美国文学和亚裔美国文学文献都将她收入其中。在非裔美国文学小说中有一些重要的现代称谓，它不仅源于黑人，还源于印第安人。例如在爱丽丝·沃克的民权著作《经线》（*Meridian*）（1976）和女性主义著作《紫色》（*The Colour Purple*）（1982）中，就有佐治亚州印第安切诺基族的支线情节。又如梅杰尔（Clarence Major）在作品《譬如季节》（*Such as the Season*）（1987）和《锦龟：弹吉他的女人》（*Painted Turtle: Woman with a Guitar*）（1988）中，密密地织入了切诺基人和祖尼人的故事，缀锦成文。

阿路里斯塔（Alurista/Alberto Baltazar Urista Heredia）是奇卡诺诗人、活动家，其诗集《弗洛里堪托在亚兹特兰》（*Floricanto en Aztlán*）（1971）一直是奇卡诺意识觉醒的标尺。阿路里斯塔作韵文诗时常常引用墨西哥人、那瓦特人以及美国-奇卡诺人的文化遗珍，诗中随处可见多重典故（hybrid allusion）以及语码转换（code-switching）。大多数当代印第安小说作者，如莫马代、西尔科（Leslie Marmon Silko）、韦尔奇（James Welch）、维泽诺（Gerald Vizenor）以及亚历斯（Aherman Alexie）等，承认他们创作时参考了印第安和欧洲的历史，从历史的夹缝中或者交汇处逆流而上，塑造了超越历史边界的复杂人物形象。

以种族出身论归属，如此就将以上这些作家归了类。且不管这种分类方式多么平常，种族特性一直是这些作家笔下的重要主题。种族特性即意味着家族血统的多样性，是历史中传承的家族与每一个实在的家庭的相交点。有人提出，在莫马代等人创作的"混血"文学中，作者暗示美国已经走向了后种族时代。现在有两种观点，一方支持民族文学（虽然他们支持的是欧洲中心主义文学),另一方则认为民族之间的包容互补最终将终结所有的强势文化谱系。假使美国真的走向了后种族时代,也许将出现某种颇具讽刺意味的观念趋同现象,以上两种观点亦将有交叠之处(即使可能性不大)。[①]

就"民族之间的包容互补能否终结所有的强势文化谱系"这一问题,刘大伟(David Palumbo-Liu)在论文集《民族经典:历史、风俗及影响》(*The Ethnic Canon: Histories, Institutions, and Interventions*) 的序言中有所探讨。他认为,曾经某些所谓的多样性不过是象征性的,可以轻易地融合乃至消解,但民族互补不是补缺再合并。刘大伟支持批判性多元文化主义:阶级、种族、性别和意识形态四者的交集,往往体现在"主流"和"少数"等观念中,虽不能说多元文化主义在这个方面没有缺漏,但它绝没有忽视今昔美国"国族叙事"建构中缺失的部分。他说:"不得以本质化或者阶层分化的方式阅读民族文学,不然民族文学将面临经典化和合并的危险——目标就在于此。"[②] 换言之,每一篇种族文学语篇都有独特的反动力量,它拒绝被视为"典型",不期待主流的赞美,也不愿意就这样溶解在几乎原封不动的美国经典文学之中。[③]

根据上文的这些看法,面对根深蒂固的"美国文学经典"观念,且不说将其重构,不说挑战"经典化"概念本身,所谓的多元文化主义文学作品(或说种族文学作品)又真的能挑战它几成?那么该如何准确地定义美国和美国文学?

(编译者:陈淑仪,北京第二外国语学院比较文学与世界文学2014级硕士研究生)

[①] 相关论文集请见 Jonathan Brennan ed., *Mixed Race Literature*, Palo Alto, CA: Stanford University Press, 2002。

[②] 参见 "Introduction", p.17, David Palumbo-Liu (ed.), *The Ethnic Canon: Histories, Institutions, and Interventions*, Minneapolis, MN: University of Minnesota Press, 1995。有关批判性多元文化主义关于社会和教育方面的内容参见 Stephen May ed., *Critical Multiculturalism: Rethinking Multicultural and Antiracist Education*, London: Falmer Press, 1995。

[③] 参见 Cherrié Moraga, *Loving in the War Years: lo qui nunca pasó por sus labios*, Boston, MA: South End Press, 1983。书中,作者从性别角度解读了"兼以女同性恋者和奇卡诺女性的'典型'身份写作"这一问题。自序中她写道:"和另一位朋友坐在火车上,我闲谈了些写这本书的困境,当时我感觉四面八方都要我做民族的典型,做女性和女同性恋者的典型——要不就是要我不顾一切地什么都不做。"(vi)

Critical Humanism (five series)

Sun Liwu et al.

Abstract: This paper contains a series of reviews related to recently published books, which from broad perspectives depict the landscapes of contemporary literary studies and cover the spectrum of existentialism, critical humanism, present situation of theory, Queer Studies, and American literature under the multicultural context. In these representations, existentialist literature is described as an organic whole filled with the strong tension between morality and religion, theories in the crisis are held to be a kind of hysteria and a sort of ideology, the orbit from humanism to anti-humanism and transformation from the romantic to the critical are in their turns, subjectivity and cultural-political discourses are reconstructed through interdisciplinary settling on Queer Studies, and finally American literature under the context of multiculturalism is reconsidered while the stress is on the claim to the ethno-cultural identity.

Keywords: existentialism; the future of theory; humanism; Queer Studies; post-colonialism; ethno-political identity

·本刊特稿·

"一带一路"与日本
——以中日文化交流为中心

孟庆枢

摘　要：日本在古代通过海上和陆上丝绸之路广泛地学习借鉴了中华文化和西域文化，促进了自身的发展。在战后持续的丝绸之路热，在不同时期又体现了具有不同差异的内涵，其中的文化乡愁包含着对中国文化的憧憬。当然，在这一热点里也有多种声音。跟踪日本对于"一带一路"的举措对于我们当下开拓"一带一路"的发展战略具有一定的学术价值与现实意义。

关键词：一带一路；丝绸之路；利益共同体；中日文化交流；文化乡愁

"一带一路"是21世纪建设"利益共同体""命运共同体"，把欧、亚、非连接起来的纽带。"一带一路"的提出体现了以高瞻远瞩的眼光，继承历史上陆上丝绸之路、海上丝绸之路的文化资源，实现现代转换，赋予它具有中国特色的宝贵内涵的战略思想。随着时间的推移，将越来越发挥其伟力。当今"一带一路"得到了越来越多国家的响应，因为它提供了共赢、互鉴、共同发展的契机。日本自古以来和陆上与海上丝绸之路都有着密切关联，它也是这一纽带上的重要节点。奈良的正仓院珍藏的丰富文物述说着日本与中国和中亚诸国交往的历史，具有标志性。在日本史籍和各种文化著述、文学作品、读物中涉及陆上丝绸之路和海上丝绸之路的文字不胜枚举，在这里我们仅从一些著名的专家学者、作家的代表性著作和作品管窥日本和"一带一路"的关系。重点以日本战后以来这段历史为中心，着重在中日文化、文学艺术的交流方面。

一

日本战后对于丝绸之路的关注、研究，作为中国读者最熟悉的大概是井上靖的以西域、丝绸之路为题材的系列作品，诸如《楼兰》《敦煌》《孔子》《天平之甍》《苍狼》《洪水》《异域之人》等。这些作品已经译成中文出版①。当然我们不能仅靠文学作品来探讨日本和西域、丝绸之路的关系，因为那只是艺术表现方面的体现。我们有必要结合有代表性的专门著作（包括专著、随笔、游记等）更加全面地了解，多角度地探讨这一课题。在众多的著述中我们可以举出一些有代表性的加以介绍，如石田干之助的《长安之春》（原来于1942年创元社出版，在1967年由平凡社重新出版），小林高四郎《成吉思汗》（岩波书店，1960），岸边成雄《唐代音乐历史研究》（东京大学出版会，1960—1961），松田寿男《东西文化的交流》（志文堂，1962），原田淑人《西域文化和正仓院宝物》（河出书房新书，1965），岩村忍《丝绸之路——东西文化的熔炉》（日本放送协会出版，1966），林良一《丝绸之路与正仓院》（平凡社，1966）、《西域物语》（新潮社，1977），松本清张等《我的丝绸之路》（朝日出版社，1977），长泽和俊《丝绸之路的终点站——正仓院》（讲谈社，1978），井上靖、岩村忍《西域——人物与历史》（社会思想社，1980），松冈让《敦煌物语》（讲谈社，1981），石田干之助《长安之春》（讲谈社，1981），井上靖《探索遗迹之旅——丝绸之路》（新潮社，1982）、《历史小说的周围——历史随笔集》（讲谈社，1983），藤堂明保《西域纪行》（旺文社，1984）等著作。

为什么日本战败以后出现了新的丝绸之路热？在多种原因中，让丝绸之路所蕴含的精神经过现代转换成为日本振奋国民精神、使国家重新崛起的助推力应该是一个重要因素。日本战败以后把眼光投向更宽广的世界，这是一种精神解放。当今我们研究日本和"一带一路"的关系，既可以加深对于历史上两条丝绸之路的认识，同时也可以从中思考如何利用文化遗产提升软实力的问题。日本和丝绸之路无论在政治、社会、文化、文学艺术和生活的各个层面都有着难于释怀的情结。日本著名东亚文化关系研究

---

① 郑民钦主编《井上靖文集》，安徽文艺出版社，1998。

家长泽和俊写了他执着于丝绸之路的心路历程。他从20个世纪60年代起一连十几年间，反复四次遍历了从土耳其到印度之旅。他1978～1979年来中国，实现了新疆维吾尔自治区之旅，再从西安到伊斯坦布尔，对这漫漫长途的80%的地方都进行了考察。古代丝绸之路上那些历史遗迹、遗物对于他的内心具有强烈的震撼力。他写道："每当看到这些遗迹、遗物时，我就经常由此思考探求日本文化的源流。无论是行走在阳春的伊朗高原，还是徘徊于灼热的阿富汗斯坦的沙漠上，正仓院的精美的宝物的幻影总是炙烤着我的心，探求正仓院宝物源流的思绪不知不觉形成了我对于丝绸之路的观点。即看了这些欧亚大陆的各地的遗物、遗迹并不只是为了追求它们的来历的故事，而是对于不同文化相互之间的复杂关联——或者叫做东西文化交流的历史面貌的究明是其目的。"① 任何国家的历史都是各民族的交往史，在某种意义上讲，对于这一历史的憧憬是人类的本性。以丝绸之路为题材写出系列作品的著名作家井上靖在《西域物语》中写道："为此在西域这一词里面有心底里本来就有的未知、梦、谜、冒险，这些情结都纠结在一起。"② 战后的日本国破家亡，日本人面对战争的废墟，百废待兴，当务之急是树立重新走向新生的信心。日本战后重新崛起的原因应该是多方面的，在这当中如何使人的精神振奋起来，实现未来的美好梦想，肯定是一个不可忽视的问题。在日本战败投降之后，经历一段最艰难的重建家园的恢复期，日本人以坚韧不拔的毅力，迎来了经济腾飞期，尤其以1964年召开奥林匹克大会为标志。在这一过程中，培育开阔的视野，面向世界的眼光与思维尤显重要。战后第一次丝绸之路热产生此时不难理解。长泽和俊在踏察丝绸之路的过程中认真思考这样的问题："在日本文化的核心处，带有那些形形色色的欧亚各地文化的个别性与共同性，它们是如何经过变容而被传播，从中随处可以窥见日本文化的源流问题。"历史证明，即或在交通十分困难的古代，人类的东西方交流也不可阻挡，或许我们当代人还远远没有认识到我们的先人创造的辉煌。"在公元前2世纪以前的数世纪，从伊朗高原到地中海沿岸古代文明圈由于进入政治的不安定期，经济停滞，贸易自然也缩小，但是到了公元前2世纪以后，这一状态稍有改善，西方罗

---

① 長澤和俊：『シルクロードの終着駅　正倉院への道』，講談社現代新書，1979，第217頁、218。
② 井上靖：『西域物語』，新潮社，1977，第8頁。

马帝国成为强大的势力。罗马是资源贫乏的地方,输入各种物质十分必要,为此致力于东西通商。西到高卢(法兰西),东到中亚、印度、中国,都进行直接的或间接的贸易。东方的丝绸、药材、象牙、香料、宝石、贵重石材等均为输入物品。输出的为青铜、玻璃制品、工艺品、植物油等。这样又使丝绸之路的贸易重新繁盛起来,伊朗高原当然重新成为东西贸易商队的最重要的集散地。"① 长泽还指出,如果说20世纪60年代丝绸之路热还主要体现在精英层的话,经过十年之后,它已具有了深厚的群众基础,尤其在青年人当中扎下了根。这是一个十分重要的变化。到了70年代的丝绸之路热具有了新的特点。"日本人看古代遗迹已不仅仅是持有种浪漫情怀,而是能以丝绸之路的眼光或者说东西文化交流的视角来重新看取欧亚大陆的各种文化。今天,丝绸之路在众多的年轻人心里,乃是青春的思索之场,也是开放驰骋之场,或者说它成了聚焦日本文化对于世界文化再认识的场。"② 任何文化交流必须具有群众基础,尤其青年人更显必要,他们的关心才能保证持续性与不断提高其水平。事实证明,日本战后新一代汉学家有的就是在"丝绸之路热"中憧憬中国文化,在追求文化乡愁中开启了学术的征程。

随着全球化的不断进展,进入信息社会以后,对于陆上与海上丝绸之路的研究与重视与时俱进。在这一过程中,所包含的内容也更加丰富。近些年来在日本围绕海洋国家、海洋强国的著述不断涌现(对于这些著作再立题目研究),在这里首先围绕海上丝绸之路研究加以阐述。近年(从2005年开始)汲古书院出版了一套"东亚海域丛书"。该丛书探讨了海上丝绸之路与中、日、朝鲜半岛文化的关系,并且和日本的"汉学"研究有着密切关联。这套丛书是中日韩等学者的共同研究成果,得到了日本文部科学省的研究资助,计划出版20卷。正如本套丛书主编者(宁波领域代表)小岛毅所讲的,这套丛书全名叫"东亚海域交流与日本传统文化的形成——聚焦宁波学科的开创"。在这里中心词是日本传统文化的形成。也就是说,任何国家对于自身传统的探究是立足之本。但是此套丛书的特点"在于它的学科性与地域性",即它是以问题为中心的地域文化的跨学科的整合研究。"从东洋史、日本史出发,在思想、文学、美术、艺能、科学等诸方面的历史研究。而且,不少建筑学家、造船学家、植物学家也介入进来,体现了

---

① 長澤和俊:『シルクロードの終着駅 正倉院への道』,講談社現代新書,1979,第217頁。
② 長澤和俊:『シルクロードの終着駅 正倉院への道』,講談社現代新書,1979,第218頁。

综合交流的特色。"① 至于选择宁波这一城市的原因，小岛指出："因为宁波在历史上与日本有着很深的渊源，瞩目于该都市与周边地区，并非'大陆与列岛的俯瞰图'，而是在由点与点的连接而形成众多的线而加以详尽的阐述。"② 也就是说不把研究的具体对象割裂开来，以点代面，而是让部分和整体相联结。我们不妨通过目录略窥一二。这20卷的目录为：第1卷，近世的海域世界与地方统治；第2卷，海域交流与政治权利的对应；第3卷，从小说、艺能看海域交流；第4卷，海域世界的环境与文化；第5卷，江户儒学的中庸注释；第6卷，碑与地方志的档案探究；第7卷，从外交史料研究10~14世纪；第8卷，对于浙江茶文化的学科探讨；第9卷，宁波的水利与人们的生活；第10卷，宁波与宋风的石造文化；第11卷，宁波与博多；第12卷，对于沧海的祈祷；第13卷，沧海交往的诗文；第14卷，中近世的朝鲜半岛与海域交流；第15卷，中世日本的王权与禅、宋学；第16卷，平泉文化的国际性与地域性；第17卷，儒佛道三教交响与日本文化；第18卷，明清音乐的传来与接收；第19卷，圣地宁波的佛教美术；第20卷，大宋诸山图与五山刹图注解（迄今本套丛书第8、9、15、17、18、19、20卷待出）。这套丛书实际上不仅仅是丝绸之路的文化交流论，它更凸显了日本汉学在江户时代的发展变化。这就把文化交流动态化地深入开来。正如市来津由彦（本卷主编之一）认为，结合江户时代的中庸注释所体现的是："聚焦于江户儒学的中庸注释的四书注释行为及其著述，是置于东亚海域文化交流当中来展开的，把作为近世东亚思想文化运动的近世儒学以新的视角来把握。"③ 主编者还指出，在论述中尽量避免陷入以日本为中心的窠臼。以海上交往为中心，在文化上展开的是：互相之间都以他者为参照系，在相互关系中来研究共同聚焦的问题。"在本研究中，对于把江户期的日本文化事项作为对象的中国与韩国的研究，也有各自文化与他者文化的不同的视点和共通的问题意识，给予带有不同意义的论述位置。"④ 在这本

---

① 市來津由彦、中村春作、田尻祐一郎、前田勉編『東アジア海域叢書5江戸儒學の中庸注釈』，汲古書院，2012，序説。
② 市來津由彦、中村春作、田尻祐一郎、前田勉編『東アジア海域叢書5江戸儒學の中庸注釈』，汲古書院，2012，序説。
③ 市來津由彦、中村春作、田尻祐一郎、前田勉編『東アジア海域叢書5江戸儒學の中庸注釈』，汲古書院，2012，序説，第3頁。
④ 市來津由彦、中村春作、田尻祐一郎、前田勉編『東アジア海域叢書5江戸儒學の中庸注釈』，汲古書院，2012，序説，第4頁。

论集中不仅把前近代的东亚所共有的四书注释作为研究对象来设定，而且使这一研究视点置于东亚各社会的不同视点下开放的状态，为此就能够为东亚所有社会的研究享受。① 这里体现的是和而不同，共同研究，互鉴互学的理念。本书指出这一论著形成的几个阶段，即在形成问题意识之后，"不局限于日本社会领域，而是把江户儒学置于东亚视点来看取"，超越各国的本国文化论的中心，之后再进入更深入的阶段，"从东亚海域交流的视点重新提出这一课题，在上面提出的'现象'的中国，日本的江户、朝鲜或者在中国社会的各个层面诸种问题当中发挥了怎样的作用，对此的重新探讨，或者说在这一重新探讨中对于四书注释的课题进行再把握。"② 质言之，无论是对于当代的问题还是对于古代的问题，求同存异是研究的正确思路。

二

日本有关丝绸之路的著述中充溢着文化的乡愁，其中不乏对于中国文化的憧憬。文化乡愁，可以说是人类的本性。人之为人，就在于有文化，有自我反思的能力。日本学者吉川幸次郎在一本名为《对中国文化的乡愁》的书中这样表述："不管怎么说，中国的思想都是人类的故乡之一，一到某种时刻，有意无意地，就在讲述着对它的乡愁。"中华文明是世界文明史中不可或缺的一部分，也是至今保存最完好的没有中断过的文明，这本身就是对于人类社会的巨大贡献。在人类历史长河中中华民族之所以历经磨难没有衰亡，文化的生命力是至关重要的。中国文化在当今世界还有许多宝贵的东西有待进一步开发，激活。日本文化对中国文化的借鉴，古远的就不说了，只谈近现代的情况也不胜枚举。日本汉学家的阵容可以说蔚为壮观，明治时代很多重要人物都是汉学家，他们以汉诗写得漂亮为荣。20世纪的著名汉学家青木正儿对中国戏曲情有独钟，对中国的民俗也有很深的研究，是最早著文介绍五四运动和关注鲁迅的日本学者之一。还有一位写有《左传会笺》的竹添光鸿，他的《左传》研究有很高价值。曾获得诺贝

---

① 市來津由彦、中村春作、田尻祐一郎、前田勉編『東アジア海域叢書5江戸儒學の中庸注釈』，汲古書院，2012，序説，第4頁。
② 市來津由彦、中村春作、田尻祐一郎、前田勉編『東アジア海域叢書5江戸儒學の中庸注釈』，汲古書院，2012，序説，第4頁。

尔物理学奖的汤川秀树，极其崇拜庄子。川端康成的代表作《雪国》，其核心意象与唐代李商隐有着关键的联系。《雪国》里对女性的崇拜、女性的无私奉献、对生命憧憬的意象借鉴了李商隐"春蚕到死丝方尽，蜡炬成灰泪始干"，在《雪国》结尾写银河倾泻于岛村怀里的幻象，显然取自李商隐"银河诗"系列的"直教银汉堕怀中"的奇思妙想。

对于日本从明治时期开始的"脱亚入欧"，包括从文化思想上"改弦易辙"的思潮，当时的有识之士敏锐地认识到了它的片面性。著名作家谷崎润一郎针对要把日文拉丁化，把英语当国语的完全西化的主张，在《谈中国的趣味》一文里切中要害地指出："当下我们的日本人几乎对全部的西欧文化兼收并蓄，看起来像是被其同化了。但是，我们的血管的深处被称做中国趣味的东西，仍然是意想不到的令人吃惊地根深蒂固。"[①] 文化联系是不可低估的。在一系列日本关于丝绸之路的著述中，文化的追源、文化的乡愁，发人深思。著名学者岩村忍在《丝绸之路——东西文化的熔炉》一书中从人类发展的视点来看取丝绸之路的价值。他指出"文明"和城市化的关系，在英语里"文明"有"住在都市里"的含义。"城市化"是世界发展中的一个必然阶段。"文明这一词语乃是都市的技术与制度。"[②] 从汉代开始的丝绸之路起到了推进城市建设的作用。日本学者在谈到我国唐代时以一种赞美的激情写道："唐代是中国历史中最繁荣、荣耀至极的朝代。""它建立了很多大都市，货币制度的建立刺激了国内的经济活动，使得大规模的对外经济活动成为现实。对外贸易必须有通路。唐代的对西方的贸易途径有海上与路上两条。在这一点上与汉代有很大的不同。——当时北方海上交通主要由朝鲜（新罗）掌握，于是开拓出从黄海到山东半岛顺着沿岸的海上航线。当时的日本人也利用这一航路到唐朝。肥前是其起点，由于在7世纪末与新罗处于敌对关系，无法利用此航路，于是另辟从长崎至淮河或扬子江航线。同时到杭州湾的航线也开通了。"[③] "唐代的造船术与航海术的水平尚不详知，但是唐船往返于印度支那、印度尼西亚、马来亚等地的中国和西方的贸易一直到元朝不断。在宋代中国船往返于菲律宾、印度尼西亚、缅甸"[④]，盛赞中国也是海洋大国。（其实，我国从春秋战国时代的

---

① 『支那趣味』，〔日〕谷崎润一郎著，见於『谷崎润一郎全集』，〔日〕谷崎润一郎著，中央公論社，1975，第21卷，第121-123頁。
② 岩村 忍：『シルクロード東西文化の溶爐』，日本放送出版協會，1966，第20頁。
③ 岩村 忍：『シルクロード東西文化の溶爐』，日本放送出版協會，1966，第156-157頁。
④ 岩村 忍：『シルクロード東西文化の溶爐』，日本放送出版協會，1966，第157-158頁。

齐国已经是海洋国家。)

丝绸之路与日本的文化乡愁在井上靖的作品里体现得更为鲜明。井上靖写有一系列丝绸之路的历史小说。在这一系列作品中弥漫的是"文化乡愁"。比如说《天平之甍》（亦改编成电影，并且译成中文在中国上映。）井上靖取材淡海三船的《唐大和上东征传》，以东渡日本的高僧鉴真应日本僧人荣睿、普照的邀请，东渡日本弘扬佛法为题材。鉴真大师和日本僧人一行，克服难以想象的艰难险阻，经过五次失败，在第六次终于成功，在失明的情况下，矢志不移，最终成功东渡扶桑，弘扬佛法，在中日文化交流史上写下了壮丽的诗篇。在这部荡气回肠的作品里对于文明的追求让人心灵震撼，对信仰的执着使人由衷地敬仰。他在《历史小说的周围》这本随笔集里，讲了他被淡海的书的魅力所感动："文章精练如切片，言简意赅，其中蕴含一种无法述说的铿锵的韵调。"① 首先是作家本人对于先贤的文化的追求产生共鸣，再把它诉诸笔端与读者进行心的交流。在井上靖的另一篇小说《楼兰》里也弥漫着对于文化的追求与憧憬。《楼兰》的主人公赵行德抛却功名，舍身去丝绸之路探险，他为的就是要解开西夏文字之谜，他说："一种民族能创造自己的文字，还不是很了不起的吗？如果将来西夏强大起来，从西方传播过来的典籍都有可能被翻译成西夏文。"② 日本是汉文化圈的国度之一，不管在近代以来如何强烈地受西方文化的影响，在文化、社会生活的方方面面仍然与中国文化有着不可割裂的联系，这是不争的事实。日本社会的文化乡愁，在一定意义上讲离不开对于中国文化的思绪。在所看到的关于丝绸之路的著述中都凸显了这一点。井上靖和岩村忍在《西域——人物与历史》中开篇就写道："最早出使丝绸之路的历史人物当是西汉时代汉武帝派遣的官吏张骞，非他莫属。他是西域的最早的探险家，是敢于豁出身家性命的探险家，在东西交流史上起到了巨大作用的人物。"③ 长泽和俊在《丝绸之路的终点站——正仓院》一书详尽地考察了丝绸之路和日本文化的关系。指出当时的国际都市长安是东西文化的熔炉。唐王朝引进外来文化，经过吸收消融，同时又积极地对外传播，形成生生不息的全方位的文化流，是古代丝绸之路留给我们的宝贵经验。昔日的长安是世

---

① 井上靖：『歴史小説の周囲　歴史エッセイ集1』，講談社文庫，1983，第13頁。
② 《井上靖文集》，安徽文艺出版社，1998，第一卷，第41页。
③ 井上靖、岩村忍共著：『西域—人物と歴史』，社会思想社（現代教養文庫1036），1980，第11頁。

界上最繁华的国际都市，它让东西南北之人如醉如痴。"在当时的长安传入西方文化，特别是伊朗文化。当时唐人都很喜欢并且吸收了它，成为伊朗风流行的国际都市。唐的伟大在于，它把自己吸收并使之发展的文化很慷慨地传播到东亚诸国，使之接受。"① 这是一种开放的文化形态。他以琵琶为例作了个案分析。唐代在太宗平定高昌以后，抓了文化建设。整顿乐部，设立十部。琵琶成为主要乐器，琵琶是胡乐的核心乐器。"在唐代长安流行的西域音乐中龟兹乐独占鳌头，在演奏时琵琶为主要乐器，配以笛、羯鼓、觱篥——玄宗皇帝善羯鼓，看到其皇兄子宁王在盛夏拂汗练习羯鼓，大为高兴。"在日本的"正仓院珍藏的国宝级文物中，五弦琵琶、四弦琵琶、箜篌等乐器之外，还有笙、尺八、横笛、方响、腰鼓、琴、阮咸等。我想这些乐器都和当时唐代时使用的乐器一样。其中尤以五弦琵琶为唐代名品"②。西域舞蹈也同时传入。根据段安节的《乐府杂录》有健舞、软舞、字舞、花舞、马舞等众多的种类。字舞显然在舞蹈中融进了中华文化元素。据记载，表演字舞和马舞时，人数很多（一百二十人至二百人），表演字舞时，舞者身子倒地，编组成字。演花舞时舞者身着绿衣，倒地组合成花的图案。马舞则是和驯兽结合起来的舞蹈。驯马师（指挥者）着华丽的服装，执鞭，让马在舞台上跳舞，马应和鞭子的声响，有节奏地踏步，据说有百匹马身佩锦绣组成壮观的舞蹈队伍。马舞深得唐玄宗的喜欢。在新、旧《唐书》上还有少年打扮成公鸡模样，指挥公鸡列阵舞蹈的记载，成为和公孙大娘舞剑相媲美的艺术景观。长安既有宫廷的盛大的舞蹈演出（如武则天的亲自御定的《深宫大乐舞》，据记载有九百人参加），也有一般的市民在娱乐场所、酒楼观看的市井演出，演出者很多是来自西域各地的"胡姬"。白居易在他的诗中有生动的描述。"胡旋女，胡旋女，心应弦，手应鼓。弦鼓一声双袖举，回雪飘摇转蓬舞——"在刘言史的《王忠丞夜观胡腾舞》中还描写了惊险杂技师的表演。"石国胡儿人见少，尊前蹲舞疾如鸟，"惊险杂技从西汉由西亚传入，很受欢迎，到隋唐达到高潮，在敦煌壁画《张议潮出行图》《宋国夫人出行图》中有生动的描绘。

论述文化乡愁其实应该拿出大的篇幅留给敦煌。可以毫不夸张地说，这是人类的杰作，它是耸立在荒漠的文化金字塔。"敦煌学"早已成为世界

---

① 長澤和俊：『シルクロードの終着駅　正倉院への道』，講談社現代新書，1979，第122頁。
② 長澤和俊：『シルクロードの終着駅　正倉院への道』，講談社現代新書，1979，第113頁。

性的一门显学,日本学者松冈让著有《敦煌物语》。在中日没有恢复邦交正常化时期的1958年,在日本举行的《中国敦煌艺术展》,于是便刮起了一场中国文化的旋风。古代丝绸之路重新唤起了对于中华文化的憧憬。围绕这一论题的研究有待他文。

三

日本学者的丝绸之路研究也有不同的声音与观点。有的研究者着重于中日之间的交流,谈及西方一般只是关注古罗马和东方的关系,显然这对于丝绸之路的丰富的东西交流内涵有所偏颇。可喜的是有的日本学者已经关注丝绸之路和中亚、朝鲜半岛,路上与海上结合起来思考研究。在前面提及的井上靖、岩村忍、长泽和俊等人的著作写出了经过自己亲自踏察,在广阔的中亚的丝绸之路纪行。井上靖不仅遍游了我国新疆维吾尔自治区,还到了原苏联的广袤领域,即今日的哈萨克斯坦、乌兹别克斯坦、吉尔吉斯斯坦、土库曼斯坦、塔吉克斯坦等地。他在书里写道:"我在三年前的1965年曾经两次到西土耳其斯坦一带旅行。在这两次旅行中,必须在丝绸之路登场的撒马尔罕、布哈拉、塔什干这些都市及被沙漠完全包围的沙漠之城阿什哈巴德、乌尔盖其、和瓦,还到了帕米尔山麓上的城市杜尚别。在《史记》里出现的大宛——如今散缀于费尔干纳盆地的几个城市。"①"同时,井上靖还踏察了"玄奘法师当年在《大唐西域记》中和《大唐大慈恩寺三藏法师传》里记载的天山一侧的故地"②。长泽和俊在《通往丝绸之路的终点站——正仓院》一书中也深有感慨地说:"每一天亲炙图鉴,对着每一件宝物深入思考,对于这些宝贵遗产所产生的感动无以言表,从中得到的是东西文化交流的重要启示。"③ 这位学者正是由于一位友人带他在日本战后参观正仓院,一种难以言表的魅力使他走上研究东西文化交流史的道路。他还举出一些具体例证说,他曾经在德黑兰博物馆参观一批珍贵的展品,其中的水壶让他震撼。"壶颈细长,壶身圆而大,模仿鸟嘴的壶口,壶身和把手都显示出流畅的曲线,伊朗的这把水壶是银制品,已经有氧化的瘢痕,但是见到它,作者立即想到的是正仓院的藏品虽然是玻璃制品,

---

① 井上靖:『西域物語』,新潮社,1977,第11頁。
② 井上靖:『西域物語』,新潮社,1977,第12頁。
③ 長澤和俊:『シルクロードの終着駅 正倉院への道』,講談社現代新書,1979,第9頁。

但是在形状上极其相似。'艾尔米达什'（原苏联博物馆——笔者注）、东京国立博物馆、法隆寺的宝物馆的银质水壶、唐三彩的水壶均有相同的创意——对于正仓院的水壶的来源有不同的观点，它是中国制品，还是来自于遥远的波斯，无法定论。"① 不管结论如何，这都说明遥远的古代中国和中亚的交流就体现在丝绸之路上，这种互借互鉴已经是常态。这在我国史书中均有明确记载。如《旧唐书·卷四十五》："开元初，从驾宫人骑马者，皆著胡帽，靓妆落面，无复障蔽。士庶之家，又相仿效，帷帽之制，绝不行用。俄又露髻驰骋，或有著丈夫衣服靴衫，而尊卑内外，斯一贯矣。"② 今天的"一带一路"更是陆上、海上纵横交织的友谊建设之路。我们从日本学者的游记当中看到很多来自俄罗斯、中亚诸国直达保加利亚的中东欧国家的珍贵史料，表明这一研究必将是合力才能建造的大厦。

结　语

在日本学者和作家笔下丝绸之路与日本文化的研究中也有些值得注意的倾向。这一研究是多种声音的集合。在丝绸之路研究中也含有关于成吉思汗的著述。在明治年间就有末松谦澄倡源义经与成吉思汗是一人说。小林高四郎指出："在日本大正末年曾经出现过小谷部全一郎的《成吉思汗乃源义经也》的书，书上还附有天台道士的序文。本书影响之深，流传之广让人震惊。"尽管专门家发表了激烈的批评文章，这种牵强附会仍然造成错觉，小林高四郎说："到现在（作者写此书的1960年——笔者注）仍然有人继续这一主张，还有相信之人。找我本人不断问及这是不是真的。"③ 这里的原委不必简单下什么结论，其中的奥妙不言自明。本书作者小林高四郎以尊重史实的态度写成吉思汗，这对于思考"一带一路"旨在建设"利益共同体""命运共同体"是有益的。同时，在记述古代丝绸之路的历史人物时，歌颂了他们的殉道精神。这也是从古丝绸之路文化遗产中汲取的财富。在《天平之甍》里的殉道精神当然首推鉴真和他的弟子的弘扬佛法的壮举。鉴真大师东渡的最大障碍是要和海洋搏斗。在那个时代航海是在用生命开拓事业。没有超出常人的坚定信仰、毅力是不敢问津的。在井上靖

---

① 長澤和俊：『シルクロードの終着駅　正倉院への道』，講談社現代新書，1979，第23頁。
② 《旧唐书》，第六册，中华书局，第1957页。
③ 小林高四郎：『ジンギスカン』，岩波新書，1960，第230頁。

的作品里在灾害临头,生命无保证的时刻,鉴真、普照等把经卷看得比生命还重要。在第五次出海时又遇到了惊涛骇浪,"到了傍晚,又起了大风,一会,浪头高起来。海水像墨一样,黑得可怕。到了晚上,风更大了,波浪颠弄着船,好像从山顶落入谷底,又从谷底抛上山顶。"在生死存亡的时刻,船老大命令抛下包括经书在内的一切物品,普照死命护卫着经书,在这千钧一发之际,突然发生了奇迹,"在风狂雨骤的漆黑的天空中,突然发出这样的声音'不许扔。'"① 感天动地,终于避免了无法弥补的浩劫。这里射出的是一种殉道精神的光辉。这段文字井上靖取自《唐大和上东征传》。鉴真大师和日本的高僧是"殉道"者。他们有理想,有信仰,为实现人生追求,他们都有一种舍利求义,乃至舍生忘死的气概。这种精神在当今也具有现实意义。人的伟大在于有高尚的思想追求。当然,"殉道"本身又可以为不同信仰的人所做不同的理解,具有中国特色的"殉道"应该充分体现实现中国梦,建造和谐世界,"利益共同体""命运共同体"上。"殉道精神"将成为建设"一带一路"的有力支撑。日本与"一带一路"的研究将丰富这一整体研究,日本方面的研究在继续,将不断被介绍,以资参考。

(作者单位:东北师范大学文学院)

"One Belt, One Road" and Japan: Focus on Sino-Japanese Cultural Interactions

Meng Qingshu

Abstract: Ancient Japanese have broadly researched into and borrowed from traditional cultures of China and Western Regions through the Land and Sea Silk Road, furthering her own development powerfully. The post-World War Two there rises and persists a cultural wave of the Silk Road Heat in which the differences of implications in the different periods are practically exhibited, although the cultural nostalgia implicit in it involves the imaginary longing for Chinese Culture. Of course

---

① 引文见郑民钦主编《井上靖文集 二》,安徽文艺出版社,1998,第54页。

there are multiple voices in that heat wave. No doubt it is both academically and really significant for our cultural polities to concern with and study on Japanese attitude toward "One Belt and One Road".

Keywords: One Belt and One Road; Silk Road; interest community; Sino-Japanese cultural relationship; cultural nostalgia

《跨文化研究》稿约

《跨文化研究》（*Transcultural Studies*）系北京第二外国语学院文学院（跨文化研究院）主办的综合性学术集刊。其主旨是瞩望人文，学宗博雅，拆解古今中西樊篱，汇通人文，"六艺"兼容；立足语言文学，却无学科本位，尝试将文学、历史、宗教、哲学、语言融于一体。顾名思义，本刊广邀善士，拜约各方，祈求文化间性研究、文化交往性研究、文化超越性研究的前沿学术成果，期待并培壅既有古典根荄又富当代意识的学术情怀。

《跨文化研究》力求每辑聚焦一个领域，烘托一个主题，突出中国问题意识、中国解决方法和中国学理构建。在"学无中西"的全球化视野下，本刊以"中国学子"作"世界学问"为仰望的境界。在"学科通串"的现代人文转向趋势中，本刊以"综观全局"且"细察幽微"为治学的追求。本刊常设"经典论绎""经典导读""异邦视野""文论前沿"和"新著揽英"等栏目，且不对作者的文字篇幅、研究领域、治学方法做刻意的限制。本刊每年出版2辑，春季四月和秋季十一月为发稿时间。

如蒙慷慨赐稿，敬请了解并遵循如下约定：

1. 所投稿件须是没有公开发表过的新作；

2. 在大作的最后一页上注明您的供职单位、研究方向，且留下电邮地址；

3. 文稿用 Word 文档常规格式，标题用宋体3号字加粗、居中，作者署名用4号楷体、居中，正文一级标题用4号宋体、加粗，独立引文用楷体、上下空1行，正文用5号宋体，全文1.5倍行距。

4. 注释用页下注，每页重新编号；其要件和顺序例示如下：

（1）陈恒：《希腊化研究》，商务印书馆，2006，第26页。

（2）包向飞：《宽广的反讽》，载《文化与诗学》，北京大学出版社，2013，第160－172页。

（3）Erich Auerbach, *Dante: Poet of the Secular World*, trans. with an introduction by Michael Dirda, New York: New York Books, 2001, p. 42 (or pp. 42 – 46).

(4) William Franke, "Metaphor and the Making of Sense", in *Philosophy & Rhetoric*, Vol. 33, No. 2 (2000), pp. 137 – 153.

5. 参考文献要件和顺序例示如下：

包向飞：《宽广的反讽》，载《文化与诗学》，北京大学出版社，2013。

陈恒：《希腊化研究》，商务印书馆，2006。

让-皮埃尔·韦尔南：《古希腊神话与悲剧》，张苗等译，华东师范大学出版社，2016。

Blumenberg, Hans, *Höhlenausgänge*, Frankfurt am Main: Suhrkamp, 1989.

Pavesich, Vida, "Hans Blumenberg's Philosophical Anthropology: After Heidegger and Cassirer", in *Journal of the History of Philosophy*, vol. 46, No. 3 (2008), pp. 421 – 448.

6. 如蒙赐稿，请将大作发至 kuawenhuayjy@ bisu. edu. cn

7. 如果有必要寄送纸质版，请寄：100024 北京朝阳区定福庄南里 1 号北京第二外国语学院文学院（跨文化研究院）；联系人：杨老师，胡老师。

8. 本刊采用匿名评审制。大作一经发表，即奉微薄稿酬。由于编辑部人手有限，来稿一般不退还，也不奉告评审意见。

《跨文化研究》编辑部

图书在版编目(CIP)数据

跨文化研究. 总第 1 辑:2016 年. 第 1 辑/曹卫东主编. -- 北京:社会科学文献出版社,2016.10
ISBN 978 - 7 - 5097 - 9509 - 5

Ⅰ.①跨… Ⅱ.①曹… Ⅲ.①文化交流 - 文集 Ⅳ.①G115 - 53

中国版本图书馆 CIP 数据核字(2016)第 176231 号

跨文化研究 总第 1 辑 （2016 年第 1 辑）

主　　编 / 曹卫东

出 版 人 / 谢寿光
项目统筹 / 祝得彬
责任编辑 / 刘　娟

出　　版 / 社会科学文献出版社·当代世界出版分社 (010) 59367004
　　　　　地址:北京市北三环中路甲 29 号院华龙大厦　邮编:100029
　　　　　网址:www.ssap.com.cn
发　　行 / 市场营销中心 (010) 59367081　59367018
印　　装 / 北京季蜂印刷有限公司

规　　格 / 开　本:787mm × 1092mm　1/16
　　　　　印　张:18.75　字　数:317 千字
版　　次 / 2016 年 10 月第 1 版　2016 年 10 月第 1 次印刷
书　　号 / ISBN 978 - 7 - 5097 - 9509 - 5
定　　价 / 79.00 元

本书如有印装质量问题,请与读者服务中心 (010 - 59367028) 联系

▲ 版权所有 翻印必究